丛书编委会

主　编：胡春晓　龚林涛

副主编：翁贞林　陈美球　朱晓东　魏　毅
　　　　朱述斌　徐小萍　陈　慧　郑瑞强

编　委：

南昌市乡村振兴局

龚林涛　徐小萍　陈　慧　易连发
胡　群　翟　侃　王样平

江西农业大学

胡春晓　翁贞林　陈美球　朱晓东
魏　毅　朱述斌　郑瑞强　汤　晋
胡永升　熊红华　刘小春　梁志民
谌　洁　贺亚琴　廖彩荣　刘志兵
潘锡杨　陈洋庚　曹大宇　朱美英
于丽霞　高　芸　赖运生　李海峰
王诗慧　周连伟　廖运生　肖意风
周国平　彭剑锋　朱国海　吴　平
胡永华　曹人龙　周　波　刘　滨
谢芳婷　宋振江　康小兰　杜　娟
刘小进　饶　盼　宁才旺　肖　慧
熊飞雪　梁　贤　李观祥　吴新标

使命担当

南昌市乡村振兴局 江西农业大学 ⊙ 编著

—— 南昌市脱贫攻坚典型案例和先锋模范

江西人民出版社
全国百佳出版社

图书在版编目（CIP）数据

使命担当：南昌市脱贫攻坚典型案例和先锋模范 / 南昌市乡村振兴局，江西农业大学编著 . — 南昌：江西人民出版社，2021.10
ISBN 978-7-210-12648-5

Ⅰ . ①使… Ⅱ . ①南… ②江… Ⅲ . ①扶贫 — 案例 — 南昌 ②扶贫 — 先进工作者 — 先进事迹 — 南昌 Ⅳ . ① F127.561 ② K820.856.1

中国版本图书馆 CIP 数据核字（2020）第 271887 号

使命担当——南昌市脱贫攻坚典型案例和先锋模范
SHIMING DANDANG——NANCHANG SHI TUOPIN GONGJIAN DIANXING ANLI HE XIANFENG MOFAN

南昌市乡村振兴局　江西农业大学　编著

责 任 编 辑：徐　旻
封 面 设 计：同异文化传媒

出版发行

地　　　址	江西省南昌市三经路 47 号附 1 号（330006）
网　　　址	www.jxpph.com
电 子 信 箱	jxpph@tom.com
编辑部电话	0791-88629871
发行部电话	0791-86898815
承 印 厂	南昌市红星印刷有限公司
经　　　销	各地新华书店

开　　　本	787 毫米 ×1092 毫米　1/16
印　　　张	32
字　　　数	550 千字
版　　　次	2021 年 10 月第 1 版
印　　　次	2021 年 10 月第 1 次印刷
书　　　号	ISBN 978-7-210-12648-5
定　　　价	78.00 元

赣版权登字 -01-2021-658

版权所有　侵权必究

赣人版图书凡属印刷、装订错误，请随时与江西人民出版社联系调换，服务电话：0791-86898820

总 序

党的十八大以来,以习近平同志为核心的党中央带领广大人民以大无畏的勇气和力量向贫困宣战,成功走出了一条具有中国特色的脱贫攻坚道路,使现行标准下9899万农村贫困人口成功摆脱了贫困,谱写了人类脱贫攻坚、消除贫困的辉煌篇章,实现了中华民族几千年来苦苦追求的梦想和期盼,写下了中华民族发展史浓墨重彩的一笔,具有非常深远的现实意义、历史意义和世界意义。

近年来,南昌市委、市政府始终坚持以习近平新时代中国特色社会主义思想为指导,坚决贯彻落实党中央关于脱贫攻坚的决策部署和江西省委、省政府工作要求,聚焦打赢脱贫攻坚战,做了大量卓有成效的工作,取得了显著的成效。南昌市"十三五"80个省市级贫困村实现高质量退出,全市建档立卡贫困群众义务教育全面保障、基本医疗全面覆盖、住房和饮水安全全面解决,"两不愁三保障"全面实现。现行标准下47192名农村建档立卡贫困人口全部脱贫。

习近平总书记指出,脱贫攻坚不仅要做得好,而且要讲得好。为全面梳理总结南昌市脱贫攻坚工作,2020年6月开始,南昌市脱贫攻坚总结项目课题组深入南昌市及各县区,通过实地调研、交流座谈、深入访谈等方式,深入了解南昌市脱贫攻坚的伟大历程、主要做法、辉煌成就和特色经验,形成了南昌市脱贫攻坚系列成果《南昌脱贫攻坚宣传片》及一套《光辉历程——南昌市脱贫攻坚纪实》《举市发力——南昌市脱贫攻坚文件汇编》《使命担当——南昌市脱贫攻坚典型案例和先锋模范》《泥土真情——南昌市脱贫攻坚理论与实践探索》系列丛书。

《光辉历程——南昌市脱贫攻坚纪实》全面收录了各级领导对南昌市脱贫攻坚工作的批示指示、南昌市脱贫攻坚纪实、南昌市脱贫攻坚大事记和南昌市脱贫攻坚图片集萃,真实反映了南昌市推进脱贫攻坚工作的经验做法、实际成效和精彩瞬间。

《举市发力——南昌市脱贫攻坚文件汇编》系统收集了党的十八大以来市级、县（区）级及市直各单位有关决策部署、组织实施、具体操作、制度保障和县区落实等方面的政策文件，彰显了举市发力、协同作战的省会担当。

　　《使命担当——南昌市脱贫攻坚典型案例和先锋模范》遴选了一批脱贫攻坚实践的典型案例，收集了一批脱贫攻坚领域获得南昌市级以上表彰荣誉的先进人物事迹，生动诠释了各级党员干部及社会各界参与脱贫攻坚的使命担当。

　　《泥土真情——南昌市脱贫攻坚理论与实践探索》在总结南昌市脱贫攻坚成就基础上，从南昌市脱贫人口生计发展现状与可持续能力调查、南昌市脱贫村集体经济发展现状与发展路径调研、南昌市脱贫攻坚与乡村振兴有效衔接研究等方面，提出巩固南昌市脱贫攻坚成果的对策建议，具有很强的针对性、前瞻性和实效性。

　　丛书主题明确、内涵丰富，资料翔实、图文并茂，相互联系、前后呼应，相辅相成、相得益彰。《光辉历程——南昌市脱贫攻坚纪实》体现经验做法，全景式总结了脱贫攻坚工作的"南昌经验"；《举市发力——南昌市脱贫攻坚文件汇编》体现协同作战，彰显了南昌市上下同心、尽锐出战的"协同体"意识；《使命担当——南昌市脱贫攻坚典型案例和先锋模范》体现敬业奉献，再现了党员干部和社会各界攻坚克难、不负人民的精神力量；《泥土真情——南昌市脱贫攻坚理论与实践探索》体现战略举措，为南昌市推进脱贫攻坚成果同乡村振兴有效衔接提供高质量方案。

　　征途漫漫，精神永恒。脱贫摘帽不是终点，而是新生活、新奋斗的起点。希望通过本丛书的出版发行，系统展现南昌市脱贫攻坚工作的伟大历程，全面推广南昌市脱贫攻坚工作的特色经验、先进典型、成功案例，大力弘扬脱贫攻坚精神，坚定信心决心，积极推动巩固拓展脱贫攻坚成果同乡村振兴有机衔接，以永不懈怠的精神状态、一往无前的奋斗姿态，向着实现第二个百年奋斗目标奋勇前进。

序 言

消除贫困，改善民生，逐步实现共同富裕，是社会主义的本质要求。改革开放40多年以来，尤其是党的十八大以来，以习近平同志为核心的党中央高度重视扶贫工作，把扶贫事业摆到更加突出的位置，大力推进精准扶贫、精准脱贫，扶贫事业取得了举世瞩目的成就，创造了中国特色扶贫模式，全面打赢了脱贫攻坚战，为全球减贫事业作出了重要贡献。

近年来，南昌市各部门认真贯彻落实习近平总书记系列重要讲话精神和中央、江西省委省政府脱贫攻坚部署，充分利用"省会城市区位优势、企业聚集帮扶优势、科技创新推动优势、城乡融合先行优势"，全面实施精准扶贫精准脱贫方略，大力推进科技扶贫、产业扶贫、就业扶贫与"五位一体"示范村建设等扶贫助贫工程，做了大量扎实细致的工作，涌现出一大批典型案例和先进人物。

为了推广先进经验、宣传先进人物、动员社会参与、营造良好氛围，从2020年6月开始，南昌市脱贫攻坚总结项目课题组在实地调研的基础上，在全市范围内组织遴选了一批脱贫攻坚实践的典型案例，收集撰写了一批在脱贫攻坚领域获得南昌市级以上表彰荣誉的先进人物的事迹，以出版物形式记载留存。

本书由"南昌市脱贫攻坚典型案例"和"南昌市脱贫攻坚先锋模范"两篇组成。上篇"南昌市脱贫攻坚典型案例"编入了南昌市县乡村脱贫攻坚案例10个、专项扶贫案例50个、精神扶贫案例21个；下篇"南昌市脱贫攻坚先锋模范"编入了南昌市脱贫攻坚领域先进个人138人（次）、先进集体14个，其中，全国脱贫攻坚先进个人1人，江西省脱贫攻坚先进个人32人、先进集体14个，江西省脱贫攻坚奖奉献奖、奋进奖、贡献奖、作为奖等获得者7人，江西"最美扶贫干部"1人，南昌市因公牺牲的扶贫干部1人，2015—2020年南昌市脱贫攻坚优秀第一书记83人，2020年度南昌市优秀驻村工作队队员13人。这些典型案例和先进人物事迹，充分反映了近年来南昌市贫困地区脱贫致富的生动变化，总结了各地精准扶贫精准脱贫的有益经验，彰显了各级党组织和广大党员干部群众的使命担当，诠释了社会各界积极参与脱贫攻坚的奉献作为，谱写了英雄城南昌决战脱贫攻坚、决胜全面小康的历史新篇章。

"路漫漫其修远兮，吾将上下而求索。"祈望本书的出版发行，能够更好地推广南昌市脱贫攻坚先进典型、成功案例，为坚决守住不发生规模性返贫的底线，全面推进乡村振兴战略，实现南昌市农业农村现代化加油助力。同时，为其他区域提供经验借鉴。

南昌市乡村振兴局
江西农业大学课题组
2021年5月

目 录

上篇 南昌市脱贫攻坚典型案例　　001

一、乡村总结典型案例　　002

党建引领多措并举　精准发力决战决胜
　　——新建区石埠镇西岗村特色脱贫工作之路　　003

强化责任抓落实　精准举措助脱贫
　　——新建区昌邑乡窑西村脱贫工作纪实　　008

精准为要促脱贫　创新为先助攻坚
　　——湾里区罗亭镇开创富裕式脱贫道路　　012

多措并举精准发力　抓铁有痕率先脱贫
　　——湾里区招贤镇脱贫工作总结　　016

"5个3"工作法　让百姓尝甜头有奔头
　　——南昌县冈上镇合山村摸索出特色扶贫工作法　　020

找准贫根下对药　打赢脱贫攻坚战
　　——南昌县幽兰镇扶贫工作纪实　　023

精准发力出良方　纵深推进拔穷根
　　——进贤县罗溪镇走好特色扶贫路　　028

脱贫不走寻常路　且将"输血"变"造血"
　　——进贤县三阳集乡扶贫工作纪实　　035

扶贫先强精气神　致富不忘感党恩
　　——安义县长均乡把口村精神助力脱贫创新路　　042

情系扶贫点滴事　脱贫致富路更宽
　　——安义县万埠镇扶贫之路　　045

二、专项扶贫汇总案例　　　　　　　　　　　　　　049

"三化"并举，全力保障贫困群众身体健康
　　——湾里区全力做好健康扶贫真文章　　　　　　050

积分换得良俗来　"三讲一评"醒斗志
　　——湾里区扶贫扶志工作特色做法　　　　　　　053

"小"葡萄变成增收致富"金珠子"
　　——新建区金桥乡小桥村产业扶贫典型案例　　　056

不改火龙果红心　不忘桑梓地小康
　　——新建区溪霞镇引入"公司＋贫困户"模式助力脱贫　058

创新产业发展模式　走出脱贫攻坚路子
　　——新建区象山镇河林村产业扶贫典型案例　　　061

引得特色养殖项目来　谋得脱贫攻坚新局面
　　——新建区联圩镇"造血扶贫"典型案例　　　　064

因地制宜发展产业　广开渠道增加收入
　　——新建区特色产业扶贫典型案例　　　　　　　066

就业扶贫　不落一人
　　——新建区就业脱贫典型案例　　　　　　　　　069

奏响消费扶贫"新乐章"　鼓足脱贫攻坚"精气神"
　　——新建区推进消费扶贫工作纪实　　　　　　　073

担起教育扶贫责任　斩断贫困代际传递
　　——新建区教育扶贫"双负责制"典型案例　　　077

精准施策靶向治疗，织牢健康扶贫保障网
　　——新建区健康扶贫典型案例　　　　　　　　　081

情为民所系　利为民所谋
　　——新建区社会救助兜底保障扶贫典型做法　　　085

建设好"爱心超市"，激发起内生动力
　　——新建区扶贫扶志典型做法　　　　　　　　　088

消除致贫返贫"拦路虎"　筑起战胜贫困"防洪堤"
　　——新建区巩固拓展脱贫攻坚"防贫保"工作举措　091

盘活资源创新路　强抓产业助脱贫
　　——湾里区梅岭镇东昌村产业扶贫典型案例　　　094

因地制宜谋发展　整合资源奔小康

　　——湾里区太平镇泮溪村发展旅游产业脱贫典型案例　　098

建设美丽乡村　助力脱贫攻坚

　　——湾里区罗亭镇义坪村村庄整治典型案例　　101

坚守教育初心　情暖折翼天使

　　——湾里区红星扶轮五湖学校蔡松老师扶贫纪实　　105

无花果基地结出扶贫"硕果"

　　——南昌县广福镇北头村脱贫典型案例　　108

不让"病根"变"穷根"

　　——南昌县健康扶贫工作纪实　　110

"一领办、三参与",壮大村集体经济

　　——南昌县武阳镇朱坊村产业扶贫典型案例　　113

就业扶贫"334",开创就业扶贫新天地

　　——南昌县就业扶贫典型案例　　116

给村集体经济插上"互联网+"的腾飞翅膀

　　——南昌县南新乡九联村发展电商助力消费扶贫典型案例　　119

扶贫先扶智　斩断贫困根

　　——南昌县教育扶贫工作典型案例　　122

打造"最美"示范村,贫困村破茧成蝶

　　——南昌县黄马乡罗渡村旅游扶贫纪实　　125

立足代表优势　助力脱贫攻坚

　　——南昌县人大常委会社会扶贫工作纪实　　128

抓好党建促脱贫　齐心协力奔小康

　　——南昌市税务局驻村工作队帮扶工作纪实　　132

扶贫扶志"谢党恩"

　　——南昌县扶贫扶志工作纪实　　136

扶贫先扶志,"扶贫车间"亮明灯

　　——进贤县白圩乡金山村扶贫扶志典型案例　　139

良好家风村风民风　助力志智双扶脱贫

　　——进贤县钟陵乡东塘村"公德基金"脱贫典型案例　　142

牵手下邹村　幸福年年里

　　——江西银行驻村帮扶工作纪实　　145

昔日"贫困村"蝶变"宜居村"	
——进贤县贫困村村庄整治典型案例	148
万亩猕猴桃　扶贫结硕果	
——进贤县梅庄镇万亩猕猴桃示范基地助力脱贫典型案例	152
小蘑菇大产业，撑起脱贫"大伞"	
——进贤县下埠集乡产业扶贫典型案例	156
凝心聚力促脱贫　真情服务惠民生	
——进贤县就业扶贫典型案例	159
深入开展消费扶贫　助力打赢脱贫攻坚	
——进贤县消费扶贫典型案例	163
养好"脱贫鹅"　铺就致富路	
——进贤县文港镇"政府＋公司＋合作社＋农户"产业扶贫典型案例	167
"六个一"大走访　精准扶贫暖人心	
——进贤县脱贫攻坚结对帮扶工作典型案例	170
"三个三"筑牢筑实贫困群众健康防线	
——进贤县健康扶贫典型案例	172
"输血"＋"造血"铺筑脱贫小康路	
——进贤县赵埠村精准扶贫侧记	176
生态农业出实招　致富路上瓜果香	
——安义县石鼻镇果田村产业扶贫典型案例	179
龙头企业勇担当　决战脱贫添新功	
——安义县绿能公司产业扶贫典型案例	182
"空壳村"华丽蜕变"产业村"	
——安义县长均乡把口村产业扶贫典型案例	186
精准精细不少一人　善作善成拔除穷根	
——安义县教育扶贫典型案例	189
织牢贫困群众民生保障"安全网"	
——安义县社会保障扶贫典型案例	192
巧借旅游东风　换来脱贫成功	
——安义县石鼻镇罗田村生态旅游扶贫典型案例	195
改善农村人居环境　建设文明秀美乡村	
——安义县乔乐乡乔乐村人居环境整治典型案例	199

志愿服务结"同心" 精准扶贫乡村行

　　——安义县同心圆志愿服务社会扶贫工作纪实 　　202

党建扶贫"同频共振" 决战决胜脱贫攻坚

　　——安义县抓党建促脱贫攻坚暨驻村帮扶工作纪实 　　206

"三类人员"再聚焦 "一户一策"寻良方

　　——安义县巩固拓展脱贫攻坚成果工作纪实 　　210

三、精神扶贫入库案例　　213

举技能之旗　解贫困之难

　　——新建区大塘坪乡献忠村蔡定早脱贫案例 　　214

幸福是奋斗出来的！

　　——新建区流湖镇上房村王林根脱贫案例 　　216

穷且益坚，不坠青云之志

　　——新建区象山镇井岗村谈长武脱贫案例 　　218

圆了"安居梦"，甩掉"贫困帽"

　　——新建区厚田乡东洲村罗新龙脱贫案例 　　220

用柔弱的肩膀支撑起整个家庭

　　——湾里区罗亭镇义坪村李牡香脱贫案例 　　222

身残志坚，小技能撑起大梦想

　　——湾里区梅岭镇团结村赵令茂脱贫案例 　　224

干部群众携手齐心，战胜贫困共抗疫情

　　——湾里区黄之花等贫困户脱贫案例 　　228

自强不息，奋斗幸福生活

　　——南昌县冈上镇合山村徐先锋脱贫案例 　　231

"无声"惊雷立脱贫之志

　　——南昌县莲塘镇定岗村李金伟脱贫案例 　　233

棵棵柚子树　铺就脱贫路

　　——南昌县三江镇松林村邹细蝉脱贫案例 　　235

用勤劳浇灌脱贫之花

　　——南昌县塘南镇田万村宋红平脱贫案例 　　237

小额贷款圆贫困户脱贫致富梦

　　——进贤县池溪乡向家村向正有脱贫案例 　　239

肉鸽养殖架起脱贫致富桥
　　——进贤县民和镇山前村魏国安脱贫案例　　243

"脱贫羊"闯出一条致富路
　　——进贤县三里乡金红村吴煌芝脱贫案例　　246

身残志坚　勤劳致富
　　——进贤县张公镇老王村熊桂林脱贫案例　　249

内生动力助脱贫　我靠勤劳获幸福
　　——进贤县池溪乡向家村王少青脱贫案例　　253

辛勤劳动最光荣　自力更生奔小康
　　——进贤县三阳集乡凤凰村姜雷仁脱贫案例　　256

不离不弃成佳话　自主脱贫巾帼风
　　——安义县石鼻镇罗田村杨小兰脱贫案例　　258

脱贫致富感党恩　奋斗自强乐助人
　　——安义县长均乡把口村熊华海脱贫案例　　260

照进心里的光　自力脱贫励志人心
　　——安义县万埠镇桃一村张礼全脱贫案例　　262

不等不靠谋发展　自主创业摘穷帽
　　——安义县黄洲镇新福村刘贤迎脱贫案例　　264

下篇　南昌市脱贫攻坚先锋模范　　267

一、全国脱贫攻坚先进个人　　268

"货郎"书记的扶贫"经"
　　——记全国脱贫攻坚先进个人应文伟　　269

二、江西省脱贫攻坚先进个人和先进集体　　272

江西省脱贫攻坚先进个人（32人）　　273
江西省脱贫攻坚先进集体（14个）　　274

三、江西省脱贫攻坚奖荣誉人员　　275

公益"绣"出一片助困天地
　　——记 2017 年江西省脱贫攻坚奖奉献奖获得者沈东京　　276
用生命谱写扶贫赞歌
　　——追记 2018 年江西省脱贫攻坚奖贡献奖获得者李俊敏　　279
菌菇棚里富民"经"
　　——记 2019 年江西省脱贫攻坚奖奋进奖获得者丁建新　　281
从"弃农从商"再到"弃商从农"
　　——记 2019 年江西省脱贫攻坚奉献奖获得者凌继河　　283
以创新思维聚力脱贫攻坚
　　——记 2019 年江西省脱贫攻坚奖奉献奖获得者李光荣　　286
党建统领，奋力比拼赛脱贫
　　——记 2020 年江西省脱贫攻坚奖作为奖获得者刘福明　　289
小芦笋铺出致富路
　　——记 2020 年江西省脱贫攻坚奖奉献奖获得者谈承标　　291

四、江西"最美扶贫干部"　　293

续写脱贫攻坚新篇章
　　——记 2020 年江西"最美扶贫干部"王明君　　294

五、南昌市因公牺牲的扶贫干部　　297

用生命兑现庄严诺言
　　——追记南昌市扶贫办原党组成员、副主任何国山　　298

六、2015—2020 年南昌市脱贫攻坚优秀第一书记　　300

兴产业促脱贫　扶真贫赢民心
　　——记南昌市南昌县黄马乡罗渡村第一书记熊斌　　301
扶起朱坊村脱贫致富的"一片天"
　　——记南昌市南昌县武阳镇朱坊村第一书记龚署鹏　　303
把驻村工作当事业干
　　——记南昌市南昌县三江镇汗塘村第一书记龚昆　　305

抓党建赢脱贫　促公益助发展

　　——记南昌市南昌县向塘镇璜溪村第一书记章三平　　307

聚焦精准扶贫　心系贫困群众

　　——记南昌市南昌县广福镇北头村第一书记林克一　　309

"小康村"的领跑者

　　——记南昌市南昌县黄马乡罗渡村第一书记熊亚波　　311

主动请缨接续战脱贫

　　——记南昌市南昌县武阳镇朱坊村第一书记姜孟　　313

为脱贫攻坚找准最优解

　　——记南昌市南昌县广福镇北头村第一书记郭惠平　　315

把准贫困症结　做好精准扶贫

　　——记南昌市南昌县幽兰镇南山村第一书记章国荣　　317

贫困村里的"大忙人"

　　——记南昌市南昌县塔城乡湖陂村第一书记龚常慧　　319

让青春在脱贫攻坚一线中闪光

　　——记南昌市南昌县塘南镇西河村第一书记陈东飞　　321

静心驻村情　"输血"更"造血"

　　——记南昌市南昌县黄马乡白城村第一书记王洪　　323

用脱贫成效守护民心

　　——记南昌市南昌县冈上镇合山村第一书记黄晓安　　325

助力脱贫群众奔小康

　　——记南昌市南昌县蒋巷镇立新村第一书记吴恬　　327

但行前路　不负韶华

　　——记南昌市南昌县广福镇北头村第一书记熊剑骁　　329

不舍的驻村情结

　　——记南昌市南昌县塘南镇石岗村第一书记胡峻　　331

驻村第一书记的责任担当

　　——记南昌市南昌县泾口乡东岗村第一书记雷家胜　　333

聚力巩固脱贫促振兴

　　——记南昌市南昌县幽兰镇罗舍村第一书记李晓明　　335

"门外汉"引领脱贫攻坚"加速跑"

　　——记南昌市进贤县文港镇下邹村第一书记徐坤　　337

"造血"扶贫斩穷根

  ——记南昌市进贤县泉岭乡前溪村第一书记周振波   339

贫困村的"战贫"功臣

  ——记南昌市进贤县架桥镇土坊村第一书记曾建华   341

一位"80后"扶贫青春

  ——记南昌市进贤县三里乡黄家村第一书记周桓宇   343

"520天"扶贫"心路"

  ——记南昌市进贤县民和镇旺坊村第一书记钟坚华   345

想群众之所想　急群众之所急

  ——记南昌市进贤县罗溪镇塔岗村第一书记吴小兵   347

"我永远是焦家村的一分子"

  ——记南昌市进贤县前坊镇焦家村第一书记熊冬平   349

真抓实干惠民生　倾心帮扶促发展

  ——记南昌市进贤县罗溪镇塔岗村第一书记周奎   351

但愿苍生俱饱暖　不辞辛苦出山林

  ——记南昌市进贤县七里乡寺背村第一书记李建国   353

忠诚履职助脱贫　情系乡村谋发展

  ——记南昌市进贤县南台乡观前村第一书记唐洪斌   355

"有问题，找彭书记"

  ——记南昌市进贤县民和镇旺坊村第一书记彭小华   357

从白领到农村："不肯走"的第一书记

  ——记南昌市进贤县衙前乡下邹村第一书记付璟辉   359

产业扶贫促增收　乡村整治展新颜

  ——记南昌市进贤县池溪乡向家村第一书记陶武羊   361

精准帮扶　不图虚名　办好实事

  ——记南昌市进贤县张公镇邵窝村第一书记胡泰武   363

为了旺坊村民的微笑

  ——记南昌市进贤县民和镇旺坊村第一书记张锦军   365

党建引领　脚踏实地　扎实工作

  ——记南昌市进贤县衙前乡瓦子陂村第一书记刘文龙   367

奉献青春热血　助力乡村振兴

  ——记南昌市进贤县泉岭乡前溪村第一书记黄皇   369

把驻村帮扶当作事业干

　　——记南昌市进贤县钟陵乡田南村第一书记车大毛　　371

扶贫是为群众办实事

　　——记南昌市进贤县罗溪镇塔岗村第一书记刘超　　373

凝心聚力战"贫"收官

　　——记南昌市进贤县前坊镇焦家村第一书记黄义松　　375

义无反顾　只为扶贫

　　——记南昌市进贤县二塘乡新源村第一书记杨建平　　377

找准产业路子　走稳发展步子

　　——记南昌市进贤县三阳集乡赵埠村第一书记高晶　　379

"果田村样板"成型记

　　——记南昌市安义县石鼻镇果田村第一书记黄少林　　381

咬定脱贫不放松

　　——记南昌市安义县鼎湖镇湖溪村第一书记李忠华　　384

一心一意扎根扶贫

　　——记南昌市安义县长埠镇老下村第一书记夏思捷　　386

摸索中求突破善作为

　　——记南昌市安义县新民乡尚礼村第一书记王绍江　　388

接力促"果田村样板"成色足

　　——记南昌市安义县石鼻镇果田村第一书记吴华辉　　390

细处入手　真情为民

　　——记南昌市安义县长均乡把口村第一书记杜忠贤　　392

小山村的"四员"扶贫书记

　　——记南昌市安义县新民乡尚礼村第一书记廖县平　　394

"青蛙书记"的扶贫路

　　——记南昌市安义县长埠镇老下村第一书记裴剑　　397

"住"进村民心里的第一书记

　　——记南昌市安义县石鼻镇罗田村第一书记罗勇　　399

群众脱贫路上的主心骨

　　——记南昌市安义县东阳镇新华村第一书记范雨锁　　401

与贫人共年谷　用真情践初心

　　——记南昌市安义县长均乡把口村第一书记罗俊辉　　403

全力以赴拔"穷根"

  ——记南昌市安义县乔乐乡乔乐村第一书记徐桂华   405

"真"字当头干为先

  ——记南昌市安义县新民乡尚礼村第一书记蔡易   407

扎根千年古村的一朵清莲

  ——记南昌市安义县石鼻镇罗田村第一书记刘昆   409

小村庄里的"高"书记

  ——记南昌市安义县万埠镇下庄村第一书记高朝华   411

他的梦,你终于懂了

  ——记南昌市新建区象山镇河林村第一书记汪美宁   413

仙亭是我的第二故乡

  ——记南昌市新建区松湖镇仙亭村第一书记梁顺根   415

奋战在脱贫攻坚一线的"干将"

  ——记南昌市新建区西山镇英山村第一书记钱凯   417

小试牛刀扶贫路　毛锥犹自有乾坤

  ——记南昌市新建区象山镇井岗村第一书记胡小毛   419

甘做扶贫"孺子牛"

  ——记南昌市新建区大塘坪乡新富村第一书记涂华刚   421

竹园致富路上的那一抹蓝

  ——记南昌市新建区石埠镇竹园村第一书记熊志强   423

书写淑溪脱贫的满意答卷

  ——记南昌市新建区流湖镇淑溪村第一书记曹红阳   425

让青春闪耀在扶贫一线

  ——记南昌市新建区松湖镇仙亭村第一书记熊万庚   427

续写扶贫路上的警民鱼水情

  ——记南昌市新建区石埠镇竹园村第一书记姜振宇   429

书记带货扶贫下苦心　村民脱贫致富奔小康

  ——记南昌市新建区象山镇河林村第一书记马正兵   431

增强脱贫内生动力　推进扶贫产业发展

  ——记南昌市新建区象山镇井岗村第一书记韦金洪   433

窑西"贫困症"的"医者"

  ——记南昌市新建区昌邑乡窑西村第一书记徐礼旭   435

英山村美丽蝶变的奉献者
　　——记南昌市新建区西山镇英山村第一书记余国华　　437
扶贫路上坚守初心
　　——记南昌市新建区流湖镇淑溪村第一书记黄坚　　439
脱贫路上的孺子牛
　　——记南昌市新建区联圩镇路司口村第一书记杨拥军　　441
扶贫先扶志　养羊"奔小康"
　　——记南昌市新建区流湖镇淑溪村第一书记蒋晓辉　　443
把"他乡"当"故乡"
　　——记南昌市新建区象山镇河林村第一书记曹龙友　　445
聚力脱贫攻坚　推进民生工程
　　——记南昌市新建区松湖镇抗援村第一书记袁睿　　447
上房村脱贫致富的"守夜人"
　　——记南昌市新建区流湖镇上房村第一书记杨亮　　449
党性在心，驻村助民
　　——记南昌市新建区铁河乡东阳村第一书记戴党太　　451
驻村不言苦　脱贫惠民生
　　——记南昌市新建区象山镇井岗村第一书记蔡志强　　453
城里来的好书记
　　——记南昌市新建区石埠镇西岗村第一书记周勇华　　455
扶贫路上践行初心使命
　　——记南昌市新建区大塘坪乡新富村第一书记涂志锋　　457
踏实走好脱贫攻坚每一步
　　——记南昌市湾里区罗亭镇义坪村第一书记徐亮　　459
扶贫路上的女书记
　　——记南昌市湾里区罗亭镇义坪村第一书记杨美蓉　　461
秉初心做实事赢得信任
　　——记南昌市湾里区太平镇泮溪村第一书记陈露　　463
用真情书写扶贫答卷
　　——记南昌市湾里区太平镇泮溪村第一书记郭纪征　　465
村民脱贫致富的排头兵
　　——记南昌市湾里区梅岭镇立新村第一书记李俊民　　467

七、2020年度南昌市优秀驻村工作队队员   469

扶贫一线显担当

    ——记南昌市南昌县南新乡九联村驻村工作队队员洪熙磊   470

在驻村帮扶中成长

    ——记南昌市南昌县蒋巷镇三洞村驻村工作队队员宋志轩   471

不遗余力，决胜脱贫攻坚

    ——记南昌市进贤县民和镇旺坊村驻村工作队队员余力   472

退伍不褪色，勇当扶贫主力军

    ——记南昌市进贤县三里乡黄家村驻村工作队队员邱建龙   473

一心为民好干部

    ——记南昌市进贤县下埠集乡和塘村驻村工作队队员张骏   474

村里来了个较真的北大研究生

    ——记南昌市安义县长均乡把口村驻村工作队队员魏天瑶   475

村民眼里的"罗田人"

    ——记南昌市安义县石鼻镇罗田村驻村工作队队员黄萌   477

精准扶贫的青春奉献

    ——记南昌市新建区厚田乡谷城村驻村工作队队员肖悦   479

脱贫路上担使命

    ——记南昌市新建区石岗镇简山村驻村工作队队员郑波   480

真心为民　履职尽责

    ——记南昌市新建区石埠镇竹园村驻村工作队队员罗龙   481

扶贫路上的"西瓜梦"

    ——记南昌市新建区流湖镇上房村驻村工作队队员朱北平   483

用心用情用力为民

    ——记南昌市新建区厚田乡东洲村驻村工作队队员周鑫   485

驻村帮扶不松懈

    ——记南昌市湾里区罗亭镇名山村驻村工作队队员万湧军   486

后　记   487

上篇

南昌市脱贫攻坚典型案例

一、乡村总结典型案例

党建引领多措并举　精准发力决战决胜
——新建区石埠镇西岗村特色脱贫工作之路

一、基本情况

西岗村隶属石埠镇，位于新建区西部，距镇 8 千米，距区城 22 千米，北临本镇霞源村，西接西山镇，南邻新丰垦殖场。全村共有 8 个自然村，10 个村小组。整村总户数 756 户，人口 2601 人，总面积 9675 亩，有耕地面积 3227 亩，水田面积 2679 亩，旱地面积 548 亩，山林面积 2980 亩，山塘面积 241 亩。全村建档立卡贫困户 38 户 100 人，其中享受低保 68 人，分散供养五保户 5 户 6 人，残疾人 20 人，享受 80 岁以上老人津贴 2 人，计生奖补 7 人，优抚补贴 2 人，孤儿补贴 1 人。

西岗村是"十三五"省定贫困村，脱贫前的西岗村道路坑洼、房屋破旧、环境脏乱、污水横流、黑灯瞎火，部分农民的思想滞后、动力匮乏、收入低。全面打响脱贫攻坚战以来，西岗村紧紧围绕"两不愁三保障"重点内容，按照"核心是精准、关键在落实、实现高质量、确保可持续"的要求，坚持党建引领，多措并举，精准发力，因户施策，逐步完成各项脱贫攻坚目标和任务。如今的西岗村发生了翻天覆地的变化，农业产业兴旺起来了，村容村貌变美变亮了，农民群众致富有精气神了，正昂首阔步迈入全面小康的康庄大道。

二、主要做法和成效

（一）党建引领，多措并举，确保全面脱贫

在脱贫攻坚工作中，驻村工作队率领西岗村"两委"干部，充分发挥党员和人大代表示范带头作用，实行"双找双联"工作机制，积极摸索"党建+"扶贫模式，以人为本，增加投入，强基固本，稳步推进，达到"真扶贫、扶真贫"的效果。

1. 发挥党建引领作用

通过印发手册、入户教育等各种形式，广泛宣传党的各项扶贫政策，激发困难群众和贫困户自我脱贫的内动力。认真解答脱贫攻坚的惠民政策，让贫困户对自己所享受的政策有本明白账，让扶贫政策家喻户晓。进一步引导贫困户树立勤劳致富、脱贫光荣的良好风气，使村风、民风提高到新的高度。

2. 高效精准结对帮扶

针对38户贫困户，结对帮扶单位建立由局领导挂点、中层干部全覆盖的精准结对帮扶模式，共派出党员干部45人，领导干部到点走访调研每年多达40余次，帮扶干部走访慰问年均超过6次。走访中，各个帮扶干部都能深入每一户贫困户家里，谈话交心，了解他们的生活和家庭收入情况，询问他们在医疗、就业和子女上学等方面遇到的困难；精心宣传讲解扶贫政策，鼓励他们坚定生活的信心，勇敢面对困难，依靠党和政府的扶持，勤劳肯干增加创收渠道，早日过上幸福的生活。每年传统节日为贫困户送上10万余元的资金和物质。

3. 精准识别不落一户

对照中央脱贫攻坚专项巡视"回头看"、国家成效考核、市际交叉考核、省级督查暗访等各类考核评估、督查巡察、审计监察等发现的问题认真梳理、查漏补缺、逐一整改、落实到位，并举一反三，提高质效，踏实做好脱贫攻坚的各项工作。重点完善各项资料和贫困户实时情况的信息，及时更新建档立卡信息系统管理，完善信息系统基础数据，确保与国库系统数据相吻合，规范"一证两册"填报齐全，建立健全贫困户、村、镇三级台账。通过日常走访，对38户贫困户"两不愁三保障"政策落实情况进行反复摸底排查，对贫困户享受健康、住房、民政、教育等政策补助情况进行比对核实，对未及时发放对象与区直职能单位沟通，确保发放到位；对贫困户精准问题进行再识别，确保无一个错退、无一个漏评，切实做到信息系统数据与实际相符。

4. 强化基础设施建设

通过上级财政拨付和社会资金引入，截至2018年底，精准完成22个扶贫项目，累计投入4000余万元，其中财政资金1700余万元。拆除"五类房屋"497处21023平方米，新建、改建农民住房57栋，其中贫困村危房24户；对无经济能力、无劳动能力的贫困户，均实施"交钥匙工程"；新建240平方米的爱心卫生室，配备7名医务人员，做到小病不出村而且贫困户健康档案齐全；新建集扶贫攻坚室、便民惠民服务站、图书室、党员活动中心于一体的600余平方米村民活动中心；全村改水756户，实现户户通自来水，且100%饮水安全；为13户无卫生厕所的贫困户兴建水冲式厕所，实现贫困户水冲厕所覆盖率100%；对38户贫困户房屋进行"两面光"改造，提高贫困户人居环境质量。

5. 产业扶贫收益稳定

2016年，西岗村引进南昌禄祺实业有限公司，累计投资1600万元，打造千亩芦笋种植基地和梦回田园牛蛙养殖基地。"双基地"的蓬勃发展，为西岗村脱贫攻坚提供坚实保障。

一是带来租金收入。2016年流转贫困户土地126.02亩，每年为贫困户增收6.3万元。二是助力贫困户就业赚薪金。作为西岗村产业扶贫基地，解决贫困户就业14人，每人每天100元，人均年增加收入1500余元。三是获得股金收入。全村38户贫困户全部加入合作社，贫困户授信发放贷款20户78万元，符合条件的贫困户授信率为100%，实现了贫困户产业全覆盖，其中12户60万元贷款以合作社名义入股芦笋基地，每年可分红8.6万元，使得脱贫贫困户享受分红800元，未脱贫贫困户享受分红1200元。

（二）精准精细，巩固提升，保障脱贫成色

以改善村容村貌、提升人居环境质量、实现贫困人口稳定脱贫，"两不愁三保障"水平持续得到保障，内生动力增强，传统美德、文明风尚得以弘扬为目标，持续推进脱贫攻坚提升工程，切实做到摘帽不摘责任、不摘政策、不摘帮扶、不摘监管等"四不摘"。

1. 提升村级治理能力和水平

一是提升村级组织能力。加大村支委后备力量建设，2019年发展了2名年轻党员。二是提高村委治理水平。建立村民理事会、村民议事会、道德评议会、红白理事会等协商组织，同时充分发挥农村老党员、老干部、老退伍军人在完善村规民约、化解村民矛盾、加强思想教育等方面的作用。三是加强基础设施建设。实现贫困村所有村民小组通水泥路，全部解决贫困村建档立卡贫困户饮水安全和所有村民的用水、用电及通信网络问题。四是加大公共服务投入。率先在全区建成运行"爱心超市"；新增公共厕所2座，全村公厕达13座；进行户用卫生厕所改造建设90户，实现整村"厕所革命"达90%以上。五是塑造美丽村级环境。聚焦村容村貌，循序渐进开展"五房"拆除，累计拆除20余栋。

2. 坚持为民服务办好实事

一是推进教育扶贫精准对接。让全村14户22个贫困户子女无一例失学、厌学、辍学现象。二是推进健康扶贫巩固提升。确保贫困患者住院医疗自付费用控制在10%以内，住院报销率100%；先后为贫困户22人办理门诊慢性病，医疗保险覆盖率100%，家庭医生签约率100%；严格"七免三先一后"，减轻贫困户就医经济压力；落实一站式服务，减少贫困户就医、报销流程。三是推进住房改造稳固安居。通过结对帮扶单位筹集资金，加强所有贫困户住房加固和维修，提高人居环境和日常生活质量。四是推进产业扶贫提质增效。积极争取国家扶贫项目基金201万元，扩大建设石埠镇西岗村芦笋基地大棚120个，流转耕地60余亩，助力贫困群众脱贫增收。五是促进就业扶贫拓展扩面。在安排18个区、镇公益岗位的基础上，新设立4个村公益岗，帮助贫困户增收脱贫；对贫困户外出务工交通补贴及时并全部发放到位。

3. 大力弘扬乡风文明公约

一是纠正陈规陋习。大力倡导健康文明生活方式，弘扬敬老孝老文明新风，传承良好家风，倡导喜事新办、丧事简办的文明风尚。二是激发内生动力。积极推行"积分改变习惯、勤劳改变生活、环境提振精气神、全民共建好乡村"帮扶模式，积极管理运行"尚德小屋"的"爱心超市"，激发贫困群众内生动力。三是开展教化感颂党恩活动。坚持促进扶贫与扶志并行，物质与思想脱贫同步，扎实开展"三讲一评"颂党恩活动，得到了贫困户的大力支持和积极参与。在赶比超的氛围下，贫困群众"等靠要"思想有明显好转、精神面貌有明显提升，村庄环境卫生有明显改善，西岗村受到了各级领导的高度评价和充分肯定，也多次接受了其他兄弟单位的学习参观，取得了良好的社会和经济效果。

三、经验启示

西岗村在脱贫攻坚工作中，通过加强组织领导、健全完善工作机制，促进各项精准扶贫、精准脱贫政策措施有效落实，取得了脱贫攻坚战的全面胜利。西岗村脱贫为我们带来几点启示：

一是落实责任是基础。脱贫攻坚工作，落点在基层，关键靠基层，基层党组织能否充分发挥脱贫致富的引领带动作用，对打赢脱贫攻坚战至关重要。

二是建强组织是保障。西岗村实践证明，抓好基层组织规范化建设、整顿软弱涣散党组织、发展集体经济和壮大支柱产业等重点工作，实施"党建引领、增收致富"行动，探索推广"党支部＋合作社"、"一对一"结对帮扶等党建促发展工作模式，可有力增强基层党组织自我发展功能和带领群众脱贫致富实力。

三是抓好产业发展是重点。西岗村围绕增加贫困群众收入这个核心，依托自身优势，科学布局，积极引进带动力强、组织化程度高的龙头企业，推进集约化经营，探索企业与贫困户的利益联结机制，延长产业链，提高附加值，做大做强产业，增强"造血"功能，实现稳定脱贫。

四是群众参与是根本。打赢脱贫攻坚战，归根结底要靠贫困群众自力更生、艰苦奋斗，发挥脱贫攻坚中的主体作用。因此，要注重激发贫困群众内生动力，把群众组织起来、发动起来，引导他们依靠自己的辛勤劳动实现脱贫，坚决克服依赖心理和"等靠要"思想。

强化责任抓落实　精准举措助脱贫
——新建区昌邑乡窑西村脱贫工作纪实

一、基本情况

窑西村为"十三五"省定贫困村，位于新建区昌邑乡西北部，距新建区政府58千米，距昌邑乡政府1.2千米，毗邻赣江，处鄱湖之滨。全村土地总面积8250亩，耕地面积2497亩，水面120亩，山林面积100余亩，人均农田面积1.9亩。下辖袁家、西房陶家、韩家、勒家、樟树高家5个自然村，总户数376户，总人口1285人，常住人口372人。村"两委"班子成员7人，平均年龄48.5岁。有党员43名，60岁以上15人，35岁以下6人，外出流动党员21人。共有建档立卡贫困户14户，贫困人口33人，残疾人47人，低保户92人。2018年，窑西村实现了"户脱贫、村退出"工作目标，省定贫困村窑西村顺利摘帽。

二、主要做法和成效

（一）加强村庄基础设施，筑牢脱贫攻坚之基

1. 推进基础设施提升

2017—2019年，窑西村加大基础设施建设的力度，整体推进村容村貌的提升。一是全面改善道路交通条件，在完成所有自然村组通水泥道路的基础上，2019年投资600余万元对村中心公路进行拓宽沥青改造建设，争取到区3个新农村点位建设，对全村村民实施"户户通"水泥路工程，解决村民出行不便问题。二是投资20余万元对村原有自来水管网进行优化改造，不断提升窑西村供水保障能力和水平，全面解决建档立卡贫困户饮水安全问题。三是提升优化农电网路及灌溉设施，结合村民农业用电需求，对变压器进行功率提升更换，增加了两台变压器，对两个排灌电站进行了设备检修维护，投资10万元对西房陶家村前渠道进行了整治，

确保全村村民生产、生活用电和农田灌溉需求。

2. 推进公共服务再提升

对照"功能健全、便民惠民、管理规范、运转高效"的农村公共服务体系建设要求，对村卫生室、励志小屋、农家书屋、村公厕、文化活动中心等公共服务场馆，按照有制度、有标准、有队伍、有经费、有督查的"五有"机制进行管理维护，提升了服务群众的能力和水平。

（二）教育、健康和危改齐发力，提高贫困群众保障能力

1. 推进教育扶贫精准对接

配合乡教办加强"控辍保学"工作。截至2019年底，窑西村无适龄儿童辍学，所有贫困儿童都享受了教育补助。

2. 推进健康扶贫巩固提升

全村建档立卡贫困户住院治疗享受90%的报销比例，符合办理慢性特殊病门诊的贫困患者，都给予办理。目前全村共有17名患病贫困户办理了特殊病门诊，每年可为每名贫困患者减轻5000元看病支出。

3. 推进危房改造稳固安居

全村14户建档立卡贫困户，先后有8户享受危房维修，4户享受危房重建，其中1户贫困户享受"交钥匙工程"。目前，所有贫困户住房均安全，A类住房有8户，B类住房有6户。

（三）抓产业根本，提升贫困群众脱贫能力

1. 推进产业扶贫提质增效

对照"五个一"产业扶贫模式和"一领办三参与"产业合作模式，窑西村积极探索发展适合自身实际的特色产业。2017年建成养羊扶贫产业基地，2018年建成稻鳝养殖产业基地，2019年建成两个稻虾、稻蛙养殖产业基地，通过发展生态立体养殖来调整农业产业结构，增加村民收入，发挥新型农业经营主体带贫作用。通过采取生产奖补、劳务补助、以工代赈等方式，建立贫困户稳定增收利益联结机制。为保障贫困户产业扶贫资金需求，对全村14户建档立卡贫困户进行了评级授信工作，2017年至2019年对符合条件的7户贫困户发放了14.9万元小额信贷资金。根据《新建区产业扶贫直接奖补实施办法》要求，对符合条件的6户贫困户落实了10820元产业奖补资金。

2. 促进就业扶贫拓展扩面

根据"美丽窑西"建设要求，积极开发公益性扶贫岗位，用于安排贫困户就业，先后安排7户贫困户参与村公路养护、村庄保洁、护林护绿、安全巡护等工

作，引导有劳动能力的贫困户外出务工或到村产业基地务工，帮助贫困户增收致富。目前，有4户贫困户在外务工，其中3人享受了外出务工交通补贴。

3. 培育创业致富带头能人

积极培育创业致富带头人，建立致富带头人创业项目减贫带贫机制。目前，共培育陶小吉、徐祥生、袁展伙等3名创业致富带头人，每人带动3户贫困户脱贫。

（四）提升村级治理能力和水平，全力服务贫困群众

1. 提升基层组织能力

窑西村以创建"五好"党支部为抓手，以"抓党建、促发展"为工作主线，强化"党建＋"理念，采取"1+1+1"支部联建方式，即班子队伍一起抓、思想观念一起带、脱贫攻坚一起干。定期走访困难党员家庭，建立困难党员帮扶机制，激发他们投身农村工作的热情；认真开展廉政教育，组织学习党纪条规，确保党员无违纪、违法现象发生。通过加强支部建设，增强了党员带领村民发展致富的能力，极大激发了贫困群众脱贫攻坚的内生动力。

2. 提高基层治理水平

为构建自治、法治、德治相结合的村庄治理体系，建立了村民理事会、村民议事会、道德评议会、红白理事会等协商议事形式，丰富村规民约内容，并通过展板、条幅、文化墙等予以展现。同时充分发挥农村老党员、老干部、退伍军人在完善村规民约、化解村民矛盾、加强思想教育、完善治理体系等方面的作用。

3. 壮大村级集体经济

依托资源优势，窑西村积极探索多元化发展模式，分别于2017年建成养羊扶贫产业基地，2018年建成稻鳝养殖产业基地，2019年新增了稻虾、稻蛙养殖，通过建好基地出租给专业合作社和社会能人经营，推动村资源变资产、资金变股金、农民变股东改革，从而实现村民增收和村集体经济不断壮大。

（五）抓好乡风文明建设，激发贫困群众内生动力

1. 纠正陈规陋习

大力倡导健康文明生活方式，积极开展"三讲一评""脱贫奋进之星""最美贫困户""六好农户""身边好人"等评选活动，通过"党建＋"树文明新风，开展"讲文明、除陋习、树新风"为主题的系列主题党日活动。通过党员干部带头树新风来弘扬敬老孝老文明新风，传承良好家风，倡导喜事新办、丧事简办等文明新风尚，大力开展殡葬改革，建设了村公墓。大力推行爱国爱乡土教育，抵制封建迷信，防范宗教思想渗透。通过讲政策、讲帮扶、讲成效、集中民主评议、开展活动引导群众"听党话、感党恩、跟党走"。

2. 激发内生动力

为激发广大贫困群众脱贫致富内生动力，每月至少开展一次贫困户座谈会，讲政策、讲帮扶、讲成效，对贫困户表现进行集中评议，组织贫困户开展集体劳动。通过采取集中座谈教育和集体劳动的形式，由干部带头领着干，贫困户只要参加就有积分，凭积分到爱心超市兑换日常生活物品，引导贫困户从思想上和行动上养成勤奋劳动的习惯，摒弃"等靠要"和"比看怨"思想。贫困户参与活动的积极性和主动性逐渐升高，达到了既富口袋又富脑袋的效果。

三、经验启示

（一）推进产业发展

要进一步深入挖掘贫困村、贫困地区内部增收潜力，开辟新的增收渠道，来实现农民增收。同时发挥好贫困地区的资源优势，大力培植特色产业，大力推进产业化经营，大力发展乡村旅游业，积极培育现代农业生产经营主体，扶持和培育一批农业龙头企业和农民专业合作社，增强产业辐射带动能力，促进贫困人口增收致富。

（二）加强贫困户的素质培训

狠抓贫困户的农业实用技术培训、创业培训，着力提高贫困户的综合素质和增收技能。要通过发挥特色产业的带动作用，辐射全村贫困户，增强贫困户的凝聚力和积极性，实现贫困户依靠产业发展、依靠自身努力走上一条富裕之路。

（三）提高思想认识

进一步强调和明确扶贫工作的重要性。坚持不懈地抓好扶贫开发各项工作，让贫困群众与全国人民一道进入全面小康社会，是各级党委、政府义不容辞的历史使命和政治责任，也是对扶贫干部宗旨意识和能力作风的最好检验。

精准为要促脱贫　创新为先助攻坚
——湾里区罗亭镇开创富裕式脱贫道路

一、基本情况

2014年以来，罗亭镇党委、镇政府以脱贫攻坚总揽全局，以"两不愁三保障"为目标，以"六个精准"为基本要求，围绕"五个一批"脱贫措施，全面深入开展"十大精准帮扶行动"，从战略和全局高度重视建档立卡贫困人口数据质量，充分认识到做好建档立卡贫困人口数据工作的重大意义，全力做好扶贫对象动态管理工作，有效确保了建档立卡贫困人口数据质量，为全面践行落实各项扶贫政策，全心全意为贫困群众服务，全面、胜利、高标准完成脱贫攻坚的各项任务。

二、主要做法和成效

（一）强化组织领导，常态化统一部署、统一调度

扶贫工作开展以来，罗亭镇高度重视，常态化组织召开脱贫攻坚工作部署会，学习传达上级扶贫办有关工作精神，细化责任分工，迅速行动。要求各村、社区书记为第一责任人，保证各项扶贫工作有序推进。尤其在2020年新冠疫情影响的情况下，全镇统筹开展疫情防控与脱贫攻坚工作。通过全镇群众总动员，做到群防群治，实现全镇疫情零感染胜利。疫情防控期间优先保障贫困户生活，及时为贫困群众排忧解难，做到因户因人精准施策，妥善解决贫困群众生活、生产需要和学习、防疫需要，为贫困户配发一批口罩、消毒水防疫物资，购买学习用品、农业生产物资，有效化解疫情带来的各种影响和风险。

（二）稳定扶贫队伍，强化业务培训

面对贫困人口面广、信息采录难等问题，进一步建立健全联络制度，壮大扶贫工作队伍，逐级明确责任人，确保建档立卡有人管、不脱节。及时增加镇、村

级扶贫人员 2 名，配备专职镇级系统管理人员 2 名，专门负责指导各村全面做好建档立卡贫困人口数据库管理和维护工作。专门配备责任心强、电脑操作水平高的干部担任扶贫专干和系统管理员，负责建档立卡贫困人口数据采录和信息维护工作。同时，对系统管理人员进行专题培训，进一步规范操作及采录的方式方法，对频发的问题区分类别，分析影响因素，利用有效手段，解决数据质量存在的突出问题。

（三）高质量建档，加强督导检查，严把数据质量

严格按照贫困户进出程序，采取入户调查、群众走访、民主评议、各行业大数据比对进行纳入分析，对疑似问题及时进行反馈，不断提高建档立卡数据质量。扎实开展入户摸底调查工作，确保采录的各类扶贫数据真实、准确，与贫困户家庭实际情况完全一致。为提高建档立卡贫困人口数据质量，还定期组织镇行业部门进行数据比对，并针对系统反馈的问题数据统一进行解答，统一组织修改清洗。及时对清洗修改后的系统数据再次进行抽查检查，对发现的问题进行通报并下发整改通知，限期进行整改，坚决防止弄虚作假，确保线上线下情况一致，做到账账相符、账实相符，全镇扶贫开发建档立卡贫困人口信息系统高效运转。严格按照上级政策要求做到建档信息采集"信息真实、数据准确、逻辑合理"。同时镇扶贫办对各村扶贫工作进行督导，针对扶贫工作进展情况、标准程序执行情况、贫困纳入退出质量和信息采集准确性等，开展业务指导、督导检查和全面自查，查找建档立卡工作过程中存在的不严不实不细、数据不准问题，及时进行修改完善。

（四）精细化施策，贫困户政策享受不落一人

脱贫攻坚战打响之后，罗亭镇面对集体经济弱、内生动力差等实际困难，综合剖析现状、逐户梳理问题，结合贫困户致贫原因、产业发展、政策落实、家庭收入、发展意向等方面，为全镇贫困户制订脱贫计划，因户分类施策，变大水漫灌式帮扶为精准帮扶到户到人，让脱贫退出更有底气。贫困户政策享受不落一人，逐一进行核对。一是落实教育扶贫政策。全镇在校生 100 余人全部享受教育"两免一补"政策，其中享受"雨露计划"累计 21 人次，共发放"雨露计划"补助款 6 万余元。二是落实医保政策。贫困户的医疗保险及重大疾病保险由政府负担，自 2014 年医疗报销累计 294 人次，共报销贫困户医疗费用 290.57 万元，个人负担控制在 10%以内。三是落实住房保障政策。全镇落实危房改造 92 户，其中新建 39 户、房屋维修 53 户。改水改厕，实现建档立卡贫困户全覆盖。解决 8 个村小组自来水安装改造，净水器安装 59 户。四是落实就业政策保障。全镇就业扶贫累计安排就业培训 10 余次，组织招聘会 6 场，安置公益性岗位 300 余个。五是落实产业帮扶政策。

名山村继续健全蔬菜基地设施，带动贫困户就业 10 人；义坪村新增政通花卉基地，带动贫困户就业 10 人；罗亭葡萄产业扶贫基地完善了双方的权利和义务，该项目正有力推进中，目前已有 8 户贫困户达成就业协议，预计 3 个村分红 18.6 万元。六是积极改善基础设施。安排基础设施项目 120 余个，投入资金 4323 万元，极大地改善了当地生产生活条件。

（五）亲戚式帮扶，"三讲一评"、扶贫扶志齐绽放

2018 年以来，罗亭镇出台《党建+脱贫攻坚实施方案》，以全镇机关干部、村干部对接挂户形成结对帮扶，每月以走亲戚方式对贫困户帮扶、开展"三讲一评"，帮助贫困户树立正确的人生观、价值观、生活观。挖掘贫困户自身发展潜力，激发贫困户脱贫内生动力。一是加大政策宣传力度，改进宣传方式，用老百姓听得懂的语言进行宣传，让贫困户明白与自身利益相关的政策。二是积极引导贫困户自主脱贫。全镇根据不同贫困户的家庭情况，分析贫困原因，找准切入点，举全镇之力为其谋划脱贫的长远路子，早日奔小康。三是以义坪美蓉志愿社及感恩教育基地为载体，组织贫困户到义坪参加学习，加深体会，改陋习，转观念，树立积极健康的人生追求，使政府要其脱贫变成自己主动脱贫致富。四是"脱贫动力加油站"全镇践行，共建成 5 个"爱心超市"。深入推进"爱心超市"建设，探索建立反向约束机制，扶贫同扶志相结合，切实转变贫困群众的"等靠要"思想。把贫困户行为纳入激励、约束机制中来，以积分的形式计算各自得分，以分值兑现有价物资或心愿，使脱贫更具可持续内生动力。运行以来，效果明显，贫困户家庭环境整洁多了，也主动参与公益活动，心态更端正，树立了积极的脱贫心态。五是进行罗亭榜样——脱贫奋进之星评选，评选了 8 名脱贫奋进之星，有力宣传弘扬脱贫正能量，用身边的榜样人物激励、带动大家一并奋进小康社会。

（六）高质量脱贫，实现全面小康共富裕

2020 年罗亭镇贫困户为 158 户 406 人，人均纯收入由 2014 年的 3838.33 元提升至 2019 年底的 10648.98 元，增幅 277%；严格执行"九有"即有稳固住房、有饮用水、有电用、有路通自然村、有义务教育保障、有医疗保障、有衣被、有电视看、有产业就业覆盖、有收入来源或最低生活保障，"一超"即收入超过国家贫困线（2020 年国家标准每人每年 4000 元）脱贫标准。退出按照预退出、精准扶持、摸底调查、民主评议、入户核实、公示公告、批准退出等七道程序执行。强化对贫困人口的兜底保障，加强对其进行分类救助，让他们得到精准帮扶，解除其后顾之忧，从而不断缩小贫富差距，确保公平正义，促进和谐稳定，实现高质量发展与共同富裕的目标要求。

三、经验启示

（一）思路能对头，工作有方向

思路决定出路。深入推进抓党建促脱贫攻坚工作最基本的是要整理工作思路，使各项工作有章可循、有序推进。推动工作中着力筑牢脱贫攻坚组织保障、队伍保障、制度保障、基础保障，为抓党建促脱贫攻坚描绘出清晰脉络。

（二）支部有力量，脱贫有希望

农村要发展，农民要致富，关键靠支部。坚决打赢脱贫攻坚战必须把党支部扶贫一线的领导核心作用发挥出来。在推进脱贫攻坚工作中，始终把党支部建设作为重要的基本建设，着力选优派强村党支部班子，改善班子结构，调整人员力量，开展经常性教育培训，规范履职行为，不断提升引领发展、服务群众的能力和水平，引导村级班子始终保持大打脱贫攻坚战的强烈劲头，推动党支部既能干事又能成事，说话有人听、办事有人跟，真正成为脱贫攻坚的领头雁、顶梁柱和主心骨。

（三）党员作表率，群众跟着干

农村党员是广大群众中的先进分子，不但要带头致富脱贫，还要带富帮富，充分发挥先锋模范作用。从实践来看，只要党员带头干、争着干，群众就有了标杆、有了方向，才能真正聚起来。真正把党员聚在产业链，带头落实惠农政策，帮助贫困群众发展富民产业，在脱贫攻坚主战场看得到党员的身影、听得到党员的声音、见得到党员的作为。

（四）作风是保证，扶贫须"绣花"

推进深度贫困地区脱贫攻坚，必须采取超常规举措，坚持精准扶贫精准脱贫基本方略，开展精细精确精微的"绣花"扶贫。坚持把作风建设贯穿脱贫攻坚始终，推动干部队伍以"绣花"功夫抓扶贫。特别是狠抓扶贫一线干部队伍建设，坚持高标准、高起点选派干部人才，建立正向激励和反向惩处的激励约束机制，强化干部作风。

多措并举精准发力　抓铁有痕率先脱贫
——湾里区招贤镇脱贫工作总结

一、基本情况

招贤镇建档立卡贫困户160户384人。贫困户年人均收入大幅增长，2014年度人均收入3068元，2019年度人均收入达到14371.8元，增长近4.68倍。2020年，全镇顺利完成全面脱贫攻坚任务。

二、主要做法和成效

（一）铁石留印抓宣传

积极拓展扶贫宣传的形式和途径，通过第一书记和驻村工作队进村入户为群众面对面宣传扶贫政策90余次，发放各类宣传资料1600余册，利用电子信息屏等宣传扶贫政策70余次，各村设置固定宣传栏30余块，为脱贫攻坚各项工作顺利开展营造浓厚的舆论氛围。

（二）铁心硬手抓落实

一是教育扶贫方面。所有义务阶段贫困生均享受"两免一补"政策，全镇建档立卡贫困户160户384人，核对各村贫困学生名单和基本信息，2020年春季建档立卡在校学生102人（其中小学37人，初中36人，高中15人，中职10人，高职1人，大学3人）。

二是健康扶贫方面。全镇160户贫困户均免费享受260元的城乡医疗保险和330元的重大疾病补充保险，覆盖率达到100%，无一遗漏。

三是危房改造方面。2017年全镇建档立卡贫困户危旧房改造9栋，其中拆旧建新无房户新建6栋，共补助22.8万元，维修加固3栋，共补助2.1万元；村级维修加固3栋，共投入约3.7万元。2018年全镇建档立卡贫困户危旧房改造共5

户,其中拆除重建4户(乌井村2户、垵上村2户)、异地新建1户(垵上村1户)。2020年无危房改造。

四是产业扶贫方面。落实市级、区级光伏扶贫发电站贫困户23户户站,东源村1个村站。实现贫困村产业扶贫项目(东源村售货长廊和售货亭)增收8万元。2020年小额信贷目前已发放19户76万元。

五是就业扶贫方面。全镇贫困户有劳动能力人数为195人,其中179人就业,16人出于身体原因或个人无就业意愿暂未就业。

六是安全饮水方面。全镇贫困户饮水之前按照市标准检查全部合格,现严格按省办GB5479指标检测,共22户贫困户家中山泉水和井水不达标,其中3户已安装净水设备,19户纳入完善农村安全饮水项目,已安排专人对水质再次进行检测。确保每一户贫困户饮水安全。

七是省定贫困村脱贫成效进一步得到巩固。省定贫困村一个即东源村,在2017年紧扣贫困村退出"九大指标"体系验收目标,下狠劲、破难题,全面按时完成了扶贫项目共20个,计划总投资为617万元。20个项目已全部完成结算评审,评审后总资金为628.240029万元,已拨付资金625.913104万元,约占评审后总资金的99.62965%(其余为少数项目质保金未付)。东源村2018年扶贫项目共7个,计划总投资为419.8万元。7个项目结算评审后总资金为360.81111万元,已拨付资金360.594781万元,约占评审后总资金的99.94%(其余为少数项目质保金未付)。2019年扶贫项目共1个,计划总投资为30万元,已拨付资金30万元,占总资金100%。2020年扶贫项目共3个,计划总投资70万元,已拨付资金129732.95元,占总资金18.5%。

(三)铁壁铜墙抓整改

对于中央、省、市、区督查发现的问题,镇领导高度重视,立即部署整改工作。2019年针对"三落实""三精准""三保障"3个问题、"十三五"期间脱贫攻坚核查11个问题、上级纪委监委督察组及区挂牌督战7个问题、中央脱贫专项巡视"回头看"反馈意见、"不忘初心、牢记使命"主题教育检视问题、2019成效考核三大类8个问题均已全部整改到位。

(四)铁面无私抓问责

一是坚持领导责任制。实行"一把手"负总责,分管领导抓落实的脱贫攻坚责任制。严格按照"四个一"工作要求,即一周一调度、每半月一督察、一月一通报、一季一评比,确实将脱贫攻坚工作列入重要的议事日程。

二是层层签订军令状。2020年减贫任务为11户22人,涉及6个行政村,招贤镇通过层层压实责任，与相关6个村签订脱贫责任状，将攻坚任务、责任、时限分解下达到各行政村、各部门，已顺利完成了减贫任务。

三是强化脱贫攻坚考核。出台了脱贫攻坚成效考核办法、村扶贫专干考核管理细则，明确了各村第一书记、帮扶责任人、扶贫专干的脱贫攻坚责任，建立了完善的责任体系。

四是建立党政联席会议制度。每周的党政联席会第一个议题就是脱贫攻坚工作，及时掌握情况、发现问题、解决问题，随时进行专题调度和专题学习；同时通过以会代训的方式对村第一书记和书记、主任进行提问。对情况不熟、工作拖拉的村第一书记和书记、主任给予绩效扣分。2020年因脱贫攻坚事项扣分累计6人，切实发挥基层干部能动性，整顿工作作风，确保完成了脱贫攻坚各项工作任务。

五是推动督查机制常态化。每周扶贫办联合镇督查室下到各村对村级资料户档、公示牌和整改情况，对贫困户家公示牌上墙和相关资料等进行督查，发现问题则及时下发督查单，限期整改到位。2019年上半年全镇下村督查10余次，确保各项资料完整规范。

（五）铁鞋踏破抓创新

一是"两个结对"帮扶力度进一步加大。结合招贤镇实际，经镇党委、政府研究决定，根据2019年下发的《关于在镇科级领导干部、机关党员中开展结对帮扶的通知》，按照蹲点及调整的原则，该镇对更换的人员进行及时调整，确保每户贫困户都有一名领导干部结对帮扶。

二是干部水平迈上新台阶。①定期召开脱贫攻坚培训会。每周的党政联席会及时做好脱贫攻坚的专题学习；每月定期召开扶贫专干学习会，学习近期习近平总书记关于脱贫攻坚工作讲话和传达国家、省、市、区相关文件精神。②组织开展全镇脱贫攻坚座谈会。邀请区扶贫办领导来培训座谈，化解基层干部在扶贫工作中存在的疑问，提高基层干部脱贫攻坚工作的业务水平。③组织脱贫攻坚知识竞赛。联合党建、农业和脱贫攻坚集中出题，对表现突出的6个单位进行奖励。

三是扶贫扶志取得新成效。①"爱心超市"全覆盖。对有贫困户的村级，做到了"爱心超市"全覆盖，贫困户通过每月的积分可以免费领取生活用品，进一步激发了贫困户内生动力，发挥其主观能动性。②不定期组织最美人物评选活动。通过对脱贫攻坚榜样人物及时宣传报道，激励更多的贫困户克服"等靠要"思想，树立自力更生、主动脱贫的思想意识，努力营造勤劳致富的浓厚氛围。

三、经验启示

(一)推进脱贫攻坚工作常态化

把脱贫攻坚作为头等大事予以重视:一是抓全镇干部的学习教育;二是抓好各项政策的落实;三是抓实每一次督查整改。

(二)狠抓环境提升工作

通过水环境治理、"厕所革命"、新农村建设、秀美乡村和其他脱贫攻坚项目的建设,进一步改善农村生活环境。通过"爱心超市"的营运,进一步强化贫困户家庭卫生意识,优化贫困户居住环境。

(三)层层压实扶贫责任

扶贫责任落实到人,对已脱贫的进行巩固提升,重点对剩余未脱贫贫困户进行一对一帮扶,确保2020年实现全面脱贫。

(四)积极探索扶贫产业

立足于各村林多地少的实际,积极争取多方支持,发展相关产业,通过能人领办、村干部、村民及贫困户三方参与的形式,组建农村合作社,努力打造出健康绿色的自有品牌,达成农民增收、贫困户脱贫、村集体经济收入增长的目标。

(五)加大扶贫扶志宣传力度

启动全镇"爱心超市"工作,并按月度推进评选工作常态化;利用村级公示栏定期张贴农民身边脱贫典型案例,营造"我要脱贫"氛围;组织帮扶工作队伍,定期进行脱贫攻坚等相关政策宣传,扭转贫困户观念,激发贫困户自力更生思想。

"5个3"工作法 让百姓尝甜头有奔头

——南昌县冈上镇合山村摸索出特色扶贫工作法

一、基本情况

合山村在集镇北部,距中心集镇约4千米,总面积7.26平方千米,全村农户678户3329人,党员106名,可利用土地面积10000余亩,其中耕地面积7580亩、水域面积3000余亩。一直以来合山村都是以农业耕种为主,产业结构单一、村民增收困难、基础设施建设滞后、村居生活环境较差、社会治安问题较为突出,部分贫困群众"等靠要"思想严重,2014年被列为"十三五"市定贫困村,由南昌市直机关工委对口帮扶。

近年来,合山村紧紧围绕"脱贫致富智志双扶、村居社会环境同治"的核心思想,通过推行"5个3"工作法,下沉式识别帮扶、高强度宣传教育、谋长远发展产业,全面提升了贫困村村民思想认识,彻底剜除贫困群众的思想"沉疴",营造了良好的脱贫致富氛围,极大地巩固了脱贫成效,推进了脱贫攻坚与乡村振兴有效衔接,共奔小康道路越走越宽。

二、主要做法和成效

(一)"走看问"精准识别赢民心

为扣好扶贫对象识别和动态管理工作的第一粒"扣子",紧紧围绕"零漏评、零错评、零错退"的目标要求,合山村采取了"三走三看三问"措施,由驻村工作队、乡包村干部、村"两委"成立"专班",对全村各类低(五)保户、大病户、贫困户等进行入户调查,通过"走村看户问村民、走户看房问实情、走访看细问邻居",做到家家到、户户清,充分掌握村民和贫困户家庭成员构成、健康状况、住房情况、家庭收入、生产生活和困难状况。实行"谁入户、谁调查、谁签字、谁负责"责任制,对调查情况群众有异议的,进行再入户、再调查、再识别,确保调查结果细、准、全、实。在5个村民小组悬挂举报箱,开通举报电话,主动接受社会和村民的监督,确保精准识别与退出工作公平透明、群众满意。全村建档立卡贫困户12户,贫困人口31人,对照"两不愁三保障"指标和退出程序,先后于2016年脱贫5户9人、2017年脱贫2户6人、2018年脱贫5户16人,2017年底合山村通过考核脱贫摘帽退出贫困村行列。

(二)"结找定"一户一策见真心

依托网格化管理体系,开展帮扶干部走访、工作队家访、村干部巡访、村小组长随访"四访"全覆盖,通过"结对子、找根子、定方子",即帮扶单位干部、村干部均与贫困户"双结对",共同深挖查找每户致贫原因与症结所在,并针对各户的不同资源情况和发展潜力,开展到户"一对一"精准施策,先后为12户有劳动能力的贫困家庭共17人通过公益性岗位安排就业,新冠疫情期间帮助1户自主经营农资化肥销售的贫困户申办开门营业手续并争取到1万元免息小额信贷,为8户争取落实产业直补资金1.3万余元等,有力确保帮扶帮到点上、扶到根上。

(三)"宣教评"激发动力能交心

用好宣传教育法宝,结合省级法制示范村、市级文明村镇创建,发挥党员活动之家、农家书屋、村文化活动中心等新时代文明实践站作用,大力开展形式多样的政策宣讲、评选表彰"最美保洁员"先进典型和农村农业实用技术技能培训等活动,引导贫困群众树立自强意识。总结提炼心合、人合、力合、事合的"和合"村级文化元素,编制合山村"新三字经",加大优秀传统文化教育熏陶,用好村广播站16个"大喇叭"做好各类宣传,配置"智慧法律明白人"自助服务终端满足村民法律知识需求。依托扶贫"爱心超市",围绕日常生活表现、主动脱贫意识、发展生产自立等6个方面,每2个月一次开展上门入户现场考核评分,并按照"以奖代补、多劳多得"原则兑现奖励近1万元。组织开展以"感恩奋进争脱贫,携手共圆小康梦""话脱贫、谈变化、感党恩"等为主题的"三讲一评"感恩教育活动5次,持续激发贫困群众内生动力,强化正面引导激励作用。

(四)"修建改"提升环境更贴心

加强基础设施建设,先后开展道路硬化、灌溉渠维护、环村公路护坡、村人行道改造、村庄环境整治、殡葬改革"千秋堂"等工程施工20余项。争取上级资金完成对万冈公路沿村合山段6千米公路"白改黑",全村内外道路得到全面提升和改造。投入500余万元,推进公共下水道改造工程建设,建成两座共150千瓦村级污水处理站,实现雨污分流、暗沟排水、集中处理。实施改厕、改水、改院、改立面"四改",美化村民房屋外墙280栋,拆除危旧空置房和废旧鸡鸭棚6000余平方米,全面完成旱厕改水厕。新建120余平方米的村级卫生室,改善提升村级小学办公教学大楼内外环境,建成村民休闲健身广场5个,先后为8户贫困户进行危房改造,极大地改善了村居环境,提升了村民幸福感、获得感。

(五)"合引股"输血造血树信心

围绕解决村集体经济薄弱、无村集体产业项目的"空壳村"问题,加大产业扶贫建设力度,逐步走出了一条"三种模式、三轮驱动"的长远产业扶贫之路。通过推行"龙头企业+贫困户"产业扶贫模式,推动在村发展的龙头企业与贫困户关联全覆盖,每年可促进贫困户增收1000余元;与江西聚花丛农业种植有限公司合作,推动花卉产业扶贫大棚工程项目落地,当年就为村集体经济实现增收20余万元,与上年相比增收4倍多,解决全村富余劳动力60余人就近务工,人均实现月收入3500元以上,公司与农户双赢目标初步实现;尝试通过与县城投和中石化以"合作股份"方式建设扶贫加油站项目,村集体占股10%,利润收益分成保守估计每年可为村集体增收60余万元,进一步推动村集体经济的持续壮大,切实让贫困群众从产业发展中增收获益。

通过不懈努力,合山村的经济社会发展面貌发生了巨大变化,基础设施明显改善,人居环境全面提升,扶贫产业逐步壮大,一幅环境优美、四季花开、人心安定的繁荣景象,让合山村村民从此掀开了脱贫致富奔小康的新篇章。

三、经验启示

强化产业扶持,增强发展致富后劲。脱贫关键是找到致富路,发展产业不仅是实现精准脱贫的根本之策,更是奔小康的长久之计,要始终把产业发展作为实现脱贫的治本之策。

一是要围绕当地特色产业做文章。要立足贫困地区资源禀赋、产业现状、市场空间、环境容量、新型主体带动能力和产业覆盖面的基础,因地制宜规划发展特色产业,加快培育优势特色主导产业。聚焦扶贫项目,实现资金精准投入、精准使用,保证产业扶贫项目精准带动、脱贫任务精准量化、落实到户精准受益。

二是要完善产业扶贫模式。要发挥农村牧区新型经营主体带动作用,培育壮大贫困地区种养大户、农民合作社、龙头企业等新型经营主体,积极引导、支持和激励新型经营主体发挥资金、技术、市场、管理等优势,创新"扶贫+N"的模式,更好带动贫困地区经济发展和贫困人口脱贫增收。

三是培育重点项目。要培育扶贫龙头企业,发展扶贫重点项目,推动集体经济发展,要利用企业与农户整体流转、保底分红、折股分红等利益联结方式,发挥辐射效应,带动贫困户发展相关产业,不断形成可持续致富的新局面。

找准贫根下对药 打赢脱贫攻坚战

——南昌县幽兰镇扶贫工作纪实

一、基本情况

幽兰镇有省定贫困村2个、市定贫困村1个,建档立卡贫困户649户1569人。其中,2016年全镇287户650人实现脱贫;2017年实际脱贫99户300人,省定贫困村园艺场村退出;2018年实现脱贫186户466人,市定贫困村南山村、省定贫困村罗舍村退出;2019年脱贫81户156人,未脱贫5户17人,整户新增0户0人,户内新增20人,自然减少40人。

二、主要做法和成效

镇党委、政府始终坚持把精准扶贫作为重大政治任务和最大民生工程,认真贯彻落实国家、省、市、县关于精准扶贫工作的安排部署,强化组织领导,注重精准帮扶,强力推进脱贫攻坚各项工作。

(一)统筹推进,立下脱贫攻坚"军令状"

成立了以镇党委书记为组长、全体党政班子为成员的精准扶贫工作领导小组,设置扶贫工作站,配齐配强脱贫攻坚工作站工作人员,选优充实5名扶贫专干,与各村签订脱贫攻坚责任状,层层传导压力,级级立下"军令状",形成主要领导亲自抓、班子领导具体抓、镇村干部齐抓共管的工作格局。2019年,镇党政班子联席会研究部署扶贫工作18次,召开各类工作部署会议和培训会12次。2020年重点围绕脱贫攻坚"春季整改""夏季提升"和"秋冬巩固"三个方面,制定了脱贫攻坚"两不愁三保障"就业扶贫、健康扶贫、教育扶贫等工作办法和落实细则,提高脱贫攻坚占绩效考评总分的比值,将脱贫攻坚与单位和个人绩效考核、评先评优直接挂钩。针对"春季整改""夏季提升"梳理反馈问题25个,建立整改台账、挂图作战、销号管理。为监督各项政策的落实,督促帮扶责任干部有效实施帮扶,镇纪检和扶贫办定期上村上户抽查,采取随机抽查、查阅资料、听取汇报、定期调度、交叉检查、追责问责等方式,梳理出 126 条问题线索,其中立案 2 人,诫勉谈话 31 人,通报批评 11 人,问责党组织 5 起,通报 77 人。

(二)精准施策,打好脱贫攻坚"组合拳"

严格按照"四个一切、五个一批、六个精准"总体要求,采取就业扶贫、教育扶贫、产业扶贫、健康扶贫等多种方式,打好"组合拳"。一是"党建+"扶贫。充分发挥了党建在扶贫大局中的引领带动作用,高效整合党建资源,推进贫困村人、财、物最优配置,下派有抱负有举措的村第一书记 24 人、工作队 48 人、镇帮扶干部 90 人到村开展脱贫攻坚工作,对接市台办、市妇联、市市监局、市轨道公司、县司法局、县信访局、县物业中心、县移动公司、县石油公司、县兴业银行、县农业农村局、县网格办、县文广局、县城管局、县委党校、县房管局、县公路局、县交通局、县金融办、县林业局、县委政法委、县退役军人局等 22 个单位到村帮扶,提供好各类保障。建立驻村帮扶工作纪实制度,加强驻村工作队、第一书记的组织管理和考核激励,把工作的推进情况纳入专项督查、随机抽查内容,对未完成目标任务的予以通报批评,并严格问责。二是产业扶贫。在市定贫困村南山村,省贫困村园艺场、罗舍村建成了 3 个村级 30 千瓦光伏电站,222 个户级 3 千瓦光伏电站,光伏分红为建档立卡贫困户每年增加 3000 元左右收入,极大地提高了贫困村、贫困户的自我"造血"功能。积极引导土地流转,在壮大本地藜蒿、蔬菜基地等农业合作社、家庭农场,鼓励吸收贫困户就业的基础上,先后引进了投资 3 亿元的印智航天农业产业园落户江陵村、投资 1.1 亿元的燕成生态农业项目落户东联村、投资 3.58 亿元的蜂巢理想家田园综合体落户南山村等。伴随天韵现代农业温室大棚、睿博农业等产业园陆续投产运行,不但解决了大批贫困户中劳动力的就业,贫困户通过土地流转和土地入股等方式也实现了稳定的收入来源。同时,协调产业扶贫资金 300 万元、建档立卡贫困户贷款资金 476.2 万元直接入股印智航天农业和天韵农业生产,定期分红给无劳动力的精准贫困户。三是教育扶贫。仔细摸排贫困户或其子女的在校情况,充分发挥教育帮扶政策的作用,2016 年以来累计给 1240 人次贫困学子发放了资金 69.266 万元。开展了各种社会专项走访活动,及时把党和政府的关怀送到贫困学子手中,帮助贫困学子坚定渡过难关、努力求学、重建幸福的信心。四是就业脱贫。开发了 83 个就业扶贫专岗,安排了建档立卡贫困户 230 人就业。帮扶干部各显神通,各寻渠道,全镇共为扶贫对象联系就业 12 次,转移就业 235 人,其中就近就地就业人数 130 人;同时在引进企业时优先流转贫困户的农田,每亩流转的租金300—600元,并优先安排贫困户在农业园内务工,建立了印智、荷溪花卉2个产业扶贫车间直接增加贫困户的收入。五是政策兜底。落实贫困人员最低生活保障、孤儿基本生活保障制度,加大对"三无"人员供养投入。已为968名建档立卡贫困人员办理了低保,医疗保险全面覆盖,并为所有建档立卡贫困户购买了330元的商业补充保险。对符合政策的"五老"人员,每人每月发放生活补贴1580元。全镇8名孤儿生活稳定。

(三)夯实基础,绘制脱贫攻坚"作战图"

在做好因户施策的同时,积极筹集资金,挂图作战、大力推进扶贫项目建设,不断改善贫困村、贫困户的生产生活条件。一是推动交通大改善。2018年以来,全镇新建改造马游山环湖公路、中心公路、南山公路、北河堤顶公路、S517、渡幽公路等农村主干公路100余千米,极大地提升了镇域通行能力和群众的出行条件。二是推动环境大整治。全镇推进新农村村点建设共88个,新修了村道6088米,拓宽村道4486米,入户道路硬化17780米,机耕道路面平整硬化9770米,修建"U"形槽护坡25千米,新修排污沟渠14607米、大型垃圾屋17座,修建水冲式厕所126余座,为建档立卡贫困户改水改厕358户,同时组织开展精准扶贫户房前屋后环境卫生清理,修建屋顶、粉刷等活动,全面提升了村庄硬件条件,改善了贫困群众的生活条件。三是推动保障大提升。共实施扶贫项目97个,总投入2301.7万元(其中市轨道集团投入450万元实施6个项目,市市监局投入135.9万元实施13个项目)。在贫困村安装太阳能路灯725盏,在罗舍村和园艺场的路口安装监控摄像头,改造了罗舍村综治室;2016年建设村级卫生室5个,2017年又新建村级卫生室14个,实现了建档立卡贫困户住院"一站式"结算及"7免3先1后"优惠政策,同时,"家庭医生服务"全覆盖,入户体检每年不少于6次,让贫困群众看病不用愁、看病不出村,坚定了贫困群众脱贫致富的信心。

(四)社会参与,唱响脱贫攻坚"大合唱"

充分调动一切积极因素,搭建人人皆可为、人人皆能为的社会参与平台,大力探索企业家捐资扶贫、能人带动扶贫、大户帮助扶贫、合作组织服务扶贫等社会参与模式,引导鼓励个私民营企业、民间组织、宗教人士、家官乡贤承担社会责任,开展公益事业,不断壮大扶贫开发力量。2018—2020年三年间全镇共筹措资金671.6万元,完成了164户精准扶贫户的危房改造和64户精准扶贫户的房屋维修,其中李海文、李志文、万海波等幽兰籍企业乡贤认捐31户,在安居帮扶中发挥了重要作用,有力推进了脱贫攻坚工作。倡导成立了镇奖学助学中心,接收爱心企业家捐款430余万元(仅中越建筑公司就出资100万元),资助学子42名,共发放各类奖金12.6万元。幽兰义工、蓝天义工等社会爱心团体纷纷捐资，走访慰问，爱心聚集，真正形成全社会扶贫"大合唱"的局面。

三、经验启示

全镇上下把脱贫攻坚上升到统领经济社会发展全局的高度，强化组织领导，加强统筹协调，整合力量资源，增强标准意识，狠抓工作落实，提高工作效率，用干部的真情帮扶激发贫困群众的内生动力，干群一心、上下合力夺取脱贫攻坚战役的胜利。

（一）统筹完善工作机制

一是加强工作统筹协调。要坚持政出一门，各部门脱贫攻坚有关文件须由脱贫攻坚领导小组办公室审查协调一致后统一发出。增强工作前瞻性，未雨绸缪，前后一致，标准统一，同时要建立政策制定的修正机制。强化工作保障，通过购买服务等途径增加镇村脱贫攻坚工作人员力量，适当追加镇村行政办公经费，加强工作培训指导。加强调查研究，建立信息收集与反馈机制，及时研究解决干部群众反映的问题。二是加强政策配套整合。要加大涉农项目资金整合力度，集中用于脱贫攻坚。各职能部门要加大项目争取力度，及时将项目资金对接落实到位。夯实工作责任，统筹政策资源，引导群众理性依规寻求帮助。三是强力推进工作落实。全镇上下要树立一盘棋思想，充分认识脱贫攻坚工作的艰巨性，统筹安排人财物，杜绝消极应付思想，消除相互推诿现象，把脱贫攻坚作为第一任务。要明确突出镇村主体作用，进一步细化驻村帮扶工作职责，加强工作指导，让贫困群众有获得感。强化督查问责，把不定期暗访抽查和定期督察督办相结合，对于工作推进不力的，要启动问责问效。四是深化扶贫扶志扶智。要通过文艺巡演、基层宣讲等群众喜闻乐见的形式，大力倡导勤劳致富、"人穷志不短"的正确舆论导向，引导贫困户转变"贫穷光荣"等错误思想观念，增强脱贫信心。公安部门要加大对"黄赌毒"等不良社会风气的打击力度，引导群众守法脱贫致富。司法部门要加强司法宣传和救助，引导子女履行赡养义务，依法维护老年人合法利益，营造孝老爱亲的社会氛围。

（二）加大项目落实力度

一是要加强项目对接落实。强化标准意识，贫困村基础设施、公共服务等脱贫标准要依靠项目对接支撑巩固。二是要抢抓项目实施进度。倒排工期，用好"绿色通道"等政策，加快落实项目建设。三是要加大项目督查力度。就项目落实开展专题督查，确保所有项目对接落实到位，有人抓，有人管，按时完成。

（三）"一户一策"落实产业

一是尊重贫困户的发展意愿和实际。产业规划尽量选择贫困户具有经验技术基础的项目。贫困户发展产业要充分考虑自身能力基础，规模不宜过大。政策兑现标准要切合贫困户的能力实际，降低门槛。二是加强产业技术指导。要大力倡导绿色种植、生态养殖，提升贫困户农产品的市场竞争力。农技部门要对种植项目分品种、分项目及时加强对贫困户的技术培训指导。高度重视畜禽防疫，组织动员镇、村畜禽防疫力量全面抓好畜禽防疫工作。三是拓宽农产品销售渠道。大力发展电子商务，通过"电商＋专业合作社（龙头企业）＋贫困户"等模式，加大贫困户农产品销售力度。四是完善龙头企业、产业大户、合作社带动贫困户脱贫的利益联结机制。通过流转土地、入股、代饲代养、务工等多种方式加强合作，增加贫困户资产收入、务工收入，降低贫困户发展产业风险。对带动贫困户发展的龙头企业、产业大户、合作社，在项目争取、产业基础设施建设、贷款贴息等方面给予倾斜支持。

（四）完善健康扶贫服务

一是加大健康扶贫投入。完善因病返贫救助制度，整合其他救助资金兜底解决贫困人口医疗费用问题，通过分期分批救助等形式积极帮助化解因病致贫人员就医负债。二是明确就医服务标准。对贫困对象就医服务，应当制定具有可操作性的执行标准，既要保证贫困对象能够得到及时有效的治疗服务，又要防止无原则要求提高服务标准、过度治疗等浪费健康扶贫资源的现象发生。

（五）不断巩固兜底保障

坚持将家庭收入核查作为最基础、最核心的环节，民主评议作为重要参考，减少评定过程中的主观因素。全面准确执行低保、五保评定标准，对符合条件的对象实行"应保尽保"。

精准发力出良方　　纵深推进拔穷根

——进贤县罗溪镇走好特色扶贫路

全面脱贫攻坚战打响以来，罗溪镇按照中央和省市统一部署，围绕县委、县政府提出的工作要求，坚持以"精准识别、精心帮扶、精细脱贫、精确施策"为主题，以"全面梳理、全面落实、全面推进"为主线，发扬认真、较真、求真的精神，狠下"绣花"功夫、"水磨"功夫，进一步统一思想、提高认识、加压鼓劲、落实责任，取得了打赢脱贫攻坚战的全面胜利。

一、基本情况

罗溪镇有省定贫困村1个，2017年已经实现出列。全镇建档立卡贫困户224户607人，2020年底实现全部脱贫。贫困村14户44人，已全部脱贫，2020年村集体经济收入为32.84万元。

2018年至2020年，聚焦"两不愁三保障"，重点开展了"五个统一"行动：漏雨房屋统一修，集中修缮了全镇19户贫困户漏雨房屋；自来水统一通，全镇224户贫困户全部通上自来水，饮水安全得到有力保障；卫生厕所统一建，为90余户贫困户建设卫生厕所，彻底解决了老弱病残贫困群众如厕难的痛点；慢性病统一诊，镇里组织专车，安排专人，带领50多名贫困人员到县人民医院进行慢性病集中诊断，为符合条件的54名贫困人员办理了慢性病特殊门诊；残疾证统一办，集中组织30多名残疾人进行残疾鉴定。

二、主要做法

聚焦"精准识别、精准扶贫"，放下架子、扑下身子、甩开膀子，狠下一番"绣花"功夫、"水磨"功夫，在精准施策上出实招、在精准推进上下实功、在精准落地上见实效，具体表现在"九抓九进"：

（一）抓思想认识，以上率下加压促进

学习求真。把习近平总书记关于精准扶贫等治国理政的重要论述、中央省市重要会议精神等内容、精准扶贫相关政策知识作为理论学习的重点，长期坚持学、突出重点学、带着问题学，先后组织党政班子集中学习精准扶贫理论知识10余次，举办政策学习班、业余培训班8次，培训各级党员干部1000余人次，组织全镇党员干部全员扶贫知识测试4次。

调度认真。明确了党政班子定期听取汇报、定期调度工作等相关制度，先后听取精准扶贫工作汇报30次，专题调度精准扶贫工作20余次，研究精准扶贫有关议题30余个，进一步浓厚了全力以赴抓扶贫、全面动员抓脱贫的工作氛围。

问责较真。全面落实精准扶贫工作的主体、领导责任和直接责任，制定出台了针对性强、指导性强的《罗溪镇脱贫攻坚规划》《罗溪镇脱贫攻坚工作实施方案》等文件，明确分管领导负主责、第一书记负全责、主要领导同问责的责任体系，并分别和11个村委会签订了22份责任状，把任务分解到村委会，把责任落实到人头上，形成了"动力传输、压力传导、责任传递"的良好格局。

（二）抓队伍建设，完善机构开拓奋进

镇上建"站"。为了加强脱贫攻坚工作力量，抽调了3名年纪轻、懂电脑、素质高、会干事的干部，组建罗溪镇精准扶贫工作站，由分管领导兼任站长，统一领导、协调、推进全镇扶贫工作。

村上建"室"。在11个行政村成立了专门的精准扶贫工作室，组成人员不少于3人，扶贫专干不少于1人，工作室主任由驻村科级干部或村级主官兼任。

墙上建"牌"。镇村两级精准扶贫工作机构全部配备了专门的办公场所，并挂有"精准扶贫攻坚站（工作室）"牌子，实现了职责制度、人员组成、工作程序等资料上墙，实现了工作人员集中办公。

（三）抓精准到位，严格程序稳步推进

注重政策引导。通过组织召开全镇扶贫工作动员部署会议，按照"应出尽出、应进尽进、应保尽保、应扶尽扶"的"四应四尽"原则，明确了"杜绝漏评、禁止错退、确保满意"的目标导向，严把对象条件、民主评议、公告公示、监督检查四个关口，不漏一个步骤，不少一个环节，通过"全面督战制"，对全镇现有的建档立卡贫困户进行再梳理、再识别、再核查，确保了建档立卡符合条件的224户贫困户全部纳入。

注重入户核查。驻村干部会同镇扶贫攻坚站、村精准扶贫工作室，深入一线，深入自然村，深入低收入人群，围绕"两不愁三保障"的要求，实地了解群众家庭生活状况，仔细甄别农户家庭生活情况，实事求是地确定建档立卡贫困户初选人员名单。

注重程序到位。围绕重新梳理和上户识别的实际情况，严格按照"本人自愿申请、村民民主评议、镇村两级初审、主管部门复核、分级公示公告"的流程，盯牢深度贫困人口，找准困中之困，及时把因病、因灾、因残等致贫的家庭纳入扶贫对象，实行贫困人口进退有序、精准帮扶、动态监测、据实调整；通过横向到边、纵向到底的精准识别，建档立卡贫困户224户607人实现了精准扶贫"不留死角、不剩盲区"。

（四）抓政策落实，爱心惠民齐头并进

住房保障为民。全面梳理排查建档立卡贫困户住房保障情况，为无房、缺房、危房的建档立卡贫困户，做好建房的鉴定、选址、放线、审批、建设等工作。对居住在D级危房的贫困户，第一时间帮其搬离，并予以拆除重建；对居住在C级房屋的，第一时间帮其维修，消除危房状态；对无房和少房的贫困户，择期、择地为其新建60—100平方米的新房。至今，已经筹集资金104.3万元，为11户贫困户维修了旧房，为23户贫困户重建了新房。如贫困户翁木香，现年87岁，和残疾儿子、儿媳生活在一起，居住在年久失修的土坯房子里，老人一生的梦想就是住上砖瓦房。通过住房保障，经过鉴定为其申报危房重建，争取了上级资金4.2万元，帮扶单位捐赠了2万元，帮他们盖起了100平方米的新房，让翁木香老人一家高高兴兴住进了新房。

健康保障便民。坚持多措并举，筑牢因病返贫防线，通过医保、大病保险、商业补充保险、民政救助四道防线，贫困户医疗费用报销比例平均水平控制在10%，并为所有大病贫困户都签约了一名家庭医生，提供及时的医疗服务。

教育保障惠民。在落实教育普惠政策的同时，重点提高对贫困学生的特惠性资助力度，认真梳理贫困学生在校就读情况，全面掌握他们的学校、年级、年龄等基础信息。按照学前教育1000元/年、义务教育1250元/年、高中教育2500元/年、高考入学国家助学金一次性补助5000元的标准，全面落实教育扶贫政策，尤其是高考入学还按照省内500元、省外1000元的标准发放路费。

社会扶贫助民。按照上级要求，在社会扶贫APP平台完善了贫困户的基本信息，发布贫困户需求后，积极推广社会扶贫爱心人士注册。通过爱心人士的帮扶，改善贫困户的生活，帮助贫困户脱贫。

（五）抓档卡完善，精细操作优中有进

信息问"准"。由驻村干部牵头，会同村委会干部上户了解基本信息，对相关信息进行查漏补缺、更新完善。同时,完善贫困户上墙信息,在建档立卡贫困户家墙壁上的显眼位置,逐一张贴第一书记公示、帮扶责任人公示、收益公示确认表、扶贫政策宣传资料等。

台账填"准"。真实如实填写贫困户入户信息采集表、收益公示表、"四卡一册"等基础台账,装入档案袋一起发放到贫困户手中。同时,举办了多次业务培训班,指导扶贫干事正确、准确填写相关台账。

资料核"准"。由镇精准扶贫工作站组织人员对建档立卡贫困户基础信息精细入户抽查,核准信息,抽查率达50%以上,准确率达95%以上。在此基础上,镇村两级共建立"一户一档"资料448份,为11个村委会配备档案柜、贫困户信息公示牌、资料盒等,基础信息全部准确录入国网系统。

(六)抓宣传发动,多管齐下与时俱进

广播有声。广播宣传车上街宣传扶贫政策知识17次,提高了群众对扶贫政策的知晓率。

墙上有字。在镇机关大院制作了扶贫政策宣传栏28期,集镇驻地悬挂扶贫宣传标语23条,行政村驻地刷写长久性标语22条。

手机有像。利用微信公众号,制作专题8期,累计阅读量达1.6万人次,点赞达2200多次。

上户有心。对于一般性的扶贫政策,由帮扶责任人上户宣讲,对于业务性较强、贫困户反馈问题较多的专项扶贫工作,如危房改造、医疗救助、低保救助等,由专职专业人员逐户宣讲,实现了覆盖率、上户率、宣讲率3个100%。

(七)抓项目建设,强化调度协调共进

落实了责任机制。成立扶贫项目协调推进领导小组,由分管领导任组长,明确项目责任单位、责任人员和完成时限。所有的扶贫项目都严格按照上级规定公开公示、公开招投标,并聘请监理保证工程质量;所有的扶贫资金都严格监管,严格用途,确保每分每厘都用在精准扶贫上。

落实了调度机制。坚持定期调度与视情况调度、定期调度与不定期调度、会议调度与现场调度相结合,及时协调解决项目推进中的实际问题。责任单位每周现场调度,牵头领导每旬现场协调,全镇每月汇总调度。

(八)抓工作帮扶,一线奋战携手前进

人员覆盖到位。根据上级要求,在南昌市人社局、进贤县公安局等挂点帮扶单位配齐配强驻村工作队和第一书记的基础上,镇党委下派9名科级干部担任行政村扶贫工作第一书记,进一步充实驻村工作队的人员力量,并安排了党员干部挂点帮扶224户建档立卡贫困户，实现全镇第一书记和定点帮扶的全覆盖，做到了"村村有第一书记、户户有干部帮扶、人人有指标任务"。

纪律执行到位。进一步强化了帮扶工作责任，大力发扬"周六保证不休息、周日休息不保证"工作作风和县委"346"工作法，严格执行"五个至少五个一"的一线奋战制度，即每两天至少到村工作1次，每周至少联系或走访贫困户1次，每半月至少到村研究调度扶贫工作1次，每月至少检查完善档卡材料1次，每季度至少向挂点贫困户宣传扶贫政策1次。把所有精准扶贫指标落实到每村每户，实行挂图作战、销号作业。

（九）抓产业扶贫，探索新路扬鞭快进

帮助就业。坚持"扶志、扶智、扶技"相结合，集中对有劳动力、有就业意愿的贫困户包括在外务工的贫困人员进行就业技能培训，提高他们的技术水平，让他们有一技之长。对年龄较大或身体轻度残疾、就业愿望强烈的贫困户，采取安排公益性岗位的做法，让他们自食其力，有尊严地增加收入。

做旺产业。坚持"强化利益联结、突出农民主体"，发挥党和政府引路人的作用，创新性开展资产收益扶贫，将筹集到的产业扶贫资金分为若干股份，股份分配优先保障"三无"贫困户，贫困户可以将"股份变股本、股本变股金、股金变红利"，让贫困户在没有压力的情况下实现增收。2017年，将64万元产业扶贫资金以镇政府名义注入江西巨峰园林有限公司，按照10%的年收益标准，带动了65户贫困户年度增收1000元。同时，在县委、县政府的统筹统揽下，安排了56户"三无"贫困户享受县里的资产收益扶贫，年收益标准也是每户1000元。2019年，30万元产业扶贫资金入股江西青岚湖生态发展有限公司，带动了22户贫困户年度增收平均1200元。2020年，以70万元入股江西巨峰园林景观工程有限公司，种植150亩春香柚，资金主要用于购买春香柚树苗、土地流转等；以30万元入股江西青岚湖生态发展有限公司，在去年投入的基础上扩大占股比例，继续扩大养殖水面50亩，资金主要用于建设养殖池、购置设备、购买鱼苗等。

发展光伏产业。按照"统一管理、统一实施、统一安装、统一收益"的原则，大力开展光伏产业扶贫，累计为28户"三无"贫困户安装了3千瓦级的屋顶光伏发电站，户站年收益在3000元左右；同时，为贫困村安装一个30千伏的光伏电站，已经并网发电、成功收益。

三、取得成效

（一）饮水安全

全镇 224 户贫困户全部通了自来水，水质经专业机构检测全部合格。

（二）危房改造

2019 年实施"四类人员"危房改造清零计划，2020 年没有危房改造任务。2016—2019 年共实施危房改造 34 户，其中新建 23 户、维修 11 户，2016 年度 11 户，2018 年度 19 户（含提前实施），2019 年度 4 户。经住建部门实地调查，全镇贫困户全部实现住房安全。

（三）产业扶贫

2017 年镇产业扶贫项目联结 65 户贫困户（巨峰园林公司），县产业扶贫联结项目 56 户贫困户（江联重工公司），塔岗村春香柚基地联结 5 户贫困户，户均增收 1000 元。2019 年镇产业扶贫资金投入到水产养殖项目，该项目通过吸收就业、收益分红联结 22 户贫困户，户均增收 1200 元。

（四）就业扶贫

开发 16 个公益性岗位，全部安排具有一定履职能力的贫困群众上岗，让贫困户在家门口实现就业。另外，贫困村塔岗村利用光伏电站收益，自主开发 4 个公益性岗位。2020 年全镇有 130 位外出务工人员享受交通补贴。全镇 60 周岁以下贫困劳动力（含弱劳动力）330 人，务工就业 232 人，其中本县务工 85 人、县外省内务工 69 人、省外务工 67 人，其余人在家务农或者留守在家。

（五）光伏扶贫

建有村站 1 个（塔岗村）、户站 28 个，户站集中安装在 5 个点位，分别是北边村委会、罗溪中学、西昌村、寺下小学、坝塘小学。2018 年 10 月至 2020 年 9 月，每个户站为贫困户增收 3000 元左右。2020 年，塔岗村光伏电站将收益的 80% 用于村内 4 个光伏扶贫专岗工资。

（六）教育扶贫

县域内学生由县财政统一安排发放教育资助金。对县域外就读的学生，发函或电话联系学生所在学校，要求学校为贫困学生申请落实教育资助。全镇共有学生 117 人，其中进贤 71 人，外县就读 46 人；小学 40 人，初中 29 人，高中 14 人，大学 8 人，学前 8 人，中高职 18 人，全部按照政策落实教育资助，18 名学生申请"雨露计划"，适龄儿童中没有辍学人员。与此同时，罗溪中学和罗溪小学指派专人，与贫困学生结成对子，对贫困学生开展心理辅导，关心他们的学习和生活。

（七）扶贫项目

2020年，罗溪镇扶贫项目共9个，上级下达资金223.2万元，项目类型主要是基础设施建设、产业发展等，已经全部建设完成。

（八）健康扶贫

全镇224户607人全部由财政资金购买基本医疗保险和商业补充保险。贫困户县内住院全部实现先诊疗后付费，个人自付金额不超过医疗总费用的10%。县域外住院贫困户住院通过"四道保障线"（基本医疗保险、大病保险、医疗救助、商业补充保险）报销后，自付金额不超过医疗总费用的10%。224户贫困户全部落实了家庭医生签约服务，家庭医生每年6次上户履约，动态监测贫困户身体情况。全镇128名贫困群众办理了慢性病特殊门诊。

四、经验启示

（一）用好扶贫政策，构筑全社会的扶贫体系

要构建立体化、全方位的政策扶贫网络，从政策保障上推进扶贫攻坚向纵深发展。一是统筹用好行业政策。要围绕"两不愁三保障"，紧盯兜底保障部分贫困户，充分利用国家教育、医疗、住房、生态、光伏等扶贫政策。二是创新扶贫新模式，打造社会扶贫工作体系。引导和团结社会各种力量加入扶贫攻坚队伍，全力投入扶贫攻坚战，汇集社会力量助力脱贫，推动形成全社会关心扶贫、主动加入爱心助贫的良好氛围，形成全社会参与扶贫的新格局。三是扶贫与扶志、扶智相结合。通过开展劳动技能培训、脱贫致富能手宣传评比等活动，激发贫困群众脱贫致富的内生动力，促使他们形成自力更生、艰苦奋斗的意愿和行动，增强脱贫致富本领和自我发展能力。

（二）实施乡村振兴战略，夯实脱贫成效

党的十九大报告提出，实施乡村振兴战略，要坚持农业农村优先发展，按照产业兴旺、生态宜居、乡风文明、治理有效、生活富裕的总要求，建立健全城乡融合发展体制机制和政策体系，加快推进农业农村现代化。在脱贫攻坚工作中，一定要将短期的脱贫目标与长远的乡村振兴目标结合起来，参照乡村振兴战略的要求，从生产、生活、生态、社会、政治五个方面着手，整体推进，实现贫困人口的持续增收，促进人的全面发展。要以乡村旅游引领农村牧区产业融合发展，拓展贫困人口创业就业增收新空间，不断推动休闲农业与乡村旅游业发展，把绿水青山转化成金山银山的优势充分凸显出来。要聚焦乡村发展的智力资源和生态资源，为乡村发展提供绵绵不绝的内生动力。要通过乡村振兴战略的推进不断巩固脱贫成果、提升脱贫质量，确保小康路上每一步都坚实有力、富有成效。

脱贫不走寻常路　且将"输血"变"造血"

——进贤县三阳集乡扶贫工作纪实

一、基本情况

三阳集乡共有贫困户131户418人，边缘户9户26人，因病占比37.12%，因残占比49.24%，共涉及全乡10个村委会，1个省定贫困村赵埠村2017年已退出，至2020年所有贫困户均已脱贫，其中2016年脱贫9户32人，2017年脱贫38户117人，2018年脱贫23户81人，2019年脱贫46户153人，2020年脱贫16户39人。

二、主要做法

（一）坚持政策导向，旗帜鲜明，勇担攻坚之使命

2018年来，乡党委、政府认真贯彻落实中央和省市县关于扶贫开发工作重大战略部署，主动担当，精准发力，奋发作为，根据全省脱贫攻坚"春季攻势""夏季整改""秋冬会战"等行动电视电话会议精神，及时研究制定了三阳集乡"春季攻势""夏季整改""秋冬会战"工作方案，为切实提高脱贫成效和质量、增强贫困群众获得感而不懈努力。

一是做好"宣传册"，提高思想认识。通过召开乡党政班子联席会、全体乡干部会、乡村两级干部动员部署会、推进会等会议，及时传达学习中央、省、市、县有关脱贫攻坚的重大决策部署和文件精神，统一思想、提高认识，增强抓好脱贫攻坚的责任感、使命感和紧迫感。同时，按照上级有关政策文件精神，立足实际，制定出台光伏扶贫、财政支持脱贫攻坚、就业脱贫、金融扶贫、社保兜底脱贫、健康脱贫等配套文件，通过"工具箱"、"明白卡"、"宣传墙"、宣传标语横幅、微信公众号推送等方式，加强扶贫政策宣传，将扶贫政策摆上农户桌、贴上农户墙、放进农户袋，变政府"端菜"为群众"点菜"。

二是拧紧"责任链",落实保障机制。坚持把脱贫攻坚作为重大政治任务和最大民生工程,乡党委严格贯彻落实党政一把手负总责的脱贫攻坚工作责任制,按照省、市、县、乡、村多级脱贫攻坚组织体系,层层签订责任书,逐级立下军令状,形成了上下贯通、责任到底、合力攻坚的责任落实保障体系。同时,强化工作保障,确保扶贫有关资金按时按量拨付到位。建立健全扶贫工作领导小组和工作机构,坚持把脱贫攻坚一线作为培养锻炼优秀年轻干部的主战场,选派年轻干部担任驻村工作队队员,7名乡副科级以上领导干部及各站所长任扶贫工作队队长,实现扶贫工作队、扶贫专干全覆盖。对第一书记和工作队队员严格管理,不断完善管理办法,严格执行请销假制度,定期汇报履职情况,乡纪委不定时进行明察暗访,对工作不力的进行约谈问责;加强培训,无论是扶贫工作队、帮扶干部还是村"两委"干部,都开展了形式多样的培训,不单是培训扶贫业务知识,对扶贫领域中的工作纪律、群众纪律也着重进行了培训。

(二)坚持责任导向,真抓实干,力扛攻坚之重任

1. 以上率下,凝聚攻坚动力

成立了由乡党委书记于超为总指挥长,乡长罗国亮担任第一指挥长,所有领导班子成员担任副指挥长,各村书记、相关站所负责人为成员的三阳集乡脱贫攻坚工作指挥部,下设扶贫工作站,并在各个村委会设有扶贫工作室。建立扶贫工作驻村领导负责制,明确7名班子成员及12名驻村干部帮扶督导10个村,要求全体驻村领导和干部既当指挥员又当战斗员,既要督导好又要动手干。乡党委在每周一全乡工作例会上定期听取乡驻村干部和"两委"负责人关于本村脱贫攻坚工作的汇报,每月至少召开一次党政班子联席会专题研究脱贫攻坚工作。

2. 全员参与,形成攻坚合力

根据县委关于结对帮扶管理有关政策,确保每名乡机关干部至少结对帮扶一户贫困户,主动对接县直部门要求增派结对干部,确保在结对帮扶上做到"一户不落"。同时,加强帮扶干部管理,要求帮扶责任人深入结对贫困户家中走访调研,与贫困户交心谈心,对致贫原因、存在问题进行分析,研究措施,制定对策,切实解决贫困户的实际困难。社会扶贫网需求100%发布和对接。

3. 层层压实,内生攻坚实力

引导广大扶贫一线干部坚定"发展才是硬道理,担当方成新伟业"的意识,带领贫困群众闯拼实干、克难奋进。一是"挂图作战"明职责。推行"一村一规一策、一人一岗一诺",分解分配"五个一"帮扶力量和村"两委"干部职责任务,通过规划上墙和岗位承诺公开,确保人人有责、人人明责。二是"全程纪实"查进展。

实行"目标任务、日常跟踪、实绩管理、民主监督、工作例会"痕迹管理,通过"口头汇报、档案资料、现场效果、群众评价"相互印证,督促推动干部认真履责尽责。三是"捆绑考核"评绩效。推行"考核连捆、奖惩连带",将扶贫工作开展成效纳入年度考核指标,实现"同进退、共担当"。

(三)坚持督察导向,以督促实,严守攻坚之底线

1. 督促履责不松劲

乡纪委始终牢记党章赋予的职责,履行好监督责任,尤其是协助党委履行好扶贫领域主体责任。注重结合上级督查全乡扶贫工作提出的问题清单,分别向乡分管领导及贫困村第一书记发出履责提示函,并限期整改到位。同时,加大对各村脱贫攻坚主体责任落实的监督问责力度,凡是落实主体责任不到位,出现弄虚作假、暗箱操作等情况,甚至造成工作被动、贻误时机的,坚决予以处理。

2. 强化督查严问责

乡纪委持续加强督导问责力度,通过严格的督导考核问效,激发乡村两级干部干劲。通过设立干部廉洁档案、建立贫困村党员干部廉洁台账等形式,将"督查问效、考核评比、纪律问责、组织处理"四合一,把各级干部在脱贫攻坚工作中的表现和工作实绩,全部记录在档。对工作成效明显、作出突出贡献的干部,给予表扬并在提拔任用中优先推荐;对不作为、乱作为、慢作为、未完成目标任务或有其他严重过失行为的进行严肃处理。

3. 深化监督宽渠道

为进一步加强党内监督与社会监督力量的有效整合,提升发现问题线索的能力,乡纪委从做好"四个一"发力。一是刷好一条警示语。为强化所有乡村干部对扶贫工作的认识,提高廉洁自律意识,乡纪委以"敢动扶贫款、纪委马上管"等警示性内容为主,组织对国省道沿线、各行政村院内及102个自然村喷刷了宣传标语,同时附上了12388举报电话。二是贴好一张宣传卡。乡纪委所有人员下到各村进行扶贫领域监督执纪宣传,同时组织对132户贫困户进行张贴,让广大群众充分了解国家政策及监督执纪内容,共同参与对所有帮扶干部进行监督。三是装好一个举报箱。在乡政府及各行政村公共场合设立扶贫领域腐败及作风问题专用举报箱,公布纪委书记个人电话作为举报电话,使群众成为督促干部履责的"一只眼"。四是接好一个公开访。2017年9月至今,乡纪委联合乡扶贫站、派出所、民政所等部门,进行公开接访两次,发放各类宣传资料1800余份,解答群众扶贫、民政等相关政策疑问120余个。

4. 回访群众问实效

为进一步了解扶贫工作实效，结合"三查一测"内容，乡纪检分别于 2020 年 6 月和 10 月，对全乡 131 户贫困户进行了回访，开展扶贫领域监督执纪问责工作调查，查贫困户政策落实情况、查扶贫干部作风情况、查信访举报渠道畅通情况，并对干部履责情况及群众满意度进行了测评。同时，就目前群众存在的各类问题及困难进行收集，并做好线索处置移交，力促干部作风落实处，扶贫工作出实效。

（四）突出问题导向，落实整改，狠破攻坚之瓶颈

1. 对标抓整改

乡党委、政府严格落实主体责任，对标要求，精细梳理，查漏补缺，将整改问题直接落实到第一责任人、责任人头上，加强问题指导，明确整改时限，抓实初见成效。

2. 对标抓查摆

在脱贫攻坚工作中，有时也会存在"两个责任"主体落实不到位、个别帮扶干部工作流于形式、产业扶贫内生动力不足、贫困户增收不明显等问题，对此，乡党委、政府高度重视，认真查摆问题、直面问题，对存在问题的村委会和个人，严格抓反面典型并约谈诫勉、追责问责直至整改到位。

3. 对标抓落实

一是加强培训管理。对帮扶干部组织开展脱贫工作政策业务知识培训，并将业务培训工作开展情况纳入考核范围，通过电话抽查、知识测试、模拟访谈等形式，定期对帮扶责任人履职情况进行核查，倒逼干部强化政策业务学习。二是强化责任担当。压实帮扶责任人职责，尽量做到因户施策，加大扶贫与扶志、扶智、扶勤、扶德结合力度，激发正能量。三是培育增收动能。进一步完善产业扶贫利益联结和带贫益贫机制，把产业扶贫和就业扶贫作为巩固脱贫质量的关键举措，不断增强扶贫对象的自我发展能力和"造血"功能，对有劳动能力的贫困人口组织开展基本文化素质和劳动技能培训，培育稳定增收渠道，确保脱贫质量。

（五）坚持标杆导向，提神振气，广传攻坚之能量

1. 精准选优配强

坚持在脱贫攻坚一线聚才用才，引导树立"为民造福是初心，全面小康是承诺"理念，选优配强了一批"不改脱贫志"的干部队伍。一是瞄准需求"选"贤才。摸清各个村资源状况、现实发展水平、未来发展预期以及班子结构需要针对性选用干部。通过村"两委"换届，大力选拔懂信息化办公、了解村情的年轻优秀人才、致富带头人进入村"两委"班子，进一步优化班子结构。二是紧盯短板"派"

专才。聚焦"组织软散、基础薄弱、产业滞后、矛盾复杂"等问题,摸排出机关企事业单位中具有党务、规建、金融、群工等"专业素质、专项特长、专门经历"的干部选派到各村委会担任第一书记及驻村工作队队员,帮助村委会开展各项工作,实现了"好钢用在刀刃上"。三是着眼发展"聚"英才。回引有思乡情结的三阳集乡党政领导干部、企业经营管理人才、专业技术能人等支持和服务家乡发展,实现了"感情回报、项目回投、资金回流"。组织当地人才与户籍地贫困户"结穷亲",推进返乡人才发展种养殖、电商等项目;引进民营企业回流投资。

2. 强化正向激励

树立"关心、关爱、关注"导向,激励广大干部"流汗不流泪",扎根农村创佳绩。健全脱贫攻坚一线干部"四必谈、四必访"、抚恤救助等制度,每年对脱贫攻坚一线干部开展1次全覆盖谈心谈话,持续排解"负能量"。推行套开会议、精简报表、整合督查,减轻基层迎检和报表压力,让一线干部集中精力抓发展。完善定期表扬激励制度,大张旗鼓发现、上报、宣传一批脱贫攻坚一线先进典型,传递"正能量"、提振精气神。如全乡扶贫工作站及村工作室的熊丽君、万义龙、陶云玲、姜细街、焦桂娇、陶海华等同志的高度责任感和吃苦耐劳的精神,在大会上给予表扬,用"好人榜"展示风采,以资鼓励,发挥其示范作用。坚持"先进受重用",对表现突出的脱贫攻坚一线干部优先推荐,使基层真正成为培养锻炼干部的摇篮。如北坑村的吴国文、藕塘村的李顺成因脱贫攻坚工作表现突出,在2018年的村级"两委"换届中被乡村的党员及领导一致推选为村党支部书记。

(六)坚持党建导向,凝神聚力,稳固攻坚之堡垒

习近平总书记指出:"要把扶贫开发同基层组织建设有机结合起来,真正把基层党组织建设成带领群众脱贫致富的坚强战斗堡垒。"所以,要坚持把党建工作作为脱贫攻坚的重要引擎,着力整合组织资源、发挥组织优势、凝聚组织力量,为脱贫攻坚提供坚强的组织保证。

一是强化扶贫责任落实,提升思想引领力。深入学习贯彻习近平总书记扶贫开发重要战略思想,进一步坚定打赢脱贫攻坚战的信心决心。进一步做深做细做实思想政治工作,通过谈心谈话、严格组织生活等方式,教育引导广大党员、干部提升政治站位,把扑下身子打赢脱贫攻坚战作为增强"四个意识"的具体行动。坚持和完善党政一把手负总责的脱贫攻坚责任制,针对不同责任主体,在体现共性要求的基础上,有针对性地分层分类明确脱贫攻坚的具体目标任务、职能职责,全面压实各级党组织和党员干部扶贫工作责任。建立健全抓党建促脱贫攻坚工作例会制度,定期调度研判工作落实情况,研究解决突出问题,推动责任落实、工作落地。

二是建强农村基层组织,提升组织覆盖力。通过换届选举,进一步优化村党组织队伍,盘活组织资源,让村党支部真正成为带领群众脱贫致富的坚强战斗堡垒。大力选拔经济能人、技术能人以及致富典型、示范带头人等优秀人才担任村"两委"正职特别是村党组织书记,充分发挥好党组织书记的"头羊效应"。推广"党组织+基地+农户"发展模式,注重培育农村党员致富带头人,建立传帮带机制,带领贫困群众脱贫致富,让贫困群众时刻感到党员就在身边,增强群众致富信心和能力,已培育实施的5个党员精准扶贫示范项目就是带领困难群众脱贫致富的典型。同时,通过"百企帮百村、百贤助千户"精准扶贫活动,广泛凝聚各方组织力量,全面提升脱贫攻坚能力。

三是创新工作保障机制,提升队伍战斗力。实现对党政班子领导、村"两委"干部、驻村扶贫工作队和结对帮扶责任人从过去的"粗放型"管理向"精细型"管理转变,建立班子成员包村、驻村干部包户帮扶机制,充分发挥驻村工作队、第一书记自身优势,明确帮扶责任,落实帮扶措施,不脱贫不脱钩,形成了上下联动、协调配合、共同发力的工作局面。同时,因地制宜,因户施策,多元化培育富民产业,多渠道促进农民增收,重点是推进"党建促脱贫攻坚产业项目示范基地"——百香果生态产业园的建设,并以此为引领,带动周边富硒大米、花生、芝麻、葡萄、花卉苗木等特色产业的发展,让党建活力真正转化为攻坚功力。

三、取得成效

紧紧围绕"两不愁三保障"和贫困村退出"九大指标"的目标任务,切实增强责任担当,稳步推进脱贫攻坚工作。

(一)政策扶贫先行

充分利用各方政策和资源,在全乡10个村委安排了13个扶贫专岗、23个公益性岗位、34户光伏扶贫、14户小额贷款、2个产业(就业)扶贫基地,全乡享受残疾人补贴117人、享受低保126户335人、享受高龄补贴11人、享受教育补助106人、享受危房改造政策46户,安全饮水全覆盖,落实交通补贴92人,培育致富带头人16名,关联贫困户48人。

(二)产业扶贫提效

在全县率先挂牌建成具规模见效益的"党建促脱贫攻坚产业项目示范基地",军山湖富硒百香果生态采摘园是三阳集乡引进的一家当年落户当年投产当年见效当年帮困的农业企业,通过土地流转入股、集体经济分红、入园劳务工资等形式,让109户精准扶贫对象通过产业分红提高收入,每户均已增收520元以上。全乡建档立卡贫困户已实现产业帮扶全覆盖,部分贫困户是产业多重叠加增收。

（三）示范扶贫助力

积极培育实施党员精准扶贫示范项目,充分发挥党员先锋模范作用,扶持贫困党员率先脱贫,示范带动贫困群众共同脱贫致富。全乡已培育实施5个党员精准扶贫示范项目,其中赵埠村的蔬菜基地、农产品加工已初见成效。

四、经验启示

"小康不小康,关键看老乡。"三阳集乡脱贫攻坚的做法及成效充分说明,做好脱贫攻坚工作,必须切实做到扶最关键的点,帮最需要的人,因村施策,因户施策,扶真贫,真扶贫,把每一分钱都用在刀刃上,把每一分力都用在最需要的地方,才能常帮长效。

（一）抓在实处,做到细处

实事求是,与时俱进,求真务实,是确保脱贫攻坚决战决胜的根本要求。要做到任务层层分解,责任落实到人,按月清单管理,扎实推进。脱贫攻坚要取得实实在在的效果,必须把态度放在第一位,清楚责任,明确任务,真正沉下身子,遍访民情,察看实情,才能把工作做细、做实、做好。

（二）紧盯难点,主攻重点

实现好、维护好、发展好贫困群众的根本利益,是脱贫攻坚工作的出发点和落脚点。通过认真调研,广泛听取贫困户意见后,找准制约发展的面上情况和个体原因,从解决贫困群众最关心、最直接、最现实的利益问题入手,因户施策,将保障扶贫放在首位,着力在夯实基础、增强整体发展功能上下功夫。紧紧围绕脱贫重点,整合各方资源,项目、资金、培训等多措并举,缺什么帮什么,弱什么补什么,确保脱贫对象精准脱贫。事实证明,紧盯难点,主攻重点,是加快脱贫攻坚进程的必然要求。只有整合资源,凝聚力量,聚指成拳,重点突破,脱贫攻坚才能卓有成效。

（三）扶智先行,产业突破

扶贫根本在于扶智。提升农户对各项政策知晓率,转变生产生活观念,增强脱贫致富理念,使贫困户首先在思想上脱贫,有效激发自身发展内生动力。再结合农户实际,遵照其发展意愿,帮助制订产业发展规划,协调投入资金,保障发展技能,使产业扶贫有效推进。事实证明,扶贫必先扶智,只有思想观念转变,扶贫才能事半功倍。再辅以产业支撑,注入经济发展来源,就能更加有效地让"输血"扶贫变为"造血"扶贫。

扶贫先强精气神　致富不忘感党恩
——安义县长均乡把口村精神助力脱贫创新路

一、基本情况

安义县长均乡把口村是"十三五"省定贫困村，自开展精准扶贫工作以来，在乡党委、政府的正确领导下，在市委统战部、市侨联的大力帮扶下，村党支部团结带领广大党员群众在为贫困户"两不愁三保障"上下功夫，在便民利民的基础设施建设上想办法，在由"输血"变"造血"的产业发展上谋出路，同时注重扶贫与扶志、扶智相结合，对贫困户，从生活上帮助，从精神上鼓励，物质帮扶和精神帮扶并举，激励广大贫困户自强、自立，激发他们的内在发展动力，并通过日常言行和举办系列活动带动贫困户和广大群众"感党恩、听党话、跟党走"，做到为自身发展和村庄建设党群同心，老少同力。

二、主要做法和成效

（一）村组干部日常关心鼓励，帮扶领导随时走访探望

把口村"两委"始终把贫困群众的冷暖挂在心头，村干部和驻村扶贫工作队、第一书记坚持每周入户贫困户家中，帮扶领导每月走访慰问，时刻了解掌握贫困户的生产生活情况，尽力帮助他们排忧解难。平常有事只要一个电话就及时赶到。在解决难题的同时，注重分析讲解，引导他们自强自立。如贫困户谢阔口夫妻两人高度弱视，儿子儿媳都是智力残疾，孙子孙女均为学龄前儿童，家庭负担重，生活困难。谢阔口夫妇除了种田，很少有人需要他们打零工，平时精神状态差。扶贫干部经常激励他们以两个可爱孙子孙女的将来为出发点，让他们重拾对生活的信心和希望。通过联系学校，关注、帮助并跟进他的孙子在学前班的学习情况；联系附近的建筑老板，尽可能地让谢阔口做一些力所能及的事，并安排夫妻两人

在村扶贫车间从事勤杂工作,增加收入。通过帮助和鼓励,谢阔口一扫过去的愁容满面,他说:"我才54岁,日子有盼头,做事的劲也足了!"

(二)走亲连心同吃同坐同劳动,村企联手入户慰问重宣讲

结合每月的走亲连心"1号大调研",和调研单位一起,深入贫困户和广大群众家中,同吃同坐同劳动,密切党群关系,密切干群关系。并以"百企帮百村"为契机,和南昌矿山机械有限公司等企业联合举办"政策温暖扶贫路,真情促进自强心——听党话、跟党走、感党恩扶志行"等活动,每三名企业党员和员工深入一户贫困户家中,促膝谈心,宣讲党和国家的扶贫政策,并共同打扫整理家庭卫生;带好粮油和菜,轮流在贫困户家中一起做饭同吃。孤寡贫困老人熊文孙、张秀英、张香金高兴地说:"家里比过年还热闹,他们比亲人还要亲!"

(三)多方助学齐发力,扶志先行更扶智

对有劳动力的贫困户家庭,通过帮扶单位建立了农民大讲堂,邀请省市专家来村讲授各种农业知识和劳动技能,如乡老科协农业科技培训会、市县农业局组织的"江西农业大讲堂下基层宣讲活动";并定期组织贫困户到县乡参加劳动技能培训,开拓他们的视野,增强贫困户的就业范围和技能。建立了村校联动机制,持续关注贫困户家中青少年的学习和成长,多次组织相关活动提升贫困学生好学向上精神,如市侨联的"乐捐同行,悦读同享·送名著小书包活动走进安义县把口村小学";团市委的"名著扶志、科技扶贫"等。正拟建设的"音乐响起"音乐教室公益工程将能更好地培育全村少年儿童的精神成长。

(四)"三风"示范营氛围,精神文化促文明

习近平总书记指出:"弘扬主旋律和社会正气,培育文明乡风、良好家风、淳朴民风,改善农民精神风貌,提高乡村社会文明程度,焕发乡村文明新气象。"把口村十分重视"三风"建设,以同心连民情、同德弘传统、同力聚群智、同治变村貌为主题进行"三风"示范建设,涌现了一批"家庭榜样""父母榜样""儿女榜样""儿媳榜样""敬业榜样""奉献榜样""正直榜样""善良榜样""勤俭榜样""清洁榜样"。通过榜样评比,大家争当"身边榜样人物",积极践行社会主义核心价值观,充分发扬了正能量。随着"民情理事会""红白喜事理事会""综治银行""青年公益基金会"的成立,加强了基层法治、德治、自治的共同治理,移风易俗工作深入推进,人人崇尚新风气。新组建的村歌舞队,让村民主动参与的精神文化生活更加丰富,并在乡老协、九江银行、中梁首府等一些单位、企业组织的活动中多次获得优秀名次。许多贫困户人穷志不穷,通过劳动致富,并踊跃加入到乐于助人的队伍中。如贫困户熊华海,现在生活越过越甜,利用农闲时间为村内修桥补路,

并鼓励大学毕业的儿子积极向党组织靠拢，向村党支部递交了入党申请。

现在的把口村，道路更加宽阔平坦，村容村貌焕然一新，基础设施进一步提升，产业发展正在迈上新台阶，所有贫困户完全实现了"两不愁三保障"，全村各项事业持续进步，村民们纷纷表示："扶贫先强精气神，致富不忘感党恩！"

三、经验启示

一要真重视。脱贫攻坚时间紧、任务重，务必高度重视，要做到把脱贫攻坚当作压倒一切的政治任务来抓，提高标准，硬化举措，把工作干得更细致、更扎实、更精准、更有效，在脱贫攻坚上做到持之以恒、久久为功。

二要快行动。贫困群众作为扶贫工作的主体，既是受益者，也是参与者，要立即行动，真正深入到贫困户家中，通过面对面、心贴心的交流，宣传扶贫政策，落实帮扶措施，提高广大群众特别是贫困群众对扶贫工作的满意度，使困难群众真正了解扶贫的政策、措施和目标，切身感受到党和政府的关心和关注。

三要严问责。要履职尽责、强化担当、主动作为，把扶贫效果作为检验帮扶工作的唯一标准和干部考核的重要内容，狠抓工作落实，掀起比上下、比先后、比输赢的扶贫工作热潮，以实际行动向党和人民交出一份满意答卷。

情系扶贫点滴事　脱贫致富路更宽

——安义县万埠镇扶贫之路

"坚决打赢脱贫攻坚战"是习近平总书记向全世界作出的庄严承诺，也是万埠镇全镇上下一直以来的努力方向和目标。集众智，聚群力，克万难，全镇脱贫攻坚取得了全面胜利。

一、基本情况

万埠镇辖16个村委会、2个居委会，107个自然村155个村小组，全镇总人口31872人，建档立卡贫困户361户951人。下庄、前岸两个贫困村分别于2017、2018年顺利脱贫。

二、主要做法和成效

（一）创新"集中安居"模式，增强贫困户住房保障

住房保障是贫困户"三大保障"中的一个重要保障。瞄准全镇建档立卡贫困户、低保户、五保户、残疾人户"四类人员"，通过维修、改建、"交钥匙"工程等措施，确保住房安全。截至2019年底，共投入各类住房保障资金390余万元，建"交钥匙"66户，新改建29户，坡顶22户，危房维修133户，改水改厕136户。

本着"节约土地、降低成本、方便群众"的原则，万埠镇创新"集中安居"模式，将青湖村10户分散的"交钥匙"工程集中连片建成农村"微型安居小区"，真正做到了安居、宜居、暖心。

（二）实施健康扶贫政策，增强贫困户就医报销保障

一是加强健康扶贫政策宣传。健康扶贫实行"四道防线"和"七免三先一后"政策，贫困户看病报销90%，确保让每户贫困户知晓。积极加强新政策宣传，从2020年1月1日起，南昌市实行门诊就医统筹，普通老百姓慢性病就医可报销

65%，建档立卡贫困户慢性病就医可报销 70%。

二是建立贫困户健康档案，提供免费服务。组织上门签订家庭医生协议书，为贫困户健康体检，建立贫困人员健康档案。

三是开通贫困户就医报销"绿色通道"。实行报销零起付线、"出院自付 10% 以内"和"一站式结算"等政策，从根本上解决了贫困户"看不起病"和"报销难"的问题。

（三）实施教育扶贫政策，增强贫困孩子受教育保障

一是加强教育扶贫政策宣传。帮扶干部进村入户，逐户排查适龄儿童就读情况，张贴"安义县教育扶贫政策一览表"，给贫困户讲解教育扶贫政策，让每户贫困户都知道"孩子读书有钱补"。

二是强化落实，确保不错不漏。教育补助资金统一发放到贫困户"一卡通"存折。2020 年，万埠镇贫困学生共有 203 人，其中学前教育 17 人、小学 87 人、初中 64 人、高中 10 人、中职 9 人、大专及以上 16 人。

（四）实施安全饮水政策，增强贫困户饮水安全保障

2020 年 4—5 月，对全镇 361 户贫困户进行饮水安全评价，为每户贫困户出具饮水安全评价表，从水质、水量、用水方便程度、供水保证率 4 个方面做出科学评估，并发放"农村饮水安全用水户明白卡"，提供管理服务电话和监督电话方便贫困户随时联系维修。经过全方位的入户调查，全镇共 47 户饮水不安全户，现已全部安装净水器，确保贫困户饮水安全。

（五）实施"公益岗位"就业扶贫，增强贫困户持续性收益保障

一人就业，全家增收。让有劳动能力的贫困户在保洁员、安全巡查员、村级服务员等公益性岗位工作，稳定其收入。共安排 46 名贫困人员在公益性岗位就业，贫困户年可增收 4200 元。并建立了菊花基地扶贫车间，吸纳 5 名贫困人员就业。2019 年，对全镇 147 名外出务工贫困劳动力进行了交通补贴，共补贴 70500 元。积极组织各村的贫困劳动力进行培训，全年培训两期，共培训 99 人。

（六）光伏产业集中"造血"模式，聚规模、提效益

一是光伏户站集中建。17 户贫困户的光伏项目集中建设，安装在废弃老政府办公楼、废弃教学楼，变废为宝，降低成本，提高集中"造血"效益。

二是光伏村站结合建。下庄村的 30 千瓦村级光伏项目，与镇政府的停车棚结合，兼具停车与发电功能，村站一年收益约 1.2 万元。

（七）产业扶贫有特色，聚财气、顺民意

一是创新"合作社+基地+贫困户"模式。万埠镇下庄村与绿能公司合作，

发展"绿能模式",投资50.69万元产业扶贫资金,每年按照产业资金10%的比例给贫困户分红,2018年每户贫困户分红3000元。2020年,下庄村与江西农科西苑实业有限公司合作,发展100亩瓜蒌种植产业,公司负责提供种子、技术及销售,下庄村参与协调管理,年集体经济收入可增加10万元,带动贫困户就业、分红。又如前岸村发展皇菊产业,当地能人带头投资300余万元,村投资扶贫资金50.69万元,种植皇菊46亩,2018年每户贫困户分红2778元,2019年种植规模扩大到103亩,户均分红3000元,村集体经济增收3万元。

二是创新"合作社+银行+贫困户"模式。罗山村联合挂点单位县人民银行,给20户贫困户每户无息贷款1万元,作为股金入股合作社;另外为合作社提供60万元的贴息贷款,种植水稻1260多亩,水产养殖300亩,每年每户贫困户可分红3000元。

三是加强对非贫困村"产业扶贫"的支持。全镇非贫困村14个,占村总数88.75%,为了促进非贫困村产业发展,制定了《万埠镇非贫困村产业扶贫奖励办法(试行)》,对非贫困村发展扶贫产业进行引导性奖励,激励非贫困村"学比赶超",共同脱贫。2020年,为非贫困村万坪村、大垅村、青湖村申报扶贫项目资金共102万元。

(八)立志扶贫出实招、树典型

一是建立贫困村"立志爱心超市",激励贫困户立志脱贫。2019年建立了下庄村、前岸村"立志爱心超市",鼓励贫困户通过劳动积累积分兑换实物,激励贫困户立志脱贫。

二是鼓励贫困户发展产业实现长效稳定脱贫。2020年开始,对有种植、养殖及自主经营创业的贫困户,按照种植、养殖的类别及规模给予一定的奖补,共奖补197户89958元。

三是引导贫困户摒弃"等靠要"思想,自强自立。万埠镇前岸村种植专业合作社通过菊花基地带动贫困户就业、分红促进贫困村脱贫案例,下庄村贫困户刘红玲自立自强、自谋职业的先进典型,桃一村贫困户张礼全盲人夫妇自立自强,以竹编手艺补贴家用、回馈相邻的先进典型,得到了南昌电视台、江西日报、南昌日报、学习强国等多家媒体的广泛关注和报道。

三、经验启示

(一)深化基层党组织建设,不断提高干事创业的凝聚力、向心力

习近平总书记在《摆脱贫困》一书中指出:"党对农村的坚强领导,是使贫困

的乡村走向富裕道路的最重要的保证。"要充分发挥基层党组织战斗堡垒作用，把脱贫攻坚作为决胜小康的主攻战场。选好配强基层党支部书记，充分发挥基层党支部在脱贫攻坚工作中的领头雁作用。要增强组织力，引导广大党员发挥先锋模范作用，凝聚广大干部群众的力量，形成党领导脱贫事业的强大合力。要选好"三农"工作经验丰富、责任心和工作能力强的党员干部下派到村任第一书记、驻村工作队队员或帮扶责任人，既在党员干部的带动下打赢脱贫攻坚战，又让党员干部在脱贫攻坚工作中得到培养和锻炼，不断凝聚起干事创业的巨大力量。

（二）加强调查研究，增强脱贫攻坚工作的预见性

"没有调查，就没有发言权。"调查研究，洞悉民情，是科学决策，推动脱贫攻坚工作的重要一环，也是密切联系群众、转变工作作风的有效途径。要积极开展调查研究，增强脱贫攻坚工作的主动性、自觉性，开阔视野，创新思路。要围绕脱贫攻坚工作中的深层次、特殊性问题，着力从事关长远和全局的高度进行思考研究，从具体操作的角度提出对策，形成有见地、有分量、务实可行的调研成果，为脱贫攻坚工作贡献才智，提高脱贫攻坚工作的预见性。

二、专项扶贫汇总案例

"三化"并举,全力保障贫困群众身体健康

——湾里区全力做好健康扶贫真文章

一、背景情况

湾里区位于南昌西郊,距市中心 18 千米,东南邻新建区,西毗安义县,北接永修县。全区总面积 238 平方千米,辖站前、幸福 2 个街道和招贤、梅岭、罗亭、太平 4 个镇以及洗药湖管理处,有 17 个社区(居委会)、35 个行政村。2020 年初,常住人口 11.5 万人,其中建档立卡贫困人员 727 户 1637 人;辖区内有二级公立医院 1 所、镇卫生院 4 所,妇幼保健机构 1 所,村级卫生服务室 39 所。

全面脱贫攻坚前,患有大病的贫困人员住院治疗实际报销比例为 60% 左右,40% 的缺口导致贫困群体就医压力大,重大疾病、长期慢性病成为致贫、返贫的重要原因。全面打响脱贫攻坚战以来,湾里区着力提高贫困人员的健康保障水平,通过家庭医生规范化、服务能力标准化、扶贫举措全面化"三化"建设,全力保障贫困人员健康水平,建立健全住院报销"四道保障线","防、治、保"全力推进健康扶贫,为全面打赢脱贫攻坚战保驾护航。

二、主要做法和成效

(一)家庭医生管理"规范化",让贫困人员"少生病、不得病"

一是建立团队。辖区各镇卫生院(社区卫生服务中心)共组建了 28 个贫困人员家庭医生服务团队,每个团队均由具有丰富临床经验的 1 名医生、1 名护士(公共卫生医生)及 1 名村医组成,与建档立卡贫困人员实行一对一家庭医生签约服务。二是专项排查。对建档立卡贫困人员的患病情况进行专项排查,全面核查个人信息,确保精准识别到位。患病信息每年年末进行实时更新,形成完善工作台账。三是分类管理。为每位贫困人员建立完善个人健康档案,实行以家庭为单位的管理模式,

对排查出患有糖尿病、高血压、精神病、肺结核等慢性病患者进行分类管理，同时定期进行随访，随访次数增加到一年六次。全辖区共建立个人健康档案 1637 份，电子建档率 100%。四是定期体检。每年为本辖区的建档立卡贫困人员进行一次免费体检，体检项目包括心电图、B超、肝肾功能生化检查等 20 余项；同时为每一位体检患者开展面对面随访，进行健康指标的评估，提供健康指导服务。

（二）服务能力"标准化"，让贫困人口"就近就医"

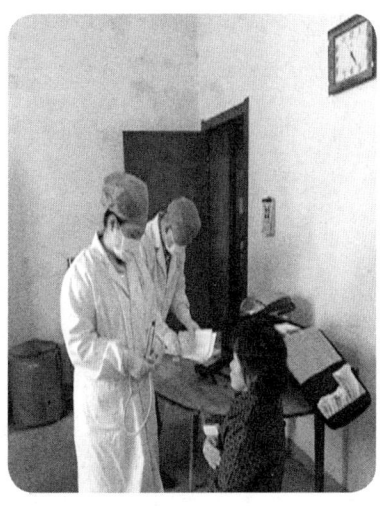

家庭签约服务团队进村入户开展慢病随访服务

一是重点打造医联体。2018 年 9 月，辖区内南昌市第四医院与江西省中西医结合医院组建为医疗联合体，成为南昌市少数的紧密型医联体之一。湾里区共投入资金 1500 余万元，新增了进口 CT、血透机等先进设备，硬件条件全面提升。同时，总院选派了高级管理人员及专业技术人员 20 余人长期驻扎工作，通过传帮带等形式加强管理，提升技术服务能力，且在医联体之间实行双向转诊，让贫困人员足不出户就可以享受三甲医院的一流服务。二是标准化服务全覆盖。2017 年完成 6 个贫困村产权公有卫生计生服务室的全覆盖建设；2019 年完成 4 个镇卫生院及 39 所村

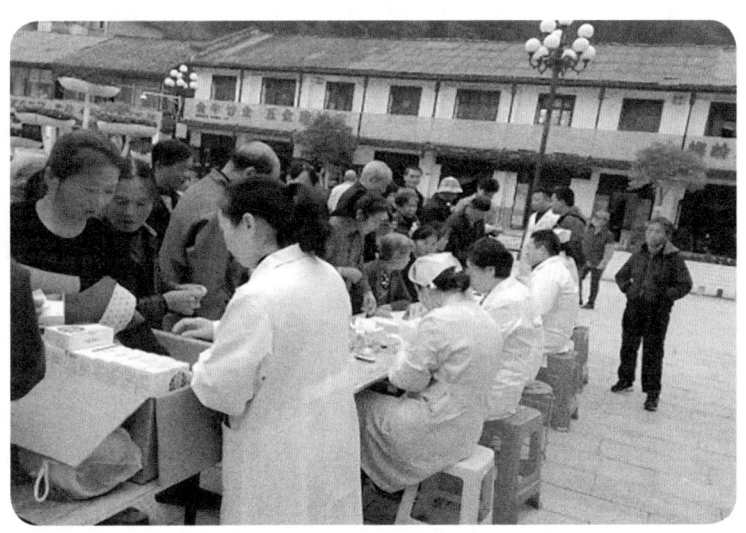

乡镇卫生院医务人员到辖区内行政村开展家庭医生签约服务体检

卫生室多种基本诊疗设备全覆盖配备。同时，协调医保、移动公司等部门实现居民医保门诊统筹报销"村村通"；通过加大资金投入力度，对村级卫生室房屋建设、设备培训、人员配备、服务功能等4个方面实现标准化建设，基本实现贫困人员"小病不出村"。

（三）扶贫举措保障"全面化"，让贫困人员"少花钱"

一是财政保障。政府财政连续三年出资为贫困人员购买了居民基本医保、大病保险、大病商业补充保险，解决了贫困人员看病就医报销的后顾之忧。二是政策跟进。出台《关于推进健康扶贫再提升工程实施方案的通知》《湾里区健康扶贫医疗费用兜底保障实施细则》《关于进一步明确建档立卡贫困人员住院四道保障线报销流程和时限的通知》等文件，为落实好脱贫攻坚目标奠定基础。三是兜底保障。对辖区内所有建档立卡贫困人员住院费用，在经基本医疗保险、大病保险、商业补充保险和医疗救助后超出10%的部分由财政兜底保障，确保建档立卡贫困患者住院报销比例不低于90%。四是服务提高。将辖区内的公立医疗机构全部纳入贫困人员定点医疗机构，对建档立卡贫困人员就医实施"七免三先一后""先诊疗、后付费""一站式结算"惠民便民政策，贫困人员在定点医院入院时不需交纳"一分钱"就可以看病就医，出院时最多交付该次住院医疗总费用的10%即可出院。

三、经验启示

要取得脱贫攻坚战的全面胜利，离不开健康扶贫各项举措的全面推进。从湾里区健康扶贫的主要做法和成效中，有以下几点启示：

第一，要以预防为主。从源头上降低因病致贫、因病返贫的风险，是提高贫困人员健康保健知识水平和防病能力的关键。实践证明，通过加强健康宣传教育、健康指导及疾病预防措施，加强农村特别是贫困农村医疗卫生服务建设，是解决贫困人员看病难、看病远、看病贵的有效举措。

第二，服务能力是基本保障。通过提升区、乡、村三级医疗服务能力，逐步形成半小时健康服务圈，可以有效地避免因病远诊而增加就医的开支，并能保障贫困人员及时享受到优质的医疗服务，基本实现小病不出村、常见病不出乡、大病不出区。

第三，政策保障是重要抓手。贫困人员本身家庭经济条件不好、抗风险能力较差，在医疗保障的制度中，只有居民医保、大病保险、医疗救助、大病商业补充保险等全方位的保障才能切实保障贫困人员不因病致贫、因病返贫。

积分换得良俗来 "三讲一评"醒斗志

——湾里区扶贫扶志工作特色做法

一、背景情况

全面打赢脱贫攻坚战以来，湾里区全力推进脱贫攻坚，711户贫困户全部达到脱贫标准。但在工作中也发现，少数贫困户有"等靠要"思想，存在"坐在家里晒太阳，等着干部来帮扶"等现象，导致其脱贫持续效果差、后继动力不足。针对这种情况，湾里区专门制订出台扶贫扶志工作方案，2019年8月在罗亭镇义坪村试点建设全区首家"爱心超市"，并于当年底完成41家建设，实现行政村全覆盖。同时，以镇或村单位，每季度至少开展一次"三讲一评"活动，组织驻村干部、基层干部讲政策讲措施，让贫困户自述党恩和党的好政策，组织扶贫干部、老党员、贫困户代表等评选优秀脱贫户。积分评比和"三讲一评"活动，唤醒了众多贫困户的脱贫意志，激发了贫困户的内生动力，极大地助力了贫困户战胜贫困。

二、主要做法和成效

习近平总书记强调："人穷志不能短，扶贫必先扶志。"结合实际，湾里区开展扶贫扶志工作，加强宣传，突出典型，以"爱心超市"积分评兑为抓手，结合"三讲一评"的开展，以"绣花"的功夫，滚石上山的精神，持续发力，久久为功，激发贫困群众脱贫致富的内生动力，提升贫困群众脱贫致富的技能，巩固提升脱贫成果。

（一）全力管好用好爱心超市

辖区41家爱心超市每月开展一次积分评比，随时可兑换物品。同时，设立"微心愿"，通过积分、捐赠等完成贫困户购买大件商品的需求，实现"一市多能"：让爱心超市成为兑换超市物品店、社会捐赠受理点和扶贫产品销售点。在管理上做到"六有":有人管事、有场所办事、有制度理事、有资金运营、有序评分和有多项功能。截至2020年10月底,全区爱心超市积分评比200多次,兑换物品的金额达到67万余元,得到广大贫困群众的一致好评。

(二)积极开展"三讲一评"颂党恩活动

驻村干部和基层干部讲政策讲措施,让贫困户自述党恩和党的好政策,分享帮扶成果;同时结合村规民约,批判不良行为,提倡优良品德,持续推进移风易俗,倡导科学文明生活方式。简叠英是太平镇2013年因病致贫的建档立卡贫困户,由于生活压力大,逐渐对生活失去了积极向上的信心,慢慢养成了一种消极懒散的习惯,什么事情都不愿意去做。"三讲一评"感恩教育活动,让简叠英生活日益改善,慢慢恢复了对生活的信心,要求参加培训和公益性岗位。在"三讲一评"时,简叠英脸上洋溢着幸福的笑容,说道:"真要感谢党的好政策,感谢驻村第一书记及各级帮扶干部的帮助,以前作为贫困户想都没想到能过上现在这样的幸福生活,我一定要珍惜,一定要感恩。"通过自己的努力,她的可支配收入由2014年的3158元提高到2020年的28295元,顺利摆脱了贫困生活。截至2020年10月,全区已开展"三讲一评"活动140余次,这些活动让贫困群众有了从"要我脱贫"向"我要脱贫"的根本改变,营造出积极脱贫、乐观向上的村风民风。

(三)大力发挥示范引领作用

一是强化政策宣传。在积分评比、"三讲一评"活动中积极融入脱贫攻坚宣传教育,深入宣传习近平总书记关于扶贫工作的重要论述及各项扶贫政策,让脱贫惠民政策深入民心,让广大群众切实感受党和政府政策带来的实惠与变化,让脱贫群众饮水思源知党情谢党恩,坚定贫困群众勤劳致富创造幸福生活、建设美好家园的信心和决心。二是强化典型

贫困户简叠英在"三讲一评"会上"讲感受、谢党恩"

洗药湖管理处南岭村在脱贫攻坚"三讲一评"颂党恩活动中评选优秀脱贫户

引领。全区选评出诸如招贤镇"脱贫攻坚一路有你"最美人物程小兰、梅岭镇自主脱贫典型黄之花、罗亭镇"罗亭榜样"曾路春、太平镇最美贫困户杨小亮、洗药湖管理处的示范脱贫户胡水根等典型。这些身边的榜样,使文明之风、积极向上的优良品质在乡村、在村民心中生根壮大。

(四)志智双扶建立长效脱贫机制

一是落实教育资助政策。全区通过免、减、奖、贷、助、补等多种方式,消除贫困家庭子女接受教育的后顾之忧。同时,创新开展了"点灯行动"和"千寻计划",安排专任教师与贫困生一对一结对帮扶,成立区级教育励志基金,鼓励支持湾里籍贫困学生完成义务教育后继续求学。二是落实技能培训。加强贫困人员的劳动技能培训,通过烘焙、SIYB创业、缝纫工技能、茶产业等培训,进一步提高了贫困劳动力的就业技能和就业能力。

三、经验启示

湾里区的脱贫攻坚工作既注重"输血",更注重"造血",把扶贫与扶志有机地结合起来,既送温暖,更送志气、送信心。

(一)以积分评比养良习,爱生活爱劳动讲公德

爱心超市每月一次评分,根据贫困户社会公德、家庭美德、遵纪守法、内生动力、配合工作等评分标准,以积分机制改变贫困户卫生习惯,提高贫困户家庭卫生保洁意识,扭转"脏乱差"家庭环境,慢慢改变、培养生产和生活习惯。

(二)以"三讲一评"激斗志,积极向上奔小康

通过"三讲一评"活动,密切党群关系,激发贫困户感恩、奋进的内生动力,很大程度上改变了以往的走访攀比、"等靠要"思想。

(三)以教育培训强本领,有知识有文化有技能

通过落实教育扶贫,阻断贫困代际传递,全力消除贫困滋生土壤。加强技能培训,让贫困劳动力有一技之长,更好地发展产业、实现就业。不断增强贫困户的自我发展能力,让扶贫成效更持久。

"小"葡萄变成增收致富"金珠子"

——新建区金桥乡小桥村产业扶贫典型案例

一、背景情况

金桥乡下辖的小桥村,曾是"十一五"贫困村。在上级部门帮扶下,小桥村的葡萄种植走上了规模化、产业化之路,不仅让村民摘掉了贫困的"帽子",而且改变了村庄面貌,村民的日子越过越甜。截至2019年,葡萄种植面积1600余亩,其中大棚葡萄300余亩,主要种植红富士、夏黑、阳光玫瑰、红巴拉多、巨峰等优良品种,采取套袋、滴灌等先进栽培技术,丰产后亩产3000斤,亩收益可达1.2万元,成为增收致富的"金珠子"。每到丰收时节,葡萄基地里挂满枝头的葡萄、来往采摘的游客以及果农脸上荡起的笑容构成了小桥村最亮丽的一道风景线。

二、主要做法和成效

金桥乡小桥村因地制宜、因人而异、因需而做,创造性地开展"葡萄种植产业扶贫+志智双扶"工作,在"扶贫同扶志、扶智相结合,激发贫困户自我发展动力"方面取得了较好效果。主要做法如下:

一是"党员+农户+产业"模式,为产业扶贫"强筋健骨"。"十一五"期间,在南昌市政府办公室的大力帮扶下,金桥乡小桥村"两委"班子发动20户群众,集资450万元,在闵家、吴家自然村的门前垅建设了葡萄种植示范基地。小桥村葡萄基地自成立以来,由村支部牵头,紧紧抓牢发展机遇,不断壮大葡萄产业化发展,引进农民专业合作社、家庭农场等新型农业经营主体。同时,按照"党员+农户+产业"的模式,充分发挥党员的帮带作用。积极引导和带动更多群众参与到产业发展中来,形成"支部引领、党员带动、合作社运转、群众参与"的良好发展格局。

二是"公司+合作社+农户"模式,使葡萄产业成为小桥村精准扶贫"主力军"。2013年5月,小桥村的闵凤根牵头成立了新建县众森种养殖专业合作社,并通过"公司+合作社+农户"的模式,组织葡萄种植户开展规模化、标准化、生态化生产,并注册"畅丰"牌商标,"公司+合作社"也与"百果园"建立了在线网上采购订单合作关系。同时在市产业化信息网站经常性地更新和发布葡萄新品种信息、实用新技术、蔬果行情、国家农业政策及法律法规等，农户通过上网便可阅读最新的农业知识和先进的葡萄栽培技术。村民自愿加入合作社后，首年由合作社出资，免费提供支架、苗木、薄膜和农药，次年下半年产生收益后，再由农户负责管理，解决了农户出资难、怕风险的后顾之忧，有效提高了群众的收入水平，夯实了自我发展能力。

三是"党员干部示范"放光芒，带动周边村庄齐发展。通过党员干部示范作用，小桥村还带动周边华光、大庄、金桥、塘下、三和、虎庄、金山等7个村的群众自发种植葡萄，全乡种植规模由起初的60亩发展到现在的2000余亩，仅小桥村的葡萄种植面积就有1600余亩，带动近百户群众脱贫致富。每到葡萄成熟季节，前来基地购买葡萄的市民络绎不绝，透过葡萄叶，基地里满是采摘的爽朗笑声。

"下一步，我们将继续提升品质，走果旅结合的新路子，大力推进由传统农业向休闲农业发展，提高群众的生活水平，让群众脱贫致富。"金桥乡党委书记龚都俭表示，同时还将紧紧围绕"两不愁三保障"的目标任务，以党建为引领，大力发展特色优势产业，通过产业扶贫真正实现贫困人口脱贫致富。

三、经验启示

在探索推进"葡萄种植产业扶贫＋志智双扶"工作中，主要有以下几点启示：

一是依托自身条件，因"人"制宜推动产业扶贫。小桥村根据农业供给侧结构性改革的要求和贫困群众的内在需要，把就地培养新型职业性农民作为精准扶贫的突破口，为贫困群众量身定做产业扶贫方案，再结合小桥村的葡萄种植产业情况，探索了一条从"授人以鱼"到"授人以渔"，从"输血"到"造血"的产业技术扶贫的"好路子"，以此带动脱贫攻坚，撬动乡村振兴。

二是把培训农民作为精准扶贫扶志的抓手。脱贫攻坚中最盼的是让贫困户学技术。经调研发现，全乡真正的贫困群众，大部分自身发展能力比较弱，自身发展动力不足，没有技术，没有门路。单纯的送钱送物只能解一时之困，不能脱一世之贫，不能从根本上断掉"穷根"，反而助长了"等靠要"思想。凡是有一技之长的，脱贫就有基础，就有希望，就可持续。

三是以党建为引领，多措并举，打好脱贫攻坚战。基层党组织是脱贫攻坚第一线的核心力量。小桥村充分发挥基层党组织的政治优势、组织优势、密切联系群众优势和党员的先锋模范作用，坚持因村制宜，精准施策，大力推行"党员＋农户＋产业""公司＋合作社＋农户"模式助推脱贫攻坚，走好"围绕脱贫抓党建，抓好党建促脱贫"的路子。

不改火龙果红心　不忘桑梓地小康
——新建区溪霞镇引入"公司＋贫困户"模式助力脱贫

"你看，这颗仙人掌结了好多果子啊"，2019年8月16日，南昌市新建区溪霞镇桃花村又迎来了一波游客。自桃花村火龙果采摘季开始后，这里的村民都习惯了村里车水马龙、人来人往。火龙果种植不仅改变了以往村里无产业、土地荒废的落后局面，更是实现了村民家门口就业、增收的愿景，推动了休闲农业旅游发展和传统农村转型升级，为溪霞镇实施乡村振兴、实现全面小康开辟了一条新路子。

一、种下梧桐树，引得凤凰栖

近年来，溪霞镇深入学习贯彻习近平总书记关于脱贫工作重要论述，坚定不移推进精准脱贫工作。为在2020年实现416户1200名困难群众全面脱贫的目标，带领困难群众同步奔小康，溪霞镇规划推进溪霞镇特色扶贫产业，优化政策供给，构建亲清政商关系，扶持本地企业发展，躬下身子为企业发展创收服务，挺起头颅引导乡村企业"先富"之后不忘带动困难群众"后富"。

正是在企业发展不断获得政府政策支持、在对弘扬扶贫济困的中华民族传统美德的不谋而合中，江西品尚生态农业发展有限公司作为桃花村第一家大规模的本土企业，通过向村民免费传授火龙果种植技术、吸纳贫困户就业、租赁村民土地、邀请乡亲邻里参观品尝农产品等方式为村民增收。该公司成立于2015年4月，又名桃花山庄，位于溪霞镇桃花村吴坪自然村，是一家由大学生回乡带头创业、村民集体共筹创立的有限责任公司，占地面积共1500亩，注册资本金1000万元，创始股东36位，均来自桃花村吴坪自然村。公司创立的原始动机是为家乡保留一片纯净美好的山山水水，带领乡亲邻里共同致富。该公司成立之后，累计投入资金2000余万元，建成300亩火龙果产业基地、500亩桃花园观光基地，带动周边贫困户就业 30 人。"火龙果销路畅通，除了前来采摘的游客，成熟的火龙果每天都会打包成盒销往水果市场和餐厅！"公司负责人李水平说，"卖剩下的火龙果也不会浪费，还可以制作成火龙果饮料向游客免费供应。"在火龙果供应季，果园里的工作人员忙得不亦乐乎，而此前失业的贫困户陈大发就是其中之一；如今他已是果园中一名能手，采摘、打包、火龙果榨汁样样都会。像陈大发一样，在果园工作的困难村民已有 10 多位，农忙时聘请的临时工也达 20 余人。

除了吸纳劳动力就业外，该公司以土地流转的方式，租用贫困户的土地，进行统一规范管理，每年给付每户贫困户不低于 2000 元的租金。同时通过合作社中贫困户的小额信贷入股让贫困户获得分红。此外，公司会优先收购贫困户家中的农产品以供日常所需，收购的剩余产品加工包装出售，为广大贫困户创收。正如村民们打趣说的，"火龙果树结出的是'幸福果'！"

二、下足绣花功夫，谋求产业发展

在发展产业扶贫的道路上，溪霞镇孜孜不倦地想方法、不厌其烦地下苦功，本地企业则借势繁荣发展、饮水思源回报社会。

（一）抓好产业整合，打造溪霞特色

溪霞镇积极落实美丽乡村建设，把握绿谷长廊建设机会，乘势打造"一镇九村"精品村。桃花村作为美丽乡村和精品村点位，通过合理设计产业项目、整合涉农项目、扶植本土企业发展，形成了苗木、果树、生态园等农业产业发展兴旺的局面，唱响了溪霞本土企业发展特色戏。

（二）强化资源整合，联结产业网络

为建成产业发展网，实现乡村经济腾飞，溪霞镇发挥农业产业发展优势，精心培育龙头企业、现代农业基地、农民专业合作社等新型农业经营主体。通过资金入股、土地流转入股等形式与贫困户建立了产业发展的多种利益联结机制，实现了"合作社+贫困户"的产业增收新模式。在贫困户成立的合作社里，他们通过小额信贷的金融扶贫政策获得信贷资金，共同将小额信贷资金投入龙头企业，年底可参与收入分红。合作社则将贫困户入股资金进行整合，用于开发新的种植基地，进而壮大合作社规模，滚动发展，实现双赢。

（三）统筹技术整合，构建长效机制

"授人以鱼，不如授人以渔"，为将给贫困户"输血"转变为贫困户自我"造血"，龙头企业制订劳动力就业转移培训工作方案，将贫困家庭劳动力纳入"就业创业"登记范围，实现企业与职业教育相结合，通过邀请专家学者免费为附近的村民授课、增设实地教学、免费上门指导农产品种植等方式，企业在贫困户中培育和带领出一批农业明白人和致富小能手。

三、星星之火可以燎原

在以农耕文化为魂、以生态农业为基、以古朴村落为形、以脱贫致富为本的发展路径中，溪霞镇充分开发乡村、乡土、乡韵的潜在价值，发展了休闲农业和乡村体验式旅游，实现了村民增收致富。

通过典型示范带动、培训扶持等有效措施，溪霞镇产业发展方兴未艾。休闲旅游、特色采摘、现代农业等方面的示范点有效激发贫困户的创业热情，引导更多的贫困户发展产业，达到发展一项产业、带动一片贫困户走出贫困的目的。在带动农民增收方面，甘舍村、白果村、桃花村、石咀村已有70余户发展了火龙果、西瓜、草莓、葡萄等水果采摘产业，赤海村有20余户发展了葛粉和网箱养殖产业，申家村10余户发展了手工竹制品产业等，溪霞镇的困难群众真正切实感受到了产业发展带来的实惠和好处。

创新产业发展模式　走出脱贫攻坚路子
——新建区象山镇河林村产业扶贫典型案例

新建区象山镇河林村为南昌市市定贫困村。从 2015 年起，河林村把发展农业产业列为脱贫攻坚的焦点工作，因势利导发展特色水产养殖等产业，走出了一条以农业产业助推脱贫攻坚的新路子。

一、系统谋篇，锁定产业发展新坐标

以往河林村主要以种植水稻为主，即使风调雨顺之年每亩地收入也不过千元。2013 年，时任村党支部书记的熊福生组织部分农户成立纯原现代种养殖专业合作社，从特色水产养殖方向试点探索突围之路，但直到 2015 年底还没有明显起色。2015 年 8 月，在市政府办公室对口帮扶下，村里组织了详细的调研，得出河林有"三好"：一是地理区位好。位于南昌近郊，交通方便，邻近象山森林公园等旅游资源，搭车发展观光旅游潜力大。二是自然禀赋好。东临赣江，西靠沙口河，地势平坦连片，水资源丰富，水生态条件优越，发展特色水产养殖潜力大。三是生态环境好。远离城市主要工业区，生态环境好，开发强度低，发展绿色农业产业潜力大。并据此形成了《河林村"十三五"扶贫攻坚规划》和《河林村"十三五"产业发展规划》，确定了河林村"生态农业 + 生态旅游"的产业发展思路。

二、循序渐进，闯出产业发展新格局

一是提升既有农业产业的生产盈利水平。纯原现代种养殖专业合作社在 2013 年成立时，确立了利用流转的 1000 亩低洼地从事莲藕种植的发展路子。虽然藕尖很畅销，但随着莲藕越长越深，人工采挖成本不断加大，收益渐渐与传统农业接近。2014 年开始，合作社尝试着莲藕里面套养龙虾、泥鳅、甲鱼、螃蟹、青虾等品种，但一直无法锁定养殖重心。2015 年底，村党支部从江西农业大学、市区农业部门

请来专家,对合作社的养殖项目进行诊断,确定主要从事小龙虾和甲鱼养殖的思路。因为是清水养殖,加上荷叶荷花可以遮阴,2016年小龙虾和甲鱼生长品质特别好。年底光是小龙虾养殖一项就盈利了30多万元,2017年再上台阶,小龙虾养殖实现盈利超100万元。

二是打造村集体所属的农业产业项目。2017年4月,村里组织人员到安徽考察水产养殖项目,初定在村域范围建设一个村集体所属的大型特色水产养殖园。2017年11月下旬,在市、区、镇三级政府的大力支持下,"千亩生态养殖扶贫产业示范园"正式开建并于2018年实现投产运营。产业园主要养殖青虾、河蟹、鳜鱼等,每年可实现农户土地流转收益60余万元、为村集体经济增收30余万元,创造约70个工作岗位实现农户就业收入约180万元。2018年上半年,村里又利用党建扶贫资金30万元,建设了20亩简易蔬菜大棚项目,每年可为村集体经济增收4万余元。

三是引导农户积极发展家庭产业。在合作社产业、村集体产业的示范带动下,2018年上半年河林村出现了农户家庭产业。老党员熊运选自筹10多万元建设资金,在沙口河边建设成了占地约9亩的"青蛙养殖园",年产值有望超20万元。河林村如今有人办起了农家乐,有人把自家腌的咸菜打上品牌推向市场。2018年5月,可容纳200人同时就餐的"龙虾城"正式对外营业,每天为来自各方的宾客提供可口舒心的餐饮服务。

四是推动观光旅游和农家乐的发展。2017年7月河林村筹办了新建(河林)首届荷花节,3万多游人汇聚河林村,徜徉千亩荷花间闻香、拍照、嬉闹、赏荷花秀、观荷花景、品和合宴,"象山荷花"品牌让河林一炮而响。

三、融合发展,产业发展助推脱贫攻坚

从河林村农业产业快速发展的背景和初衷看,内含了对打赢脱贫攻坚战的思考和设计,所以其在发展中一直体现着"助推脱贫攻坚"这一内容。

村合作社产业、农户家庭产业的发展,为农户提供了有效的就业岗位和增产增收的途径,大大降低了贫困发生率。2016年底,村党支部与纯原现代种养殖专业合作社商议后决定,由合作社向11户建档立卡贫困户每户无偿赠送500股股份,每年拿出5%的纯利润对贫困户进行产业分红,这一制度将延续15年不变。2016年底,纯原现代种养殖专业合作社为建档立卡贫困户每户分红2000元,助力9户建档立卡贫困户如期脱贫。2017年分红4000元,帮助11户建档立卡贫困户人均纯收入达到8828元。

村集体产业为长效解决建档立卡贫困户脱贫、稳定脱贫成效、防范意外致贫提供了坚实的物质基础。2018年投产的"千亩生态养殖扶贫产业示范园"的租赁协议中,写入了"优先吸纳贫困人口就业"的内容。同时,村委会还从每年30多万元的产业园租赁收入中拿出一部分资金,用于对无劳动能力的家庭进行现金分红,以及向有劳动能力的家庭提供公益岗位,帮助贫困户继续增产增收。随着集体经济的壮大,河林村党支部已在思考长效稳定脱贫成效、防范意外致贫等相关制度性安排,核心思想是帮助贫困家庭稳定收入水平、为一般家庭快速提供力所能及的资助,有效降低因病、因残、因教致贫等出现的频率。

积力之所举,则无不胜也;众智之所为,则无不成也。面向未来,河林村在积极探索产业发展更广阔的空间。

引得特色养殖项目来　谋得脱贫攻坚新局面

——新建区联圩镇"造血扶贫"典型案例

一、案例背景

习近平总书记强调指出："要坚持群众主体，激发内生动力，充分调动贫困群众积极性、主动性、创造性，用人民群众的内生动力支撑脱贫攻坚。"联圩镇挂点帮扶单位新建区工商联定点帮扶东岸村5户贫困户，通过实地走访考察了湾里、安义等周边县区的10余个精准扶贫项目，并结合东岸村贫困户的家庭实际情况，最后决定引进安义瓦灰鸡养殖项目来助力贫困户脱贫。该项目投资小、利润大、回报周期短，很适合贫困户充分发挥自身动力，在自己庭院中养殖，从而走上脱贫致富道路。下一步，区工商联还将积极帮助贫困户进一步打通销售渠道，着力推动"造血式扶贫"，让贫困户的日子越过越好。

二、主要做法和成效

一是知民之需，了民之忧，深入帮扶下实招。精准扶贫，关键的关键是要把扶贫对象摸清搞准，把家底盘清，这是前提。新建区工商联定点帮扶东岸村5户贫困户，在日常的结对帮扶工作中，区工商联领导干部进村入户，深入贫困户家中，通过实地走访与贫困户交谈了解发现东岸村大部分贫困户因病因残而致贫，贫困户弱劳动力居多，基本上都是以在家务农为生，但是贫困户内生动力充足，对发展扶贫产业、参加就业技能培训等"造血"式扶贫项目的积极性高。东岸村贫困户程时铜，虽然自身残疾，但是发展意愿强烈，在感谢党和政府帮扶的同时，更加渴望通过自身的劳动来改变生活。对此，新建区工商联决定引进安义瓦灰鸡养殖项目来助力贫困户脱贫。

二是授民以鱼，富民以渔，开辟脱贫致富新思路。俗话说，家有良田万顷，不如薄技在身。只有加强贫困人口职业技能培训，授之以渔，使他们都能掌握一项技能本领，激发贫困群众的内生动力，使脱贫攻坚工作从"输血模式"走向

"造血模式"才能更好地给贫困群众培育出可持续脱贫的机制和可持续致富的动力。2017年，区工商联向挂点帮扶贫困户捐赠瓦灰鸡鸡苗、饲料及疫苗等物资，按每户150只瓦灰鸡鸡苗，240公斤鸡饲料和疫苗等物资捐赠。在发放过程中，由区工商联邀请的瓦灰鸡养殖方面的专家现场向贫困户讲解了饲养鸡苗应注意事项和疫病防治的相关知识。贫困群众也纷纷表示有对养殖的积极性，靠自己双手脱贫的信心。为解决贫困户鸡苗养殖后的销售问题，2018年春节前，区工商联又组织总商会的爱心企业家集中收购瓦灰鸡，促进贫困户家庭户均增收1万余元。2020年，为帮助贫困户扩大养殖规模，持续增加经济收入，总商会继续向每户贫困户捐赠瓦灰鸡鸡苗及饲料等物资，同时积极打通贫困户养殖销售渠道，推动"造血式扶贫"。

三是号召企业，动员社会，夯实社会扶贫新力量。2018年，区工商联通过多种渠道向全区非公企业和非公代表人士发出倡议书，积极动员广大非公经济人士参与精准扶贫行动，并与区红十字会合作设立了"新建区总商会博爱专项基金"，用于开展各项社会公益事业。结合国家扶贫日契机，区工商联号召广大非公企业家和商会组织积极参与扶贫。江西龙宇医药股份有限公司向贫困户捐赠了价值125000元的药品，通过区红十字会陆续送往多个乡镇。南昌市物流服务业商会则是与贫困户精准对接，为联圩镇东岸村的一名危房重建贫困户捐赠15000元的重建帮扶资金，为贫困户解决安居问题。各方参与是合力，调动各方面积极性，社会协同发力，形成"三位一体"大扶贫格局。

三、经验启示

一是自身的环境优势助力"造血扶贫"。联圩镇东岸村依山傍水，气候温和，气候宜人，与安义瓦灰鸡养殖地环境相似。该品种适应性广、耐粗饲、抗病力强，易存活，适宜棚舍散养于果、林、草地，喜食青草、昆虫等食物，而东岸村的环境条件不仅能庭院养殖也提供了散养的可能，保障了瓦灰鸡的品质。

二是帮扶单位高度重视落实"造血扶贫"。新建区工商联把落实脱贫攻坚产业扶持到户到人放在重要位置，深入贫困群众家中，走访、慰问、了解情况，切实了解东岸村贫困户致贫的原因、自身发展的意愿。

三是贫困群众内生发展动力夯实"造血扶贫"。东岸村的贫困群众大多因病因残致贫，但是他们对发展扶贫产业、参加就业技能培训等"造血式扶贫"项目的意愿强烈，并且对瓦灰鸡养殖充满信心，在养殖过程中充分发挥主观能动性，主动向有关专家咨询养殖方面的事项，为瓦灰鸡的养殖培育内生动力。

四是社会力量的凝聚推动"造血扶贫"。爱心企业家集中收购瓦灰鸡，为贫困群众提供销售渠道，解决了贫困户养殖的后顾之忧，促进贫困户增收。

因地制宜发展产业　广开渠道增加收入

——新建区特色产业扶贫典型案例

一、背景情况

产业扶贫是脱贫攻坚的基础和支柱，因地制宜制定适合本地的脱贫方略，引导和扶持发展特色产业，是实现由"输血"救济到"造血"的物质基础。近年来，新建区始终致力于扩大产业扶贫覆盖面，提高贫困群众参与度，不断增强内生动力，先后培育了象山镇河林村生态种养殖产业示范园、石埠镇西岗村千亩芦笋基地、联圩镇路司口村白莲基地、流湖镇淑溪村湖羊饲养基地、樵舍镇常丰村百合基地等一批扶贫产业项目，为打赢脱贫攻坚战奠定了坚实的基础。

二、主要做法和成效

（一）河林产业春意正浓，"压仓定盘"脱贫攻坚

近年来，新建区象山镇河林村除了养殖河蟹、甲鱼、鸭子等水产家禽，还发展了蔬菜、瓜果、大米等生态种植业。一是探索特色水产种养殖产业。2017年4月镇、村两级赴安徽考察水产养殖，为打造特色水产养殖业寻找合适项目。同年12月14日正式启动"千亩生态养殖扶贫产业示范园"建设工作。二是发展特色种植产业。2018年村里利用党建扶贫资金30万元，建设了24亩简易蔬菜大棚项目，每年为村集体经济增收3万余元。2019年6月，150亩生态西瓜成熟后，第一书记又联系超市、电商平台解决销售问题，短短20多天销售了100万斤西瓜，销售收入120万元以上。2019年下半年，大棚基地种植了160亩辣椒、20亩草莓、10亩网纹瓜，生产收益达200万元。三是优化强化产业效益。用好村注册水产类商标"砂口港"（省第一枚集体商标）、种植类商标"河林哥"，将已有产业统一标识、统一包装、统一宣传。深入推进农村集体产权制度改革，将村3个扶贫产业项目

全部纳入村经济合作社管理。稳步提升村级集体经济收入，2020年达到30万元。

（二）千亩芦笋基地，助推产业发展

南昌禄祺实业有限公司是一家以农业产业化为龙头的绿色农业科技型企业，已经建设发展成以芦笋产业基地为主的多元化生态绿色农业园区。公司自进入石埠镇西岗村以来，在市、区、镇三级政府的关心帮助和支持下，得到了较快的发展。至2020年，公司已经累计投入项目资金1600余万元，用于土地改良、培种育种、机械设备、农业生产资料、劳务工资等。

引入脱贫公司的芦笋大棚

预计2020年将实现芦笋销售产值960万元。在公司发展的同时，也实现西岗村由"输血"式扶贫向"造血"式扶贫的蜕变。西岗村千亩芦笋产业园在市、区领导的关心重视下，已经成为新建区产业扶贫的关注点、高效农业的精品点和脱贫致富的制高点，基地带贫益贫130户323人，成为石埠镇带贫益贫龙头企业。千亩芦笋产业化示范基地种植，赢得了江西农科院专家领导的高度认同，并于2019年11月授予公司"江西农科院蔬菜（芦笋）与花卉推广示范中心"的院企合作项目。

（三）小小菌菇，带动贫困户增收

江西省新赣食用菌科技有限公司建立于2018年，主要种植黑皮鸡枞菌、香菇、平菇、虎头松茸。一期菌菇生产建设已经投产，初步形成了示范效应，设置了扶贫车间1个，为贫困户开发了5个扶贫专岗岗位，户均增收4000元，同时每年村集体增收3.7万元。做大做强食用菌产业链的同时，积极吸收新建区93户贫困户成立了新赣菌菇种植专业合作社，利用贫困户小额信贷资金入股形式，每年为合作社贫困户增收总额高达19万余元。2020年，2000平方米二期菌包生产车间基本建设完工，菌包生产设备安装到位，初步具备菌包流水线生产能力。该项目预计为上房村集体每年增收12万元，主要用于贫困户产业扶贫帮扶。通过"政府引导、群众主体、合作组织带动、市场运作"的方式，提高上房村生产经营的组织化、规模化程度，努力实现产业发展和贫困人口增收致富双赢，确保全村贫困群众在全面建成小康社会进程中不掉队。为保障脱贫成效，稳定增加贫困户收入，创新采取了社会捐赠购买菌包后托管到江西省新赣食用菌科技有限公司进行种植模式，产生的收益归贫困户，已为全镇贫困户和边缘户共计44户托管菌包共计17000包，发放托管收益10.2万元。

三、经验启示

通过大力发展产业扶贫，促进贫困户增收，让贫困户足不出户就能摆脱贫困。新建区因地制宜，突出特色，精准发力，不断发展壮大具有区域特色的产业，培育品牌，规模化发展，实现了产业由小到大、由弱到强、由强到精的跃升。

引入脱贫公司的菌菇车间

一是实施产业扶贫，必须持续发力久久为功。产业培育壮大考验的是定力，需要的是耐力。在优势特色产业发展上，咬定产业不放松，一任接着一任干，一张蓝图绘到底，向着"农民富、农村美、农业强"的目标扎实迈进。实践证明，只有牢固树立功成不必在我的理念，持之以恒、矢志不移、久久为功，才能真正把产业扶贫落到实处。

二是实施产业扶贫，必须发挥群众主体作用。群众是产业扶贫的受益者，更是产业扶贫的主体。面对繁重的扶贫开发任务，自始至终把调动贫困群众积极性、主动性作为产业扶贫开发的力量源泉，扶志扶智扶技并举，坚定脱贫信心，从根本上激发了贫困群众脱贫致富的内生动力。实践证明，只有坚持因户因人制宜、分类施策、靶向发力，才能把产业扶贫工作不断推向前进。

三是实施产业扶贫，必须深化改革锐意创新。改革创新是推进产业扶贫的"金钥匙"，打破惯性思维，摒弃老套做法，相邀各行各业共同参与，凝聚起脱贫攻坚的强大合力。实践证明，只有坚持问题导向，深化改革，聚焦发展，大胆创新，才能为产业扶贫注入源源不断的生机活力。

就业扶贫　不落一人
——新建区就业脱贫典型案例

一、背景情况

2020年以来，新建区大力实施就业优先战略，全面落实就业政策，加大就业援助。随着全区产业的进一步壮大，企业用工需求的增多，特别是受新冠疫情的影响，稳定就业方面遇到了诸多压力和挑战。为逐步缓解企业招工难、百姓求职难这一现象，新建区在经开区设立就业用工服务站，以政府购买服务的方式引进外力，借助社会中介机构专业的服务和成熟的平台，即江西捷鹰人力资源有限公司与新建区就业用工服务站实行两块牌子一套人马，与区属公共就业人才服务机构形成互补，大力开展企业用工服务活动。新建区就业用工服务站自成立以来，深入企业调研和摸排，准确掌握企业用工情况及变化，准确掌握企业缺工人数和用工需求及培训需求等情况，帮助企业制订专项人力资源计划和存在困难的解决方案，根据企业反馈的存在困难和问题，通过积极实施用工招聘、送岗入户、政策宣传等各类更为精准的系列就业服务举措，为进一步缓解全区就业压力，推动解决"企业招工难、用工难"问题，推进开发区企业持续健康发展作出了积极的努力和贡献。

为了打造优质的服务平台，打通企业用工"最后一公里"，确保就业扶贫不落一人，区就业局对全区在家务农、求职中、有就业意愿未就业的建档立卡贫困劳动力，实行把用工招聘信息直接送到他们手中的办法，实施"点对点""人对人"送岗到家的办法，经过前期摸底调查，了解到全区存在371名有就业意愿但尚未就业的建档立卡贫困劳动力。针对这371名贫困户，就业用工服务站采取"送岗大篷车"这一百姓喜闻乐见的传统方式，深入有就业需要的每家每户，上门讲解政策、询问家庭具体情况、针对用工单位需求进行人岗匹配。经过匹配，实现就近就业，并为几名身体状况不好的群众进行公益性岗位托底就业。至2020年，通过送岗和政府安置已实现就业260人，出于身体、家庭、年龄等原因暂无法上岗111人。

二、主要做法和成效

2020年，新冠疫情突发，企业工厂开工难，人员流动异地就业危险系数大。为了打破僵局，新建区公共就业人才服务局转变思维、想办法、找出路，沉下身子，成立了3个送岗小分队，上企业门，到贫困户家调查摸排缺工、求职信息，加强与发改、工信、科技、商务等部门有效对接，将岗位送到家，将务工人员送到企业，畅通企业的用工渠道。

4月疫情防控逐步稳定，工厂企业复工复产如火如荼，新建区公共就业人才服务局接到了来自新建区石岗镇居民黄秀珍一家四口的求助。黄秀珍一家四口本是在外务工，过年返乡团聚，哪知正好碰上疫情，村里封村，返工遥遥无期，整个家主要收入是外出务工的工资，如今开销吃紧，随着疫情的逐渐平稳，黄秀珍一家想借此机会在家周边就近务工，这样既方便照顾家里老小又安全也能解决收入问题，但是自己找企业找单位总是不尽如人意。区就业局得知黄秀珍一家的求职愿望后，有效利用区、镇、村三级联动，在经过多次联系沟通后，找到一家企

上户宣传，发放招聘信息

业（新建经开区内的成信鞋材有限公司）符合各项条件，黄秀珍一家四口按照疫情防控要求做好自身防护后，被专车送到企业，与企业进行用工对接。他们参观了工作环境，了解了工作岗位，最后经过企业相关负责人的面试后，现场办理了用工手续，被正式录用了。

疫情期间，企业招工是件难题。这次就业部门不仅帮助企业招工，还将人送到企业，这种举措让企业负责招工的总务部长蒋露露感到十分惊讶。蒋露露透露：企业招工流程十分烦琐、复杂，没有这么多人力物力可以深入到具体的乡镇把工人接来企业上班，何况疫情当前，招聘员工大多是通过熟人介绍过来，之前有很多次招工是应聘者经人介绍来工作，在准备好一切手续后，应聘者又反悔，这给他们的工作也加大了难度。如果公司满意，应聘者也满意，就达到双赢。用这种方式招工，比他们自己去招聘，成功的概率更大，速度也更快、更便捷。

为了进一步提升居民群众对新建区就业相关利好政策的了解，新建区公共就业人才服务局在各乡镇通过小喇叭广播进行政策宣传，并依托区、镇、村三级联动就业信息网络一体化平台，加大用工信息的推送力度和覆盖范围，让百姓"足不出村""足不出社区"就能获取就业岗位信息，帮助实现就业。

三、经验启示

保居民就业，是"六保"的底线、"六稳"的关键，也是统筹"六稳""六保"工作的重要基础。新建区公共就业人才服务局严格贯彻落实习近平总书记关于扶贫工作的各项指示，并积极学习其他省、市、区、县的优秀经验及做法，受益颇多。

（一）坚定信心是基础

打赢脱贫攻坚战，是2020年如期全面建成小康社会的底线任务，是以习近平同志为核心的党中央作出的重大决策，也是中国共产党向全国人民和全世界的庄严承诺。行百里者半九十，脱贫攻坚越到紧要关头，越容易松劲、跑偏、滑坡。从重大决定性成就到全面打赢，仍需付出艰辛努力。只有增强责任感紧迫感，始终保持打攻坚战的状态，坚定必胜信心，尽锐出战，迎难而上，一鼓作气，真抓实干，精准施策，才能如期完成脱贫攻坚任务。

（二）坚持目标标准是前提

脱贫攻坚的目标就是到2020年确保现行标准下农村贫困人口实现脱贫，贫困县全部摘帽，解决区域性整体贫困。脱贫攻坚的标准，就是稳定实现贫困人口"两不愁三保障"，即不愁吃、不愁穿，义务教育、基本医疗、住房安全有保障。要咬定目标不放松，就是要在脱贫标准上，既不能脱离实际、拔高标准、吊高胃口，也不能虚假脱贫、降低标准。把握脱贫攻坚正确方向，就是要确保目标不变、靶心不散，严格执行贫困的退出标准和程序，确保脱贫成果经得起历史检验。

（三）提高脱贫质量是关键

确保高质量脱贫，就要强化问题意识，坚持问题导向，"要整治问题不手软"，切实把精准扶贫精准脱贫方略落到实处。要以问题整改促进作风转变，及时解决脱贫攻坚工作中存在的形式主义、官僚主义现象。针对群众反映的"虚假式"脱贫、"算账式"脱贫、"指标式"脱贫、"游走式"脱贫等问题，要高度重视并坚决克服，建立起预防急功近利、虚假政绩产生的机制制度。

（四）落实责任是保障

脱贫攻坚是一场必须打赢打好的硬仗。进一步落实好大扶贫责任。坚持大扶贫格局，实行政府、市场、社会互动和专项扶贫、行业扶贫联动，凝聚全社会脱贫攻坚合力。进一步落实好精准扶贫精准脱贫方略。聚焦深度贫困地区深度贫困问题，聚焦"两不愁三保障"的薄弱环节，加强扶贫同扶志扶智相结合，对返贫人口和新发生贫困人口要及时予以帮扶。进一步明确巩固脱贫攻坚成果的责任。贫困户脱贫后，不能马上撤摊子、甩包袱、歇歇脚，要做到摘帽不摘责任、摘帽不摘政策、摘帽不摘帮扶、摘帽不摘监管。

（五）提高攻坚能力是根本

脱贫攻坚任务能否完成，关键在人，关键在干部队伍作风和攻坚克难的能力。要始终把全面从严治党要求贯穿脱贫攻坚全过程，强化作风建设。同时要加强干部培训，促进各级干部运用习近平总书记扶贫重要论述指导实践、推动工作，树立正确政绩观，不断提高精准扶贫、攻坚克难能力，确保扶贫工作务实、脱贫过程扎实、脱贫结果真实。

奏响消费扶贫"新乐章" 鼓足脱贫攻坚"精气神"
——新建区推进消费扶贫工作纪实

一、背景情况

新建区结合农业优势产业发展，把消费扶贫作为推动产业扶贫、增加贫困群众收入、助推乡村振兴的重要支点来抓，着力开发消费扶贫产品，构建消费扶贫平台，拓展消费扶贫渠道，创新消费扶贫模式，消费扶贫工作取得较好成效。

通过推进消费扶贫，新建区认定了一批扶贫产品，搭建了一批线上销售平台，建设了一批消费扶贫专馆，销售了一批扶贫产品，涌现了一批先进典型。全区104种产品入选"全国扶贫产品公示名单"，2020年全区累计销售扶贫产品9116万元。

二、实践做法

（一）工会鼓励各单位支持消费扶贫产品

根据《新建区总工会关于贯彻落实战疫情促消费助发展有关措施的实施方案》文件精神，新建区职工积极响应，将300元工会福利用于购买新建区扶贫农产品，共消费151万元用于扶贫农产品。

（二）成立新建区扶贫产品展购中心

为了加快脱贫致富，深入开展消费扶贫，助力打赢脱贫攻坚战，新建区将原"心怡超市"升级改造成"新建区扶贫产品展购中心"，既能让扶贫企业和贫困户的农产品有一个统一的形象展示中心，又可以让广大市民更加便捷地购买到优质的扶贫产品。在展购中心内，全区20个乡镇（园区）分别设有一个展柜，各种扶贫产品琳琅满目，各具特色。如松湖的蒸肉粉、珍硒米；流湖镇的菌菇黑皮鸡枞，厚田乡的皮蛋、咸鸭蛋、矿泉水，望城的干笋、野生葛粉，石埠镇的陈老表手工面、

新建区扶贫产品展购中心

玲珑香菊，铁河乡的青山板鸭、酒糟鱼，大塘坪乡的东坡肉、清明酒，乐化镇的蛋黄麻花、桃酥饼，象山镇的生态吊瓜、土鸡蛋，联圩镇的小明大米、金桥乡的绿源有机山茶油等。前来购物的顾客在各个展柜前流连驻足，观看产品介绍，挑选中意的食品。

展购中心内，还有视频直播带货，商家在镜头面前与主持人互动，介绍产品，吸引网络平台消费者下单订购。

在展销中心内外，全区各乡镇、各单位纷纷献爱心，踊跃购买扶贫产品，助力消费扶贫。上台签约的人络绎不绝，开业当天上午的认购总金额达135万元。

（三）直播助农，"区长"变身"主播"为农产品"代言"

新建区区长王玮变身"网红"直播带货，为新建名优农特产品代言，助力当地优质扶贫特色农产品线上销售。在直播中，王玮向广大网友科普当地风土人情，对新建区本土名优特色农产品的历史、优点、功效如数家珍。他的花式直播带货方式得到了网友积极响应，汪氏蜂蜜、林恩茶叶、陈老表手工挂面等5个品牌的27款特色名优农特产品销售火爆，线上销售额达到近20万元。"不仅销量得到了增加，知名度也得到了更好地提升。下一步新建区的直播带货活动还将继续办下去，并且要下沉到18个乡镇专场办，把新建区好的农特产品销向全国，帮助农户增收致富。"从办公室走进直播间，"区长直播带货"，缓解了疫情防控之下农特产品滞销的问题。据了解，此次直播活动是"南昌优品"电商直播消费节系列活动之一，旨在助力南昌市积极有效应对疫情影响，扩内需、促消费。

（四）开展"掌上脱贫"推介直播公益活动

为推介本地优质扶贫产品，促进产销对接，开拓消费扶贫新渠道，2020年国庆期间，新建区扶贫服务中心在大塘坪乡汪山土库组织开展了"掌上脱贫"推介直播公益活动。来自石埠镇的陈老表手工面、金桥乡的绿源油脂、樵舍镇的百合干、铁河乡的青山板鸭等一些扶贫产品，通过网络直播带货的方式，向广大市民热销。

（五）开展消费扶贫系列活动

2020年9月29日至10月3日，全省消费扶贫月暨第四届江西省扶贫产品展销会在江西省图书馆举办，新建区12家企业50余种扶贫产品参加了展销，现场销售金额5万余元。10月16日至18日，南昌市"全民消费 助力攻坚"扶贫产品展示展销会在国际体育中心举办，新建区22家企业100余种扶贫产品参加展销，现场销售金额10余万元，签订订单10万元。通过组织企业参加展销会的方式，开展消费扶贫活动，带动扶贫产品的销售，促进贫困户的利益联结。

（六）主动参与扶贫产品展销活动

为积极策应2020年全国、全省消费扶贫月活动及10月17日第7个全国扶贫日活动，南昌市于10月16日至18日在南昌国际体育中心户外活动平台举办了"全民消费 助力攻坚"扶贫产品展示展销会，新建区积极组织发动各贫困村、合作社、扶贫车间、扶贫龙头企业等经营主体参加了此次展销活动。

在新建区展区20个展位前，整齐码放着来自各乡镇的100余种农产品，有樵舍镇的新鲜百合、百合粉、百合面、百合干，石埠镇的玲珑香菊、芦笋、陈老表手工面，铁河乡的酒糟鱼、竹笋、萝卜干，厚田乡的沙漠泉水，松湖镇的蒸肉粉、手工年糕，联圩镇的大米，溪霞镇的野生葛粉、蜂蜜，金桥乡的绿源油脂、大米、鸡蛋，乐化镇的麻花，流湖镇的菌菇等。来展馆购买扶贫产品的市民络绎不绝，新建区的手工年糕、醋泡姜、胡老太系列辣酱、陈老表手工面等试吃商品深受市民们的喜爱。

新建区在此次展销活动中收获颇丰。参展的22家企业现场销售额达10万余元，江西芰湖食品有限公司与江西山外山农业科技有限公司签订了年销售10万元的订单协议；扶贫产品的知名度和销售额得到了提高，间接地为贫困户增收提供了利益联结保障；同时也促进了扶贫企业之间的相互学习交流，为各类销售平台信息的共享及企业今后的发展壮大奠定了基础。

三、经验启示

（一）要强化组织领导

新建区委、区政府高度重视消费扶贫工作，确保了各方资源力量加速动员，工作机制运转顺畅。

（二）要注重社会协同

抓住一个单品突破，扣住一个龙头产业，创出一个解决民生的品牌，带动一批贫困群众致富。政府、社会组织、企业等共同参与，一步一动将新建区消费扶贫逐步做实做深做细。

（三）要尊重市场规律

消费扶贫坚持强调发挥市场机制作用，始终聚焦畅渠道、降成本、得实惠。通过政府搭台打通扶贫产品销售痛点、堵点、难点，推动形成供需两端互相促进的良性循环，形成国企与民企相互配合、相互补充、相得益彰的良好局面。

（四）要严控产品质量

始终将确保消费扶贫产品质量摆在突出位置，严格农副产品准入门槛，确保准入企业政治过硬、准入产品质量过硬。

担起教育扶贫责任　斩断贫困代际传递

——新建区教育扶贫"双负责制"典型案例

一、背景情况

适龄儿童上学，一件再平常不过的事，但对南昌市新建区樵舍镇蔓湖村的付凤英、付振法姐弟而言，却一波三折。

2018年秋季学期，姐弟俩迟迟未到学校报到，引起了蔓湖小学校长付小平的注意。付小平上门家访发现，付凤英、付振法家是建档立卡贫困户，父亲付勇患有严重精神疾病，不允许孩子与外界接触，更反对上学读书。付小平耐心细致地做工作，可付勇就是听不进去。"家里就这个现状，孩子不上学还能帮着做点事，上学去了你帮我做吗？"付勇的一句反问，让付小平无法回答，毕竟很多事是学校做不到的。

付小平把情况向镇里反映。镇派出所、综治办、中心小学及蔓湖村委、蔓湖小学派出联合工作组，多次上门做付勇的思想工作，并全力协调孩子入学各项资助及家庭脱贫事项。功夫不负有心人，在辍学近半年后，付凤英、付振法于2019年1月回到学校。

付凤英、付振法的重返校园，是党和政府兑现不让一个孩子因贫失学的庄严承诺，得益于新建区实行的义务教育控辍保学"双线责任制"，即"区政府—乡（镇）政府—村（居）委会—学生家长""区教体局—学校—班主任—学生"协同机制。

二、主要做法和成效

学校、属地、教育行政部门齐抓共管教育扶贫，源于2016年学生资助工作的一次改进。为决胜全面建成小康社会，高质量打赢脱贫攻坚战，阻断贫困在教育中的代际传递，省教育厅结合扶贫工作实际，创新体制机制，探索出教育扶贫资助政策学校校长与乡镇属地"双负责制"。2018年2月,省扶贫开发领导小组印发《江西省2018年脱贫攻坚"春季攻势"行动方案》,从制度上强化了义务教育扶贫资助政策学校校长与乡镇属地双负责保障。新建区落实"双负责制"工作在《江西日报》、"学习强国"平台、国务院扶贫办官方网站均做了典型宣传报道。

当时在核实受助学生信息时发现,学校能够掌握学生的基本情况,但难以把准其家庭情况;当地政府对学生家庭情况熟悉,却未必了解学生的就读情况,因此资助遗漏、重复等现象时有发生。

如何汇聚学校、属地、教育行政部门等各方力量,共同推进学生资助工作?新建区教体局全面贯彻落实"双负责制",教育资助工作实行"区教体局—学校(幼儿园)—班级—教师""区扶贫办—乡镇扶贫办—村委会—学生家长"的"双线责任制",义务教育控辍保学实行"区政府—乡(镇)政府—村(居)委会—学生家长""区教体局—学校—班主任—学生"的"双线责任制"。按照精细、精微、精准"绣花式"扶贫的工作要求,科学施策、精准发力,做实做细教育扶贫工作,确保每一个学生不因家庭贫困而失学。

跟踪异地就读建档立卡贫困户学生教育资助情况

全面落实建档立卡贫困家庭学生教育资助，在保障本区就读建档立卡贫困户学生资助全覆盖的前提下，为确保异地就读建档立卡户学生教育资助工作得到有效落实，主要从以下方面做好异地就读建档立卡贫困家庭学生教育资助跟踪落实工作：一是乡镇政府向异地就读建档立卡贫困家庭学生就读学校寄送公函，告知学生贫困情况，请求学校按照政策落实资助并回函。二是对于未及时回函的，乡镇政府与乡镇中心小学工作人员与学生班主任、学校资助专干、辅导员、学生本人或学生家长，以微信或QQ等方式取得联系，获取在校享受教育资助的佐证材料（资金到位短信截图、银行流水截图、聊天记录截图等），乡镇政府与乡镇中心小学共同保存相关佐证材料。三是对于无法联系上的学生，乡镇政府与乡镇中心小学共同组织人员带上公函，直接前往其就读学校，与学校资助负责人联系。四是乡镇政府对因复读无法享受教育资助政策的建档立卡贫困户学生，采取"腾讯99公益金"发放教育资助金，确保建档立卡贫困户学生教育资助无遗漏。五是区教体局对各乡镇中心小学落实异地就读建档立卡贫困家庭学生教育资助金跟踪落实情况进行常态化督查。

落实义务教育控辍保学"双负责制"，一是明确了工作责任，做到责任到人，措施到位，一级抓一级，层层抓落实；二是建立了工作机制，完善了义务教育控辍保学联控联保、动态监测、书面报告、劝返复学、考核追究等工作机制；三是加强对残疾儿童的关注，通过"特校就读、随班就读、送教上门"等方式保障适龄残疾儿童接受义务教育，选派责任心强的优秀教师，保证送教上门教学质量，并进一步保障送教上门各项工作的开展，为19名建档立卡贫困户子女提供了送教上门服务。四是形成了工作合力。乡镇政府与学校密切协调，把动员学生返校作为乡镇干部下村开展工作的一项任务，责任到包村干部。乡镇政府将动员流失学生返校复学与干部包村工作有机结合，干部下村时兼顾到动员流失学生返校复学工作。各中小学校主动向所在乡镇汇报控辍保学工作情况，确保学生辍学行为得到及时制止。五是疫情期间关爱不缺失。延期开学期间全面做好线上教育教学，做好相关保障工作：①保障收看设备，通过乡（镇）、村（居）委会协调解决贫困家庭学生电视、电脑、手机等终端电子设备；②保障网络信号，贫困家庭电视无信号、无网络或网络有故障的，各学校主动沟通乡（镇）、村（居）委会和运营商做好保障服务，确保网络学习不断网；③保障学习场所，对无法利用网络、电视参与线上学习的，各学校因地制宜，精准施策，制定"一人一案"，在确保安全的前提下当地村（居）委会帮助提供学生线上学习场所。

建立了教育扶贫工作学校与乡镇属地"双负责制"、常态化联系制度和扶贫工作督导机制。在全区各校（园）精心挑选工作作风过硬、业务素质过硬、廉政建设过硬的同志担当教育扶贫专干。学校与乡镇属地保持常态化联系，实现资源共享、信息互通。区教体局成立了以"一把手"为组长的教育扶贫工作领导小组，采取局领导包乡（镇）、校领导包村、老师包户的方式，层层压实工作责任，做到目标明确、任务明确、要求明确。

三、经验启示

教育扶贫"双负责制"优势互补、资源共享，实现了学校与家庭、学校与乡镇、线下与线上、定期认定与动态调整的良性互动，起到了握指成拳凝聚合力的效果。此典型做法有以下启示：

（一）依托自身优势，以扶智育人促进真实脱贫

新建区结合自身优势，大力开展"双负责制"扶贫工作，充分发挥教师教育特色，重点推进教育扶贫工作，充分借助区域高校资源、艰苦创业、勇于创新、大胆改革，取得明显的脱贫成效，产生良好的社会效应和经济效应。

（二）注重顶层设计，以长效机制保障系统帮扶

新建区教育脱贫科学的规划布局、系统的顶层设计是"双负责制"教育扶贫模式取得成功的重要保障。新建区高度重视扶贫工作，成立领导小组，建立组织机构，出台帮扶细则，设立扶贫专项经费，选派扶贫干部，定期召开会议，力争通过发展理念、政策、布局相对接，创新要素与项目需求、智力优势与资源优势、教师发展与项目实施相结合，实现短期协助脱贫、中期防止返贫、远期切断贫困代际传递的目标。

（三）强化监督保障，以督查保障教育扶贫取得实效

新建区落实教育扶贫工作责任制和责任追究制，采取不打招呼、不定路线、不定对象的随机抽查方式，对教育扶贫政策落实情况进行常态化督导，全系统干部教职工分工不分家，以高度的政治责任感共同扛起教育扶贫之责。

精准施策靶向治疗，织牢健康扶贫保障网

——新建区健康扶贫典型案例

一、背景情况

自健康扶贫政策实施以来，数以万计的贫困人口享受了国家的扶贫政策，"看得起病、看得好病、看得上病、少生病"，是贫困人口的愿望，也是健康扶贫的远大目标。近年来，新建区卫健委紧紧围绕"基本有保障"的战略目标，着力解决"因病致贫、因病返贫"问题，努力让贫困户有人帮看病、能看好病。

二、主要做法和成效

（一）在家庭医生签约服务方面

新建区将全区建档立卡的12352名贫困人口全部纳入家庭医生签约服务范围，为每个签约贫困户确定了一名签约家庭医生，提供有针对性的医疗卫生服务，对签约的贫困户、患有长期慢性病的贫困户和65周岁以上的老年人，每年开展一次免费健康体检，并提供每年不少于6次的随访履约服务，实时掌握全区贫困人群的身体健康情况，为健康扶贫提供有力保障。

（二）在持续提升基层医疗机构服务能力方面

为加大基层卫生人才招聘与培养力度，确保农村人口就近有地方看病、有医生看病，同时加大疾病预防和健康教育，区卫健委紧紧围绕"基本医疗有保障"的健康扶贫目标，以补短板、强弱项为工作重点，一方面实行订单定向式的卫生人才培养，以补充基层卫生人才人手；另一方面落实"互联网+"模式，在区人民医院设置远程医疗，提高便民服务水平，区人民医院、区中医院两家区域内医疗机构与乡镇卫生院建立医共体，由区人民医院及区中医院两家医院派出医院副院长、医疗专家骨干在医共体卫生院日常开展行政管理、诊疗坐诊等工作，提升

乡镇卫生院的医疗技术水平及业务管理水平。

（三）在疾病预防和健康教育方面

区卫健委加强公共卫生体系建设，加大对乡镇卫生院医务人员及乡村医生的业务培训，指导村医对老人和高血压、糖尿病等慢性病患者进行规范跟踪管理，督促按时服药，强化血压、血糖控制管理，以减缓心梗、脑梗等严重并发症的发生，降低医疗负担，减少因病致贫、因病返贫发生率；协调村医、乡镇卫生院对卧病在床的患者，定期上门提供用药指导、饮食指导、康复指导；协调区人民医院、区中医院的医疗专家不定期下乡开展"送医下乡""送药下乡"等义诊活动，组织北沪粤的赣籍专家来新建区开展义诊活动。同时要求乡镇卫生院安排医务人员不定期下到村里或在乡镇卫生院召集高血压、糖尿病等慢性病患者，开展常见病、多发病的科普讲座，讲解如何监测血压波动和健康风险，树立群众低盐少油、戒

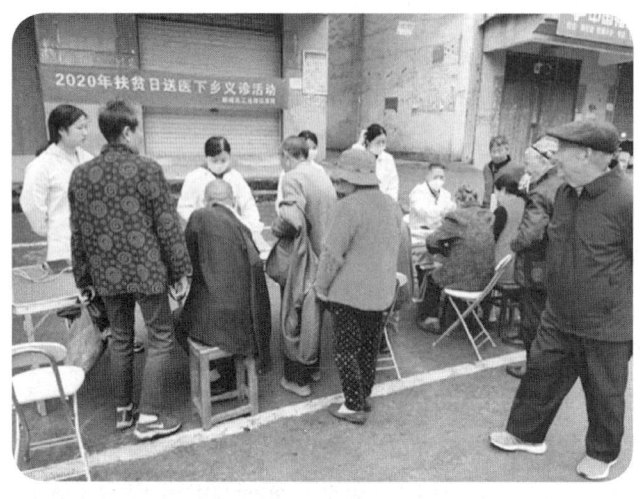

积极开展送医、送药义诊活动

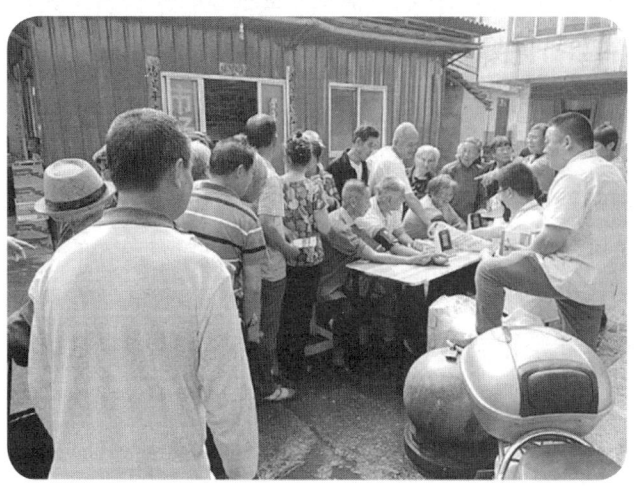

免费开展体检筛查活动

烟限酒、适量运动的健康生活行为方式，树立自己是健康第一责任人的意识，提高群众的健康素养。

（四）在落实先诊疗后付费和"一站式"服务方面

全区各定点医疗机构为患病贫困人口开通医疗救治绿色通道，做到应治尽治，确保及时救治率100%。严格按健康扶贫要求落实贫困人口医疗费用"报销比例90%适度、先诊疗后付费、四道保障线"等报销政策，且各卫生医疗机构内均设立了健康扶贫病房，安装了集中供氧、紧急呼叫装置，确保建档立卡贫困户患者在舒适的就医环境中接受治疗，早日康复。2020年至今，新建区贫困户患者区域内住院治疗共计2019人次，医疗总费用共计1305.54万元，报销1211.24万元，最大限度减轻贫困户负担，提升群众满意度、幸福感。现年75岁的新建区象山镇建档立卡贫困户徐禾花，因脑梗在新建区人民医院住院治疗，从2020年8月29日至9月11日，共12天，花费了24147.92元，在出院时只需缴纳482.96元即可离院，自付比例仅2%，大大缓解了她的经济压力。同样，新建区大塘坪乡上庄村村民詹莲花2020年42岁，为该村的建档立卡贫困人口，患有后天性足畸形多年，严重影响其日常生活，但高昂的治疗费用让她的家庭望而却步。2019年7月5日，通过大塘坪乡卫生院的联系，詹莲花入住南昌曙光手足外科医院治疗后天性足畸形，经过手术矫正，于2019年7月17日康复出院。因其在区域外的医疗机构住院，其住院费用除基本医保外需先行垫付。回乡后，将住院发票、出院小结等相关报销材料交至区"一站式"结算服务中心。詹莲花住院期间共花费49769.56元，报销合计44792.6元，其中：基本医保报销20641.6元，医疗救助报销15219.23元，商业补充报销8931.77元，自付金额仅4976.96元，自付比例10%。詹莲花出院后，大塘坪乡卫生院的医务人员与本村村医组成的家庭医生签约服务团队上门为詹莲花进行了出院后的随访管理，并经常上门为其提供血压监测等服务。现在詹莲花已经可以做一些轻微的家务活，生活也逐渐走上正轨。

三、经验启示

在健康扶贫政策如此有保障的情况下，应该进一步推动群众树立健康意识，培养良好的健康生活行为方式，提高健康素养，加大基层医疗机构人才投入，对于疾病早发现、早诊断、早治疗，从源头上预防和控制疾病，切实防止贫困人口因病致贫、因病返贫尤为重要。重点需要加强以下方面：

（一）加大扶贫政策宣传力度

坚持正确舆论导向，统一政策解释和宣传口径，加强对健康脱贫政策与成效的宣传。加强培训，提高基层干部和医疗机构工作人员的思想认识和政策把握能力。通过媒体广泛宣传扶贫政策，印发简明易懂的扶贫政策宣讲材料，让群众能够直观了解扶贫政策和服务流程。

（二）引进培养专业人才

一是从村卫生室中选调具有执业助理医师以上资格的人员充实到乡镇卫生院，缓解乡镇卫生院全科医生不足的问题。二是通过基层在岗医师（含中医）转岗培训、全科医生定向培养、二级以上医院医生到基层多点执业等渠道培养全科医生。三是积极引导农村订单定向毕业生和乡镇卫生院新招聘大学生参加执业医师资格考试，逐步扩大全科医生队伍。

（三）加大健康扶贫督导检查力度

加强对脱贫攻坚工作的指导、督促、检查，对督查中发现的问题及时整改。重点对项目、贫困人口特惠优惠政策进行考核，确保健康扶贫工作规范、科学、有序推进。

情为民所系　利为民所谋
——新建区社会救助兜底保障扶贫典型做法

一、背景情况

新冠疫情发生后，对困难群众的正常生活和生产活动产生影响。自全省启动重大突发公共卫生事件一级响应以来，为安全高效做好困难群众的救助工作，新建区民政局按照区委、区政府安排部署和市民政局工作要求，精心组织，全力推动各项政策有效落实。

二、主要做法和成效

（一）积极进行动员部署

学习传达中央、省委、省政府、省民政厅关于做好困难群众兜底保障工作有关文件精神，动员部署相关工作。

（二）迅速制订实施方案

结合实际，制订具体有针对性和可操作性的实施方案，严格规范要求：

一是社会救助资金及时发放到位。各乡镇民政所及时足额发放低保金、特困供养金、孤儿基本生活费，以及困难残疾人生活补贴和重度残疾人护理补贴，切实保障好困难群众基本生活。

二是及时启动发放价格临时补贴。各乡镇民政所及时启动实施社会救助和保障标准与物价上涨挂钩联动机制，按时足额向低保对象、特困人员等困难群众发放价格临时补贴。

三是对建档立卡贫困户做到应保尽保。确保符合条件的建档立卡贫困人口全部纳入兜底保障范围。对新建区贫困对象，已享受低保的建档立卡贫困人员，重点关注；对未享受低保的建档立卡贫困人员，重点排查，符合低保条件的，要及时纳入，绝不允许漏保。

四是充分发挥临时救助兜底作用。对受疫情影响的建档立卡贫困人口，要及时落实临时救助等社会救助政策，确保其基本生活不受影响。

五是确保困难群众求助有门、受助及时。各乡镇民政所公布并畅通求助热线，简化工作流程，健全转介机制，明确主体责任，确保及时受理和回应困难群众求助。加快办理速度。疫情防控期间，为减少人群聚集和感染风险，要充分利用社会救助家庭经济状况核对机制，可采用非接触、远距离等灵活方式开展入户调查，按规定及时公布有关社会救助事项经办结果，主动接受社会监督。为增强低保对象抵御风险经济能力，各地可根据疫情形势决定暂停开展低保对象退出工作。

（三）制定具体措施跟进

一是简化相关救助程序，强化临时救助措施，便于困难群众及时得到救助。

二是确保救助对象基本生活有保障。新建区民政局下发通知并成立工作组，加强工作指导，要求各乡镇进行反复排查。经过各乡镇上报排查情况，新建区救助对象家庭未发现疫情，基本生活未发生变化，生活保持平稳。

三是对全区低保、特困对象启动物价上涨联动机制，截至2019年11月份，共计发放物价临时补贴9次。

四是及时提高各类保障标准。4月份完成城乡低保、特困、孤儿提标提补工作。农村低保标准由445元提高到530元，人均补差330元，特困供养标准（集中供养和分散供养标准）统一提高为每月690元，孤儿标准提高到每月1030元。

五是强化临时救助。及时开展困难群众临时救助工作，对已纳入最低生活保障、特困人员救助供养的新型冠状病毒肺炎疫情感染对象，直接给予临时救助。对正在申请最低生活保障、特困人员救助供养的建档立卡贫困人口中新型冠状病毒肺炎疫情感染人员，运用"先行救助"方式，直接予以临时救助，并在疫情缓解后，登记救助对象、救助事由、救助金额等信息，补齐经办手续。

六是取消临时救助户籍地申请限制。对新型冠状病毒肺炎疫情感染的生活困难人员，取消户籍地申请限制，由所在乡镇（街道）或县级民政部门直接实施临时救助。

七是加强最低生活保障。在实施临时救助后仍有困难的人员，优化家庭经济状况核对、民主评议和公示等环节，在乡镇（街道）、村（居）委会协助下，及时按程序纳入最低生活等保障范围。

三、经验启示

社会救助工作很平常，但在实际工作中却把政府的关爱传递到了每一个困难群众手中。在疫情期间，新建区积极开展排查工作和加大救助力度，通过临时救济、增加低保救助金、发放价格临时补贴、延长定期核查时限等方式最大限度保障困难群众最基本生活，充分体现了救助有爱。

建设好"爱心超市",激发起内生动力
——新建区扶贫扶志典型做法

一、背景情况

为激发贫困户内生动力,教育引导困难群众树立积极乐观、自立自强、不甘贫困、艰苦奋斗的精神品质,通过在村委会建立"爱心超市",推行"积分改变习惯、勤劳改变生活、环境提振精气神、全民共建美好乡村"的新模式,杜绝贫困户"等靠要"思想,实现物质脱贫与精神脱贫相互促进、同步提升,助力打好打赢新建区脱贫攻坚战。新建区已建立"爱心超市"152个,覆盖全区行政村的半数以上。

二、主要做法和成效

(一)完善体制机制,护航"爱心超市"

有"爱心超市"的村根据实际情况,积极推行"积分改变习惯、勤劳改变生活、环境提振精气神、全民共建好乡村"的模式,先后制定了《"爱心超市"积分兑换细则》《"爱心超市"积分评定细则》等相关细则。并且成立了由村"两委"班子、第一书记、驻村干部、村民代表和党员代表组成的积分评定小组,针对贫困群众的劳动能力分类并建立台账,颁发积分存折,并结合本村实际于每月底根据贫困户现实表现,对照爱心积分标准进行评定。积分评定小组对贫困户积分情况及时审核认定统计和公示公开,接受群众监督。同时配备了超市管理员,负责商品的管理和发放,及时调配上架商品,对商品出入库情况进行登记。

(二)引入社会力量,丰富物品来源

自"爱心超市"建立以来,社会各界力量纷纷伸出援手,不断丰富"爱心超市"货品种类,形成了各方参与、社会协同、百姓受益的新型社会救助体系。如华泰人寿江西分公司在西山镇红桥村"爱心超市"正式挂牌启动时,捐赠了一个季度的各类生活用品供贫困群众按月兑换，两个月后又再次为"爱心超市"送来暖心棉被，并将持续以季度为单位定期捐赠物资。依托"爱心超市"这一平台，帮扶单位、帮扶企业和社会爱心机构踊跃参与，形成了社会扶贫大格局。

（三）提振内生动力，凝聚脱贫能量

扶贫工作的重点是要"志""智"双扶，扶贫工作越是深入，就越要攻克坚中之坚、化解难中之难。部分贫困群众"等靠要"思想严重，而激发贫困群众内生动力，动员贫困户主动参与村级事务、发展生产、参加公益活动，更有助于让贫困户从思想上拔掉穷根，树立脱贫光荣的理念。"爱心超市"让群

贫困户在"爱心超市"兑换物品

众得到了实惠，干部工作有了抓手，真正做到了小超市汇聚大能量、小积分撬动大志向。同时也让社会各界的爱心善举实现了真正价值，改变了以往简单的送米送油、"我捐你受、送非我要"的方式，"爱心超市"可以让群众根据生活所用，按需领取，极大地提高了群众的满意度。

（四）动员全民参与，培育脱贫典型

"爱心超市"所有商品全部免费兑换，贫困群众不花一分钱，通过积分兑换所需商品。通过建立正向激励机制，着力营造贫困群众谋发展、想脱贫、明事理、讲美德、树典范、建家园的良好氛围。随着"爱心超市"的不断运行，各村积极开展"三讲一评"颂党恩活动，脱贫带头人、致富能手、最美贫困户等先进典型纷纷涌现，通过让典型讲自身故事，让群众有了荣誉感，让多年平静的村庄活跃起来，干群关系更加融洽，邻里之间更加友善，家庭更加和睦。群众干劲十足，群众想要的不再是能获得多少积分，而是阔别已久的向上向善的精神。

（五）创建和谐新风，助推乡村振兴

各村根据"爱心超市"评分细则，重点对贫困群众参与扶贫产业、遵纪守法、人居环境、政策知晓、社会公德、家庭美德、配合工作等方面进行考核评定，通过积分定期在"爱心超市"兑换等值物资，从而激励调动贫困群众积极参与到文

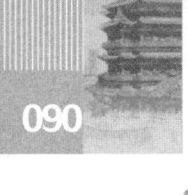

贫困户用积分兑换生活物品

明家园、和谐家庭、公益事业建设等活动中，使"爱心超市"成为激发贫困群众内生动力、推动美丽乡村建设的有效阵地。如金桥乡大观村采取"党员+贫困户"的方式，按照《党章》和《中国共产党支部工作条例》有关要求，每年度按评分标准对大观村全体党员的先进性和纯洁性进行量化评分，并转化为"爱心超市"积分。党员可将积分捐赠给贫困户，从而引导贫困群众积极参与脱贫攻坚和乡村振兴，使每一个农户都成为乡村振兴的建设者。

三、经验启示

通过建立"爱心超市"，进一步激发了群众内生动力，从"要我脱贫"变"我要脱贫"，帮助贫困户从思想上拔除穷根。

一是乡风村貌更加和谐。通过积分激励引导，调动了贫困群众参与乡村治理的积极性，村庄环境更加亮丽，邻里关系更加和睦，脱贫政策更加深入人心。

二是脱贫信心更加坚定。以劳动换取积分、以积分换取商品的激励机制，让部分贫困户改掉"不劳而获等帮扶"的坏习惯，逐步唤起贫困户"自立自强"意识。

三是帮扶落实更加有效。"爱心超市"的建立，有效地动员社会各界力量参与脱贫攻坚，也切实提高了帮扶困难群众的精准度。以往"社会救助给什么，群众就接受什么"的传统帮扶模式，也正在向"困难群众需要什么就自主领取什么"的方向转变。

在调动起贫困群众向上向善和自主脱贫的积极性、主动性等方面，小小的"爱心超市"正在以它独有的特色发挥着意想不到的力量，在助力全区脱贫攻坚的道路上传递着正能量。

消除致贫返贫"拦路虎" 筑起战胜贫困"防洪堤"
——新建区巩固拓展脱贫攻坚"防贫保"工作举措

深入聚焦脱贫质量和成效的巩固提升，创新保险扶贫有效方式，发挥保险助推脱贫攻坚作用，有效防止"易致贫低收入户"和"易返贫脱贫户"（以下简称"两易户"）出现抗风险能力弱现象，随时因病、因学、因灾（含意外事故）、因赔偿责任、因生产资料损失五大因素致贫或返贫，积极建立致贫返贫的"拦水坝"，消除贫困存量，控制贫困增量，为打赢打好脱贫攻坚战发挥积极有效的作用。

一、背景情况

防贫保险对象为"两易户"不事先确定，不事先识别。原则上按照防贫对象年人均可支配收入低于上年度国家贫困线1.5倍（2019年脱贫标准为3747元/年，1.5倍即5620.5元；2020年脱贫标准为4000元/年，1.5倍即6000元）的标准框定。

保险类型有因病防贫保险、因学防贫保险、因灾防贫保险、因赔偿责任保险、因生产资料损失保险等5种保险，附加新型冠状病毒肺炎死亡赔偿责任保险及见义勇为赔偿责任保险。

保费为每人每年100元（按照全区2019年公安户籍报表农村人口数504116人的10%计算保费总额，保费为每年41.06万元）。

二、主要做法和成效

"防贫保"是新建区创新提出的一项重要扶贫救助政策，为解决困扰脱贫攻坚发展、拉低脱贫攻坚质量、影响脱贫攻坚结果的难题，新建区从特惠保险运营管理方面获得思路和灵感，积极学习借鉴扶贫特惠保险资金保障、运作管理、操作规程、理赔时限、优化服务等方面的先进经验，积极发挥保险在脱贫攻坚中的风险保障作用，经过与部分保险公司磋商沟通，最终与中国太平洋保险公司新建支公司达成合作协议，探索实施了农村人口"防贫保"，对农村家庭可能出现的新致贫、新返贫问题，及时提供相应保障机制，解除致贫和返贫风险，在广泛推行基本医疗保险、养老保险、银龄安康保险、扶贫特惠保险的基础上，为防返贫、防致贫再加一层"保障网"。

"防贫保"工作开展以来，新建区安排扶贫服务中心、民政办等部门，积极对接上级，按照政策要求对全区低保、贫困、贫困边缘群体进行全面摸排并分门别类进行造册登记，动态掌握特殊困难群体现状。按照"防贫保"申报流程，至2020年，共申请申报46例，已获得理赔救助46例，理赔保险金61万元。例如，家住乐化镇新庄村的万玉女士在2020年因一场大病给家中带来极大的经济负担。经调查，万玉2020年突发脑出血在南昌大学第一附属医院和南昌市第二附属医院治疗花费医疗费用305727.64元，医保报销113262.13元，民政救助0元，万玉2020年度个人自费部分高达192465.61元。此外，这场大病给万玉造成了严重的后遗症，现在偏瘫无法工作而且需要长期的康复治疗。万玉的爱人以打零工为生，一个月收入4000元左右，但是因为照顾患病的妻子，万玉的爱人也半年没有收入，看病和三个小孩读书全部是向亲戚借钱。对此，新建区扶贫服务中心组织太平洋保险公司新建支公司在10月初去乐化镇宣传防贫保的时候，从乐化镇新庄村书记处了解到万玉的家庭情况，当场告知村书记"防贫保"理赔所需材料和流程，并于2020年11月2日将理赔款100000元转到万玉的银行账户中。当拿到这笔"防贫保"理赔款时，全家人都很感谢政府，"在我们最困难的时候，拉了我家一把。"万玉连说。太平洋保险公司的工作人员详细了解她家情况后，迅速进行了处理，让她重新看到了生活的希望。

三、经验启示

一是要政府主导，社会参与，市场运作。"防贫保"采取"政府主导，市场运作"方式，明确参保方式、范围、理赔标准和保险资金的筹措及管理。承保机构在《南昌市扶贫办公室关于开展防贫保险工作的通知》中明确的三家承保机构择优选定。出险、核险、理赔等按市场方式运作，由承保机构具体承办，扶贫、财政、金融等部门协助，乡（镇、管理处、区林业局）、村积极配合。承保机构要充分发挥专业优势，遵循市场规则，拓宽服务领域，完善保障水平，确保保险成效。

二是资金统筹，优先公益，风险共担。防贫保险金的使用，坚持年度收支平衡、保本微利、政策激励、持续发展的原则，合理处置超额结余及政策性亏损。根据《南昌市扶贫办公室关于开展防贫保险的通知》内容，市级财政按照全区农村人口总数的 2.5% 所需保险费的 50% 给予补贴，剩余保险费由区财政承担，并列入每年年初预算。每年实收保费在扣除赔款及 15% 综合运营费用后，结余部分自动转入下一年保费；赔款加运营费用超出当年实收保费的 120%，超出部分赔款由政府全额兜底。为确保防贫保险项目可持续发展，投保人应在下一年度适当调整保费基数。

三是优化服务，严格监管，防止过度。"防贫保"的服务对象是易贫群体，"防贫保"是稳定脱贫攻坚成果的管理重要措施。承保机构要提高政治站位，强化服务意识，提高服务水平，全面开展"防贫保"，保费补贴既要兜住因病因学因灾返贫底线，又要防止过度保险。区扶贫、财政、金融等部门要加强监管力度，严格规范管理，督促承保机构简化理赔程序，及时快速理赔，提高服务质量，提升服务水平，打通保险服务脱贫攻坚的"最后一公里"，拧紧防贫的"保险阀"。

盘活资源创新路　强抓产业助脱贫
——湾里区梅岭镇东昌村产业扶贫典型案例

南昌市湾里区梅岭镇东昌村依托梅岭国家风景区和国家森林公园生态资源优势，通过能人领办，成立村民互助专业合作社，吸纳贫困户，流转整合闲置土地，引入战略合作企业，大力发展生态果业、休闲农旅产业，村里"葡萄园""桑葚园""百果园""玫瑰园"等特色种植产业和休闲民宿蓬勃发展，为缺技术、缺劳力的贫困户搭起脱贫致富的平台。合作社成立3年来，资产增长30%，入社农户共计分红25万元，其中贫困户共计分红1.2万元，带资入社的回报率平均达50%，该村生态果业、休闲农旅产业发展势头良好，村民入社意愿高涨，贫困户脱贫内生动力明显增强，为其他村级产业扶贫探索了新的路子。

一、资源闲置"增收无门"

东昌村位于梅岭镇北部，共350户1098人，下辖自然村4个、农场1个，耕地面积860.13亩，林地面积5797亩，贫困户21户72人。所有村庄、山田地均位于梅罗公路沿线，交通便利。随着城镇化进程不断推进，农民经济收入主要以外出务工为主，在家耕种的农民越来越少，"老人+孩子"的留守家庭占比达65%。据2015年底统计，村庄耕地耕种率仅10%，土地抛荒情况严重，资源闲置浪费现象明显，一边守着梅岭国家风景区、国家森林公园的金字招牌，一边过着穷日子，村里的20多户贫困户更是增收无门，只能守着救济过日子。

二、能人领办"整合资源"

随着近年来湾里区大投入、大建设、大发展，梅岭景区的交通优势、基础环境、旅游产业优势逐渐凸显，位于梅岭景区腹地的东昌村受到广大游客的青睐。梅岭镇党委、政府一方面通过省、市、区搭建的招商引资平台对外推介东昌村的生态旅游农业项目，另一方面积极在村"两委"班子中选择有创业头脑、有管理经验、有操作水平的能人干部牵头领办，走"能人+资源+企业资金"的发展道路。

经过镇党委、政府的动员，有多年务工、经商经验的村委会主任黄正国决定乘势而上，以成立村民专业互助合作社的方式，整合东昌村闲置土地资源，发展生态高效农业。2015年8月成立湾里区东昌村农林专业合作社，合作社初始股东8人，筹资30万元，流转土地约100亩，2018年已经发展到70余户100余人，流转土地约230亩。"破除田埂，化小为大，统一管理，才可以'筑巢引凤'吸引企业来东昌村投资，我们才会一起富起来"，黄正国带着初入社的7个村民分头做村民土地流转的思想工作，打消了村民关于破坏田埂会导致今后家庭承包田地无法确权的顾虑。

三、合理布局"科学发展"

合作社成功流转230亩集中成片土地，但资金、技术、人才问题没能得以解决。2015年成立初期，投入15万元用于平整土地、租赁田地，当年账面资金支出12万元，收益为零。经过核算每股亏损近千元，社员的心理出现波动甚至萌生退社退股的想法，悲观情绪的蔓延加重了村民的不信任感。只有尽快找到战略合作者，吸引外来资金注入，才能彻底扭转发展势头，让村民重拾信心。为此，镇党委、政府精心包装项目，通过参加省区市的各类招商引资推介会、组织招商小分队、挂网招商等方式发布项目信息。

"种好梧桐树，引得凤凰来。"经过镇党委、政府一系列的项目推介活动，共有12家企业有意愿进行合作。合作社通过召开股民大会，依据绿色发展、差异布局、利益最大的原则，2016年8月吸引了江西桑谷农业开发有限公司和台企南昌梅岭奥辉生态农业有限公司入驻。在产业布局方面，南昌梅岭奥辉生态农业有限公司以葡萄种植采摘为主，江西桑谷农业开发有限公司以桑葚种植采摘为主。南昌梅岭奥辉生态农业有限公司已完成资金投入500万元，摘果0.9万斤，实际收益9万元；江西桑谷农业开发有限公司已完成资金投入80万元，摘果5万斤，实际收益150万元。

四、创新模式"借鸡生蛋"

在坚持绿色发展、优化资源、差异布局的前提下，东昌村农林专业合作社创新合作模式，将村民增收、合作社资产增值、企业赢利捆绑在一起，实现共同发展。

企业与合作社通过"工程发包+劳务外包+分红利润+期满赠予"的方式开

展合作。工程发包指企业将流转范围内的平整土地、沟渠整理等简易工程发包给合作社,发包价较市场价上浮20%;劳务外包指企业用工由合作社从社民和村民中优先派遣;分红利润指企业收果实超万斤以上部分,每公斤分红0.5元给合作社;期满赠予指15年以后企业在归返流转土地的同时,将土地上的经营种植设施赠予合作社。这样的方式最大限度把农民、合作社及企业的利益联系在一起,也打消了村民关于土地面积不能回收的顾虑。

五、合作创收"多点开花"

"先富带动后富,共同富裕才是真富",这是东昌村合作社创办的初衷,也是一直努力的方向。自脱贫攻坚工作启动以来,合作社一直把发展壮大合作社与带动贫困户致富紧密联系在一起,合作社共吸纳东昌村贫困户带资入股4户6人,另外有17户66人,既无资产,又无山田地,又无劳力的,合作社实行赠送扶贫股的方式进行帮扶,贫困人口覆盖率100%。

在生产经营过程中,采取"企业+合作社+农户"的经营模式,带动农户通过"流转土地得租金、务工干活得工资、资金入股得分红"三种方式增加收入。据统计,东昌农林种养专业合作社累计分红25万元,贫困户累计增收1.2万元,剔除合作社各种开支和分红,账面资金已达70万元,资金增值40万元,增值率达175%。2015年合作社原始股为5000元/股,2018年达到8000元/股,每股实现了三年增值60%。近年来,合作社支付村民土地流转租金11.5万元/年;派遣劳务用工6700人次,发放劳务工资约100万元,其中贫困户派遣用工180人次,增收劳务收入1880元。新发展农家乐2家,平均每户年收入5万元,新增农产品特色商店2家,打造"古村+古道+古韵"人文特色民宿1家,年收益2万元,多点开花的产业增收格局逐渐形成。

六、共同富裕"提振乡风"

贫困是引发社会矛盾和导致社会管理问题的重要因素。以前东昌村村民整体收入水平较低,贫困户想致富缺技术没出路且精神贫乏,打牌赌博、封建迷信、无理上访等不良现象时有发生,村容村貌脏乱差。自从专业合作社顺利运转后,村民们心中有"主心骨",干得有劲头、日子有盼头,日夜思发展、话增收,比的是谁家收入多致富快,村民们的自信心明显增强。贫困户的思想由"要我脱贫"向"我要脱贫"转变,致富途径由"外部输血"向"自身造血"转变。据统计,贫困户就业覆盖率达到100%,有劳动能力、劳动意愿的贫困户全部实现就业,全村闲散劳动力就业达95%。"整洁美丽,和谐宜居"的新农村正在有序推进,村庄人居环境进一步提升。东昌红山新村整村搬迁工作全部完成,24户245人全部告别了偏远并有地质灾害隐患的老村,搬进了干净整洁、交通便利的新村,依靠梅岭生态第一漂旅游业红火发展农家乐。龚家农场、半岭自然村的人居环境整治初见成效,干净、整洁、美丽、宜居的农村人居环境已然形成,外出务工的村民返乡感受到人居环境的变化,纷纷动了回家发展的念头。

通过党委、政府引导,能人领办,成立专业合作社,引进战略合作者,整合闲置土地资源、闲散劳力,东昌产业扶贫事业已初显势头,贫困户、合作社、村集体、企业之间稳定的利益联结机制已然形成,随着合作社、企业的壮大,入社村民、贫困户的收益将不断提高,村民脱贫致富的道路将越来越宽。

因地制宜谋发展　整合资源奔小康
——湾里区太平镇泮溪村发展旅游产业脱贫典型案例

泮溪村位于湾里区太平镇西北部，狮子峰4A级景区内，全村下辖4个自然村、6个村民小组，总人口437户1274人，全村党员38名（含流动党员11名），贫困户14户，贫困人口28人，于2015年被纳入"十三五"省定贫困村。

近年来，泮溪村积极抢抓省、市、区全域旅游发展战略机遇，将旅游扶贫作为脱贫攻坚的主阵地，依托村内丰富的旅游资源，因地制宜推动旅游扶贫产业发展，采取景村共建模式，以强基础、聚资源、同参与为主线，积极探索"旅游+产业"扶贫的新路子。

经过近几年的大胆创新和景村融合，泮溪村村容村貌亮丽了、村内产业兴旺了、百姓生活富裕了。至2020年，全村建档立卡贫困户14户28人依托产业发展，可享受狮子峰景区门票分红、湾里旅游基金分红、小额无息贷款资金入股"绿品香葡萄专业合作社"分红、光伏产业分红及售货亭分红等产业叠加帮扶收益，2018年人均年收入达13000元，2019年突破15000元。全村贫困户有了"产业"依靠，成功摘掉了"贫困村"帽子，实现了改"输血"为"造血"的发展蜕变。

一、强理念树文明新风

近年来，随着乡村旅游的日渐升温，越来越多的游客来到泮溪村观光旅游，在人气骤增的同时，村"两委"树立"农旅一体"理念，聚焦自然环境的优化和村民文明意识的提升，以"三风"活动为主基调，采取"党建+扶贫""党建+项目建设+旅游""党建+三风"等多种形式，推动各项事业发展。以培育泮溪村"文明乡风、淳朴民风、良好家风"为抓手，成立了村民理事会、红白理事会，引导村民开展绿色殡葬改革，实行"禁燃禁放"，自觉抵制封建迷信，形成了支部引领、党员带头、村民追求的好风尚，村民的素质显著提高，真正实现了美化村容、美化村貌、美化心灵的良好效果。

二、强基础破发展难题

要发展必先谋划,泮溪村在脱贫攻坚基础设施建设上率先谋划,强化扶贫项目、资金上的政策支持,在挂点单位南昌市政协的帮扶下,不断提升配套设施承载能力,提前做好产业发展布局,为全域旅游产业发展奠定了扎实基础。

一是完善基础设施,不断提升村庄基础设施水平。紧紧围绕贫困村脱贫9大硬件指标,查漏项、补短板,瞄准关键节点,精准发力,不断夯实基础条件,完善基础设施建设,全村共实施了停车场、旅游公厕、晒谷场、游步道、游客服务中心等配套公共基础及服务配套设施和产业提升方面项目40余个。

二是拓宽进村道路,彻底改善制约景区发展屏障。红泮公路是通往泮溪村的主要通道,由于山路地形复杂、路面狭窄、人车混行、通行条件较差,不仅严重制约了泮溪狮子峰景区的发展,也是泮溪村村民多年来的一块"心病"。2018年,通过区、镇、村三级合力攻坚,红泮公路成功进行了拓宽改造。红泮公路改造后,旅游大巴、私家车可以直接开到狮子峰脚下,越来越多的游客驱车来到景区,为泮溪村旅游扶贫带来发展良机,村内游客量剧增。据统计,2018、2019年,狮子峰景区门票收入、景区管理、旅游基金收益等收入共计163.6万元,村集体收入大幅提升。

三是推进民生工程。在市政协领导的关心支持下,将红泮公路安装路灯作为市政协党组为民办事的一项重要工作,经过湾里区、太平镇和梅岭旅游公司的共同努力,115盏路灯在2019年底安装投入使用。改造后的红泮公路提升了狮子峰景区的旅游接待能力,也为当地资源运输、商品流通提供了有力保障,成为一条真正的致富之路和民生之路。

三、优环境促生态环保

泮溪村在打造"五位一体"综合示范村建设过程中,修建了停车场、旅游公厕等配套公共基础及服务配套设施,开展自然村路面硬化拓纹、村庄文化彩绘、景观打造等各类提升项目,使村庄面貌焕然一新。此外,泮溪村还建设了一座日处理能力50吨的

美丽的泮溪村蓬勃发展的旅游业

贫困户放养观光游览马

污水处理站,改造了1.2千米污水管网,积极推进"户集、村收、镇运"垃圾处理模式和垃圾分类处理方式,设立2个"垃圾不落地"站点,购置1辆电动垃圾清运车,实现污水垃圾处理和村庄环境整治全覆盖。

实实在在的变化,让村里的工作得到了更多村民认可,大家自觉加入保护环境的行列,形成了村民自我管理、自我提升的良性循环。如今的泮溪村生活饮用水卫生合格率100%,生活污水处理率100%,生活垃圾无害化处理率100%,生态环境良好。2016年被评为"全国生态文化村",2019年被评为"全国乡村治理示范村"。

四、谋全局聚特色资源

设施完善了、村容整洁了、道路畅通了、游客增多了,泮溪村"两委"主动思考,积极抢抓湾里区全域旅游发展机遇,在市政协驻村帮扶的引导和推动下,加强与梅岭旅游公司合作,共同做好狮子峰景区开发和提升工作,聚焦景村融合,立足自身特色,加大产业引入,打造出一条脱贫致富奔小康的新路。

一是流转土地深化合作。为进一步深化合作,2018年,泮溪村通过流转村内闲置土地170亩,与梅岭旅游公司合作打造了"泮溪花谷"观光项目,发展花海经济、美丽经济。

二是引入项目增加收益。村内还引进了葡萄种植采摘园、售货长廊等,通过土地入股、资金入股等方式,吸纳贫困户入股分红,建设了村级光伏发电站,年收益达3万余元。

三是突出特色示范引领。泮溪村将扶持特色农家乐(民宿)经济作为支柱产业,为了提升农家乐(民宿)服务水平和特色,村委会组成了"泮溪村农家乐(民宿)考察组",由驻村第一书记带领泮溪村干部、村民理事会、泮溪农家乐协会等十余人,赴浙江省湖州市长兴县、安吉县进行了农家乐(民宿)发展考察学习,并形成《关于赴浙江省湖州市考察学习的报告》《泮溪村发展乡村旅游规划》《泮溪农家乐(民宿)管理办法》等文件,受到市、区领导的高度重视和认可。

建设美丽乡村　助力脱贫攻坚

——湾里区罗亭镇义坪村村庄整治典型案例

出门就是水泥路，家家门前绿树成荫，清新的空气、干净的巷道、整洁的农家小院、村口的休闲广场……无不体现着义坪村的生机与活力。一幅整洁、文明、和谐、富裕的美丽乡村新画卷正在罗亭镇义坪村的土地上徐徐展开。

义坪村作为市定贫困村，建设美丽乡村的这些年，始终坚持"脱贫攻坚、扶贫扶志、文明创建、乡村振兴、环境整治"统筹考虑的指导原则，以"五位一体"的工作创新推进村庄环境卫生整治，用工作创新推动文明建设，真正实现"组织领导好、思想建设好、经济建设好、文化建设好、文明风气好"的五好目标，先后获得市区等级别的先进党支部、平安村、健康村等荣誉称号，并获得南昌市农村垃圾处理二等奖。2018年获评全省文明单位，2019年获评"全省十大秀美乡村"，2020年获评国家森林乡村。

一、基本情况

义坪村位于湾里区罗亭镇东面，下辖的11个自然村散布于南安公路两侧。村域面积6748亩，全村共737户2457人，有水田2744亩、旱地362亩。村"两委"班子成员7人，小组干部11人，村组班子配备齐全。区域内有先锋软件学院、工业园区和若干种植养殖企业。

二、主要做法和成效

（一）以加强组织为引领，创新创建长效机制

义坪村按照省、市、区农业农村部门的要求，成立"义坪村村庄环境整治工作领导小组"，建立《义坪村村庄环境建设工作及领导小组工作制度》并颁布《义坪村庄环境卫生考核细则》，推进村庄环境创建，紧紧围绕村庄环境卫生整治，以卫生评比、美丽庭院、美丽村庄、环境整治等活动为载体，促进农村村容村貌提升；坚持教育人、培养人并举，利用标语、宣传栏、新闻媒体广泛宣传文明创建的目的、意义、指导思想、工作动态、典型人物，建管并举，长效管护。同时，健全村民理事会等村民自治机构，紧紧围绕乡村治理体系建设相关要求，制定村规民约，对于违反者拉入黑名单。通过一系列举措促进村民文明素质的不断提高，形成了"人人争做环卫使者，争创卫生单位"的喜人局面。

（二）以创新活动为载体，促进创建纵深发展

1. 汇集多方力量，推动提升文明程度

为了提升学生和群众讲文明树新风的道德意识，罗亭镇义坪村成立党建馆"美蓉志愿室"，从2018年开始坚持每周一、三、五下午4∶10—5∶10义务辅导学生功课作业，同时针对贫困户开展力所能及的扶贫帮困，在省、市、区均产生了良好的社会反响。美蓉志愿室已经成为社会文明爱心服务及志愿者活动的亮丽名片。

志愿者赴义坪村开展社会服务活动

2. 借助社会各界的力量，开展相关活动

2019年11月，区卫生系统组织党员工作组和健康巡诊工作队20余人，到义坪村开展"党建＋健康扶贫"眼健康普查活动，搭建公共健康图书阅览室，为群众和中小学生开展视力普查和眼部疾病筛查工作，发放《躬行》科普杂志、健康养生杂志、眼健康保健等健康科普宣传资料，普及科学用眼知识。11月30日，南昌市社科联院组织多名专家到义坪小学开展学习贯彻习近平新时代中国特色社会主义思想相关讲座，引导青少年学生从小树立社会主义和共产主义的远大理想。

3. 组织开展多样的活动，推行文明教育

义坪村一直把文明乡风建设摆在突出位置，运用各种形式进行教育。第一，广泛宣传，倡导文明新风。大力开展创建文明知识、和谐村庄、正社风、淳民风、兴家风等为主要内容的宣传教育活动,通过宣传公民基本道德规范,举办"讲文明、讲卫生、讲科学、树新风""家园清洁行动""除陋习、树新风""卫生庭院""文明农户""文明村庄""好媳妇好公婆""致富能手"等活动，引导农民群众自觉摒弃陈规陋习，逐步养成健康文明的生活方式。同时在活动中融入传统文化，如11个村的文化建设都有各自的文化主题：仁、智、礼、义、信、孝、廉，用传统文化浸润村民，促进社会文明进一步深入发展，以电子屏、微信群、宣传栏、折页等多种形式弘扬爱国主义、荣辱观、道德观，宣传守法诚信意识和志愿服务理念，培育移风易俗观念，培养文明举止和良好卫生习惯。

第二，充分挖掘榜样，营造良好氛围。坚持每月参与全镇范围内开展的"罗亭榜样"评选活动，利用身边的好人好事，发掘群众中的各种榜样，传播正能量，在村民中形成模范带头作用，在全村营造良好的社会氛围。

第三,开展形式多样的活动,提升村民参与度。为了提高村民的文明参与程度，义坪村还分别组队参加了罗亭镇举办的广场舞、拔河、每年一度的全镇运动会等大型活动赛事，均获得较好名次，向外展示了义坪村村民干部的新形象。在全村深入开展了罗亭榜样、卫生大比拼、清洁文明家庭等活动，形成相互理解、和睦友爱的社会气氛。活动的开展，丰富了村民的精神生活，提高了村民的素质，展示了义坪村蓬勃向上的精神风貌。

（三）以脱贫攻坚为抓手，力求实现创建目标

1. 强化基础设施建设，更新硬件设施

2017年以来，全村项目建设共80多个，涉及资金近2000万元，11个自然村都通有3.5米以上的通村委会硬化道路，入户道路硬化率达100%；所有农户饮水安全都能保障；实现农户住房安全，拆除了77栋危旧房屋、200余处牛栏猪栏杂间、乱搭乱建等有碍观瞻建筑物，面积达15000余平方米；所有农户生活用电都能保障，村委会所在地通有动力电;村委会通有宽带，所有农户都能收看电视节目；正在实施建设全村水冲式公厕，保证90%以上的农户享有水冲式卫生厕所；通过项目推进，所有村都配有保洁员，每个自然村正在建设垃圾收集池;村建有卫生室，每个自然村建有文化活动中心。

2. 全面提升村容环境，努力实现生态文明

为了全面改善村庄环境，义坪村不但在设施方面进行投入，还创新性地开展

休闲广场

了工作和活动,营造人人维护环境的气氛。第一,拆除全村200余座旱厕,11个村庄实行雨污分流,铺设生活污水管网达8500余米,新建7座污水处理站,有4个村庄生活污水纳入集镇管网处理,改善村水质及环境。作为垃圾分类的试点村,重点清理了农村卫生死角,解决了垃圾顽疾,投入足够资金购置更换了一批垃圾桶,每家每户门口放置了分类垃圾篓,形成了以"集中收集处理、分类放置"的农村垃圾处理模式。第二,以强化管理、群众参与为重点,每周进行卫生评比打分,每月综合评出清洁文明家庭主全村前三名和后三名,给予适当的奖惩。第三,制订实行家禽家畜圈养方案,广泛宣传,先公告通知,入户摸底,再配备圈养的器具,最后进行集体整治。立足于群众的需求和现状,有步骤有计划地引导群众养成良好的卫生习惯。

坚守教育初心　情暖折翼天使

——湾里区红星扶轮五湖学校蔡松老师扶贫纪实

"老师，我带你去挖笋，我家屋后山上有好多好大的笋……"这个跟老师无所不谈的小女孩，便是结对帮扶的对象，也是送教上门的学生——章美华。

章美华，湾里管理局洗药湖管理处红星村牛岭老章家人，先天性智力缺陷，生活不能自理。全村只有他们一户人家。章美华妈妈患有严重的精神疾病，在她很小的时候"离家出走"杳无音讯，小美华从小就失去了母爱。现在家里有爷爷、奶奶、爸爸和弟弟共5人。爸爸没有劳动能力，爷爷奶奶因年纪大而体弱多病，弟弟九年级在读，家里没有任何经济来源，依靠政府低保过日子。

精准扶贫，教育先行。为了履行好国家政策，保障每一位适龄儿童享有平等接受教育的权利，"斩断"贫困代际传递，红星扶轮五湖学校安排踏实可靠的蔡松老师送教上门。接到任务后，蔡老师的第一感觉就是"怯"，怯的是智力缺陷学生的难教育，怯的是送教路途的艰辛，更怯的是与不会说普通话的乡村学生家长的沟通障碍。纵然心中诸多不安，蔡老师第二天还是鼓足勇气和干劲踏上了送教之路。

一、担辛不惧，初识接纳

当蔡老师驾车绕着蜿蜒曲折的山路来到章美华家时，她家那只凶狠的大黑狗，一个劲儿地对着他这个陌生人狂吠，如果不是爷爷把狗赶走，蔡老师估计连学生的家门都进不了。一进门，蔡老师就看见一个小女孩安静地坐在木凳上，他知道这就是今后要长期送教上门的学生章美华。于是蔡老师主动上前跟女孩打招呼，但并没有得到任何回应；蔡老师又想走近一些和她握握手，可又被她用脚踢开……

在无计可施的尴尬气氛中，蔡老师只能求助身边的爷爷了。通过与爷爷的沟通了解到章美华的详细情况后，蔡老师计划开始送教的第一步工作——让章美华接纳他,并试着与她进行简单的交流。蔡老师经常利用下班时间去看望章美华,给她带些小礼物、陪她玩游戏……渐渐地,他们熟悉起来了,最终章美华接受了这位耐心细心、亲切友好的送教老师。每次见到蔡老师,章美华就会高兴地拉着他的手,口中亲切地喊着"老师好!老师好!"

二、担责不推,精准落实

平时爷爷要上山做事,奶奶有时忙活菜地里的农活,为了防止章美华走丢,经常把她一个人反锁在家里。因此,培养章美华的生活自理能力和对其进行必要的安全教育成为重中之重。针对这个教学目标,为了对章美华进行更加有效的教育,蔡老师多次回到学校汇报,听取意见和建议,集思广益制订了一份特殊的送教上门教学计划,设计了一系列别出心裁的教学活动:认识人民币、择洗青菜、如何洗手、整理房间、用电安全、出行安全等。为了让章美华不惧怕陌生人,每次送教上门时,蔡老师都会有意带着其他老师,一起与章美华玩游戏,或者直接给她上课。

经过蔡老师悉心教导,章美华生活自理能力方面有了很大进步,能帮爷爷奶奶做简单的家务,变得更开朗、自信,能够逐步适应社会生活了。看着章同学的变化,爷爷奶奶是打心眼里感激送教上门的蔡老师和他的同事们。章美华的改变也触动了蔡老师,他认为:作为教师,能做的不仅仅是在校园里安静优雅地上课,还可以给这些不在学校的特殊孩子送教上门,让他们享受和所有孩子一样教育的同时,

章美华在家中后山玩耍

章美华与蔡松老师合影

让这些特殊的家庭没有被"遗忘",感受到教育带来的温暖和希望。对于蔡老师来说,这是一件积善行德、功德无量的事,也让他更深切地感到自我存在的价值和意义。

三、坚守初心,方得希望

"吾心信其可行,则移山填海之难,终有成功之日;吾心信其不可行,则反掌折枝之易,亦无收获之期也。"教育是用一片树叶摇动另一片树叶,教育扶贫是用一颗心灵撼动另一颗心灵。扶贫先扶智,把贫困家庭子女教育好,并让他们从小立志,掌握好各种科学文化知识,学得一技之长,长大后他们才能改变家庭贫困的现状。作为一名扎根边远山区的扶贫专干,教育扶贫路上虽有诸多艰辛,但通过长时间的教育扶贫经历,深入学生家中倾听学生和家长们的心里话,了解到他们的所难、所期和所盼,同是农村出身的蔡松老师也深有感触:作为一名乡村教师,面对的学生绝大多数是留守学生或贫困家庭学生。教师要给予他们的不仅仅是物质上的帮助,比这更重要的,是给他们带来不一样的精神世界。孩子们一旦有了更广阔的见识,就会有更多的渴望,就能让他们憧憬美好人生。尽管这个过程漫长且艰辛,但因为有了希望,才会有和命运做斗争的动力。

无花果基地结出扶贫"硕果"

——南昌县广福镇北头村脱贫典型案例

北头村无花果基地位于温厚高速向塘出口南 2 千米,紧邻 105 国道西侧,赣抚航道以南。2014 年 2 月以来,基地成立广福镇松静果树种植专业合作社,开始规模化种植和加工无花果果品,立足于特色产业扶贫,既是南昌县首家无花果种植基地,也是全市规模最大的无花果种植科普示范基地。

基地按照"一领办、三参与"发展模式,一期建成 150 亩,2018 年实现总产值 140 多万元。二期将扩大无花果种植基地到 500 亩,计划建成全省最大的无花果种植基地,形成鲜果采摘、果酒酿造、干片加工、无花果茶加工、无花果种苗培育等多环节融为一体的生产基地,实现年产值 1800 万元的产业规模。三期将规划建设荷花基地 200 亩左右,西瓜、猕猴桃、葡萄、火龙果、桑葚、梨瓜等果蔬基地 300 亩,全部建成后预计每年总产值超 3000 万元。

一、精准选好产业方向

选对、选好、选准扶贫产业,对于扶贫产业的持续发展具有非常关键的作用。北头村挖掘扶持无花果扶贫项目,是当地干部多方请教、多地调研考察、综合考量商议之后引进发展的。无花果品种特殊,被誉为"天堂圣果",清甜芳香、营养丰富,具有很好的食疗功效和药用价值。并且,无花果当年栽苗当年挂果,管理得当株产可达 2 公斤、亩产可达 500 公斤,第 3 年开始进入丰产期,丰产期亩产一般在 2500 公斤以上,其中青皮无花果最高亩产 3500 公斤以上。病虫害也极少,特别有利于生产绿色果品,无花果大部分品种分夏秋两季结果,果实在 6—11 月陆续成熟,果树寿命长,一般经济寿命为 30—50 年。果实成熟期发展鲜果采摘项目,吸引各方游客前来体验,带动乡村旅游的发展,农旅结合碰撞火花;同时,无花果的深加工产业也值得不断探索,果干加工、果茶制作、果酒酿造等一系列产业同样可观，产业链延伸将为当地带来无限可能。

二、完善利益联结机制

鼓励和引导农村能人、新型农业经营主体、党员干部和贫困户建立有效的"一领办、三参与"利益联结机制，达到共赢的效果，是北头产业扶贫工作重点。村干部与能人领办：合作社的创办人之一罗国权，原是北头村的村干部，充分发挥了村"两委"干部在创业、创新中的先锋模范作用，积极响应带领群众发展经济、共同致富的号召。党员、村民主动参与：在基地150多亩土地流转、基础设施建设等发展过程中，北头村党员干部保驾护航，并积极争取各级政府产业扶贫奖励扶持；同时，广泛宣传该项目带动全村产业扶贫的作用，让经营主体和全村村民都吃上了"定心丸"。贫困户参与：项目创办以来，在流转贫困户土地的同时，每年不断为北头村及附近贫困户提供就业务工岗位，有效提高贫困户收入。无花果基地成立以来带动扶持40余户建档立卡贫困户增收，有6位贫困人口常年在基地就业。

三、扶贫励志共同致富

做大做强扶贫产业，为贫困户增收搭好平台，是贫困村退出、贫困户脱贫关键环节。真"请"，无花果基地需要较多的季节性用工，每年请有劳动能力和劳动意愿的贫困户到无花果基地来工作，让他们通过自身的努力过上美好生活。真"授"，"授人以鱼不如授之以渔"，把种植的方法和技术教给贫困户，引导他们把学到的技能运用到实践当中，不断积累经验，提高自身创业发展能力。真"干"，合作社正在多元化发展经营，成功研制了无花果果酒，并已经成功注册"晶劲酒"商标，正在申请无花果干片加工、无花果茶加工等商标注册；同时基地不断拓展销路，主动适应互联网发展趋势，积极转变工作思路，深入推进"互联网+"，成立了广福镇松静无花果电商服务站，并代销贫困农户种植的农产品。

不让"病根"变"穷根"

——南昌县健康扶贫工作纪实

为深入贯彻中央和省市关于健康扶贫的工作部署,南昌县坚持把斩"病根"、拔"穷根"作为解决"因病致贫、因病返贫"的治本之策,立足保基本、强调普惠性、着眼可持续,不断提高医疗卫生服务能力和贫困人口医疗保障水平,切实让贫困群众"看得起病、看得上病、看得好病",努力打造健康扶贫"昌南样板"。

一、筑牢"四道保障线",让贫困群众"看得起病"

在认真落实省市健康扶贫政策基础上,出台了《南昌县农村贫困人员重大疾病补充医疗保险制度实施方案(试行)》,在全市率先推行商业补充保险报销零起付线、"出院自付10%"和"一站式"结算等创新医疗政策,大力提升民政医疗救助保障水平以及覆盖面,为所有建档立卡贫困群众购买了人口基本医疗保险、大病医疗保险、商业补充保险,其中商业补充保险购买标准由2017年的人均100元/年提高到2019年的330元/年,全面筑牢贫困人口基本医疗保险、大病医疗保险、商业补充保险、民政医疗救助"四道保障线"。2019年,南昌县建档立卡人员住院(含特殊门诊慢性病)医疗总费用4241.51万元,其中基本医保统筹支出2359.79万元,大病保险支付237.48万元,医疗救助733.53万元,商业补充保险支付588.24万元,实际报销补偿比达92.4%。实施先诊疗后付费3769人次,县域内"一站式"结算服务中心结算4259人次,设立扶贫床位99张,出动医务人员800人次,举办义诊活动100余场,接受健康咨询和服务11600余人次,全面筑牢了"四道保障线",

二、推进"五个全覆盖",让贫困群众"看得上病"

以解决群众看病难为着力点,进一步优化就医流程,提升就医服务,全面推行"五个全覆盖",切实让贫困群众看病省心舒心。一是"先诊疗后付费"全覆盖。

在全县各医疗单位实行建档立卡贫困人口"先诊疗后付费"制度，全面铺开"七免三先一后"政策，即免门诊挂号费、注射手续费、换药手续费、住院三大常规检查费、胸片检查费、普通床位费、护理费，对急需救治的病人先检查、先诊断、先抢救治疗，后办入院手续和交费。全年享受"七免三先一后"政策5718人次，免收费用22.76万元，既方便了贫困群众有病及时治疗，又减轻了贫困群众垫资压力和费用负担。二是"一站式"结算全覆盖。在全县各医疗机构设立"一站式"结算服务窗口，贫困患者只需先交付该次医疗总费用的10%即可出院。同时，设立县域外"一站式"结算服务窗口，建档立卡贫困人口县域外医疗费用由个人先行全额垫付后，只需在"一站式"结算窗口交完材料就能及时得到报销款项，极大地方便了贫困户医疗费用的报销。三是"签约服务"全覆盖。全面建立以身份证号为唯一识别码的居民健康档案，每年为建档立卡贫困人口免费体检1次，健康随访6次；组建了300个签约服务团队，为所有建档立卡贫困群众提供家庭医生服务，建档率、签约覆盖率达到100%。四是"大病救治"全覆盖。继续实施"光明·微笑"工程、儿童"两病"、尿毒症免费血透、重性精神病免费救治，农村贫困家庭妇女"两癌"手术免费救治，儿童先天性耳聋人工耳蜗植入及康复免费救治，艾滋病机会性感染患者免费救治等重大疾病免费救治，开展肺癌、食道癌、胃癌、慢性粒细胞白血病等15种重大疾病专项救治。全年实施重大疾病免费救治2155人，完成21种大病专项救治232例，其中2020年新发35例，救治35例，救治率100%。五是"扶贫病床"全覆盖。按照县级医疗机构总床位5%设置扶贫病床、各乡镇卫生院设置扶贫病床不少于2张的要求，全县医疗机构共设置扶贫病床99张，确保贫困人员及时住院就医。

三、深化"五项硬举措"，让贫困群众"看得好病"

在抓好规定动作的基础上，南昌县主动担当、自我加压，积极创新自选动作，不断深化"五项硬举措"，切实改善医疗条件。一是推进"医联体"建设。继县人民医院与南大二附院在全省率先成立"省县医联体"，县中医院与省中医院、县妇保院与省妇保院也先后建立了"省县医联体"，实现县级公立医院"省县医联体"全覆盖，广大群众在家门口就能享受到省级医院的专家服务。3家县级医院分别与乡镇卫生院建立14家"县乡医共体"，初步构建起省县乡协同的三级诊疗网络。二是提升"家门口"服务。提升县级医院服务能力，总投资7.8亿元用于县疾控中心、县120急救中心、县血防站、县妇保院"四卫一体"建设项目和县中医院二期工程、县人民医院扩建工程，其中县中医院二期工程、县疾控中心和县120急救中心大楼已建成并投入使用；投资2.3亿元，添置核磁共振、64排螺旋CT、GE数字胃肠机、数字乳腺机等一大批先进设备，新增业务用房面积5.6万平方米、医疗床位480张，县中医院成功通过三级乙等中医医院评审。升级改造乡镇卫生院，在每个乡镇卫生院达到《乡镇卫生院管理办法》要求的基础上，按照标准化建设的要求，县本级财政总投资1.45亿元，升级改造5所乡镇卫生院（泾口、蒋巷、八一、武阳、东新卫生院），同时结合省卫健委"优质服务基层行"活动的要求，规范乡镇卫生院管理；加强村卫生室日常管理，制定《南昌县村卫生室坐诊、巡诊工作制度》，保障村卫生室正常、有序、高效运转。全面达到"医疗卫生机构'三个一'、医疗卫生人员'三合格'、医疗服务能力'三条线'、医疗保障制度全覆盖"的标准要求。完成156所村卫生计生服务室项目建设，尤其是全面完成了18个贫困村卫生计生服务室规范化建设任务，进一步改善了医疗卫生服务条件。三是开展"结对子"工程。在市第一医院安排12名专业技术人员到12个有贫困村的乡镇卫生院任挂职院长的基础上，组织县属医疗单位65名业务骨干定期到乡镇卫生院开展对口支援活动，从乡镇卫生院选拔76名业务骨干到贫困村卫生计生服务室开展对口帮扶。四是加强"药占比"考核。在对县级公立医院全面开展提质控费的同时，对乡镇卫生院实施国家基本药物制度进行绩效考核，坚决保障基本药物使用在基层医疗机构的主导地位，全县乡镇卫生院基本药物销售金额占比达到76.7%。五是开展"大健康"宣传。先后举办义诊活动100余场，出动医务人员800多人次，接受健康咨询服务11600余人次，发放健康扶贫政策宣传册和健康知识宣传单18000余份。

与此同时，为确保全面小康路上一个不少、一户不落，在全市率先推行返贫责任险，由县财政兜底出资，按照50元/户、最高可赔付2万元的标准，与中国人民财产保险公司南昌县支公司合作，为全县所有建档立卡已脱贫户购买了"返贫责任险"，构筑起脱贫攻坚的"最后一道防线"。

"一领办、三参与",壮大村集体经济

——南昌县武阳镇朱坊村产业扶贫典型案例

一、背景情况

朱坊村地处武阳镇南面,毗邻抚河古道,总面积3.4平方千米,其中耕地2153亩、水面800亩,辖4个村小组、5个自然村,共1786人,其中党员40名。脱贫攻坚工作启动后,朱坊村作为"十三五"市定贫困村,由市委组织部结对帮扶。全村共有建档立卡贫困户16户29人,贫困发生率1.6%。贫困人口已于2017年12月全部达到脱贫标准。这几年,村里大变样,配备了休闲广场、公共厕所、村卫生所,基础设施条件显著改善,村集体经济收入列入全县20强。

二、主要做法和成效

朱坊村根据自身的地域特色和经济基础,采取村干部与能人领办、村集体参与、党员群众参与、贫困户参与的"一领办、三参与"模式,大力发展产业扶贫。

（一）村干部与能人领办、先行先试,成立合作社

发展产业是脱贫之本,打造适合朱坊村的扶贫产业,增强自身"造血"功能,激发贫困户内生动力,才能确保脱贫工作长效持续可行。

2017年冬至日,朱坊村召开家官乡贤座谈会,共商共谋村集体发展。就职于江西省农科院的村贤朱万红,提出朱坊村是沿抚河而建的传统农业村,水系发达、土质肥沃,适合种植经济作物,得到与会家官乡贤的一致认同。

2018年3月,朱坊村实施"西瓜、甜瓜优质栽培项目",并成立了全县首家村集体农业公司——南昌连心农业开发有限公司。采取由连心公司领办、党员参与、群众参与、贫困户参与的"一领办、三参与"模式发起合作社,股东成员由"村集体+20户农户+16户贫困户"组成。

（二）村集体参与、党员群众参与，多方合力，提升效益

朱坊村的产业扶贫基地于 2018 年 3 月动工，公司流转土地 20 亩，搭建了 28 个大棚，用于栽种西瓜、甜瓜、梨瓜、辣椒、莴笋、凉麦等时令水果和蔬菜。建成标准大棚 28 个，亩均收益每年 5000 元，直接带动年收益 10 万元。新年临近，朱坊村扶贫产业基地在大棚里套种的莴笋、芹菜、辣椒、广东菜心等应季蔬菜长势良好，不少村民在大棚里面帮忙，沉浸在丰收的喜悦中。这片一年四季都能丰收的土地，一年能给村里带来 10 万元的收益。

2019 年，朱坊村二期产业扶贫基地计划扩建 20 余亩，用于搭建 4 个连栋大棚，占地 30 亩，2020 年元旦完工。大棚用于西瓜、甜瓜、蔬菜等轮作，新增村集体收益 20 万元。

此外，该村鱼塘面积达 580 亩，年产鱼苗量达 100 万斤，村集体可稳定获得年收入 40 万元。

（三）贫困户参与、专家技术指导，打好基础，稳步前行

朱坊村把集体收益的 16% 以分红的形式发放给 16 户 30 名建档立卡贫困户，解决他们生活中遇到的实际困难。同时大力推行"扶贫 + 扶勤"做法，16 户贫困户每月到公司义务劳动 1 天，并对 4 名有一定劳动能力的贫困户按照 80 元 / 天的工资标准聘请到产业基地打零工，帮助贫困群众脱贫增收。

村里 70 多岁的五保户朱顺水正在基地大棚打扫卫生。他是上坊组村民，家里只有他一人，无老伴无子女，家里没有土地，只种了 3 分菜地，2014 年被纳入精准扶贫户。村里为他安排了村级保洁员的岗位，一个月有 500 元，一年下来有 6000 元的工资收入，于 2016 年实现脱贫。

"我每天都会到大棚里来工作，靠自己的双手脱贫，我觉得心里踏实。"朱坊村建档立卡贫困户朱顺水一边劳作一边说道。如今，昔日的"空壳村"已然走上了一条迈向小康的红火新路，贫困户对于致富充满希望。

三、经验启示

（一）加强党支部建设，发展集体经济

2015 年以前，朱坊村经济社会发展一直处于武阳镇落后水平，先后戴上"三顶帽子"——软弱涣散村、集体收入空壳村、市定贫困村。在党中央脱贫攻坚的声声号角中，通过换班子、换思路、换作风带来了面貌新、经济强、生活旺的局面。

2016 年，南昌市委组织部选派的第一批驻村第一书记龚署鹏带领村"两委"顶住压力，采取党员带头、干部亲属带头的办法，收回村集体所有的 594 亩养

殖水面，并对5年经营权实行公开竞标承包，收到承包款248万余元。村委会将88%的承包款按"人田各半"的原则，以现金分红的方式分两次发放给全体村民。村"两委"留下12%的承包款用于村内基础设施和民生公益项目建设。在惠及民生的同时，大幅度增加了村集体收入，筑牢了村集体经济的底子，一举摘掉了空壳村的帽子，实现了由"输血"向"造血"的转变。

2018年，南昌市委组织部选派的第二批驻村第一书记姜孟，找准村级集体产业发展的路子，在全县率先成立首家村集体农业公司——南昌连心农业开发有限公司。公司流转土地20亩，实施了优质果蔬栽培项目。建成标准大棚28个，亩收益每年5000元，直接带动年收益10万元。同时大力推动"扶贫+扶勤"相结合，安排有一定劳动技术的贫困户到产业基地打零工，帮助贫困群众脱贫增收。

（二）产业脱贫和乡村振兴有效衔接

2019年，在县镇党委、政府的大力支持下，朱坊村争取扶贫资金450余万元建设4个连栋大棚和产业扶贫基地路网，2020年又争取到投资200万元的产业扶贫基地三期扩建工程，占地100亩的产业扶贫基地已初具规模。围绕增强"造血"功能，努力克服"等靠要"思想，利用产业扶贫基地这棵"梧桐树"，驻村工作队和第一书记主动作为力求引来"金凤凰"。在多方考察洽谈后，最终引进江西神武农业有限公司作为产业扶贫基地的经营主体，充分发挥农业龙头企业的带动作用，采取"公司+农户+贫困户"的模式，实施高品质果蔬栽培项目，以项目投资的6%作为村集体经济收益。项目达产后，村集体每年将稳定增收30万元。

镇党委、政府大力加强信息服务、技术服务、资金服务，支持朱坊村实施产业扶贫基地路网工程。2020年，朱坊村进村公路总长度约2.1千米，原4米宽的路基要拓宽至7米，预计征收面积约3000平方米。

（三）用劳动换积分，扶贫、扶智与扶志相结合

为转变建档立卡贫困户"等靠要"思想，激发他们脱贫致富的内生动力，培养乐于奉献、积极向善的精神，朱坊村按照"政府搭台、村组承办、社会参与、贫困户受益"的模式，采取"帮扶单位资助一点、爱心企业和爱心人士捐赠一点、扶贫产业项目收益投入一点"的方式，多渠道筹措资金，打造"爱心超市"。

朱坊村村委会将贫困户在产业扶贫基地投工投劳与爱心超市积分评比挂钩，要求贫困户一个季度必须参加不少于2次、每次不少于4小时的劳动，实现贫困户自主劳动脱贫。该村共有6名帮扶对象户长期在基地工作。通过"爱心超市"正向激励，让建档立卡贫困户实现了从"要我脱贫"到"我要脱贫"的转变，生活质量不断提升。

就业扶贫"334",开创就业扶贫新天地

——南昌县就业扶贫典型案例

一、背景情况

就业是民生之本,也是脱贫之要。一人就业,全家脱贫,增加就业是最有效、最直接的脱贫方式,利于有效解决贫困代际传递问题。决战决胜脱贫攻坚,南昌县努力开拓就业空间,让贫困劳动力端稳端牢"饭碗",实行"334"工作法,搭建"三个一",组建政策、资金、人才三支服务队伍,建立党建引领、企业帮扶、项目进村、资产优化四项机制。

二、主要做法和成效

（一）搭建"三个一",有序推进就业扶贫

全县贫困户总户数为4700多户,共11971人。南昌县坚持因地制宜、因人施策,综合运用就业帮扶方式,促使贫困群众尽早脱贫,全力解决"两不愁三保障"问题。2019年全县实现转移就业的农村贫困劳动力2407户,共3435人,为促进贫困劳动力全面就业,南昌县搭建"三个一",有序推进就业扶贫。

1. 组建"一个台账"

在县乡村分别建立了贫困劳动力基本信息台账、贫困劳动力转移就业台账、未转移就业贫困劳动力台账,确保了就业数据精准精确。摸清有劳动能力和转移就业意愿的贫困人口底数,加强劳务需求收集与工作对接,通过劳务招聘会、帮扶干部结对联系就业等措施,有组织地实现就业帮扶,从而有效脱贫。

2. 树立"一把尺子"

树立一把连接贫困户的尺子。南昌县通过各种方式、多种渠道走家串户,深入贫困户家中,积极主动开展贫困劳动人口的调查和精准识别工作,掌握了贫困

劳动力的就业状况、就业意愿和就业服务需求。从而，因人而异地制订就业扶贫计划，有针对性地开展就业扶贫工作，着力实施用工对接、扶贫专岗开发、帮助扶贫车间吸纳贫困劳动力就业、发放一次性交通补贴、职业技能培训等工作。

3. 建立"一套规范"

有规有范，精准施策。如果未正确掌握贫困人员的真实情况和具体需求，缺乏针对性，那么再好的政策和服务也是事倍功半。因此，南昌县坚持"规范"，做到精准识别，从每一位贫困劳动力的实际出发，摸清贫困劳动力基本情况、就业意愿和就业服务需求，对症下药，精准服务。

（二）构建"三项合力"，形成内生动力

发展产业带动就业，既是解决当前贫困人口脱贫的重要举措，也是保障已脱贫人口不返贫的有效措施。为了实现贫困户"家家有产业，人人能就业"的目标，在政策、资金、人才等三方面给出强力保障，推动就业扶贫纵深发展。

1. 完善政策，精准识别

南昌县就业人才服务局、人力资源和社会保障局结合本地实际，先后制定出台了《关于进一步做好就业扶贫工作的实施办法》《关于印发〈南昌县就业扶贫"夏季整改"工作实施意见〉的通知》《关于印发〈南昌县就业扶贫车间认定管理办法〉的通知》等系列政策文件，核实和补充农村贫困劳动力的基础信息、开发就业扶贫专岗、创建就业扶贫车间和就业扶贫基地来帮扶就业，助力脱贫攻坚。

2. 资金补助，兜底保障

南昌县在积极补贴职业介绍、职业培训、社会保险、公益性岗位、就业见习岗位、扶持公共就业服务、小额担保贷款贴息等方面，为扶贫就业发展提供了有力的资金保障。同时，积极推动金融扶贫工作，大力开展"财政惠农信贷通"试点，全县"财政惠农信贷通"惠及新型农业经营主体3500多家，累计发放信贷资金9.3亿元，位居全省第一。

3. 配强人才，多方联动

发挥省农科院以及县农业局、县林业局等涉农部门的专业优势和人力优势，组建了专门的技术帮扶工作队，推动50余家农业龙头企业与省内外23家科研院校54名专家学者合作，积极开展职业培训技能，使贫困户也能按照自身需求获得职业技能提升，提高劳动能力，从而尽快实现就业。

（三）注重"四个一批"，提升就业扶贫实效

全县就业、公益性岗位、扶贫专岗、光伏扶贫、小额信贷、资产收益扶贫等产业就业叠加覆盖的户数达到8000多户。在就业扶贫时采用"党建引领、企业帮扶、

项目进村、资产优化"的就业扶贫模式,实现了强组织、兴产业、富百姓的良性发展。

1. "党建引领"促动一批

按照"党建带扶贫、扶贫促党建"的工作思路,推动党建工作与精准扶贫工作深度融合;充分发挥基层党组织在脱贫攻坚中的战斗堡垒作用和党员的先锋模范作用,把基层党建活力转化为脱贫攻坚动力,为打好脱贫攻坚战提供坚强的组织保障。例如,南新乡九联村第一书记驻村不到一年,就通过发展电商扶贫,为村集体带来了12万元的收入。

2. "企业帮扶"带动一批

引导龙头企业在贫困村开展订单农业、土地托管、土地流转、股份合作、产销对接等工作,设立"扶贫车间",建立"扶贫生产线",帮助贫困户通过参与产业发展或优先务工等方式获得更多收入。截至2020年底,全县有114家农业产业化龙头企业、323家建筑企业、1000余家庭农场和合作社等农业经营主体参与过扶贫事业。

3. "项目进村"保障一批

人社、农业、林业、水利、交通、国土、环保等单位,积极开发孤寡老人和留守儿童看护、社会治安协管、乡村道路维护、地质灾害监测、护林绿化、乡村保洁等公益性岗位,并按照贫困人口优先的原则,就近安排贫困人口就业。2019年,全县共组织365名贫困劳动力参加了特色种养殖、花卉苗木栽培、家政服务等不同类型的职业技能培训,发放贫困劳动力培训生活补贴共12220元;大力开发保洁、保绿、道路维护等就业扶贫专岗,安排保洁、保绿等公益性岗位308人;制定了《南昌县就业扶贫专岗管理办法》,全县安置就业扶贫专岗472人,拨付扶贫专岗补贴161万余元;落实有组织劳务输出交通补贴347人,落实就业扶贫车间补贴33人,发放补贴资金33000元。

4. "资产优化"兜底一批

推行产业扶贫资金量化到户投资、资产收益分配到户扶贫举措,支持贫困村建设大棚扶贫基地,再转租给合作社或扶贫龙头企业经营,优先安排贫困户劳动力务工,收取租金量化分红到户,开启一条"租金+薪金"的新路子。例如,南新乡安排200万元产业扶持资金,在益海嘉里(南昌)粮油食品有限公司、南昌市政公用生态农业有限公司分别设立精准扶贫生产线和产业扶贫生产基地,使104户贫困户每年将得到不少于投资金额10%的收益分红。

给村集体经济插上"互联网+"的腾飞翅膀

——南昌县南新乡九联村发展电商助力消费扶贫典型案例

一、基本情况

南昌县南新乡九联村毗邻美丽的鄱阳湖,下辖4个村小组、7个自然村,耕地2300余亩,人口176户836人。由于地处偏僻,村民收入依靠种水稻、油菜、养鸭等。村集体基本无资产、无资源、无资金,是"十三五"省定贫困村。2018年10月,县派第一书记应文伟到任后发现,九联村虽然偏僻,但水土优质、生态良好,田间散养鸭、有机蔬菜、无公害大米等更是远近闻名。对此,应文伟立即带领村干部成立合作社,搭建农副产品供应链,通过"互联网+",打通线上线下销路,帮农户把"土产品"卖到了全市、全省甚至全国,并通过市场差价增加了村集体收入。2019年底,全村农产品销售额达56万元,村集体增收10万元,2020年仅上半年就增收20万元,一举摘掉了省级"贫困村"的帽子。

二、主要做法与成效

1.党建搭台,构建"党支部+合作社+困难户+农户"的经营体

2019年1月,在应文伟和党支部的推动下,注册了"九联圩"商标,成立了隶属于村集体的南新宏鹰综合种养专业合作社,由村治保主任(种养大户)任合作社社长,驻村第一书记、全体村干部全员参与,吸纳4名困难户统筹参与并就业,通过签订供货协议,吸纳21个养鸭大户作为协议社员,辐射了周边4个行政村。利益分配上,只有贫困户作为统筹社员参与分红并通过就业获取另外报酬,其他收益划入村集体账户或留作合作社日常运营。2019年,宏鹰合作社盈利15万元,其中贫困户分红2.5万元,村集体增收10万元。

2. 闭环管控，健全农产品质量监督体系

合作社将确保质量作为"九联圩"品牌的核心竞争力，以质量优势提升价格空间、扩大知名度。在生产环节，合作社与农户签订产品质量承诺书，明确违约责任，做到绿色天然无公害种养。收购散户产品时，合作社严格质量抽查审验，对销量较大的农副产品随机抽样，送检县级专业机构检测。在加工环节，合作社与资质较好的加工企业签订协议，确保工艺、卫生、原料纯天然、无添加，实现全程闭环管控。质量就是竞争力，即盈利能力。

3. 根植扶贫，重点对接质量优先的非营利性群体

合作社始终以"带动农户致富、帮扶贫困群众"为宗旨，每年定期向困难户分红，与单纯营利性质相比，更容易获得公共单位和散户的信任和支持。针对不同市场主体偏好，合作社重点瞄准机关、学校、医院、高端企业等更注重品质的非营利性群体，用作食堂用材和职工节假日福利。而对于酒店、餐饮、超市等价格竞争激烈、市场反应灵敏的营利性群体则很少涉及。对接方式上，驻村第一书记和合作社负责人通过对公、对私各类渠道，对非营利性单位进行公关，推销品质优良、绿色健康、价格适中的农副产品。2020年端午节，合作社向3所学校供应农副产品用作工会福利，销售额达13万元。扶贫得到了社会支持和认同，质量更使"九联圩"品牌赢得了口碑、获得了信任。

4. 灵活运营，采用"线上接单、线下付款"的营销模式

运用"互联网+"的平台优势，通过微信、抖音、小视频"带货"等方式，发布产品信息和联系方式。结合农副产品短途运销为主的特点，采取线上接单、市内线下交易付款、市外物流配送的模式，既节省了平台交易成本，又维系了熟客关系。特别是在新冠疫情期间，面对城市居民买菜难、农村蔬菜大量滞销的供需矛盾，合作社看准时机，通过线上大量接单，在线下配送鸭蛋、菜籽油、大米的同时，推出了"买产品免费送蔬菜"活动，受到了市场热情欢迎。农产品销售逆市上扬，2020年1—4月，合作社销售额达56万元左右，超过了2019年全年销售总额。

5. 分层制约，建立健全财务管理监督机制

规范财务管理是合作社健康发展的制度保证。合作社财务采取"乡镇代管、村社联管"模式。采购产品时，由村委会出纳按农户签字确认的采购单，以汇款方式向农户支付货款，并经村书记、主任、社长、驻村第一书记签字后，报乡经管站站长（兼任合作社会计）入账。出货时，上述人员在出货单上签字，村按照出货单向乡经管站站长领取正式发票，签字确认货款后，报乡经管站入账目。乡

经管站主要承担合作社账目管理、开具发票、协调报税等事务。

6. 立足长远，逐步走向市场化运行道路

合作社由应文伟牵头创办并运营，但他却未从合作社领取任何报酬，还将自有车辆拆装免费当"货车"。为了合作社长远发展，应文伟早就着手在村干部中培养致富带头人作为接班人，商讨考虑对下一任合作社社长和主要骨干实行"基本工资＋销售提成"的薪酬模式。探索推行股份制改造，在村集体控股的情况下，允许村民入股分红。在配送方式上，采取"短途雇村民、长途靠物流"的方式，既带动村民增收，又压缩物流成本，走向多元化、可持续的市场运营模式。

三、经验启示

从九联村宏鹰合作社的经营实践中可见，经营类的村集体经济关键在于有个好的致富带头人，同时把握"三点"：一是扬长补短。村集体经济具有天然健康的生态优势、扶贫救困的公益优势、乡村经营的成本优势，也面临市场灵敏度低、规模化程度低、市场需求不稳定、抗风险能力弱等劣势，既要发扬优势，又要补齐弱势。二是质量立信。质量是商品经济的生命，是维护扩大市场的根本。要发挥合作社在生产、加工、销售、配送等各环节管控作用，树立生态健康绿色的品牌。三是"公"字为本。集体经济本质姓"公"，合作社由村委会绝对或相对控股，并适当吸纳民间资本参与按股分红。吸纳贫困户就业，帮扶困难群众生活，体现公益性质。在经营管理上，做到公开透明、阳光操作、规范运营。

扶贫先扶智　斩断贫困根
——南昌县教育扶贫工作典型案例

一、基本情况

自脱贫攻坚工作开展以来，南昌县按照"扶贫必扶智，治贫先治愚"的工作要求，坚持把教育扶贫作为"拔穷根、治穷病"的治本之策，从人力、财力、物力等三个方面发力，推动贫困家庭子女接受公平而有质量的教育，坚决防止"因贫困而辍学，因读书而返贫"现象发生，构建起了"大教育"推进"大扶贫"格局。截至2020年底，南昌县义务教育贫困家庭适龄儿童入学率100%，无一人因贫困辍学、无一户因上学变贫。

二、主要做法及成效

1. 两条腿"走路"，瞄准帮扶"箭靶子"

按照"精准识别，分类施策"的原则，紧紧抓住精准摸排这个"牛鼻子"，实行教育扶贫校长负责制，坚持学校与基层"两条腿走路"，确保"一个都不少"。"一条腿"是乡镇、村通过入户走访等方式，采集贫困学生的在校情况，收集后报县扶贫办汇总；"另一条腿"是县教育部门根据县扶贫办提供的建档立卡贫困户就学名单，逐个学校、逐个学生进行排查核实、双向比对，切实摸清摸准贫困家庭在校子女的底数，提高信息的真实性和准确性，确保资金精准滴灌。同时，印发了《关于开展建档立卡贫困家庭学生结对帮扶工作的通知》文件，在师生中大力开展结对帮扶工作，建立结对帮扶关系，明确结对帮扶内容，实现贫困学生（包括外县籍的）结对帮扶全覆盖。

2. 多渠道"引水"，扩大助学"资金池"

紧盯"助学资金"这个关键，发挥南昌县捐资助学活动蔚然成风的优势，通过政府主导、基金辅助、宗亲助学等多渠道，引入更多资金活水，扩大了捐资助学的资金池，解决了"无钱上学"问题。一是政府财政"灌水"扩总量。制定出台了《南昌县教育扶贫工程实施方案》等政策，由县级财政兜底，对国家、省、市助学补助对象外的非寄宿生和非普惠制幼儿园贫困学生，按照同等标准进行资助，实现资助贫困学生全覆盖。截至2020年底，共发放各类助学金1500多万元，资助各类学生17000余人次。二是助学基金"浇水"扩总量。在乡镇成立了16个捐资助学基金，筹资金额4900多万元，其中较大的有：武阳镇助学基金690万元，塔城乡助学基金397万元。2018年8月，有6个乡镇举办了"脱贫攻坚行·代表展风采"教育扶贫帮扶仪式及奖学助学大会，共发放各类奖励助学资金252.12万元，其中资助贫困学生545人，奖励补助资金55.18万元。三是宗亲助学"挑水"扩总量。充分发挥"家官"、乡贤等社会力量的资源优势，设立各类爱心捐助基金10余个，有中国香港爱心人士蔡冠深、万修元在三江镇捐资设立的"蔡冠深教育奖励基金""万修元教育奖励基金"，莲塘一中毕业学子以老师名字设立的"梅家瑞爱心助学资金"等，筹集资金超过1000万元，累计发放奖学金、助学金800万元，受益的贫困学生1900多人。

3. 全方位"提质"，畅通学生"就学路"

根据贫困学生的实际情况和教育资源的配置情况，以教育民生工程和重点项目建设为抓手，全面保障和改善教育办学条件，打通贫困学生"就学路"，为斩断"穷根"筑牢基础。一是优化布局，促进均衡发展。按照"整合资源、合理布局，改善条件、确保入学，提高质量、方便群众"的原则，全面完善南昌县中小学及幼儿园网点布局专项规划，2018年全县新建、改扩建项目有9个，总投资8.38亿元，总建筑面积约20.7万平方米，基础性建设配套不断完善，教育资源更加均衡。二是强化力量，提升教育品质。为促进城乡教育一体化，按照"名校办分校""强校带弱校"的思路，分两批组建成立9个教育集团，通过集团联合办学，扩充优质教育资源容量，推动城区优质资源向乡镇延伸，让更多的优质学校参与到教育扶贫的事业中来。三是深化职教，拓展就业空间。引导学习困难的贫困学生入读职业学校，根据贫困劳动力性别、年龄、文化等情况，有针对性地开展家政服务、特色种养等技能培训，实行学习生活、就业创业全程跟踪、全程指导，实现"培训一人、脱贫一户、致富一方"的目标。2018年，共开展贫困劳动力技能培训1200人次。

三、经验启示

习近平总书记早在《摆脱贫困》一书中,就阐述了"脱贫""扶贫"的重要意义和实现途径。他强调"扶贫先要扶志""弱鸟可望先飞,至贫可能先富,但能否实现'先飞''先富',首先要看我们头脑里有无这种意识",如何"扶志",如何培植"先飞""先富"的意识,这就需要教育。安于现状的生活方式、一成不变的思维模式和顽固不化的观念意识是农村贫困人口在穷困潦倒中挣扎煎熬的最主要原因。在扶贫道路上,教育成为脱贫道路上的催化剂,通过教育加速脱贫换代。因此,在教育脱贫工作中,要让所有孩子树立战胜困难的信心,培养战胜困难的勇气,锻炼战胜困难的方法,养成知恩报恩的风气,要让脱贫攻坚战中的教育板块坚固踏实,不断助力学子未来发展,改善当下贫困现状,让生活越来越好、一代更比一代强。

打造"最美"示范村,贫困村破茧成蝶

——南昌县黄马乡罗渡村旅游扶贫纪实

一、背景情况

罗渡村位于南昌县黄马乡南部,区域面积4.8平方千米,全村辖14个自然村,共653户,人口2439人,党员56人,2015年被列为"十三五"省定贫困村,由南昌市委办公室、市委保密机要局对接帮扶。帮扶工作开展以来,驻村工作队和村"两委"一班人,为了甩掉"贫困村"的帽子,实现乡村振兴,利用独特的自然风光和毗邻4A级景区凤凰沟的独特优势,通过整治村庄环境、改善交通条件、引进产业增收等措施大大增加了村民的收入,罗渡村2017年顺利退出贫困村,2019年贫困户全部脱贫,贫困户人均收入由7000元增加至13000余元。近年,罗渡村先后获得中国美丽休闲乡村、国家森林乡村、江西省文明村、全市最美"三风"示范村、全市"十佳"美丽乡村、全市文明交通示范村等一系列荣誉称号。

二、做法成效

(一)生态为根,打造宜居乡村

为了改善群众生产生活条件,罗渡村积极申请、协调、推进基础设施建设28项,多方筹措资金8000余万元,推动交通、环境、水电、公共服务设施等各方面发生翻天覆地的变化。建设了全长6千米,直达4A级景区凤凰沟的美兴公路,以及方便群众出行的航道东路、罗岭公路;打造了山下小康示范村、罗渡"五位一体"示范村,开展通道五化项目建设,不断提升村庄品质;推进了罗渡村自来水户户通工程,解决农村群众用水问题;实施了山下、港头、刘家、罗渡4个自然村污水处理项目,有效解决农村污水横流的问题;完善了罗渡村卫生室和综合公共服务平台建设,公共服务水平得到提升。

（二）产业为基，加快振兴步伐

根据罗渡村依山傍水的自然条件和临近4A级景区凤凰沟的天然优势，因地制宜培育特色产业。采取"旅游+产业+合作社+农户"的模式，流转350余亩用地种植富硒白莲，租赁当地闲置宅基地改造、开发莲香民宿和旅游餐饮中心，激活生产要素，释放发展潜能，实现老百姓在家门口创业和就业。项目实施以来，带动群众创业和就业40余人，平均每户增加收入5000余元，白莲种植合作社每年提股5%收益分红给贫困户，平均每户保底收益不少于1500元。罗渡村在2019年6月成功举办南昌县（小蓝经开区）第三届莲花经贸文化节开幕式，"莲韵清风·醉美罗渡"正逐步成为昌南特色旅游名片。

（三）民风为魂，提升乡村形象

围绕"勤劳、勤俭、勤奋"为主线，建设家风路、社风苑、民风廊和三勤文化园，通过图版、标语、文化墙等多种形式，展示文明新风倡议、家规、"三风"榜样人物、村规民约、移风易俗等，营造乡风文明和践行社会主义核心价值观的浓厚氛围；组织开办积分超市，实行积分制管理，围绕"律己守法、移风易俗、清洁卫生、勤劳致富、敬老爱亲"等方面开展积分评比，实现"德"者有"得"；持续开展"身边好人"、十佳好婆婆、十佳好媳妇、十佳少年等典型评树活动，引导农村群众共同树立文明乡风。

2017年，罗渡村顺利退出贫困村，昔日的贫困村破茧成蝶，逐步蜕变成移步换景、村民富足的全县"小康村"，先后获评全省文明村、全市最美"三风"示范村、全市十佳秀美乡村等。

三、经验启示

（一）发展乡村旅游，助力脱贫致富

结合乡村旅游发展的产业定位，带领村民通过打造罗渡村入口景观和莲蓬种植业，采取"旅游+产业+合作社+农户"的模式，逐步培育农家乐等，为发展乡村旅游产业打基础，通过资源变资产、资金变股金、农民变股东"三变"改革，将村集体、农户和经营主体三者联合，激活生产要素，释放旅游产业扶贫潜能，助推罗渡村脱贫致富。

（二）抓党建班子，筑牢扶贫组织

"火车跑得快，全靠车头带。"罗渡村始终把发挥村党支部的战斗堡垒作用作为脱贫攻坚的重要抓手，丰富"党建+脱贫攻坚"内涵，通过"党建+项目推进""党建+产业发展""党建+乡贤文化"等方式推动脱贫攻坚工作。罗渡村党支部先后

被评为南昌县先进基层党组织、党建先进单位、五星网格示范点。

(三)结对帮扶,从实处得民心

做好结对帮扶,针对每户贫困户的实际情况,在教育、医疗、就业、安居、光伏、民政等方面精准施策,制订"一户一策"脱贫计划,使村民的获得感和幸福指数不断提升。

立足代表优势　助力脱贫攻坚

——南昌县人大常委会社会扶贫工作纪实

县人大作为地方权力机关，在脱贫攻坚行动中积极作为，是社会扶贫的重要力量。2017年以来，南昌县人大常委会按照省人大常委会关于开展"脱贫攻坚人大代表在行动"专项活动部署安排，积极响应县委构建"扶贫攻坚大格局"的号召，作为扶贫力量中的一支，深入开展"脱贫攻坚行　代表展风采"主题活动，在安居、就业、产业、健康、教育扶贫等方面取得明显成效，特别是在安居扶贫和就业扶贫、产业扶贫上，满足了贫困户迫切的生活愿望。

一、基本情况

南昌县共有建档立卡贫困人口4864户12298人，扶贫重点村18个。据统计，全县参与精准扶贫工作的人大代表共有1700多名，参与率达到95%。2018年7月，县人大代表爱心公益协会正式成立，协会下设县人大代表爱心公益基金，募集人大代表和社会爱心人士捐款968万元，并捐赠安居扶贫专项资金329万元。全县各级人大代表已帮助实现产业扶贫567人、就业扶贫528人，教育扶贫帮助困难儿童1121人，开展送医体检、咨询服务6779人次。

二、主要做法

（一）加强组织，精准帮扶

1.加强组织领导，开展动员部署

南昌县人大常委会发挥叠加效应，扎实有效地开展"脱贫攻坚行　代表展风采"活动。县人大常委会在深入基层调研的基础上，制订下发活动实施方案，专题召开主题活动部署会议，成立领导小组和办公室。要求县乡人大联动，各乡镇人大按照时间节点成立活动领导小组，召开分场动员会。对乡镇人大主题活动内容，采取互比互评形式，压实活动举措，形成各具特色的实施方案。

2. 注重精准帮扶，定制帮扶措施

在党委、政府结对帮扶的基础上，南昌县人大常委会对全县各级人大代表按照从事行业、人员身份，从干部代表、专业技术人员代表和非公经济人士代表等方面进行全面分类梳理，同时对贫困户的家庭帮扶情况摸底排查，结合代表自身特点和贫困群众实际，采取"1+1"组织人大代表和贫困户结成帮扶对子，对特别困难对象进行"N+1"的方式，将包帮责任落实到每一位人大代表，与各部门一道形成叠加效应，加速助推脱贫。

（二）分片推进，强化监督

1. 分片指导推进，树立典型引领

南昌县人大常委会对全县17个乡镇（街道）和开发区、管委会（管理处）的各级人大代表，以代表团为单位划成四大片区，分别由乡镇人大主席团或分管联系人大工作的同志负责实施，人大常委会主任、副主任挂片推进，人大常委会机关各委办分片指导，从而激发了代表积极履职、助力脱贫攻坚的责任感和使命感，形成了比学赶超的良好氛围。

2. 强化履职监督，补足工作短板

南昌县人大常委会指导各乡镇人大在年中人代会上听取本乡镇精准扶贫工作情况报告，并结合各自实际开展集中视察和调研。组织人大代表开展多形式的走访贫困户、贫困村活动，严格对照贫困户脱贫和贫困村在交通、住房、饮水、环境卫生、公共服务设施等方面退出的标准，督促乡（镇）、村查漏补缺、补足短板，做好精准扶贫工作，不断提升贫困群众对扶贫工作的满意度。

（三）立足优势，拓展资源

1. 突出企业优势，助力住房改造

充分发挥南昌县人大建筑领域的代表较多优势，多批次多形式组织召开企业界人大代表座谈会，积极认捐安居房建设，掀起了人大代表投身安居扶贫的小高潮。同时通过县乡人大做工作，发挥代表人脉资源丰富优势，引领联系社会爱心人士参与安居扶贫援建或维修房屋148户。2020年人大代表助力安居扶贫再出发，找准了党委、政府在安居房维修捐建的资金困难，充分发挥县人大代表爱心公益协会和基金作用，在全县选取260户贫困户，每户补助17000元，共计440万元专门用于安居房捐建。

2. 突出行业优势，促进就业增收

南昌县人大常委会一方面积极对外引进"大田农社"、印智航天等企业入驻，大力帮助村集体经济增长和贫困群众增收。例如，县人大代表郑爱国牵头引进的印智航天观光农业项目，优先帮助当地38户贫困户流转土地30余亩，并吸纳12户贫困户到印智航天从事保洁、后勤等工作。另一方面动员人大代表发展农村特色产业，通过产业帮扶贫困户。例如，武阳镇人大代表朱上京成立以贫困户为主要成员的南昌连心农业有限公司，采取"农业合作社+村集体+贫困户"形式，将全村16户贫困户全部纳入基地临时用工和年终10%的收益分红。据统计，全县各乡镇（街道）人大通过各具特色的帮扶措施，开拓爱心扶贫专岗和公益性岗位共计528个。

3. 突出专业优势，帮扶教育医疗

南昌县人大常委会充分挖掘人大代表中专业技术人才，积极助力教育扶贫、健康扶贫工作。例如，南新乡人大全面梳理人大代表中的教师资源，对接广大贫困家庭子女，全乡104户精准扶贫户64名在校就读的学生全部进行了结对帮扶。塘南镇组织由人大代表、医疗工作者组成的医疗队，深入基层为全镇1946名精准扶贫对象进行免费体检，并设立"代表接诊室"，对400多名患病扶贫对象提供"一对一"的医疗帮扶。

4. 突出平台优势，长效跟踪扶贫

南昌县人大常委会谋划成立"南昌县人大代表爱心公益协会"，协会下设"南昌县人大代表爱心公益基金"。县人大代表爱心公益协会会员总数达到1700多名（含爱心企业和人士），已募资金968万元。在爱心公益基金的使用上重点关注全县安居房援建、产业扶贫扶持和特困人员帮扶等方面工作。

三、经验启示

南昌县全县各级人大代表结合各自职业、专业特长等，积极履职，开展扶贫济困工作，切实解决了困难群众在住房、就业、产业、教育、医疗等方面的民生难题。这给脱贫攻坚事业带来了一些经验与启示。

一是结合个人特点，精准结对帮扶。南昌县人大常委会对全县各级人大代表按照从事行业、人员身份等方面进行全面分类梳理，同时对贫困户的家庭帮扶情况摸底排查，结合代表自身特点和贫困群众实际，结成"1+1"帮扶对子，对特别困难对象进行"N+1"的方式。在社会扶贫过程中，不仅要对贫困户的情况了如指掌，还要清楚结对帮扶干部的情况和能力，精准对接合适的贫困户，把力用到点上。

二是立足自身优势，充分发掘资源。首先，南昌县人大具有建筑领域的代表较多优势，通过各级人大代表直接参与捐资新建或维修房屋，充分发掘资源引领联系社会爱心人士参与安居扶贫,助力贫困户住房改善。其次,具有各级人大中有许多优秀企业家的优势,一方面积极对外引进"大田农社"、印智航天等企业入驻,大力帮助村集体经济增长和贫困群众增收;另一方面动员人大代表发展农村特色产业,通过产业帮扶贫困户。此外,还具有专业优势,充分挖掘人大代表中的专业技术人才,积极助力教育扶贫、健康扶贫工作。人大有来自各行各业的代表,大多是行业内的优秀人士,要清楚自身优势,发掘自身资源,有利于加大帮扶力度,争取更多社会资源。

三是创建长期平台,探索长效机制。南昌县人大常委会谋划成立"南昌县人大代表爱心公益协会",协会下设"南昌县人大代表爱心公益基金"。坚决打赢脱贫攻坚战,确保到2020年所有贫困地区和贫困人口一道迈入全面小康社会。时间紧,任务重,但必须保质保量完成脱贫攻坚任务,做到真脱贫、脱真贫。为动员社会力量参与脱贫攻坚创建一个长期平台,是一个很好的资金来源。探索建立社会扶贫长效机制,能够在贫困户需要时,拿得出钱,办得了事。

抓好党建促脱贫　齐心协力奔小康

——南昌市税务局驻村工作队帮扶工作纪实

近年来，南昌市税务局驻南昌县塔城乡湖陂村工作队在市局的正确领导、大力支持下，紧密联系乡党委、政府，与湖陂村"两委"干部一道恪尽职守，动真情、用真心、办实事、求实效，坚持以整村推进为载体，以产业开发为重点，以增加农民收入为目标，以改善贫困村的生产生活条件和乡村振兴为基础，扎实开展了帮扶工作，取得了一定的成效，赢得了贫困群众的好评。

一、背景情况

湖陂村是"十三五"省定贫困村，总户数976户，总人口3505人。全村有建档立卡贫困户41户85人，其中五保户6户，扶贫低保户35户。2016年脱贫22户39人，2017年脱贫6户10人，2018年脱贫13户36人，2019年脱贫2户2人。湖陂村于2017年底退出贫困村行列。

二、做法成效

（一）着力狠抓基层党建

一是注重健全"三会一课"党组织生活，充分发挥党员先锋模范作用和基层党组织的战斗堡垒作用。尤其是2020年新冠疫情期间，驻村工作队团结带领全村党员凝心聚力共同抗击疫情；同年7月防汛期间，党员冲锋在前，哪里有险情，哪里就有他们的身影。

二是积极争取帮扶单位南昌市税务局的支持。几年来与市税务局办公室党支部、考核考评党支部等联合开展党建活动十余次；共接受市税务局扶贫资金80余万元用于村里小型公益事业、"爱心超市"及其他扶贫事项。

三是积极加强对外联系，引进党建合作共建机制。村总支先后与南昌县供电有限公司、南昌市二十三中、空军雷达22旅建立了党建合作共建机制。自共建以来,已合作开展党建活动十多次。2018年,南昌市二十三中向村里捐赠电视机一台,图书2300多册,价值10万元,为丰富村民的业余文化生活、充实村里学生的假期生活起到了实实在在的作用。

四是切实服务群众。自2015年来,收集村民生产生活诉求120多件,解决实际困难200多个,办理各类便民事项不下500件。在乡里的各项考核中名列前茅,这一时期接受各级媒体采访近30次。

(二)着力巩固脱贫成果

1. 积极落实贫困户医疗救助"四道保障线"

仅2019年全村建档立卡贫困户200多人次的医疗报销比例均达到90%。为了贫困户的身体健康,保证他们的饮水安全,2020年5月驻村工作队协助乡政府为全村所有贫困户和边缘户安装了净水机。

2. 积极落实教育扶贫,全村无一因贫辍学的学生

2020年落实全村建档立卡贫困户11位在读学生教育补助款(含"雨露计划")4万多元。此外,第一书记通过自身努力,将贫困户吴三英的女儿送到南昌县莲塘镇上学,解决了贫困户的一个大难题。

3. 积极落实两业扶贫

2019年,帮助贫困户外出务工20多人,为贫困户增收172200元;乡、村安排10名贫困户在公益性岗位工作,为他们增收62496元。通过多措并举,全村贫困户已经实现了产业全覆盖。截至2020年,村里享受了2项扶贫政策的15户,占35%;享受了3项扶贫措施的13户,占30%;另外15户享受了4项以上措施。全村贫困户2020年人均收入超过1万元,比2019年增长15%以上。

4. 积极设法增加村集体收入

通过努力,湖陂村从一个"空壳村"到2020年实现村集体经济收入26万元。2019年,村委会在彭家自然村流转了55亩左右荒地,以此向上级申请扶贫项目资金50万元,实施高效果树种植的产业扶贫项目,并将此项目与本地致富能手合作建成产业扶贫基地。项目完成后实现了解决2个贫困户就业,村委会增加集体收入6万元的目标。2020年争取扶贫资金199万元兴建的村扶贫厂房已完工,项目建成后每年增加村集体收入7.3万元,解决3户贫困户的就业。另外,湖陂村2020年4月与南昌玉明生态农业有限公司合作投资农业产业化特色项目,继续搭建钢构大棚20座,能解决湖陂村20余人的就业问题,每年保底分红5万余元给村委会以增加村集体经济收入。

（三）加强扶贫项目管理

近年来，全村募集各方资金1393万元，完成道路硬化6.3千米，新建沟渠3.3千米，整治门塘7个，安装路灯150盏，改建卫生室1个，修建村民广场3000多平方米，帮助贫困户改水改厕16户，新建公厕2座，新建产业扶贫基地1个，新建扶贫厂房1幢。这些工程项目投入使用后，切实解决了群众的生产生活难题，极大地提升了村容村貌，为贫困村退出发挥了较大的作用，得到了群众充分认可。

此外，驻村工作队十分重视扶贫项目与推进新农村建设相结合，尤其是农村文化体育设施建设方面。2018年前，彭家自然村有一块2000余平方米，前身是2009年该村移民建镇时预留的一个村民广场，由于荒废多年，空地上杂草丛生，蚊蝇出没，周边群众苦不堪言，严重影响村容村貌。驻村工作队争取资金近40万元，将其打造成一个村民休闲广场，在广场上建起了篮球场，安装了健身器材。村里还特意争取上级文化资金，邀请一些业余剧团经常性在这里给群众上演采茶戏。现在这里每天欢声笑语，成了群众农闲之余休闲活动的场所。

（四）着力发动精神脱贫

坚持唱响主旋律，弘扬正能量，加大扶贫与扶志、扶智、扶勤、扶德结合力度。驻村工作队每一季度均召集全村贫困户开展"三讲一评"颂党恩活动，并与乡扶贫站联合开展脱贫先进表彰活动。通过激发贫困户脱贫信心和内生动力，促进自立自强和自主脱贫。实行反向约束措施，对"因懒致贫、因赌致贫、因婚致贫、因子女不赡养老人致贫"等精神贫困问题，强化村民自我教育、管理、监督等自治方式，在帮扶施策上建立反向约束机制，加强教育惩戒，促其精神脱贫，克服"等靠要"思想。2019下半年，在全县率先进行了脱贫攻坚"爱心超市"试点。通过正向的积分奖励机制，推行"积分改变习惯、勤劳改变生活、环境提振精气神、全民共建美好乡村"的新模式，促扶贫与扶志并行，物质与思想脱贫同步。

三、经验启示

一是领导的重视关心是脱贫攻坚的关键。脱贫攻坚工作取得的任何成绩和领导的重视关心是密不可分的，湖陂村的扶贫工作得到各级领导的关心和上级相关部门的大力支持。市税务局作为帮扶单位，把扶贫工作作为一项政治任务来完成，多次召开会议专题研究扶贫工作，并在资金上予以支持。

二是村"两委"是打赢脱贫攻坚战的组织保障。"火车跑得快,全靠车头带。"

农村党支部作为基层的组织建设，最接近群众，最了解情况，积极与扶贫单位紧密配合，这就是组织保障所在，两者结合，没有办不成的事，群众脱贫才有希望。

三是依靠群众是取胜脱贫攻坚的基础。脱贫的一切工作都要从实际出发，要充分发动群众，依靠群众，做好群众的政治思想工作，为群众办好事办实事。群众的脱贫积极性调动起来，脱贫的面貌才能焕然一新。

扶贫扶志"谢党恩"

——南昌县扶贫扶志工作纪实

一、背景情况

2019年,南昌县深入推进感恩自立教育、自强培育、自力激励、自尊治理"四项行动"和"三讲一评"颂党恩活动,不断激发贫困群众的内生动力,增强贫困群众脱贫致富的获得感、参与感和认同感。

二、主要做法和成效

(一)大力启动推进扶贫"爱心超市"建设

鼓励贫困户以劳动换取积分,以积分到"爱心超市"换取商品,激励贫困户树立正能量、倡导新风尚,到2019年11月底,南昌县共建成38个扶贫"爱心超市",其中,塔城乡建成15个"爱心超市",实现了行政村全覆盖;塔城乡10个村积分考评小组均完成月度积分评定1次以上,2个村完成积分评定2次,共向309户贫困户发放等值金额积分兑换券额3万余元,15家合作超市已实际运行并实施兑换登记。"爱心超市"的运行,起到了很好的正向激励作用。湖陂村祝家自然村贫困户祝普选嗜酒成性,2020年8月他家房屋漏水严重,要求村委会帮助修缮,为此驻村工作队与其签订"君子协议",要求他今后不能酗酒,且在修缮过程中要帮师傅打下手,否则立即停工且在"爱心超市"积分评定中扣分。经此一事,他嗜酒成性的毛病大有改观,而且以前家里常年都是乱糟糟,再去他家开展考核评分时,见他主动整理房前屋后的垃圾和杂物。贫困户祝保来,眼有残疾,村里安排他在祝家组做保洁员,除了每天将辖区范围内卫生打扫干净外,还主动义务负责祝家文化活动中心开关门的管理员工作。2020年抚河涨水,他二话不说扛起铁锹,主动当起了义务巡堤员。村里在到每一户贫困户家去评分时都宣传他的先进事迹,起到了不小的带动和促进作用。

（二）大力推动"三讲一评"颂党恩活动

印发了《全县"扶贫扶智感恩行动"实施方案》《南昌县开展脱贫攻坚"三讲一评"颂党恩活动安排》《关于开展脱贫攻坚"三讲一评"颂党恩活动的通知》等文件，全县开展"三讲一评"活动400多场次，通过讲政策、讲落实、谈体会，贫困户纷纷感党恩、领党情。

（三）大力开展集中宣讲活动

由县委宣传部牵头组织，在全县开展了习近平新时代中国特色社会主义思想进农村暨精神脱贫集中宣讲活动，印发了《关于在全县开展全面打赢脱贫攻坚战集中宣讲活动的通知》，组建了县级精神脱贫宣讲队，并指导成立了20支乡镇精神脱贫宣讲队，各宣讲队依托新时代文明实践所、站，利用晚上、赶集日、节假日、民俗活动等人口集中时段，围绕中央、省、市关于脱贫攻坚工作的决策部署，南昌县脱贫攻坚经验成效和先进典型，扶志扶勤摆脱"意识贫困"，扶智扶德摆脱"能力贫困"等重点内容开展宣讲，集中宣讲活动覆盖到所有行政村，累计开展400余场，进一步激发了贫困户脱贫的内生动力。

（四）大力开展评选表彰活动

在评选表彰方面示范引领，将脱贫攻坚作为重要评选指标，在全县常态化开展道德模范、文明家庭、昌南新乡贤、最美人物系列等评选表彰活动，有17人次在脱贫攻坚领域发挥了典型示范作用。如当起了农产品推销员的南新乡九联村"第一书记"应文伟、为无花果代言的广福镇北头村"第一书记"郭惠平、银三角涂家村"点心书记"杨屯京、"懒汉"翻身的泾口乡东岗村贫困户樊小春、自力更生创业的广福镇宋洲村贫困户黄水泉等。

三、经验启示

（一）授人以鱼不如授人以渔，从"要我脱贫"转变为"我要脱贫"

"爱心超市"的建立，从物质和心理两方面帮扶贫困户，以物质奖励吸引并鼓励贫困户以劳动换取积分、以积分换取商品。正是这份物质鼓励，帮助贫困户找寻自我价值，学会并掌握脱贫方法，从而真正且实在地脱贫，利于推动脱贫攻坚工作与成果的长效稳固。

（二）讲政策，谈体会，感党恩，领党情

通过积极开展"三讲一评"颂党恩活动，让老百姓真正理解系列政策内容，体会脱贫工作人员的辛苦和付出，交流相关扶贫做法和规则。从而，以感恩之心促贫困户脱贫决心，让贫困户感而行动、行而脱贫，利于促进脱贫攻坚的主动高效。

（三）宣讲渗入全过程，激发脱贫内生动力

充分利用人口集中时段和场所，组建县级脱贫宣讲队，宣传覆盖所有行政村，潜移默化中让群众形成脱贫意识，了解脱贫办法，形成脱贫氛围，从而带动所有贫困户掌握脱贫办法并付诸行动，激发贫困人口的内生动力。

（四）典型示范引领脱贫风尚，真实案例激发脱贫信心

正是由于害怕努力付之东流，担心失败降临自身，许多贫困户畏于行动、深陷贫困。通过表彰道德模范、文明家庭、脱贫成功案例等，让贫困户真正尝到脱贫的成功味道，让贫困户拥有脱贫的心理信心，利于提升自我脱贫的信心和开展行动的决心。

扶贫先扶志，"扶贫车间"亮明灯

——进贤县白圩乡金山村扶贫扶志典型案例

一、背景情况

位于南昌市进贤县白圩乡的金山村是"十三五"省定贫困村，村中自然条件较差，经济发展落后，基础设施建设薄弱，劳动力的大量流出更加使得村庄发展失去了动力，剩下的村民缺乏知识和技术，大多成为贫困户，只能守着几亩薄田勉强度日。面对金山村这种情况，白圩乡扶贫站和驻村工作队多次走访调查寻求解决方案，走访发现，进贤县白圩乡德道苗木种植基地需要大量苗木养护的工人，种植基地距离金山村也不是很远，工人早上去工作，晚上还可以回家，里面的工作很适合贫困户来做。于是白圩乡因地制宜，统筹谋划，联系基地负责人，签订了《合作协议》，成立"扶贫车间"来帮助贫困户量身打造一条脱贫增收渠道，变"输血"为"造血"，增加贫困户脱贫致富的内生动力，带动当地贫困户脱贫致富。

二、主要做法和成效

（一）扶贫扶志，爱心企业搭平台

为了切实有效落实启动"扶贫车间"，乡扶贫站与市供销社、市粮食局驻村工作队一起到贫困户家中，宣传党的各项扶贫政策，重点讲解"扶贫车间"的相关事宜，使贫困户深受感动，对扶贫干部的信任度也大大提高，犹如亲朋。在扶贫干部的带领下，贫困户来到德道苗木种植基地，进入"扶贫车间"现场，了解工作情况；同时基地老板也详细询问每位前来"扶贫车间"贫困人员的家庭情况、愿望、身体状况、有何特长，再根据每个人的特点，安排了10个贫困人员在"扶贫车间"工作，每人每年可增收近2万元。"扶贫车间"既体现了企业帮助脱贫的爱心，更体现了扶贫干部给贫困户送上的党和政府的关怀与温暖，为贫困户实现早日脱贫，寻到了一条幸福的路。

（二）激励机制，劳而有获"真脱贫"

在实施"扶贫车间"就地就业过程中，为了更加有效地促进"扶贫车间"高出勤、高效率、多受益，出台激励机制；鼓励在"扶贫车间"的人员多出勤，争创收。以每月上班六天为基数，男性每天50元，女性每天40元，然后每多上一天班，按每天递增2元计算，每人额外出工奖励可达650元。同时，基于有的贫困人员离家较远吃饭不方便的问题，乡政府与公司商定按"扶贫车间"上班人员每人每天10元伙食费补给"扶贫车间"，让员工在公司食堂吃饭，一年一次性奖补给企业车间3万元，使企业车间运转有序，使贫困人员多增收益。通过激励机制，"扶贫车间"工作人员出现了争着多出勤、干好活，基地种植呈现出生机盎然的景象。

（三）榜样引领，群体致富"脱真贫"

熊发根是金山村"扶贫车间"建成后的第一位工人，每天一大早就能看到他忙碌的身影，自打第一天来"扶贫车间"工作起，他就深深爱上了这份工作。现在他的妻子叶爱莲也来到了"扶贫车间"工作，一天下来夫妻两人能挣到100多元钱，每当有人问起工作情况，熊发根就会发自内心地感激："以前没想到这个事，我现在在这里做事情，一个月收入能达到3000多元，我真的好高兴，感谢党和政府，感谢'扶贫车间'。"在熊发根的影响下，贫困户曾学英也加入了"扶贫车间"。曾学英要照顾瘫痪的老伴，20多年不能外出务工挣钱，家里基本没有收入，自从有了这个"扶贫车间"后，她自食其力，改善了自己的生活，由"兜底式"扶贫变为自主脱贫。只要有人问她现在的工作情况，她都会自豪地说："来这里工作有收入，感谢国家政策好，我得到了照顾，家庭负担轻了。"听到熊发根的经历，加上扶贫干部的鼓励，独身一人、四肢发达、头脑笨拙的梅高元，也积极加入了"扶贫车间"。来到车间后三餐有饱饭吃，有力气，梅高元从事挑猪粪工作，活虽脏但工价略高，他也非常卖力，挣钱脱贫。现在所有在"扶贫车间"工作的贫困人员各司其职，凭劳动挣钱，靠勤快致富，已走上了群体致富脱贫之路。

三、经验启示

（一）以心暖心，内生动力长志气

在脱贫攻坚工作中，白圩乡党委、政府围绕全县脱贫攻坚整体目标，重点以产业扶贫为抓手，突出"扶贫车间"助力脱贫。紧密结合实际，自我加压，从走访宣传开始，号召全体帮扶干部用火热的心温暖一个个贫困户家庭，通过一次次走访交谈，一次次以情动人，终于通过金山村"扶贫车间"为贫困户找到了生财之道，增长了贫困户勤劳致富而脱贫的信心与志气,激发贫困户"我要脱贫"的内生动力。

(二)循序渐进,车间增收"我能行"

果园上班,因不同工作有不同特点,刚进"扶贫车间"的人员,由于业务还不熟练,车间负责人则根据不同工作的特点对工作员工进行细心指导,加上贫困人员虚心勤劳,逐渐熟练掌握了技能,工作由慢到快,工作质量由差变好,这样循序渐进,在车间工作的贫困人员心顺手顺收入增,满满自信"我能行"。如今"扶贫车间"的贫困人员,人人心头甜滋滋,个个成了行家,"勤能补拙,熟能生巧"是最好的写照,每当太阳刚升起时,总能看到有早起上班的"扶贫车间"人员。

技术人员精心指导贫困户

(三)制度激励,若要脱贫在于勤

无规矩不成方圆,好习惯改变人生。有的贫困人员之所以贫困,懒惯了也是一个原因,一份辛勤一份收获,只有自己出力才有回报。"扶贫车间"成立了,怎样实现增收?唯一的法子就是多出勤,出台"每多上一天班按每天递增 2 元计算"等激励机制,使大部分"扶贫车间"工作人员都争着做,出全勤,勤者更勤收入大增,懒者变勤收入可观,这样算下来平均每人一年增收 2 万元已成事实,让贫困户通过勤劳增收走向了脱贫。

良好家风村风民风　助力志智双扶脱贫
——进贤县钟陵乡东塘村"公德基金"脱贫典型案例

一、背景情况

钟陵乡东塘村位于进贤东部,地处进贤、余干两县结合处,属于典型的干旱丘陵地带,东塘村距钟陵乡政府约5千米,距离县城约47千米。长期以来,东塘村受到较恶劣的自然环境影响,全村产业结构单一,以种植水稻为主,而水稻种植极易受气候影响,是典型"靠天吃饭"的(省级)贫困村。市水务局、市气象局、市警备区等帮扶单位入驻以来,市水务局党组书记局长胡崇敬经常利用周末休息时间赴贫困村调研扶贫工作,真正做到了"俯下身子,用脚步丈量脱贫攻坚之路"。经帮扶单位调研发现,东塘村长期以来受闭塞的地理环境、社会环境及生活习惯等因素制约,村集体及村民收入偏低,村民幸福感不高,更为恶劣的是,贫困户及大部分村民思想观念落后、精神消极,自身动力极其不足。主要表现为:一是贫困户之间、贫困户与非贫困户之间存在"争当贫困户"的攀比心理,"以贫为荣"意识较重;二是对政府依赖性较强,"等靠要"意识严重;三是部分贫困户"得过且过"意识较重,甘于贫困、不思进取、甘于落后。为此,帮扶单位和钟陵乡"两委"班子坚持思想先行,按照习近平总书记"扶贫先扶志,扶贫必扶智"的要求,强化思想教育引导,创建"东塘公德基金",倡导良好村风民俗,进一步发扬东塘村"向上向善"氛围,激发村民和贫困户内生发展动力。

二、主要做法和成效

(一)设立"公德基金",用好宣传"法宝",倡导良好村风民俗

良好的村风是美丽乡村的基石。村风正则民风淳,村风清则民心畅,村风好则正气扬。东塘村帮扶单位充分认识到良好村风民俗的重要性,经市水务局党组

会研究决定成立"东塘公德基金",对村里的好人善事进行鼓励支持,对于部分困难户予以帮助,进一步弘扬正能量,带动村民新风尚。同时,强化宣传法宝,召集全村村小组组长召开公德基金成立大会,对2018年村里考上大学的10名学生按照每人600元的标准进行奖励,对部分困难群众如张结明、李四金等予以救助,并予以公示,2018年共发放公德基金11800元。随着一系列民风活动的影响,好人文化、向上向善文化不断出现,淳朴善良、诚实守信、助人为乐、拾金不昧、见义勇为这样的词语并不只是存在于书本上,而是植根于观念中、流淌在血液里,从而使村民树立"主人翁"意识,进一步提高自我发展内生动力。

(二)完善制度保障,发挥功能作用

"东塘公德基金"是由帮扶单位职工自发捐款组建而成,具体为市水务局职工捐款86150元,市气象局职工捐款6850元,合计93000元。为确保好事办好,进一步规范公德基金的使用,由东塘村委会组织召开了公德基金理事会理事选取大会,选举5名德高望重的村委为公德基金的理事,对基金的使用情况进行监管。同时出

发放公德奖励基金

台《东塘村民公德帮扶款管理办法》,进一步明确公德基金的使用范围、使用程序等,确保公德基金用在该使用、能使用的村民身上,引导大家积极向上向善,进一步凝心聚力,在脱贫攻坚路上奋发图强。

(三)突出技能培训,助推产业发展

可以说,村风民俗的倡导及夯实,最终是为了村经济的发展;同时,村经济的发展,也是为了更好地发扬村风民俗。为此,帮扶单位以产业发展为第一要务,围绕技能铺路,进一步抓好培训之效。一是在抓好县乡贫困人口技能培训的同时,善谋善思,采取多种方式、多种手段开展技能培训。二是不定期邀请种养殖专家集体授课,或深入田间地头实地指导种养殖技术。比如,东塘村邀请县林业局的油茶种植专家对种植户集体授课。三是安排肯学、想学技术的村民外出学习技术。由市水务局牵线,东塘村派出4人赴湾里罗亭学习葡萄种植,派出2人赴新建恒

湖农场学习稻虾种养。通过技能的培训，为贫困群众和村民脱贫致富提供强大的精神动力和智力支持，树立脱贫攻坚的战斗信心和勇气，进一步发扬好的村风民俗。

三、经验启示

（一）强大组织是保障

要建立专门的组织机构或领导小组，由党委或宣传部门的主要负责同志牵头，做到高位推动，作为一项重要工作来抓。特别是要着眼于脱贫攻坚"志智双扶"的重要阵地进行专题部署，加大宣传，督促考核力度，把这项工作纳入脱贫攻坚意识形态责任制和精神文明建设考核当中。

（二）激发志气是基础

贫困户普遍文化素质不高、信息来源闭塞，且少数贫困户主观脱贫意识和发展意愿不强，全面发展需要内因与外因相结合。脱贫致富，归根到底是对人的改造和提升，创建"东塘公德基金"，倡导良好村风民俗，进一步发扬东塘村"向上向善"氛围，激发村民和贫困户内生发展动力。

东塘村召开产业扶贫技术培训对接会

（三）技能培训是关键

古语说：授人以鱼，三餐之需；授人以渔，终生之用。脱贫攻坚不仅要解决贫困群众的一时温饱还要彻底改变他们的落后困境。要实现这一目标，就不能仅靠"输血"式扶贫，还要"授人以渔"，增强贫困地区的"造血"能力，让他们掌握脱贫致富的门路和技术，拥有自我发展的能力和一定的产业基础，才能具备抵抗风险的能力，使精准扶贫达到事半功倍的效果。

牵手下邹村　幸福年年里

——江西银行驻村帮扶工作纪实

进贤县衙前乡下邹村位于衙前乡北部，距乡政府8千米，是南昌市"十三五"贫困村。建档立卡贫困户16户36人，已脱贫16户36人，贫困发生率为零。下邹村脱贫工作达到了"九有"标准：有主导产业（大米）、有村集体经济收入、有健全党员群众服务中心、有卫生教育、有通村的公路、有安全饮水、有安全电网、有广电通信、有村民使用清洁能源。

下邹村农田土质肥沃，水质富硒，生产出来的农产品更是保留着原生态，具有口味纯正、绿色健康等特点。下邹村投资建设了40亩小龙虾养殖基地项目、40亩葛根基地项目及340亩优质稻种植项目，同时还发展庭院经济，整村种植果树，力争把下邹村打造成带动衙前乡发展的蔬果之村。在2017年12月，下邹村党支部就邀请火神庙社区党支部前来帮带支部建设和开展志愿服务，并于2018年7月结成了"连心党支部"。两年多的互动，建立起了深厚的感情，联合开展了许多党员共学共建活动。下邹村农副产品多，火神庙社区常住居民有5863人，还有很多爱心企业。下邹村与火神庙社区签订了农产品委托销售协议，按照协议，火神庙社区代理登记居民购买需求，接到订单后及时联系下邹村委会，下邹村委会按实际购买情况进行统一销售及安排配送，并按订单量每季结算一次，以销售利润的2%捐赠给火神庙社区，作为社区帮扶困难群众的费用。此外，下邹村还与当地4家企业签订了农产品订购协议。

爱心超市是推行"积分改变习惯、勤劳改变生活、环境提振精气神、全民共建美好乡村"的一个"定向服务＋农户参与评比＋捐赠物资"的管理新模式；是建立正向的积分奖励机制，激发广大贫困群众脱贫致富内生动力的有力举措；是整合帮扶资源，充分发挥捐赠物资的激励作用，为贫困群众搭建的一个新的救助平台；是由乡镇或村委会负责组建，贫困群众拿平时获得的积分去换取物品的超市。

爱心超市面向的对象是建档立卡贫困户,有条件的可扩展到边缘户、五保户等贫困群众。对贫困户的积分考核主要以户为单位,从日常的家庭人居环境、家庭美德遵纪守法、配合工作、主动脱贫等方面设置考核指标,可采取"正向激励"行为加分制,也可采取"反向约束"扣分制,还可结合两者同时进行。积分按月、季设置,同时也可设置年度累加积分。原则上每月对贫困群众进行当月积分考核,考核成员主要由驻村工作队队员、第一书记、村"两委"干部、支部书记、部分有威望的老党员及群众等人员组成,考核组根据考核标准通过上户现场"看"、街坊邻居"问"、电话联系贫困户上班的企业负责人"询"等多方面了解贫困户的日常表现后召开"三讲一评"会议实行评分。贫困群众可用获得的积分到爱心超市兑换相等价值的物品。各爱心超市结合实际合理安排,或采取集中统一时间兑换,或采取规定多个时间点兑换,或采取长期开放随时兑换等安排。爱心超市设有专人管理,及时做好进出台账、兑换台账。

姚晓慧曾是两任扶贫小分队队长,从事扶贫工作五年,具有丰富的一线工作经验。在她的带领下,江西银行驻下邹村扶贫小分队充分发挥优良的银行工作作风,担负起脱贫攻坚的主要责任,成为下邹村扶贫工作的中坚力量。另外,江西银行团委以扶贫路上团员同行为己任,不但每年为下邹村送上自行编排的节目,更是为下邹村注入了文化扶贫的新鲜血液。

下邹村农户开展大棚种植

庆祝新中国成立70周年华诞文艺演出

回首扶贫之路,五年来江西银行牢记嘱托、感恩奋进,唱响新时代扶贫最强音,在村委会、各位乡亲与江西银行的共同努力下,现在的下邹村各项设施日趋完善,基础建设已修建完成。建立的村级产业扶贫基地也开始了生产运作,通过江西银行订单式购买,下邹村集体经济收入也由最初的"0元"突增为现在的"10万元+"。

2020年是脱贫攻坚全面收官之年,在江西银行扶贫小分队五年驻村帮扶下,下邹村基础建设已基本完成,建立了产业扶贫基地,生产出来的大米、蔬菜等产品由江西银行定向购买,销路得到保障。下一步将重点在做大产业规模、持续发挥产业带贫益贫功能上下足功夫,为下邹村走向富裕拓展更广阔的空间。

昔日"贫困村"蝶变"宜居村"
——进贤县贫困村村庄整治典型案例

走进进贤县池溪乡向家村,只见一条条干净整洁的水泥道路直通农户家门口,漂亮的房屋与周边的树木交相辉映,村庄交通便利、环境优美、整洁有序,大人小孩三五成群在夕阳下散步聊天,俨然一幅村美民和的乡村画卷。

一、背景情况

进贤县池溪乡向家村是"十三五"省定贫困村,早年的向家村是远近闻名的"穷山窝",整个向家村连一条进村水泥路也没有,住在村子里的村民过着"晴天一身灰,雨天一身泥"的生活,村内私搭乱建、坯棚处处皆是,设施配套水平较差,生活环境也是又脏又破,是个名副其实的"破烂村"。

"贫不能穷思想,困不能脏乱差。"虽然是"十三五"省定贫困村,可向家村"两委"却坚定地把环境卫生整治、改变农村面貌、推进生态宜居摆在重要位置,采取切实有效的措施,让重点贫困村焕发出一片生机盎然的文明新颜。

然而,向家村"两委"美好的想法却不被很多村民理解,不少村民觉得村庄已经这么破了,到处都是断壁残垣,自然也就没有维护环境的必要;更有的村民在有安全住房的情况下,仍然习惯在原有的危旧房中生产生活,认为拆除破旧房屋损害了自身利益。因此,不少村民十分不理解,甚至不配合村"两委"开展村庄环境整治工作,使得环境整治工作在向家村开展的难度很大。

二、主要做法和成效

2020年是农村人居环境整治三年行动的收官之年,池溪乡向家村乡村两级痛下决心,把改善农村人居环境、建设美丽乡村作为提升贫困村形象、助推脱贫攻坚、实施乡村振兴的有力抓手,并紧紧围绕"春风行动""夏季迅雷""百日攻坚"三大行动开展农村人居环境整治。人居环境整治行动共拆除旱户厕6处、旱公厕1座，清除各类有碍观瞻建筑物面积630余平方米，清理死角30处，清运垃圾30多吨，极大地改善了向家村的环境面貌。

现在走进池溪乡向家村，不管是春光明媚的四月天，还是秋风萧瑟的十月里，村道上、民宅旁、林荫下的垃圾都不见了，村民也会自觉清扫枯叶、铲除杂草，把村庄打扮漂亮，从精神上提振了贫困户的脱贫信心，也为打赢脱贫攻坚战、实施乡村振兴战略夯实基础。主要做法如下：

（一）党建引领促成效

在向家村人居环境整治行动中，受传统思想观念和农村生活习惯的影响，相当一部分群众"住着新房守旧房"，思想上有顾虑，对人居环境整治不积极、不主动、不配合，村庄脏乱差集中整治面临很大困难。为此，向家村党支部把人居环境整治攻坚行动作为主题党日活动的重要内容，当作锤炼党性、提高干部攻坚克难能力的机会，积极组织广大党员带头宣传教育、带头转变生产生活习惯、带头支持环境整治、带头开展环境整治。村支部党员带头挑重担、攻难关，化解顾虑情绪，帮助拆除危旧房屋。按照先易后难、因户施策、压茬推进的原则，遵循分批处置、分步拆除、分段治理的思路，全面落实"五清、五拆、五整"任务，真正实现了"危房不住人、住人无危房"。

（二）群众参与热情高

向家村"两委"始终把村民利益摆在首位，把村民是否满意作为出发点和落脚点，坚持以广大村民为主体，利用微信、横幅、宣传海报等途径，大力宣传中央和省委、市委关于脱贫攻坚、改善人居环境的政策精神，充分做足思想引导和宣传动员，赢得群众认同和支持。具体工作推进中，不搞一刀切，不搞强拆，通过解决群众身边难事，排除影响群众生活难题，赢得群众理解、信任和支持。对个别思想上有顾虑、主动性不高的群众，组成工作组，深入群众家中开展思想工作，逐渐化解群众顾虑情绪，提高群众参与积极性。对于公共区域内的"无主"危房和一些残垣断壁、乱搭乱建，积极发动村上保洁员和生活困难村民等参与拆危治乱，在调动群众参与积极性的同时，也增加了部分困难村民收入。

（三）拆治结合展新颜

坚持拆治结合，向家村对拆危、拆旧腾挪出来的土地，按照宜建则建、宜绿植绿、宜耕还耕的原则，集约高效利用，打造小绿地、小菜园，同时大力整治乱搭乱建、乱堆乱放和脏乱差等问题。农村危房存量极大减少，农村人居环境持续改善，从根本上保障了农村住房安全，复垦后的土地又可以重新利用，让美丽乡村绿树成荫、山水相映、整洁有序。向家村正由"一处美"迈向"全面美"，向家村人居环境质量持续改善，村民获得感、幸福感持续提升。

（四）改陋除弊增信心

人居环境整治行动极大地改善了向家村村民的居住环境，提高了村民幸福感，带来一场"美丽蜕变"。一大批村民告别旱厕，用上卫生厕所；一大批"脏乱差"现象得到根本性治理；一大批影响脱贫攻坚进程的问题得到了解决。既有效改观了村容户貌，把乡村打扮漂亮；又"拆除"了落后思想，提升了村民生活质量。同时让不少村民改变了落后的生活方式和习惯，培育了村民维护舒适环境的良好习惯、共建美丽家园的协作精神、追求幸福生活的价值取向，提振了贫困户脱贫信心，进而为乡村振兴注入了更多活力，为夺取脱贫攻坚最后胜利、深入推进乡村振兴奠定了坚实基础。

（五）长效管护强保障

向家村积极落实人居环境长效管护机制，成立了由村"两委"班子为成员的环境整治工作领导小组，组建了村保洁员队伍，实行村、片、组三级网格管理，村干部分片负责，保洁员分片包干，构建了"全方位覆盖、无缝隙对接、网格化管理"的长效保洁机制。实行保洁员工作百分制考核，工资与考核等次相挂钩，激励保洁员争先创优。充分利用村规民约，与村民制定讲究卫生、美化环境的村规，定期开展卫生评比活动，调动群众参与农村环境治理的积极性和主动性。

三、经验启示

通过开展农村人居环境整治，如今的向家村村容村貌焕然一新，垃圾不落地、污水不乱排成为村民的日常自觉。呼吸着新鲜的空气，漫步在干净的道路上，望着蓝天、白云、绿水、青山，一个村容整洁、环境优美、乡风文明、社会和谐的美丽小乡村正悄然发生着蝶变。主要启示有：

（一）党员示范带头

人居环境脏乱差会带来"破窗效应"，一定程度上影响了村民心态，影响了村庄的凝聚力、组织力，甚至消减了政策措施的执行力。向家村人居环境带来的变化，离不开池溪乡党委的坚强领导和向家村党支部的实干担当，更离不开乡村两级党员的示范作用。在向家村人居环境整治过程中，广大党员干部迅速统一思想，克服重重困难，积极发挥带头作用，主动化解村民顾虑情绪，帮助拆除危旧房屋，成为开展好村庄整治的一股重要力量。

（二）坚持群众主体

向家村在村庄环境整治过程中鼓励和倡导自己的家园自己建、自己管。即从上到下统筹部署、强化推进、干部带着干，更充分发动群众、组织群众、人人参与干。防止越俎代庖，立足农村的事情用农村的办法来解决，尽可能发动群众、依靠群众，提升群众参与的自觉性和主动性，让群众在这个过程中产生荣誉感、归属感。

整治前的向家村杂草丛生

整治后的向家村

（三）养成风气习惯

向家村建设好、维护好村庄人居环境不仅是制度化，更使之成为风气和自觉习惯。这就要靠严格执行可操作、有实效的村规民约。紧紧围绕勤劳致富、崇德向善、诚实守信、遵纪守法、干净整洁等内容，积极开展能激发农民荣辱观、上进心的各类活动，引导农民向上向善、自立自强，培育文明乡风、良好家风、淳朴民风，从打扫卫生入手，推动实现乡村生态宜居、乡风文明、治理有效。

万亩猕猴桃　扶贫结硕果
——进贤县梅庄镇万亩猕猴桃示范基地助力脱贫典型案例

一、背景情况

梅庄镇是南昌市进贤县北部重镇，北临鄱阳湖，西南环抱于军山湖，东隔信河，与余干县相望，西北面与南昌县接壤。交通条件便利，距进贤县城47千米，距南昌市40千米，距德昌高速入口14千米，距昌万公路8千米，进里（进贤至三里）、梅阳公路穿境而过，并与昌万公路、320国道及京福、瑞沪、昌厦高速相连，与外界形成很好的交通联系。

2020年全镇人口4.2万人，12426户，下辖13个村委会、2个居委会、116个自然村。全镇总面积98.6平方千米，耕地6.8万亩，其中水田3.5万亩、旱地3.3万亩、林地8000亩、水面10000亩。全镇产业结构以种植业为主，主要农作物为水稻，辅以经济作物花生、芝麻、大豆、油菜、西瓜等。全镇有一个"十三五"贫困村，建档立卡贫困户320户809人。

二、主要做法和成效

（一）筑巢引凤，打造一个特色农业基地

2017年以来，梅庄镇以乡村振兴为着力点，转变农业发展方式，全力推进农业供给侧结构性改革。招大引强，招强引优，引进中铁中基（江西）农业管理有限公司落户梅庄，注册子公司进贤中铁中基农业有限公司，进一步提升特色农业规模化、标准化水平，加快特色农业发展步伐，夯实品牌农业发展基础，强化龙头带动创品牌效应。

进贤中铁中基农业有限公司成立于2017年，由中铁中基（江西）农业管理有限公司与进贤县盛梅种养专业合作社合资成立，是集现代农业示范基地建设、资本动作、产业投资和生产经营于一体的国有企业。进贤县梅庄万亩猕猴桃国际标准园项目是公司落地江西的第一个项目,引进国际专利品种"金圆",该品种市场销售价格20—25元/斤,预计种植面积10000亩,同时配套10000吨冷链物流中心,总投资3.5亿元。猕猴桃丰产期是第五年,亩产可达2吨,按照国内猕猴桃平均市场价格8—10元/斤,保守估计每亩产值3.2万—4万元,项目全部建成后,梅庄万亩猕猴桃在2023年丰产期总产值可达4亿元。

梅庄镇猕猴桃产业基地自2017年项目开工建设以来,历时3年,从无到有,从小到大,已经完成了11000亩土地流转任务,建成了5000亩高标准产业示范园区和1000吨级的冷链物流基地,农业展览中心、产业一路、产业二路等配套工程正在有条不紊地推进,并于2020年11月底全面完工,现代农业产业园初具雏形。标准示范园区500亩猕猴桃2020年喜获丰收,产量200余吨,产值300余万元。自项目投产开建以来,直接创造500个固定产业工人岗位、100个技术及管理岗位、2000人季节性用工,临时用工100元/天,固定工人月均收入2200元,而且梅庄人优先就职。

(二)项目共建,建立"抱团"发展模式

自2017年8月起,梅庄镇党委、政府与中铁中基公司达成合作建园协议,由梅庄镇人民政府委托进贤县盛梅种养专业合作社陆续投入434万元国家财政产业扶贫资金到中铁中基公司猕猴桃产业中,在一期核心片区内共同建立猕猴桃扶贫产业基地,总面积为84.08亩。扶贫产业基地的建立,一方面帮助解决了部分贫困劳动力就业,增加稳定收入,另一方面公司与政府、农户间建立起互利共赢、

2020年秋,梅庄猕猴桃示范基地硕果累累

长期稳定的合作关系,从而达到农业产业链的提升。在产业受益前期,每年9.1万元的保底分红分配给贫困户,产业受益后则按实际利润分红。2017年底已受益贫困户291户726人,人均红利126元,2018年底已受益贫困户197户490人,人均红利185.7元,逐步形成了"公司+合作社+贫困户"产业扶贫新模式。

此外,为了更好地助力脱贫攻坚,确保贫困户有稳定的分红收入,中铁中基公司利用已有的智慧农业优势免费提供产业扶贫共建区的猕猴桃种植技术服务和管理指导以及后期市场的开拓,从源头和终端渠道上实现一条龙服务,规避了传统农业产业面临的高风险,确保了扶贫产业基地利益最大化。

为使猕猴桃产业在梅庄落地开花,梅庄镇党委、政府投入大量人力、物力、财力全力推进猕猴桃产业项目建设。通过优化营商环境、提供劳务支持、完善基础配套设施等为加快项目建设提供坚实保障。自2019年以来,着重围绕猕猴桃产业园的环境提升,对产业园区全面启动"拆、改、提、留、整"等工作,拆除围墙,整理路面及沟渠,栽绿植绿,搬迁猪栏,整治坟墓以及铺设人行道板等,有力提升了产业园区环境整体形象。

与此同时,为固化贫困户产业扶贫基地的利益联结,梅庄镇人民政府联合中铁中基公司还积极吸纳无劳动能力、长期外出务工的贫困户以土地经营权入股方式参与到猕猴桃产业项目中来,63户贫困户享受每亩每年200元保底分红,待产业收益后享有每亩10%的纯利润分红;探索实行反租果园到户承包管理制,将产业发展与农户自身发展紧密结合,把贫困户吸收到产业发展中来,带动贫困户脱贫致富,让贫困户享受到产业发展的红利,真正实现以产业为根,助力脱贫攻坚。

(三)实地造才,培养一批基地种植能手

依托中铁中基公司,开展农民技术培训,着力培养一批"有文化、懂技术、会经营"的新型职业农民,帮助其掌握猕猴桃种植、管理技能,成为名副其实的"土专家",无偿为包括贫困人员在内的农民提供技术培训,让他们加入猕猴桃基地学习猕猴桃相关种植、管理技术,使其拥有一技之长,成为具有一定技能的劳务人员,为推进猕猴桃产业发展提供人才支撑。组织开展农业技能培训10多场,培训农民600余人次。村民张万路年近花甲,通过参加农业技术培训,熟练掌握了栽苗、下肥、剪枝、锄草等种植技术,被基地聘请为长期管理人员,月报酬2000元以上,既能养家糊口,又能照顾家庭,他对工作尽心尽责,为产业基地有序管理发挥了作用。

与此同时,为了充分发挥产业扶贫的主体带动作用,加强贫困户与扶贫产业基地的密切参与度,不断激发贫困户内生动力,真正实现"输血"变"造血",中铁中基公司与梅庄镇达成就业帮扶协议,在公司园区内,为有劳动能力和就业意愿的贫困户提供猕猴桃基地内锄草、种苗、栽杆拉丝、下肥料等一些临时务工岗位以及长期固定产业工人岗位。基地为贫困户胡青山等12人提供了临时工岗位，人均收入1600元/月。固定用工的贫困户有新瑶袁全明夫妻、东方邹仁山等5人，每月月均工资收入稳定在2200元，实现了贫困户在家门口就业赚钱。

三、经验启示

党的十九大报告提出实施乡村振兴战略，并明确了"产业兴旺、生态宜居、乡风文明、治理有效、生活富裕"的总要求，这是新时代"三农"工作的总抓手。2020年是决胜脱贫攻坚、共享全面小康的关键时期，"产业兴旺"是乡村振兴的重点，是实现农民增收、农业发展和农村繁荣的基础。梅庄镇脱贫启示有：

一是依托重点项目建设推进产业振兴。唱响梅庄镇富硒猕猴桃品牌，按照"国家级现代农业产业园"的功能定位，加快万亩高标准猕猴桃种植基地和万吨冷链物流中心的建设，全力打造安全食品产业基地，打造农产品现代化、专业化的供应链服务平台。同时进一步完善功能配套，做好农文旅产业发展近期和远景规划。依托军山湖生态旅游区，将万亩猕猴桃产业基地打造成黄金旅游线重要目的地，带动梅庄沿线村点的发展，促进一二三产业深度融合，促进农民就业增收，培育农业发展新动能。

二是将本地资源优势转化为经济优势。充分利用本地的特色资源，助推以梅庄花生、芝麻、半夏以及井岗村黄桃、碧根果等为代表的种植业及加工业发展，把特色资源塑造成主导产品或产业，形成一批"一业富全村、一品行天下"的专业村。

小蘑菇大产业，撑起脱贫"大伞"

——进贤县下埠集乡产业扶贫典型案例

一、背景情况

下埠集乡位于南昌市进贤县东部，是个交通便利、资源物产丰富、基础设施过硬、文化底蕴深厚、发展环境宽松的农业乡，素有粮仓之称。

抓优势产业，打造扶贫产业示范点。进贤县下埠集乡依托优势产业，与柯溪杰龙菌菇产业合作，打造菌菇基地，发展扶贫产业。基地建设了大棚基地和恒温室两大培育场所，设施配备齐全，扩大菌菇种养规模，以"短中长"的战略模式打开营销市场，助力脱贫攻坚。

强利益联结，提升主体带贫能力。下埠集乡杰龙菌菇合作社不仅与10户32人贫困群众签订合作协议，紧密利益联结，实行利益分工。基地还吸收贫困劳动力，为3户8名贫困群众提供平菇采摘、清洁等岗位，人均月收入820元。

优科技服务，激发群众内生动力。依托菌菇发展经验，以就业为导向，因地制宜开展线下免费技能培训，提高培训的针对性和有效性，让贫困户有技无忧。

二、主要做法和成效

一是将"生态经"念进发展理念中。柯溪的食用菌菇卖得火热的一个亮点就在于它的生态种植——在大棚中以菌菇适合生长的温度进行人工培植，时刻关注菇子的生长态势，不打农药、不使用添加剂。而且，每个菌包按照发育最佳距离自由生长，这样长成的平菇个大、味香、鲜甜，成为当地的"香饽饽"。44岁的柯溪村村民杨思锋，是第一个敢于"吃螃蟹"的人。几年前，杨思峰从外地返乡创业，虽然明确了养殖菌菇的方向，但是"怎么养、在哪养"成为杨思锋需要仔细考量的问题。村支书了解到杨思锋的创业决心，鼓励他回村开展创业，用书记的原话就是：家乡有地、有人、有支持。杨思锋二话不说便回到了柯溪下杨村开始了他的"菌菇梦"，而且他有一个倔强的坚持，那就是生态养殖。他说，村里的生态环境很好，山美水美，不能让它受到伤害，那就要用原生态的方法。几个大棚、两三人手、满腔热血、悉心呵护，杨思锋的创业之旅悄然进行。

二是把贫困户深度联结到产业链中。曾经靠政府兜底救助的柯溪建档立卡贫困户杨青华学会了采摘菌菇的方法，在基地务工每天有100元工资，现在的他每天笑呵呵的，因为这是靠自己劳动所得。

"平时自己的身体不是太好，还要照顾家人，自己也没什么技术，这次去菌菇基地试了下，工作比较轻松，收入还不低哩，我很高兴。"贫困户陈长发由衷地感叹。想要做到脱贫质量高、产业发展好，下埠集乡把菌菇产业作为脱贫重要产业，不仅对其加大资金投入扩大发展规模，还积极吸纳贫困劳动力进入基地务工，破解贫困户"家门口"就业难题。同时，构建"基地＋合作社＋农户"的模式，与柯溪村现有建档立卡贫困户10户32人签订了合作协议，带动贫困户加入菌菇产业，到年底参与利益分红。贫困户邱尧金说："现在签了协议，心中踏实，感觉自己也是合作社的一员，做事有动力，生活有盼头。"

三是农产品"直播"助力贫困户增收。"我们菇子好，就要宣传出去，卖出去。"这是下埠集乡党委书记陈常林常说的一句话。为了打开下埠菌菇的知名度，2020年3月15日，一场直播卖货将"菌菇娘"展现在大众视野中。"我是下埠集乡柯溪村菌菇种养专业合作社的代表杨思锋，今天带来了三种产品……"杨思锋的动情介绍让菌菇成为下埠的"网红产品"。

四是采摘体验纳入未来规划。让杨思锋没有想到的是，一场原是针对疫情造成部分农副产品滞销问题组织的电商消费扶贫活动带来了一个新的机遇，不仅打开了线上的市场，订单增多，还吸引了不少消费者直接到大棚里采摘体验。

条纹衫、防晒帽，五一假期时，柯溪菌菇基地迎来了第一批游客，他们是来体验蘑菇采摘乐趣的，虽然只是试营业，但是从游客们的笑容上可以看到乡村旅游的发展潜力。

三、经验启示

产业是脱贫攻坚的源头活水。实施产业扶贫，必须做大做强特色产业，让其成为有力的经济发动器。柯溪菌菇产业从一开始就坚持"绿色"为先，依托地域优势，突出特色、精准发力，不断发展壮大；直播带货则是培育品牌形象，促使其丰富产品的种类、突破地域的局限，实现了产业由小到大的华丽蜕变；采摘体验则是孕育乡村旅游的新希望。这三个阶段的变化也证明了一个道理：只有将品牌打响，市场销售后端发力，采摘体验打开旅游口子，钱才能真正进入贫困户的口袋，破解产品难卖问题，提升产业扶贫效益。

实施产业扶贫，必须有滴水穿石的恒心和决心。产业的培育和壮大考验的是定力，它更像是抚养一个孩子成长的过程，只有咬住发展这个理念不放松，持续发力，朝着"农民富、农村美、农业强"的目标扎实迈进，才能真正把产业扶贫落到实处。

游客在柯溪菌菇基地体验采摘乐趣

实施产业扶贫，必须依靠人民群众的力量。群众是产业扶贫的受益者，也是产业扶贫的主体。只有充分调动贫困群众的积极性、主动性，将其作为开发扶贫力量的源泉，与扶贫扶志扶技一同进行，坚定脱贫信心，从根本上激发贫困群众脱贫致富的内生动力，才能把产业扶贫工作不断向前推进。

实施产业扶贫，必须解放思想勇于创新。改革创新是推进产业扶贫的"金钥匙"，要打破惯性思维，摒弃老旧的方法，主动迎合市场趋势、加大产品技术研发、丰富产品种类、延长产业链，掌握市场的主动权，才能为产业扶贫注入源源不断的生机活力。

凝心聚力促脱贫　真情服务惠民生

——进贤县就业扶贫典型案例

全面打响脱贫攻坚战以来，进贤县人社局坚持以习近平新时代中国特色社会主义思想为指导，按照"核心是精准、关键在落实、确保可持续"工作要求，集全局之智，举全局之力，狠抓就业扶贫责任落实、政策落实、工作落实，让贫困群众看到变化、见到效果、得到实惠，有力推动全县就业扶贫工作的有效开展。

一、背景情况

全县有建档立卡贫困人口4964户14540人，且时刻关注贫困户情况、数据，保持动态更新，从最初全员贫困到全部脱贫，脱贫目标圆满达成。为深入贯彻落实习近平总书记对脱贫攻坚工作的重要指示精神，脱贫攻坚工作开展以来，针对贫困户无稳定就业、无就业技能、无法离家就业等问题，精准实施就业扶贫政策措施，以实现贫困劳动力稳定就业、高质量就业、就近就地就业为目标，努力做到"就业一人，脱贫一户"。

二、主要做法和成效

（一）精准数据，共享信息

坚持以贫困户为主体，以数据精准为前提，持续落实贫困劳动力数据信息排查、比对、共享工作，解决好"扶持谁"的问题。

一是上户摸排到位，识准扶贫对象。充分发挥基层保障平台的延伸功能，多次对全县贫困户进行逐户逐人走访，逐一核实信息，定期更新，动态管理。根据贫困程度分类建档立卡，常态化开展入户调查，准确掌握致贫原因，按照因病、因学、因灾、缺劳动力、缺资金、缺技术等情况一户一册分类统计，并按照实际情况制定帮扶措施，以实现贫困劳动力稳定就业。

二是比对共享到位，夯实帮扶基础。加强与相关部门之间、本系统之间的数据比对共享，通过"共享—比对—再共享"，确保数据精准、信息真实。建档立卡贫困劳动力总数8246人，其中实现稳定就业6470人，就业收入实现了稳定增长，为助推全县贫困户稳定脱贫、长效脱贫作出了杰出贡献。

（二）提升站位，压实责任

始终坚持以人民为中心，始终把脱贫攻坚责任扛在肩上、抓在手中、放在心上，解决好"谁来扶"的问题。

一是坚持学习培训，提升政治站位。坚持常态化学习、系统化学习，不断增强扶贫干部的政治自觉、思想自觉、行动自觉。脱贫攻坚以来，深入学习习近平总书记脱贫攻坚重要论述、上级脱贫攻坚决策部署及脱贫攻坚政策业务知识100余次，开展业务培训30余次，重点培训扶贫政策、业务要领、作风养成等，打造出一支懂扶贫、愿扶贫、扶真贫的干部队伍，增强扶贫干部的为民情怀。特别是在决战脱贫攻坚、决胜全面小康的总攻决战阶段，更要以坚定不移的信心决心、坚强有力的实际行动，一鼓作气赢得脱贫攻坚战。

二是强化组织保障，压实工作责任。成立了进贤县公共就业人才服务局脱贫攻坚领导小组，强化了组织保障；签订了各年度脱贫攻坚责任状，拟定了脱贫攻坚三年规划和各年度脱贫攻坚工作要点、阶段实施方案等，明确了目标任务；结合全县实际制定了扶贫车间扶持、扶贫专岗开发、交通补贴发放、贫困劳动力技能培训等措施，定期和不定期召开全县就业扶贫工作专题调度会，多次开展了脱贫攻坚调研督导，促进了政策落实。

（三）细化举措，落实政策

措施落实是手段，政策落实是关键。始终聚集就业扶贫政策落实工作，实化细化工作举措，着力解决好"怎么扶"的问题。

一是经办与宣传相结合，提升政策落实的广度和深度。先后印发了《进贤县精准扶贫就业创业政策宣传手册》《精准扶贫政策宣传手册》等资料,通过媒体宣传、逐户逐人发放（张贴），不断提升就业扶贫政策覆盖面，累计发放宣传资料6万余份。通过举办招聘会、送岗下乡等活动开展政策咨询，共召开各类招聘会34场次；通过"三进"、"四送"、"六个一"大走访等活动进行政策宣传，共开展各类政策宣传51场次；通过业务上门、信息推送等方式进行政策解答，不断提升就业扶贫政策普及度和知晓度。

二是清理与扶持相结合，提升扶贫车间带贫益贫效应。对有名无实、带贫效应不好的扶贫车间坚决清退摘牌，共清退23家，涉及贫困劳动力51人，通过转移就业、托底就业、技能培训等措施全部进行了就业帮扶。新增扶贫车间5家，现有扶贫车间共10家，吸纳贫困劳动力83人，均已落实培训、补贴等扶持政策措施，共发放扶贫车间补贴15.1万元、以工代训补贴44人6.33万元。

三是开发与管理相结合，发挥扶贫专岗托底就业功能。联合各乡镇灵活运用政府购买公益性岗位相关政策，开发就业扶贫专岗，制定就业扶贫公益性岗位开发管理办法，保障"三无"人员就地就业。开展逐岗逐人走访，确保人岗相适、在岗履职，杜绝不履职取酬、轮流坐庄等现象。实行公开公示上岗、人员动态管理、工资按月发放，保障上岗人员劳动权益，累计开发就业扶贫专岗就业1015人次，累计发放岗位补贴230万元。

四是创新与求实相结合，提高交通补贴知晓度发放率。针对常规宣传工作对外出务工贫困劳动力政策宣传不太适用，很难提高政策知晓率问题，创新工作方式，与电信、移动等业务部门沟通，将交通补贴政策用信息推送到每一个外出务工贫困劳动力手机上；对交通补贴政策落实情况进行领导包片重点督查，对确属外出务工贫困劳动力简化申报材料，随申随办随发，并定期对各乡镇进展情况进行通报评比，不断扩大交通补贴申领发放覆盖面。共发放交通补贴2196人次95.48万元。

五是扶智与扶志相结合，提高技能培训针对性实效性。把培训班设到各乡镇，方便参训，既培训实用技术知识，又通过典型案例、身边事例等成功经验宣扬劳动光荣思想，引导主动脱贫，达到智志双扶的目的。共培训建档立卡贫困人员2893人次，发放培训补贴28.93万元、生活费补贴8.679万元，实现应培尽培。

（四）转变作风，提升效能

作风建设是保障，作风建设出成效，坚持转作风、提效率、促服务，确保就业扶贫工作务实、过程扎实、结果真实。

一是坚持问题导向，善作善为。对巡视巡查督察考核等反馈的问题全盘接收并举一反三，制定整改措施，明确整改目标，列出整改清单，逐一销号落实，确保问题整改不走过场、不留死角。脱贫攻坚以来，积极整改上级反馈和自查的各类问题，每个问题都责任到人、按时销号、结果真实。

二是坚持目标导向，善作善成。在脱贫攻坚过程中，既看过程，更看结果。在过程中，不断优化流程、简化手续、方便办事，在过程中坚决整治"怕慢假庸散"、杜绝"形式主义官僚主义"、克服不担当不作为等问题，确保过程扎实。在结果运用中，结合过程考核、年度考评，增加脱贫攻坚结果的分值和权重，建立和完善脱贫攻坚激励约束机制，促进就业扶贫工作有力有效落实。

三、经验启示

在就业扶贫工作中，经不断摸索和实践，逐渐形成了一套完整的就业扶贫"四五六"工作法，为就业扶贫工作整体推进、政策全面落实、责任有效压实提供了行之有效的工作纲目和途径。

一是着力四主抓，即主抓扶贫车间跟踪监测、主抓扶贫专岗托底安置"三无"人员就地就业、主抓贫困劳动力就业技能培训、主抓贫困劳动力外出务工交通补贴申领发放业务。

开展就业扶贫专场招聘会

建设扶贫车间，就近就地就业

二是强化五跟踪，即重点对有就业意愿、有劳动能力的建档立卡贫困劳动力进行跟踪服务，并实名制管理，主要跟踪贫困劳动力基本情况、想法愿望、务工去向、务工收入、帮扶措施等。

三是实现六到位，即思想认识到位、机构设置到位、工作布置到位、政策落实到位、问题整改到位、帮扶服务到位。在今后的工作中将认真贯彻市扶贫办《关于建立健全脱贫成果巩固提升机制的实施意见》，落实"四不摘"政策，巩固就业扶贫成效，根据习近平总书记关于"脱贫攻坚结束后，扶贫政策和扶贫队伍要保留一段时间"的工作要求，把贫困户"扶上马，送一程"，确保就业扶贫工作守正创新、行稳致远。

深入开展消费扶贫　助力打赢脱贫攻坚
——进贤县消费扶贫典型案例

一、背景情况

国务院印发的《关于深入开展消费扶贫助力打赢脱贫攻坚战的指导意见》中明确指出，消费扶贫是社会各界通过消费来自贫困地区和贫困人口的产品与服务，帮助贫困人口增收脱贫的一种扶贫方式，是社会力量参与脱贫攻坚的重要途径。在这场社会参与、市场运作、创新机制，着力激发全社会参与消费扶贫的积极性，拓宽贫困乡村农产品销售渠道，在生产、流通、消费各环节打通制约消费扶贫的痛点、难点和堵点，推动贫困地区产品和服务消费融入全国大市场的脱贫攻坚战中，进贤县走在了前列。

根据《进贤县消费扶贫行动实施方案》，推进消费扶贫"六进"活动和"专柜、专区、专馆"建设，大力发展扶贫产业，多措施帮销扶贫产品，有力带动了贫困乡村农业产业发展。

二、主要做法和成效

（一）搞产业，增强带贫益贫功能

进贤县按照"一乡一基地、一村一品"的总体目标，推行"五个一"（选准一个产业、打造一个龙头、建立一套利益联结机制、扶持一笔资金、培育一套服务体系）发展模式和"一领办、三参与"（村干部与能人带头领办、村党员主动参与、村民自愿参与、贫困群众统筹参与）产业基地合作形式，大力推进乡村扶贫产业基地建设，在全县发展培育春香柚、猕猴桃、百香果、种鹅、柴鸡、蔬菜、黄鳝等特色种养业项目33个。大力发展扶贫龙头企业、专业合作社、家庭农场、致富带头人等四种类型新型经营主体。依托进贤县中铁中基农业有限公司等6个种植基地，实施了水果发展工程项目，落实了6个基地3000亩的种植面积；依托江西明湖农业发展有限公司落实了7个种植基地，其中中药材种植面积为2725亩；依托江西军山湖生态农业发展有限公司等完成了8个总面积1250亩稻渔（莲渔）基地建设。做到村村有扶贫产业、户户有增收项目。

（二）抓质量，提高产品竞争力

进贤县坚持用心做产品、做良心产品、做放心产品。按照"一乡一园、一村一品"要求，结合乡村实际和产业优势，优先打造一批畜牧养殖业、蔬菜水果种植业等示范村、示范点，扶持发展一批家庭农场、家庭果园确保产业发展有规模、有效益。利用文港毛笔、梅庄万亩猕猴桃、钟陵富硒产业园、池溪映泉脯辣椒、张公兴昌农业生态园等一批成熟扶贫产业优势，进一步做好产品推广和认证工作，从源头把控产品品质，对每一单农产品都经过精挑细选，严格把关，让广大消费者的消费有"可保证的品质"。同时，立足进贤县特色优势产业，推进池溪脯辣椒、李家渡米粉、葛粉等农产品精深加工，开发系列产品，使进贤县农产品真正变成有标准、有品牌、有市场的商品。

贫困户在扶贫基地采摘辣椒

（三）严把关，认定好扶贫产品

通过《进贤县消费扶贫行动方案》《进贤县扶贫产品认定管理暂行办法》等文件，明确扶贫产品申请条件，规范认定程序。县市管局对申请市场主体资格和产品的质量安全把关；县农业农村局对申请市场主体和产品带贫益贫成效把关；县扶贫办对申请市场主体和产品的带贫益贫对象身份把关。通过层层筛选，认定三阳百香果、梅庄花生、文港毛笔、温圳跳绳、二塘菜籽油等特色扶贫产品69个、供应商33个，价值总量29428.18万元，覆盖21个有扶贫任务的乡镇和2个市级扶贫龙头企业。

（四）搭平台，拓宽产品销售渠道

发挥卫健、教育资源优势，动员县人民医院、江西财校进贤分校等单位开展消费扶贫专柜进驻试点，首期投放10台消费扶贫专柜，成为群众"网红打卡点"。同时，采取政府引导市场化运作与大成仓公司合作建设中国社会扶贫网江西消费扶贫进贤馆，指导扶贫企业入驻。并通过《进贤县消费扶贫行动方案》，下达消费扶贫指导性任务来助推江西消费扶贫馆高效运行。全力建设线上线下联动、县乡联动、政企联动，实现供给与需求的有效对接，打通扶贫产品销售绿色通道。在中国社会扶贫网江西馆入驻19家扶贫企业上架119个扶贫产品，运行近1个月，全县扶贫产品就在中国社会扶贫网直连直报销量达到23.54万元。

（五）多举措，帮销产品促增收

进贤县把消费扶贫作为打赢脱贫攻坚战的重要抓手，通过网络直播带货、爱心人士帮购、政府买单、领导基地带货直播帮销、举办扶贫产品展销会和组织参展各级各类展销会等多项举措助力开展消费扶贫，营造人人参与的社会氛围。同时，鼓励民营企业、社会组织和爱心人士采取"以购代捐""以买代帮"等方式对接扶贫企业扶贫产品，推进机关企事业单位采购扶贫产品，推动市场主体线下采购扶

江西省扶贫产品展进贤县展位现场火爆

贫产品,提升扶贫产品线上销售成果,推动扶贫产品线上线下销售,解决影响扶贫产品滞销问题。2020年10月18日,在南昌市"全民消费 助力攻坚"扶贫产品展示展销会现场销售35.77万元扶贫产品,签订99笔1066.83万元订单。同时运用媒体,加大对消费扶贫宣传力度,营造"人人就能为、人人就可为、人人皆愿为"的消费扶贫良好社会氛围,切实帮助贫困群众稳定增收。

三、经验启示

（一）产品质量是关键

俗语说得好："产品是金钱,质量是生命,产品变成钱,质量是关键。"当然产品是否能够畅销,影响因素很多。如成本价格、花样品种、产品包装、推销手段、宣传形式等,但是在诸多因素中,产品质量是最重要的因素。这是因为质量是产品的灵魂,是决定商品竞争能力的关键。所以,只有生产出能够满足社会和广大消费者的质量过硬的扶贫产品,才能使扶贫产品走得更远,持续带动贫困户增收致富。

（二）产品销售很重要

只有把产品卖出去、卖得好,让贫困群众看到实实在在的收益,才能真正调动他们生产的积极性。在精准扶贫过程中,进贤多措并举,为全县贫困群众搭建了消费扶贫供需对接的线上线下销售平台,拓宽扶贫产品销售渠道。好产品卖出了好价格,贫困群众收益高了,日子变红火了,增收致富内生动力强了,脱贫成果就巩固了。

（三）带贫成效是目标

在产业扶贫中,政府、企业、合作社、贫困户都是重要参与者,需要构建完善的利益联结机制,实现各方资源共享,才能保证贫困户收益。进贤县产业扶贫利益联结机制多元化,引导和组织建档立卡贫困户参与和发展专业合作社,包括土地入股、股份合作、参与农业产业化经营等,实现风险共担、利益共享,加强监督管理,强化合同法律意识、契约意识和履约监督,实现企业、合作社、贫困户收益的良性循环。

养好"脱贫鹅" 铺就致富路

——进贤县文港镇"政府+公司+合作社+农户"产业扶贫典型案例

在进贤县文港镇曾湾村桐汐种鹅养殖基地,贫困户吴绍左和桂细妹开始了一天的忙碌。"在合作社打工,每月有3000元的收入,加上绩效工资年收入达4万元。多亏了合作社,让我家过上了幸福生活。"贫困户吴绍左笑着说。吴绍左所说的合作社就是进贤县桐汐种养专业合作社。

2015年5月,江西省桐汐实业有限公司落户文港镇曾湾村,投资2800万元,流转盐碱地300余亩,建设了种鹅养殖基地。为有效缓解市场主体产业发展融资难题,建立贫困户与市场主体利益联结机制,做好产业发展文章,增强贫困户"造血"功能,全面激发贫困户内生动力,2017年,文港镇注入产业扶贫资金100万元,成立进贤县桐汐种养专业合作社,探索了"政府+公司+合作社+农户""四位一体"产业服务链及"五统一享"服务模式,推进脱贫攻坚,为贫困户搭建增收平台,助推脱贫攻坚取得了明显的成效。

一、基本情况

地处抚河下游东岸的进贤县文港镇曾湾村,草资源丰富,盐碱涂滩多,种植不好搞,养殖条件却是得天独厚。回乡创业的吴桐,依托自然资源优势,2015年创建了江西省桐汐实业有限公司。通过几年苦心经营,他把公司打造成为中部地区规模最大的种鹅养殖产业龙头企业。

该公司是江西集种鹅繁育,鹅苗孵化,肉鹅养殖及推广,提供养鹅技术,鹅专用全价饲料和青饲料加工,为农民提供优质鹅苗、饲料、兽药、技术服务的大型鹅业综合开发公司。公司主销产品有鹅苗、鹅蛋、肉鹅、鹅产品、鹅饲料、鹅技术等,专业生产加工。公司拥有固定资产2800万元,流动资金4200万元,一个养鹅基地、一个大型养鹅园区、一个良种鹅育种中心,总占地面积310亩,其中良种鹅育种中心面积6500平方米，附属房屋1200平方米。公司拥有56台孵化机、12台出雏机。公司凭着完整、科学的质量管理体系，常年鹅存栏量6万只以上，年出栏量达45万只以上，供应优质鹅苗68万只以上。单体鹅业养殖规模已跃居中部地区之首。2017年实现销售6800万元，利润2040万元。2015年10月公司被评为"南昌市农业产业化龙头企业""信誉单位"。

公司在大力发展养殖的同时，积极投入优质鹅种"扬州三朵花""四川白鹅""皖西白鹅"的引进、孵化。鹅业养殖的技术指导、防疫，针对鹅各个不同生长期所需营养与安徽农科院畜牧研究所共同研制开发的鹅不同时期专用颗粒料、浓缩料、预混料，及鹅产品销售、调拨等使鹅业已成为一个完整产业链。

二、主要做法和成效

（一）合作社运作模式，为贫困户提供稳定的收入

为确保贫困户长期受益，成立种鹅养殖产业扶持互助合作社，文港镇政府注入产业扶贫资金100万元用于发展种鹅养殖，采取"带资入股、赠股到户、按股分红"的方式，"赠股"的对象为扶贫部门建档立卡"三无"贫困户社员，股金由合作社统一掌握使用，镇政府监督项目资金的运用及项目进展情况，入社的贫困户只享有股金分红的权利，不能继承、支取、转让、赠予和外借等。互助合作社做到统一管理、利益共享、年度分红，确保"三无"贫困户人均年度收益不低于1000元。到2020年底，合作社累计为贫困户48户104人分红181000元，户年均增收2265元。如前塘村贫困户邹小毛年户分红收益总额达5000元。通过赠股扶贫，让贫困户成为合作社的社员，降低了贫困户的风险，强化了责任意识，增强了发展产业的积极性，更为他们提供稳定的收入。

（二）"五统一享"服务模式，为贫困户增收提供保障

公司成立养鹅技术团队，对帮扶贫困进行点对点实地考察，制订方案，结合每户场地、劳务能力、致贫原因等实际情况，确定个性化养鹅计划。同时探索形成了"五统一享"养殖服务模式和"八步增收"法。

"五统一享"养殖服务模式，就是统一品牌品种、统一标准养殖、统一科技服务、统一上门回收、统一品牌包装与销售和共享利润分红；"八步增收"法，就是为贫困户"免费提供种鹅、集约加工饲料、免费提供兽药、指导鹅舍修建、免费提供培训资料、免费提供技术培训、免费提供专业跟踪服务、上门回收成品鹅"。通过"五统一享"养殖服务模式和"八步增收"法，公司帮助贫困户降低养殖成品20%左右，改善养殖技术，提高贫困户收入；公司实现年产值4100万元，肉鹅养殖农

户产均收益3.86万元，收草种植累计带动农民务工1.2万人次，促进贫困户长效稳定增收致富。

曾湾村贫困户吴红娣，家有五口人，父母年迈，本人智力残疾，弟妹在校读书，收入非常微薄，生活拮据。为使她家早日走上产业脱贫道路，镇政府与公司、合作社对接，安排她母亲桂细妹到种鹅基地务工就业。如今，桂细妹月工资收入达3500元，2019年工资年收入达4.2万元，再加上政府产业互助合作社赠股年分红收益5000元，2019年吴红娣全家实现年收入47000元，年人均增收达9400元，靠养鹅产业互助合作社走上了脱贫之路。桂细妹现在逢人就说："感谢党中央、感谢党委、感谢政府安排我到桐汐种鹅养殖基地务工就业，使我家有了稳定收入来源，使我早日脱贫，过上了幸福生活。"

"六个一"大走访 精准扶贫暖人心
——进贤县脱贫攻坚结对帮扶工作典型案例

一、背景情况

为进一步改进结对帮扶工作作风,弘扬中华民族扶贫济困、奉献爱心的传统美德,结合脱贫攻坚"三保障、三落实、三精准"全面排查整改工作,着力固根基、补短板、强弱项,夯实脱贫基础,巩固脱贫成果,进贤县采取脱贫攻坚"六个一"工作法,即全县所有帮扶单位和干部深入帮扶村,走进贫困户,按照"村村到、户户过、项项问"的方式开展大走访、大帮扶,做到"六个一",全面推进精准扶贫工作。

二、主要做法和成效

(一)主要做法

送一本书。为进一步树立勤劳致富脱贫光荣的"风向标",着力激发贫困群众的内生动力,进贤县扶贫办精选身边扶贫扶志感恩典型案例并汇编成册。在走访期间,帮扶干部将《案例汇编》送到贫困户手中,积极宣传"安贫可耻、脱贫光荣"思想,提振贫困群众脱贫信心,引导贫困户感谢党恩,共奔小康。

谈一次心。感人心者,莫先乎情,身入才能心近,心近自然情生,有情才能同心同德脱贫致富。进贤县帮扶干部走访贫困户时,不只是停留在物质和政策上的帮扶,更是与贫困户坐下来、面对面深入交心谈心,询问他们对脱贫攻坚工作的意见建议,切实用心用情拉近与贫困户的距离,给贫困户人文关怀,让贫困户精神上有依靠。

问一遍政策落实。针对省市出台的一系列脱贫攻坚新的政策,结对帮扶干部走进贫困户家里,做好政策的宣传解读,核对所结对贫困户各项政策享受情况,确保各类脱贫政策落实到户、到人。

理一遍帮扶措施。帮扶干部深入了解贫困户致贫原因、利益诉求等情况，并根据贫困户实际情况进一步分类施策，因户因人制订帮扶计划，确保每户贫困户都有一个以上的增收项目，并以项目为抓手落实增收计划、帮扶措施，确保如期脱贫、稳定脱贫。

核一遍基础数据。帮扶干部准确掌握贫困户的家庭结构、收入来源、劳动力等基本情况，核实核准贫困户年度各项收入数据，特别关注家中有无残疾人（办证）、长期患病者、家庭变故、就学补助、住房安全、医疗支出及报销等情况，发现问题立即反馈给乡村扶贫站（室）。

整一次家居环境。帮扶干部做好贫困户家居环境整理工作，积极引导协助贫困户搞好家居环境卫生，做到干净清爽整洁。

（二）取得成效

进贤县脱贫攻坚"六个一"大走访活动中，全县99个帮扶单位，7557名干部常态化坚持"深入帮扶村，走近贫困户"，以实际行动践行了初心使命，充分发挥了帮扶干部的思想帮扶作用，发动群众教育引导和示范带动贫困群众，引导贫困户摒弃"等靠要"依赖思想，有效防止"干部干、群众看"消极现象发生，提升了全县脱贫攻坚基层基础，送出政策宣传资料64000余份，解决需求4000余个，增添脱贫底色。该工作法及成效被省市多家媒体宣传报道。

三、经验启示

一是要善于把握帮扶工作重点。进贤县通过"六个一"，实现送书更要强宣传；谈心更要用真心；问政策更要核实政策；理措施更要推项目；核数据更要抓管理，既要抓好贫困人口动态管理，又要抓好脱贫人口信息核查；整家居环境更要整村庄环境。

二是要加强协作。特别是行业部门与乡镇之间的协作，帮扶干部与扶贫干部之间的协作。

三是要强化培训督导。在做好县区对乡镇培训的基础上，更要做好各乡镇对村委会的培训；要把握好各项工作完成时间节点，稳步推进各项工作的高效落实。

"三个三"筑牢筑实贫困群众健康防线
——进贤县健康扶贫典型案例

进贤县卫生健康委始终坚持"核心是精准、关键在落实、确保可持续"总要求，围绕让贫困人口"看得起病、看得好病、看得上病、更好防病"目标，实现县乡村一体整体推进，落实医疗卫生机构县、乡、村三级都有一个达标的医疗机构和合格的医务人员的要求，实施"三个三"方案，实施健康扶贫，筑牢筑实贫困群众健康防线。

2020年扶贫日开展"健康脱贫　同奔小康"活动

一、主要做法和成效

（一）"三个导向"，抓牢作风

1. 坚持问题导向

对上级部门巡视巡查和督察考核等反馈的问题主动认领、举一反三，制定整改措施，明确整改目标，列出整改清单，逐一销号落实，确保问题整改不走过场、不留死角，每个问题都按时销号、结果真实。

2. 坚持目标导向

在推进健康扶贫过程中，不断完善政策、优化流程、简化手续。坚决治理"怕慢假庸散"、杜绝"形式主义官僚主义"和克服不担当不作为等问题，确保过程扎实。在健康扶贫工作结果运用中，纳入委综合年度考核，不增加基层负担，但助力脱贫攻坚，并建立激励约束机制，促进健康扶贫工作有力有效落实。

2017年进贤县人民医院在二塘乡开展健康体检扶贫日活动

3. 坚持健康导向

结合每年的5月19日家庭医生签约服务日和10月17日扶贫日的有利时机，以及"敬佑生命、救死扶伤、甘于奉献、大爱无疆""奉人民为上、视群众为友、与健康同行"等宗旨，组织医疗队深入各乡镇开展下乡义诊等活动，为老百姓开展健康体检、健康咨询，发放健康手册、药品、宣传资料，讲解饮水安全和健康扶贫政策等活动，将各项政策宣传到每家每户，使贫困群众就近享受到二级或三级医院的医疗服务。

（二）"三个到位"，排清底数

1. 宣传发动到位

先后印发了《健康扶贫政策一览表》《进贤县健康扶贫宣传册》《家庭医生签约协议书》《农村饮水安全须知》等，通过进村入户、核查核实和建立村卫生室宣传阵地，不断提升健康政策覆盖面，累计发放健康宣传单、宣传册和宣传资料20万余份。

2. 上户摸排到位

充分发挥各乡镇卫生院家庭医生"守门人"的作用，对全县贫困户进行逐户逐人走访，逐一核实信息，定期更新，动态管理。如：52岁李忠梅是进贤县文港镇上屋村委会建档立卡贫困户，家里四口人，家庭主要收入来源靠丈夫搞房屋装修维持。三年前，李忠梅双侧髋关节开始疼痛，到南昌大学第二附属医院检查，诊断为双侧股骨头坏死。听说手术费用较高，李忠梅放弃治疗，选择了"拖"。进贤县前途卫生院家庭医生多次到她家入户随访时告诉她，"根据国家健康扶贫政策，建档立卡贫困户住院报销比例是医疗总费用的90%"。听到这个消息，李忠梅才决定到南昌市洪都中医院治疗，住院20多天，经手术治疗更换了髋关节，总费用10.2万元，出院时基本医疗和大病保险便报销了3.4万元，出院后补充保险又兜底了5.8万元，报销比例90%。李忠梅激动地说："都是国家政策好，否则我这条腿根本治不起只能瘫掉了。"

3. 比对管理到位

利用全国健康扶贫动态管理系统，加强数据核查核实，通过"上户核实+系统填报"，确保数据精准、信息真实。经核实，进贤县建档立卡慢性病患者有2146户2919人，签约并面对面随访2108户2866人。25种大病专项救治确诊病例427例，治愈23例，死亡3例，病情好转168例，长期康复治疗51例，继续治疗137例。

（三）"三个强化"，打好攻坚战

1. 强化责任担当

人之愈深，其进愈难。为切实打好打赢健康脱贫攻坚战，如期圆满完成脱贫攻坚任务，进贤县主动作为、敢于担当、善打硬战，始终把健康扶贫工作铭记于心、外化于行，逐级明确任务、层层压实责任，在做好疫情防控工作的同时，将健康扶贫各项工作进一步落细、落实、落地。

2. 强化督导帮扶

进贤县针对村级卫生室点多、线长、面广、管理难度大等问题，将基层医疗卫生单位划分为四大片区，落实委领导班子包片负责制，实行网格化常态管理，巩固深化整改成果，对各单位进行常态化督导帮扶，形成了良好的攻坚格局。

3. 强化业务培训

健康扶贫工作政策性强、标准高、要求严，为提高基层医疗机构医务人员的履职能力，进贤县卫健委深入学习习近平总书记扶贫重要论述和省市健康扶贫决策部署及业务知识80余次，通过线上、线下和实地教学等形式，开展业务培训60余次。通过培训，打造出一支懂扶贫、愿扶贫、扶真贫的医务工作者队伍，提高了工作能力，提升了服务形象，赢得了当地百姓的好评和称赞。

全县组建家庭医生签约团队206个，贫困人口共14542人，共签约13401人，签约率达92.15%，履约率100%。全面落实"先诊疗后付费"、"一站式"结算服务和大病救治等各项扶贫政策，大病救治129人，免费救治1253人，累计协助3106名贫困患者办理特殊门诊。2020年，进贤县持续加强对农村饮水检测，完善检查指标，应检989份，已检989份（分散953份，自来水36份），完成率100%，合格率100%。

三、经验启示

"一二三四"工作法，筑实健康防线。在健康扶贫实践工作中，经过不断摸索和改进，进贤县逐渐形成了一套系统的健康扶贫"一二三四"工作法，为健康扶贫工作整体推进、政策全面落实、责任有效压实提供了行之有力的经验方法。

一是着力一个确保：即确保"贫困人口住院最终实际报销补偿比例达到90%适度要求"。

二是紧盯两个落实：即落实县域内住院"先诊疗后付费"和"一站式"结算服务。

三是实现三个覆盖：即家庭医生履约服务、大病救治和扶贫病床三个全覆盖。

四是规划四个片区：将全县33家医疗机构划分为四大片区进行网格化管理和常态化督导帮扶，挂点领导一岗双责，下沉一线，善作善为，多次召开片区会、学习交流会讨论健康扶贫短板、弱项及医院的发展和瓶颈。

进贤县充分发挥卫生健康行业特色优势，乘势而上，攻坚克难，全力以赴完成脱贫攻坚工作任务，在整改工作中树牢卫健人的"四个意识"，坚定"四个自信"，凝心聚力打赢脱贫攻坚战，在如期高质量打赢脱贫攻坚战中彰显进贤担当。

"输血"+"造血"铺筑脱贫小康路

——进贤县赵埠村精准扶贫侧记

村前道路宽敞，村内整洁有序，乡村公园成了村民休闲新场所，功能齐全的社区服务中心方便群众办事……走进绿树掩映的南昌市进贤县赵埠村，映入眼帘的是一片欣欣向荣的景象，勾勒出这个幸福新村美丽动人的画卷。赵埠村位于进贤县北部，紧邻军山湖，S211（进阳公路）贯穿其境内。赵埠村行政区域面积5.4平方千米，耕地面积3390亩，种植多以小麦、玉米、水稻等传统农作物为主。全村下辖12个自然村902户3630人，其中建档立卡贫困户19户57人。近两年来，赵埠村结合实际，创建了"龙头企业+合作社+基地+贫困户"的产业化精准扶贫新模式。通过"惠民种养"等措施，增强贫困群众脱贫致富信心和本领。

一、加大资金投入，建"输血"式扶贫

以精准扶贫促精准脱贫。赵埠村党支部联合扶贫单位南昌城投集团，结合当前精准脱贫攻坚的目标和要求，制订了详细的帮扶发展规划。根据赵埠村资源禀赋的特点，积极探索"农民专业合作社+"的产业精准扶贫模式，使农民专业合作社成为扶贫攻坚的主力军，在扶贫攻坚过程中发挥了极其重要的作用。作为赵埠村帮扶单位，南昌城投集团党委也高度重视扶贫工作，明确了19名正科以上干部作为贫困户一对一结对帮扶干部，委派第一书记脱产驻村，积极争取资金。帮扶以来，帮助赵埠村争取发改委的建设资金40万元、市慈善总会建设资金55万元、市农工部"五位一体"示范村建设资金219万元、财政专项资金455.2万元、帮扶单位资金投入112万元，共计约881万元。2019年，赵埠村集体经济收入达到7.5万元，其中村级光伏发电2.8万元，蔬果基地土地流转费用2.7万元，蔬果基地管理费2万元。同时，结合村党支部有计划地帮助赵埠村整合荒废土地，发挥村民所长，利用地域优势实施集体经济发展，带动村民改变生产状态。2020年，

赵埠村贫困户大多数已脱贫，村集体收入从无到有，基础设施建设逐步完善，村容户貌显著改观。

二、创建"农民专业合作社+"，实施精准扶贫

2018年，赵埠村引进南昌云辉蔬菜有限公司，并与企业签订合作协议，成立惠民种养专业合作社。合作社依托合作企业打造蔬果全产业链，引进先进工艺和先进技术，为产业扶贫打下了坚实的基础。合作社聘用具备文化、技术和较强责任心的职业经理人，按照企业提供的种养规范和要求进行蔬果种植管理工作，大大提高了蔬菜扶贫产业基地的管理水平，保障了养殖收益。

合作社与合作企业签订蔬菜销售协议，明确双方权利、义务和销售费结算标准等细则，同时实施股权和经营权分离——入股贫困户不需要参与管理和运营，只需按期分成——提高生产效益。合作社同时建立合理的利益分配机制，健全贫困村和贫困户凭资入股的合作方式，把扶贫政策、项目资金和贫困户现有资源资本化。

惠民种养专业合作社的做法是：按照选准一个产业、打造一个龙头、撬动一笔贷款、创新一套机制、提供一套服务"五位一体"的扶贫思路，合作社引导村民发展辣椒、空心菜、茄子、西瓜、梨瓜、小青菜、萝卜、芹菜、南瓜、丝瓜、莜麦菜等15余种蔬果种类等特色种养业，通过专门渠道就近向南昌深圳农产品大市场供应。基本解决了农业产业化经营龙头企业与农民结合方式和机制问题，利用龙头企业的带动把分散的农民有序地带入农业产业化经营轨道。

2020年，进贤县赵埠惠民种养专业合作社预计营业额超100万元，达到了预期效益。这既解决了村集体经济收入问题，又能让贫困户长期致富。贫困户由此在承担较小的市场风险的前提下，达到了增收脱贫的目的。

三、明确扶贫主体，实行"大手"拉"小手"

为了精准扶贫，赵埠村以惠民种养专业合作社为依托，带领贫困的"大手"，拉起贫困户的"小手"，实现农业经营主体、农业社会化服务组织与贫困户帮扶带动、互惠共赢，促进贫困群众持续稳定增收，推进了农业产业化发展。

惠民种养专业合作社注册资本100万元，南昌城投集团为每户贫困户认缴5000元，每户占0.5%股份以充当贫困户的入社股金，同时由合作社承担相关资产保值增值的责任。赵埠村通过贫困户入股合作社、土地流转、劳动务工等形式，实现了"资源变资产、资金变股金、农民变股民"的转变，贫困户由此享有资产

产生的收益权。

"我家三口人,原来一年下来全家只有不到1万元的收入。"正忙碌着种菜的赵埠村村民小组贫困户陶仁和说,"自从加入合作社务工入股后,每月增收2000多块钱,年底还有1400多元的分红,贫困户的'帽子'终于可以摘掉了!"

"龙头企业+合作社+基地+贫困户"产业化精准扶贫模式中,市场风险及流动资金由合作企业承担,并由合作企业负责提供蔬果种子、肥料、养护,按照市场销售等指标综合计算种植收益。合作社只与合作企业结算种植费用,不与市场价格挂钩,贫困户收入稳定、无风险,解决了贫困户在资金、技术、劳力等方面的问题。

四、树立循环农业理念,助力生态农业发展

赵埠村在大力推进产业扶贫的同时,还将循环农业理念根植在精准产业扶贫的每个环节中。2020年,赵埠村统一规划,按照一定比例建立生态循环农业,以施行种植业和养殖业全面结合,利用蔬菜扶贫产业基地与鸡、鸭禽类养殖配套发展。探索建立三种种养循环方式:一是以种定养,解决成片种业的有机肥灌溉问题;二是以养定种,为解决养殖废弃物配套足够的养殖用地;三是种养结合,适度规模合理配套,以努力实现区域大循环,最后实现并建成"蔬果园—沼气池—养殖场"合作社经营模式。

通过树立循环农业理念,赵埠村将分散农户自养自种,就地灌溉实现粪污综合利用,这样既消纳了鸡鸭养殖废弃物,改良了土壤肥力,又减少了蔬果园化肥农药的用量,降低了种植业的成本,进而生产出绿色优质的农产品,推动全村生态农业发展。

生态农业出实招　致富路上瓜果香
——安义县石鼻镇果田村产业扶贫典型案例

走进安义县石鼻镇果田村沙洲果园扶贫产业基地，只见到处是一派生机盎然的景象。脱贫户们正在果园内忙着除草、翻地。安义县石鼻镇果田村是"十三五"省定贫困村，近年来，安义县通过实施产业精准扶贫，将全县所有贫困户纳入产业扶贫工作体系，并按一般贫困户、特困户等精准分类，采取资产收益分红、土地资金入股、就业创业、光伏扶贫等不同策略，实现产业扶贫全覆盖。果田村依托扶贫产业沙洲果园，采取"支部+公司+合作社+贫困户"精准脱贫模式，着力促使扶贫工作由"输血"向"造血"转变。2018年1月初，果田村顺利摘掉了"贫困村"的帽子。

一、背景情况

"沙洲果园"于2016年1月由南昌市纪委连心小分队，安义县石鼻镇党委、政府共同牵头引进，采取"支部+公司+合作社+贫困户"精准脱贫模式，联合19户贫困户共同成立专业合作社，是一个以特色高档新型水果种植为主，绿色有机蔬菜种植为辅，集设施农业、淡水养殖、休闲旅游为一体的现代化农业示范园。果园已经流转土地300余亩，一期投资达1600万元，已完成12个100余亩连栋温室大棚建设。果园主导产品为红心火龙果、百香果、木瓜、樱桃以及其他多种时令水果及休闲旅游观光，各种水果全部按照无公害标准生产，已通过无公害检测。基地先后被评为南昌市休闲示范点、南昌市乡村旅游点、南昌市级龙头企业、江西省劳动和人社厅就业示范点、南昌市优秀科普示范基地、南昌市纪委精准产业扶贫示范基地。

二、主要做法和成效

（一）科学谋划促发展

科学谋划是前提，为让更多贫困户在产业发展中加快脱贫，在沙洲果园基地成立伊始，安义县相关部门和石鼻镇党委、政府与企业一道探索研究"如何帮""怎么扶"的问题，并组织参观考察、加强培训等，结合果田村贫困户情况及基地产业发展实际，制订规划，探索基地的经营发展模式。同时与南昌市农科院、江西生物科技学院、安义县老科协等多家单位签订长期合作关系，打造新型产业促进产业扶贫工作开展，让贫困户由"输血"向"造血"转变。

（二）创新举措促生产

创新举措是关键，基地采取"支部+公司+合作社+贫困户"的经营模式。成立果园党支部，利用群众党员积极带头作用，每个群众党员带领3户贫困户，深入田间直接指导贫困户学习种植技术，免费提供生产、种植、养殖技术，直接一对一帮扶贫困户。成立合作社，真正把贫困户融入产业发展中。果田村19户贫困户全部以现金、土地租金、劳动工资入股果园，每年现金分红至少每户1000元；果园与有劳动能力的贫困户签订劳务合同，有劳动能力的贫困户每个月参与果园务工不少于7天，果园保障务工月工资560元以上。此外，通过政府政策扶持资金作为入股资金，产生的分红用于基地所在村发展壮大村集体经济。

（三）"志智"双扶促信心

激发贫困户内生动力是产业扶贫乃至整个扶贫工作的根本，基地通过发展产业带动贫困户掌握技术，不断增强自身"造血"能力，果园每年不少于4次不定期组织员工、贫困户、农户参加各项技能、技术培训，外出考察学习参观，费用全由果园承担。同时，果园每年评选出一批优秀员工、优秀贫困户代表。雷莉一直是间歇性癫痫患者，2016年以前家庭收入不足2000元/年，通过2016年开始在果园上班务工、技能培训、同事之间沟通，从进入果园至今未再出现癫痫病发作，每月劳动收入高达2000元左右，2017年被评为优秀员工。通过"志智"双扶，使贫困户获得看得见、摸得着的实惠的同时，增强其信心，提高脱贫的积极性和主动性。

三、经验启示

（一）多措并举，力促贫困户增收

1. 土地流转得租金

2016年，基地按500元/亩向农户支付租金。2020年，已流转土地300亩，其中贫困户19户流转土地100亩,每年租金约50000元,平均户得租金约2600元。

2. 基地务工得报酬

基地兴建以来,采取灵活、宽松的管理模式,充分吸纳因赡养老人、照顾子女等不能离家进城外出务工的劳动力进入基地务工,每人每天可获得70—100元不等的劳动报酬。2020年,有贫困户16人在基地务工,工资收入每月达2000—2600元。

3. 带动种植得收益

基地为有意向种植的周边农户提供种苗、技术、信息、市场、培训等服务,让更多的贫困农户加入到水果、蔬菜种植中,同时鼓励他们种植、养殖本地土特产。果园通过打造农旅品牌,帮助农户直销,既壮大发展了基地,提高了影响力,又充分调动了周边群众的种植、养殖热情,增加了致富路径,同时,也推动了全县水果种植产业发展壮大。

(二)创新模式,做活村集体经济

沙洲果园与石鼻镇政府协商,基地将安义县政府对沙洲果园基地二期项目建设提供的政策扶持资金的50%折算为果田村集体入股资金,每年按照入股资金的5%保底分红收益,作为基地所在地果田村集体经济收入。

沙洲果园经营模式是安义县进一步完善贫困户利益联结机制、探索村集体经济发展的新模式,也是以产业发展带动贫困户增强自身"造血"能力和村集体增加经济收入的有效尝试。截至2020年底,果田村19户贫困户已经全部脱贫。

龙头企业勇担当　决战脱贫添新功

——安义县绿能公司产业扶贫典型案例

2009年底,安义县一个外出创业经商30多年,已积累丰厚资金和人脉资源的农民——凌继河,义无反顾地回到家乡鼎湖镇西路村,决心带领乡亲们共同致富,创办江西省绿能农业发展有限公司,经过近10年的艰苦努力,走出了一条规模化生产、产业化经营的现代农业发展之路。从2010年流转土地自营面积4700亩,发展到2020年的总经营面积20.8万亩(其中流转土地自营面积5万亩,社会化服务托管面积15.8万亩),成为一家在安义县乃至在江西都响当当的农业企业,带动了800多户贫困户脱贫致富,12000多户农户迈向小康。在2021年全国脱贫攻坚总结表彰大会上,安义县农业产业化省级龙头企业——江西省绿能农业发展有限公司获评"全国脱贫攻坚先进集体",为南昌市唯一获评先进集体。

一、种田也发"年终奖"

绿能公司在发展过程中,不断探索实践,逐步形成了一个"绿能模式",就是立足稻米的生产经营,以"基地+合作社+家庭农场+农户+加工"为经营方式,以"公司自营(流转)和社会化服务(托管)"为主要路径,实现家庭经营、合作经营、企业经营相互促进。公司经济效益及社会影响日益提升扩大,尤其是每年为种粮

为种粮员工发超产奖

员工发超产奖,8年来共发放奖金2000多万元。绿能公司涌现出64名百万富翁,通过订单农业、社会化服务带动小农户及贫困户致富奔小康的故事,不计其数。

二、扶贫发挥"绿能模式"

作为一家农业企业,直接与农民打交道,脱贫攻坚责无旁贷、义不容辞。全党已吹响打好脱贫攻坚战役的集结号,如何充分发挥"绿能模式"的作用,为贫困的农民兄弟早日过上好日子尽自己最大的努力,这是党的十九大代表凌继河的长久思考。

万埠镇下庄村是一个省定贫困村,村委会正在苦寻产业帮助贫困户早日摆脱贫困状态,他们抱着试试看的想法找到了绿能公司,双方一拍即合。下庄村从村民手中以每亩450元的租赁价格流转出1300亩土地,整体交由绿能公司帮助春种秋收,并保底每亩纯收入320元,与村委会五五分红。在此基础上,绿能公司和村委会协商后,村委会从分红中拿出6万元,分给本村建档立卡的20户贫困户,每户每年3000元;不仅如此,村委会年底从160元/亩分红中再拿出50元/亩给流转出土地的村民。绿能公司的帮助,使下庄村的脱贫攻坚工作走在了全镇的前列,不仅为下庄村输了血,更造了血。仅土地流转这一块就为村民增收13万元,村里也能从中得到83000元收入,实现了三赢,真正做到了贫困户得实惠,村集体增收入,企业有收益。

三、"田保姆"托管助农业

全程生产托管促进农业增效。为实现农业"集约生产、节本增效"的目标,公司自2016年起,相继成立了水稻种植、统防统治、农机服务等专业合作社,为家庭农场、种粮大户等经营主体提供"从种子、化肥和农药的购买,到机耕、机插、机收,稻谷烘干,推广良种、化肥农药减量、病虫害统防统治等先进农业技术,实现标准化生产,以及市场销售的产前、产中、产后全过程托管的社会化服务",充当"田保姆"。通过托管经营,种植户生产成本降低,增产又增收,以种植中稻为例,托管前成本为1110元/亩,产量1110斤/亩,收入1375元/亩,利润265元/亩;托管后成本为1080元/亩,产量1200斤/亩,收入1680元/亩,利润600元/亩。托管后,每亩收入净增335元。2020年,已实现托管面积17.6万亩。

四、"订单"生产帮农业

订单生产形成抱团发展。国家调低水稻收购保护价后,导致大部分种粮大户种粮效益下降、积极性不高。为充分调动农户种植积极性，公司在为种植户降成本的同时，通过统一优质品种，统一生产标准，并以高于市场10%—15%的保底价进行订单收购，实现订单生产，统一加工和品牌经营，打造"三好"（好看、好吃、好安心）、"五零"（0香精、0色素、0污染、0陈米、0掺杂）标准的"凌代表米""凌继河大米"品牌，为公司解决了优质粮源的问题，还能实现公司产品质量的可追溯，公司产品受到市场的一致好评。这种优势互补的抱团发展模式，更是提高了农民种粮效益和抵御粮价波动风险的能力。

五、"脱贫稻"推种带脱贫

凌继河在脱贫攻坚帮扶前行的路上，不断摸索总结，并将"脱贫稻"种到国家级贫困县乐安县、莲花县。2018年，江西省乐安绿能农业发展有限公司成立。当年在乐安县公溪、戴坊、山砀3个乡镇共流转土地1.2万多亩，开展社会化服务3.1万亩，惠及村民8000户、贫困户100多户。原来土地流转费平均80元每亩，绿能公司入驻乐安县后，土地流转费达320元，为农户增收达288万元。

凌继河主张在自营的土地上，按定产保底、按月拿薪、超产有奖、年底分红的方式吸引种粮能手到公司撸起袖子加油干。公溪镇荷陂村的罗新根抱着试试看的心理，2018年从乐安绿能公司承包了110亩地。受益于公司统一提供种子、化肥、农药和技术，特别是在劳动力投入大的收割、谷子转运和烘干等环节，公司以"一

推种"脱贫稻"

条龙"服务作为支撑,一年下来,罗新根种粮纯收入达到了 9.8 万元。尝到甜头后,罗新根做起了"职业农民",2019 年增加承包面积,一人种 200 亩地。他很有底气地说:"有公司的社会化服务,我一个人完全能种好这些田。"

此外,凌继河主导牵头与村级集体成立水稻种植专业合作社,吸纳贫困户进入合作社。到乐安成立公司后,以安义县下庄村脱贫帮扶的成功模式让贫困户参与收益分红,这种模式已带动 100 户贫困户脱贫,2018 年分红 30 万元,为贫困户脱贫提供了可靠的保障。

凌继河还在为"脱贫稻"计划不断赋予新内涵,拓展更宽道路。通过推广"股田制",截至 2020 年底,公司在安义县、乐安县、莲花县增加社会化服务面积 17.6 万亩,在 3 个县区成立土地流转合作社,将贫困户和收入水平相对较低的在家农户纳为社员,直接带动贫困群众脱贫致富。同时,凌继河正在紧锣密鼓考察,计划在更多贫困县区创办绿能公司,复制"绿能模式",让更多的贫困群众受益绿能"脱贫稻"。凌继河在筹划创办一个现代职业农民培训学校,专门培育"80 后""90 后"新型职业农民,让农民成为有前途、有面子的职业。

绿能公司的成功实践不仅解决了农村土地撂荒,实现粮食优质高产,而且让传统农户成为依靠租金、薪金、奖金、股金"四金组合"的现代农民,通过社会化服务、订单农业等方式实现了农民、企业、政府多赢局面,构建了脱贫攻坚的"绿能模式",带动贫困户脱贫致富。

"空壳村"华丽蜕变"产业村"
——安义县长均乡把口村产业扶贫典型案例

一、背景情况

安义县长均乡把口村是"十三五"省定贫困村。全村辖7个自然村14个村小组,共605户1831人,现有贫困户18户42人。2018年,把口村顺利实现贫困村退出。2019年,全村剩余贫困户全部光荣脱贫,实现了全村所有贫困户和贫困人口稳定可持续脱贫目标。

过去,把口村在产业方面有"三愁"。一是愁如何发展产业。原来把口村没有产业,更谈不上产业经济收入。二是愁没有带头骨干。把口村有能力的人大多在外面创业,几乎没有能人去思考如何带动把口村发展。三是愁没有销售渠道。随着产业发展壮大,扶贫产品销售成为摆在村"两委"和驻村工作队面前的最大困难。

近年来,把口村按照"建强支部、干群一体、抱团合作、投入分红"的思路,依托本村自然条件和特色资源,初步打造成"水下有鱼、水上有鸭、水边有花、蛙鸣稻熟、百果飘香"的美丽田园产业风景线,真正实现了从"空壳村"到"产业村"的华丽转身。

二、主要做法和成效

一是选准支部带头人。近年来,帮扶单位和当地乡党委积极从返乡大学生、产业大户、返乡创业人员、创业能人中培养入党积极分子,吸收优秀党员进入村"两委"班子,打造出知识水平高、致富能力强的村领导班子,提升了村级组织的战斗力。村支书熊卫原来是在外创业青年,为了改变全村面貌回村竞选。上任后,为了挖掘本地特色资源,他跑遍了全村山间田畈,虚心向老党员、老干部和有经验的父老乡亲请教,并下定决心克服一切困难,成立了村立体种养合作社。为了流转土地,他"叩门先问父老好，登堂细说情理通"，竭力促进群众转变观念，赢得了大家的支持。

二是找准产业发展点。过去，支书年龄偏大，眼界思路不宽，发展产业担当作为的意识较弱。新上任村支书熊卫对此看在眼里，急在心里。根据把口村的实际条件，他与大家商议谋划，决定逐步打造"鱼鸭养殖、花卉种植、田园租耕、果业采摘、农庄休闲"五位一体的"梦想田园，共享农庄"产业。一方面，在帮扶单位的支持下，争取扶贫资金支持，引进合作伙伴和种植技术，形成产业发展可行性报告，争取项目落地。另一方面，村"两委"干部和驻村工作队挨家挨户走访调查，听取收集村民关于本村长远发展、脱贫致富的意见建议。面对村民不了解、不支持、用地难等困难，把口村党组织突出政治引领功能，在政策宣传、土地整合、发动群众等方面冲锋在前，发挥作用，以"立体种养合作社＋示范基地＋贫困户"的运营模式，推进扶贫产业发展，为实现村民脱贫致富奔小康勇闯新路。

三是瞄准销售关键环。针对因贫困村产业科技含量低、规模小带来的产品市场竞争力不强和销售渠道不宽等问题，帮扶单位及当地党委、政府"对症下药"帮助把口村解决销售问题。其一，通过培训帮助村干部和致富带头人提升销售能力，同时引导把口村强化扶贫产品特色、形成品牌效应。其二，积极拓宽销售途径。通过帮助把口村与商超、电商建立联系，解决农产品滞销问题。驻村工作队也积极参与扶贫产品销售，为村扶贫工作尽心尽力。其三，积极引导消费扶贫。引导统一战线成员树立购买贫困地区农特产品就是助力扶贫的良好意识，大力推进统一战线成员开展消费扶贫，促进把口村产业持续发展。

三、经验启示

回顾把口村发展扶贫产业、做好消费扶贫的工作，有以下几点启示。

一是思想解放要引。把口村过去是个交通不便、群众思想保守的贫困村。帮扶以来，市委常委、统战部部长乐文红每年不下4次进村入户给贫困群众宣讲党的扶贫政策，帮助贫困群众培养依靠自力更生实现脱贫致富的意识。几年来，驻村工作队、村"两委"、帮扶责任人通过村同德讲堂、感恩教育会、入户走访等形式，广泛宣传习近平总书记扶贫重要论述，让群众懂得"幸福不会从天降""好日子是干出来的""脱贫致富终究要靠贫困群众用自己的辛勤劳动来实现"。

二是责任担当要强。帮扶单位、驻村工作队和村"两委"不断提高政治站位，强化责任担当，坚决把习近平总书记扶贫开发的战略思想贯穿到脱贫攻坚工作的全过程和各方面。市委统战部、市侨联在精准帮扶上舍得下"绣花"功夫，帮助配齐班子，建强队伍，精准制定帮扶措施，精准抓好扶贫产业发展，探索建立稳定脱贫长效机制;村党支部书记、驻村第一书记通过精准识别、精准帮扶,千方百计发展扶贫产业,促进贫困户增加收入,充分发挥了村党组织在脱贫攻坚中的战斗堡垒作用和党员干部的先锋模范作用。

三是产业发展要稳。发展产业是群众增收脱贫的根本之策。因地制宜,积极探索"梦想田园,共享农庄"产业,逐步打造独具特色、具有现代农业发展气息的"鱼鸭养殖基地、花卉种植基地、田园租耕基地、果业采摘基地、农庄休闲基地"等五个产业基地,让来村休闲客人可垂钓、可赏花、可采摘、可体验农耕,不断优化产业结构,提升市场适应能力。从把口村发展扶贫产业实践来看,只有发挥特色、小步慢走、稳扎稳打、长短结合、规模适中发展扶贫产业,才能更好地抵御市场风险。

四是消费扶贫要帮。帮扶单位要积极为贫困村扶贫产品销售铺路搭桥,加强宣传推介。市委统战部、市侨联发挥联系广泛的优势,引导全市商超企业和电商平台积极帮助贫困村销售扶贫产品。驻村工作队特别是第一书记,亲自上阵,争当扶贫产品的代言人和卖货郎。在帮扶单位的引导下,全市民营企业、行业商会、党派组织等统一战线成员积极参与消费扶贫,为贫困村扶贫产品滞销出智出力,提高了帮扶满意度。

五是内生动力要促。观念生金,产业生钱。贫困村要完善村级理事会组织、村集体经济组织,要做到有事商量办,实现同心同力同治,也要通过广泛开展思想教育引导,力促全村群众特别是贫困户改变落后思想,激发内生动力,增强致富本领。

安义县长均乡把口村立体种养合作社花卉基地

精准精细不少一人　善作善成拔除穷根
——安义县教育扶贫典型案例

一、背景情况

安义县地处南昌市西北，是南昌市市辖三县中人口最少的一个县，有各级各类公办学校111所［含小学94所（教学点40个）、初中11所，省重点高中、完全中学、职校、特校、少儿体校、教师进修学校各1所］，中小学生31156人；有幼儿园67所（含公办园43所、民办园24所），入园幼儿6757人。全县在编教职工2192人。全县有建档立卡贫困学生1368人，是教育扶贫让他们继续安心坐在教室读书，让他们再次燃起希望之火，让他们逐渐长大成材。

二、主要做法和成效

（一）全力确保贫困学生应助尽助、应补尽补

在县委、县政府的坚强领导和县教育扶贫工作推进指挥部的组织推动下，县教体局严格按照"双线摸排、多方比对、动态调整"工作机制，认真做好家庭经济困难学生精准识别工作。一方面，每学期之初，县学生资助管理中心向全县所有中小学（幼儿园）学生家长发放《致家长的一封信》，并借此逐班逐生进行摸排，努力做到识别精准、分类精细。另一方面，采取学校包村、教师包生办法，进村入户逐一走访摸排建档立卡学生信息，县学生资助管理中心汇总比对后，经相关部门共同审核确定，建立精准的安义县建档立卡学生信息库，并定期进行动态调整。2017年以来共资助家庭经济困难学生23417人次，发放各项学生资助金1559余万元。其中资助建档立卡家庭经济困难学生1520人，发放教育资助金743.45万元。

此外，为全面落实异地就读学生资助政策，每学年初各中心学校以乡镇政府名义向学生就读学校寄送公函，提请落实教育资助政策。同时，县学生资助管理

中心主动向异地就读建档立卡学生所在的县（市、区）学生资助管理中心寄送公函，了解异地就读学生在学籍地享受学生资助情况。根据回函、回电及主动与有关学校电话联系核实，包村学校与行政村再次逐户共同核实等措施，对经确认没有在学籍地享受学生资助的，根据"双负责制"原则，由政府出资进行兜底资助，从而确保了建档立卡学生教育资助全覆盖。

（二）全力确保没有一人因贫失学、因困辍学

安义县教体局以对义务教育失学辍学"零容忍"的坚定态度，充分用好用足用活教育扶贫"双负责"制，认真执行"联控联保、动态监测、行政督促、书面报备、精准帮扶"的控辍保学工作机制。县教育扶贫工作推进指挥部多次调度进行专题部署，局主要领导与各学校校长签订控辍保学责任书进一步压实责任，各校主动联系乡（镇）村（社区），上门入户做好劝学工作，近年来先后成功劝返了8名因厌学而短时辍学的初中学生。同时，对全县54名建档立卡适龄残疾儿童，因人制宜分别采取"特殊教育学校就读、普通学校随班就读、送教上门"等方式予以安排，其中实行送教上门7人，有效保障了适龄残疾儿童接受义务教育，从而确保了没有一位义务教育适龄少儿失学辍学。

（三）全力确保工作落实落细、争优创特

一是办学条件改善成效显著。近年来，安义县教体局总共投入资金1.57亿元，积极实施农村办学条件改善计划，全县10个乡镇全部建成示范性中心幼儿园，解决了农村幼儿"无园上"问题；大力实施"全面改薄"和"均衡发展"等教育项目，全面改善农村义务教育薄弱学校基本办学条件，特别是对13个贫困村学校在项目、资金安排方面给予重点支持。2020年继续投入446万余元，实施车田小学周转房、京台小学校园维修等14个项目，各项目正在顺利推进中。同时，加强农村教师配备力度，对13个贫困村在1:1.5班师比的基础上再增加1名教师给予倾斜配置，最大限度优化提升贫困村学校均衡发展水平，2020年定向培养乡村教师岗位计划51个(小学30人,幼儿园教师21人),其中小学30人中有16人为音体美培训计划，占小学定向培养计划53%，此举将大大缓解农村小学专业教师不足问题。安义县先后荣获"全国义务教育发展基本均衡县（市、区）""推进义务教育基本均衡发展积极贡献集体"荣誉称号。

二是励志培智活动各具特色。安义县教体局在全县范围内组织1000余名党员教师与贫困学生开展"心连心"结对帮扶活动，每学期帮扶老师至少上门家访两次，了解学生家庭状况,宣讲教育扶贫政策,从生活、学习、心理等各方面关心贫困学生，特别是留守儿童，让他们不因贫困而失志、不因贫困而离群。全县13个贫困村学

校根据自身情况,积极组织开展丰富多彩的励志培智活动,如马源小学开展了向"中国好人"、"三风"榜样教师宗友银学习活动,乔乐小学开办了关爱留守儿童中心,果田小学开辟了国学及瓷文化教育,湖溪小学开设了太极拳、京剧特色教学等等。与此同时,深圳游友公益、青湖同乡会、金鑫发铝业等社会各界,通过各种方式对贫困学生进行资助激励,让受助学生真正得到志智双扶、健康成长。特别是安义(北京)商会党总支资助18名品学兼优贫困学生赴京开展"筑梦远航"研学活动,在同学们心中深深种下了强学报国的远大志向。

三、经验启示

一是把握原则是前提。始终坚持正确的政治方向,紧扣学习宣传贯彻习近平新时代中国特色社会主义思想、党的十九大精神和习近平总书记关于扶贫工作的重要论述这根主线,突出主旋律,传播正能量。严格执行教育扶贫资助政策,做到标准不高不低、对象不错不漏、学生一个不少。

二是强大组织是保障。成立由分管副县长任总指挥的教育扶贫推进指挥部,做到高位推进。县教体局作为县教育扶贫领导小组办公室,统一协调组织全县教育扶贫工作。同时,县教体局将分散在有关股室的学生资助职责整合成立学生资助管理中心。明确各校校长为学校教育扶贫工作责任人,成立学校教育扶贫办公室,有专人负责教育扶贫工作。

三是整合资源是捷径。县教体局以各乡镇中心学校为纽带、实行学校包村办法,认真落实教育扶贫"双负责制",充分发挥属地党委和政府作用。同时与扶贫、民政、残联等相关部门加强协作、分工负责,动员社会力量积极参与,形成团结协作、融合共享的工作格局。

四是励志培智是关键。教育的最终目的是培养出德才兼备的人,所以"扶贫必先扶智,治穷必先治愚"是教育扶贫工作的关键,县教体局组织安排1000余名党员教师对全县建档立卡贫困学生实行结对帮扶、关心关爱,根据各校实际开展各具特色的励志培智活动。经过几年的帮扶,贫困学生精神面貌焕然一新、综合素质明显提高,升入大学的人数也逐年提高,其中不乏研究生。

贫困学生在北京研学留影

织牢贫困群众民生保障"安全网"

——安义县社会保障扶贫典型案例

一、背景情况

社会保障兜底一批,是精准扶贫"五个一批"工程的重要内容。全面脱贫攻坚战打响以来,安义县民政局始终以习近平新时代中国特色社会主义思想为指导,深入践行"民政为民、民政爱民"工作理念,聚焦脱贫攻坚、聚焦特殊群体、聚焦群众关切,实施社会救助兜底脱贫行动,充分发挥最低生活保障、临时救助等救助制度的兜底保障作用,织密扎牢民生保障"安全网",扎实做好脱贫攻坚社会保障扶贫工作,让贫困群众生活有了保障,为决胜全面小康、决战脱贫攻坚贡献民政力量。

二、主要做法和成效

(一)慎终如始、善作善成,切实保障社会救助"兜住底"

一是及时完成提标工作。按照省、市、县民生工程要求,2020年4月全面提高困难群众补助标准,农村低保提高到530元,农村特困供养自理人员提高到690元,失能半失能人员补贴标准达到955元,散居孤儿和事实无人抚养儿童达到每人每月1030元,残疾人两项补贴城乡统一标准,生活补贴达到每月60元,护理补贴达到每月70元。二是及时发放价格补贴。加大社会救助和保障标准与物价上涨挂钩联动机制的价格临时补贴力度,2020年1—9月连续发放困难群众价格补贴401余万元。三是强化动态管理。对新增低保、特困对象县局实行100%入户调查,为提高救助对象精准度,全县所有低保对象开展线上过核对平台年审工作,大部分乡镇年审工作基本完成。通过政府购买服务聘请第三方机构对低保在保对象全面进行入户核查、对特困供养人员进行自理能力评估、对城镇脱贫解困对象进行政策落实情况核查。2020年1—10月新增城乡低保132户347人,退出313户636人。

(二)强化担当、攻坚克难,巩固提升脱贫攻坚战略成果

一是制定《安义县社会救助兜底保障扶贫行动方案》,深入开展脱贫攻坚专项巡视"回头看"整改工作,关注脱贫攻坚重点人群,开展未脱贫建档立卡贫困人口、脱贫攻坚监测户、边缘户摸底排查,2020年1—10月三类人员新增60人纳入民政保障范围。通过排查,未脱贫建档立卡贫困户中重残106人、重病24人已纳入社会救助兜底保障范围。二是为保证脱贫攻坚建档立卡人员稳定脱贫,防止返贫,落实了低保延退、县级困难群众基本生活保障工作协调机制,审批延退低保待遇5户9人;充分发挥县级困难群众基本生活保障协调机制作用,通过召开协调小组会议和书面审议等方式,纳入低保2户2人、特困供养3户4人。三是加强"救急难"、临时救助制度与精准扶贫衔接,建立乡镇临时救助备用金制度,2020年下拨乡镇临时救助备用金38万元。实现民政、扶贫、残联数据互联互通,监测预警可疑数据,开展残疾人"两项补贴"摸底排查,符合条件的及时通知当事人申请。探索建立"并联审批、见证即办"的残疾人"两项补贴"审批机制,让生活困难和重度残疾人第一时间享受补贴待遇。

(三)持续发力、稳步推进,不断完善特殊群体关爱服务体系

一是全面落实事实无人抚养儿童保障工作,将符合条件的儿童全部纳入保障范围,享受孤儿同等待遇,实现"应养尽养"。将孤儿、事实无人抚养儿童纳入价格临时补贴发放范围,实施政府购买关爱农村留守儿童服务项目,不断提升儿童关爱服务水平。二是建立农村留守老年人关爱服务体系,及时落实老人补助,截至2020年,为全县4812名80岁以上的高龄老人发放高龄补贴;为全县602名农村特困老人发放生活补贴;为失能特困老人发放护理补贴;为经济困难五类失能老年人发放涉老服务政府补贴。三是将全县特困失能老人进行集中照料护理,有16名特困失能老人在县级护理中心得到护理。为全县所有特困供养人员签订照料护理协议,按照失能人员每月1200元、半失能人员每月300元、自理人员每月70元,落实照料护理补贴,要求照料护理责任人实行探视寻访。

(四)精准防控、持续作战,统筹做好困难群众生活保障

一是开展困难群众摸排工作,走访困难群众9366人,及时解决生活中存在的困难和问题。建立探视责任制,落实探视责任人,对分散供养特困供养人员、困难低保户、孤儿实行探视寻访,每周至少上门走访一次。二是全面落实"救急难"工作机制,对新冠疫情造成生活困难的群众采取乡镇利用临时救助备用金实行先

行救助，后期再补充完善救助申报材料。对于疫情管控情况下造成生活困难的贫困群众给予生活物品救助，疫情防控期间物品救助121人3.46万元。

三、经验启示

（一）思想认识是前提

全县民政系统广大干部职工高度重视脱贫攻坚工作，特别是把握脱贫攻坚决胜年的关键，始终坚持正确的政治方向，扎实推进保障扶贫工作，确保贫困群众应保尽保，织密兜牢困难群众生活保障网。深入学习贯彻落实习总书记关于扶贫工作重要论述以及对民政工作重要指示批示精神，为做好民政兜底保障扶贫工作提供了保障。

（二）完善政策是保障

通过出台社会救助兜底保障扶贫行动方案、社会救助专项治理活动方案和脱贫攻坚兜底保障中充分发挥临时救助作用等一系列政策文件，进一步完善社会救助兜底保障政策，为建档立卡贫困群众稳定脱贫提供了重要的保障。

（三）宣传培训是基础

为提高民政工作人员业务工作能力，更好地服务困难群众，县局多次邀请省、市民政部门专业人员开展保障扶贫业务培训。为提高保障扶贫业务知晓率，通过印发政策宣传手册、微信公众号、村级公示栏等多种形式开展宣传。

（四）创新手段是关键

为进一步提高兜底保障救助的精准度，利用多种手段进行家庭经济状况核查，一是通过家庭经济状况核对平台进行核查，二是通过政府购买服务引入第三方机构进行入户评估，三是通过开通社会救助热线，方便困难群众求助、举报投诉，确保贫困群众应保尽保、应退尽退。加大向"赣服通""一网通办"推送困难群众信息数据，强化部门间信息共享，让"数据多跑路、群众少跑腿"，通过数据共享比对，对贫困群众实现主动救助，确保贫困群众不"漏保""漏救"。

新冠疫情防控期间对散居特困供养人员进行慰问

巧借旅游东风　换来脱贫成功
——安义县石鼻镇罗田村生态旅游扶贫典型案例

一、背景情况

安义县石鼻镇罗田村位于南昌市郊、安义县石鼻镇境内，距南昌市政府约25.5千米，是安义千年古村群古村落之一。村内有许多明清时代的古建筑，是江南不为多见的古村建筑保持完整、赣文化遗产丰富的乡村。之前村民大都外出务工，由于缺乏劳动力，村内大片土地荒芜，古街古建筑也因为无力修缮，日渐破败，村集体经济几乎可以忽略不计，村庄的发展陷入"村穷则劳力外流，外流导致村愈穷"的恶性循环。罗田村最终被纳为"十三五"省定贫困村，村内认定建档立卡贫困户16户32人。

安义古村游客服务中心

在驻村工作队和村"两委"干部的共同努力下，罗田村充分利用党和国家扶贫政策，借助安义县委、县政府深度打造千年古村（罗田村为古村主体景区）和南昌市教育局帮扶的外力，村庄面貌焕然一新，因地制宜发展旅游产业，借助生态旅游发展的东风，俨然已经成为安义县的一张城市名片。

二、主要做法与成效

2016年，安义县委、县政府实施古村深度开发战略，罗田村很好地利用了这个契机，将古村深度开发和脱贫攻坚深度融合，探索具有古村特色的以旅游开发促脱贫、促乡村振兴的发展模式。利用古村原有的资源禀赋，发展民宿产业、观光采摘农业、餐饮服务业等，大力开展"蝶变"行动，在不断丰富古村旅游业态，成功助推安义千年古村群创建为国家4A级旅游景区，促进了罗田村产业扶贫工作的开展。

（一）因地制宜，发掘本村资源做"实"

根据罗田村是千年古村这一旅游景区特点，不断发掘村自身资源，变废为宝。一是闲田变宝地。罗田村大量村民外出务工，造成大部分土地闲置。罗田村旅游开发以来，通过驻村工作队和村"两委"干部大力协调，促成旅游开发公司将村民的闲置土地进行流转租赁，用于景区整体打造，村民也因此每年获得稳定的500—1000元的土地租金收入。二是旧宅变金屋。正逢民宿产业发展的契机，驻村工作队和村"两委"干部介绍村民特别是贫困户将旧房、闲置房出租给古村旅游公司兴建民宿，获得一定租金收益。三是荒地变果园。在安义县委、县政府的指导和南昌市教育局的帮扶下，罗田村打造了莲蓬和花果园两个旅游采摘基地，村内16户建档立卡贫困户依托两家采摘基地，每年获取收入户均10000余元。

（二）抓住契机，依托旅游发展做"强"

2016年，安义县委、县政府实施古村深度开发战略，罗田村很好地利用了这个契机，开始做大做强。一是村庄变景区。罗田村有保存较好的明清古建筑120余栋，各级文物保护单位80多处，唐代始建的巨石牌坊，宋元开凿的排污暗渠，遮天蔽日的千年古樟，花岗岩铺成的古街古道，以及清代建筑古戏台、古私塾、古宗祠、香火堂等等。借助旅游开发，村内建设唐樟、花海、民宿、美食街等旅游点，铺上了柏油马路，树木成荫，鸟语花香，普通乡野瞬间变成国家4A级旅游景区。古村旅游公司每年拿出门票收益的9%分配给罗田村村民，越来越多的贫困户和村民也随之从中获益。二是农民变职员。随着旅游开发的不断升温，很多村民都在古村旅游公司有了正式工作，有古村运营管理人员、保洁、保安、导游等,甚至吸引了很多年轻人回乡就业,150余名村民在家乡实现了稳定就业,村民雷道珍现在已经是罗田村远近闻名的"锄头导游"了。三是仓库变农庄。罗田村曾经是名噪一时的赣商集聚地,有大量的商铺,繁华一时,民谚称"小小安义县,大大罗田黄"。后因村庄破败,商铺大都成为堆杂货的仓库。随着古村的旅游发展,游客数量日益增长,村民纷纷在这里建成旅游农庄、饭庄,这里又恢复了昔日的繁华。"如今,外地游客和家庭团多了不少,日均客流量直线上升,安义米粉、红烧土鸡等特色菜供不应求,我们店每日营业额最高的时候达到6000元!"罗田古村晋泰号饭庄负责人黄家鹤洋溢着幸福的笑容说道。

罗田村花海俯瞰盛景

(三)发挥特色,整合帮扶平台做"优"

一是滞销变畅销。罗田村的两个产业基地是村里脱贫摘帽的保障,产品的销售一直以来都是很犯愁的。帮扶单位南昌市教育局一方面积极开发了"安义县罗田村扶贫网"网站,搭建了一个扶贫工作网上宣传和扶贫产品销售的平台,帮助农产品在网上宣传销售;另一方面组织学校、教师积极开展消费扶贫,使扶贫产品得以畅销,产生了很好的经济效益。二是普通变示范。自2015年以来,在市教育局的帮助下,罗田村小学各项建设得到了较大的提高和发展,不仅校园环境优美,硬件设施焕然一新,而且和名校南师附小手牵手共建,成为远近闻名的示范小学。三是景区变研学基地。罗田村借助"中国历史文化名村""江西省历史文化名村""江西省爱国主义教育基地""首批江西省中小学生研学实践教育基地""江西省首批家风家教示范基地"等优势,大力发展研学产业。2019年秋,在古村召开了全市研学课程专题研讨会,并按照小低、小高、初中、高中四个阶段发布了全国首套以赣文化为主题的研究性、课程化研学旅行教材《安义古村群研学旅行》,有力地推进了古村研学旅行发展。2019年,江西师大附中、南师附小等20多所中小学24000余名同学分批在古村开展研学实践活动,为旅游公司增收近百万元,进一步推动了脱贫攻坚工作。

三、经验启示

（一）认真践行习近平总书记脱贫攻坚讲话精神

罗田村的成功脱贫,并得到长足发展,甚至现在成为远近闻名的富裕村、美丽乡村,恰恰是坚决贯彻落实了习近平总书记的讲话精神,坚持从实际出发,因地制宜,找准突破口,找到了符合自身实际有效的途径,找到了自身古村旅游的丰富资源,找到依托旅游产业发展,走好脱贫振兴之路。

（二）积极依靠县委、县政府的高度重视和合理规划

安义县委、县政府对罗田古村群落的保护和开发高度重视,成立了以县委书记为组长的领导小组,站在全县发展大局上谋篇布局,举全县之力,推进安义古村群深度开发,并先后成立古村深度开发指挥部、安义古村群旅游开发有限公司、安义古村运营公司、古村旅游发展理事会等共同做好古村开发的工作,而罗田村恰恰借着这个东风,实现了完美蝶变。

（三）有效结合帮扶单位南昌市教育局的系统资源优势

党和国家安排单位点对点帮扶贫困村,就是要发挥部门的优势,做到精准有效帮扶。罗田村恰恰发挥了南昌市教育局的特点,稳定实现"消费扶贫",并通过打造研学实践活动将教育和旅游紧紧联系在一起,形成成效显著的长效帮扶机制,实现了罗田村自我"造血"。

改善农村人居环境　建设文明秀美乡村

——安义县乔乐乡乔乐村人居环境整治典型案例

一、背景情况

乔乐村坐落于西山山麓西侧，省道"万八线"穿境而过，距安义县城 25 千米，距南昌市区 56 千米。全村共有 783 户 2876 人，下辖 16 个自然村、9 个村小组，共有贫困户 40 户 97 人，是"十三五"省定贫困村。区域面积 12 平方千米，有林地 3800 亩、水域 600 余亩、耕地 4008 亩，人均耕地 1.3 亩，农作物以水稻、油菜、花生为主。村民收入渠道单一，主要以外出务工经商和种植水稻等农作物为主。全村有党员 48 名，其中流动党员 28 名，村"两委"班子 5 人，保洁人员 20 名。人居环境整治前，全村垃圾成堆、房屋破旧、污水横流，秸秆乱烧，道路破烂不堪，环境可谓脏乱差，严重影响村民生产生活，群众对此意见很大，干群关系一度紧张。

近年来，乔乐村在上级党委、政府的正确领导下，紧紧围绕建设秀美乡村这一主题，大力实施"三清三拆"和"七网行动"，着力提升改善全村人居环境，统筹全村协调发展，努力建设环境优美、规划有序、文明和谐的幸福宜居村居。

二、主要做法和成效

一是加强领导，周密部署。按照上级的安排，村"两委"多次召开村委会、全村党员会、村小组长会、村民大会研讨推进全村人居环境整治工作，同时采取一天一督查、一天一研判的工作方式，确保全面完成人居环境整治任务。

二是强化宣传，入脑入心。为让村民充分理解人居环境整治的重大意义，形成浓厚的环境治理氛围，增强农民环境意识，并积极参与到这一行动中来，乔乐村利用村头喇叭和乡流动式广播播放宣传录音、张贴书写标语、发放宣传资料、召开环境整治工作会等多种形式开展宣传，广泛倡导共建美丽宜居新农村，宣传

"环境保洁人人参与,清洁家园人人共享"的共建共享理念;组织村民开展清洁家庭评比活动,提升村民素质,建立健全环境卫生长效机制,着力打造干净秀美生态宜居乡村。

三是因地制宜,全面整治。结合乔乐村村小组比较多、村民居住分散的实际情况及群众意愿,按照因地制宜、分类指导、先易后难、一村一策的原则,确定整治措施。在全面整治的基础上,以熊家村和上一村两个自然村先行示范,达到创新推广能复制、可持续的运行管护模式和工作机制。

乔乐村浣清广场

乔乐村新时代文明实践广场

四是多方筹资,破解难题。在全村人居环境整治过程中,乔乐村采取了向上级要一点、村集体自筹一点、群众自发捐一点、帮扶单位帮一点的做法,解决整治资金短缺问题,有力地提高了乔乐村整治的效果。

五是市场运作,专业治理。为提升整治效果,乔乐村引进专业物业公司——江西文华物业开展村庄环境卫生整治大行动,集中清理了房前屋后、门塘沟渠、田间地头的陈年垃圾。公司在村里聘请了16名村民做专职保洁员,对全村人居环境进行日常维护。

六是加强管理,建章立制。明确管护主体管护责任,在全村各小组成立环境整治小分队,设立环境整治负责人,建立乔乐村环境整治巡查长效机制,签订管护协议,达到一村一人的管护标准,采取定期检查与不定期检查相结合,对环境整治情况及时跟踪复查,不留死角、杜绝隐患,防止死灰复燃。

自开展人居环境整治活动以来,乔乐村共拆除村内破旧危房610余间,涉及400多户农户,共拆除空心房、闲置房、旱厕、猪牛栏2.9万余平方米,清理出可用土地26.7亩；完成了9个自然村点美化亮化施工；新建公厕16个；先后完成余（渣）土外运、污水管网铺设、污水池建设等工程；村庄绿化近3000平方米、手绘彩画20幅800平方米，新建休闲广场5处，新修复古围墙、鹅卵石围墙、红砖围墙共计1500多米，菜地竹篱2000多米；村民改厕率达85%，历史性地告别了土砖房、破旧危房、猪牛栏等"五类"房。现在走进乔乐村，映入眼帘的是崭新的房屋，宽敞的道路，整洁的院落，干净的广场，阡陌纵横的高标准农田，实现了天蓝、地绿、水清的良好生态环境，一派美丽的田园风光。

三、经验启示

一是党建引领，群众参与，充分发挥基层党员干部先锋模范作用。通过大抓党建，党员干部和群众建设美丽乡村的信心更加坚定，干事创业、服务群众的劲头空前高涨，在全村人居环境整治的攻坚战中高高举起了党的旗帜。村党支部充分发挥了战斗堡垒作用，党员积极协助村"两委"干部做好群众工作，在人居环境大整治行动中，全村党员干部发扬吃苦在前、享受在后的精神，做到了先拆自己的、再拆别人的，用了不到一个月的时间，先后组织6次集中拆除大行动，为村庄的干净整洁贡献自己的力量，为推进新农村建设腾出了空间、坚定了决心。

二是坚持原则，注重细节，让人居环境整治把握关键不偏离。坚持就地取材，因势而建，充分利用废弃砖瓦、条石、磨盘装点环境，巧妙利用竹林、古井、箭楼、果园展示原生态风貌，杜绝铺张浪费、华而不实的景观打造，将钱花在群众最需要的基础环境改善上；公共区域集体做，落后人员带着做，老弱病残、常年外出帮着做，院落整体推进，不留死角、不落一户；更加注重村民室内生活居住环境的改善，在全村贫困户中进行爱心超市积分评比活动，每月召开评比会，做得好的表扬，做得差的批评并限期整改，将家庭卫生状况好坏直接反映出来，将女主人、党员、小组长身份等关键元素亮出来，实现"比起来、干起来、亮出来"。

三是整合资源，融入特色，让塑形与铸魂统一。将产业发展与环境整治有机融合，帮助安义华芇构香牛养殖基地在乔乐村做强做大，吸纳更多的村民在家门口就业，让群众富起来；积极开展女村民就业培训，将人居环境整治"三清七网"和垃圾分类转换为实用技能现场教，掀起了以妇女为主体的环境整治行动；充分挖掘当地印模民俗文化，筹建乔乐村印模文化馆，发展旅游产业；组织全体村民参与制定村规民约，宣传社会主义新风尚；加强与市县乡文化、妇联、团委、学校、帮扶单位和社会公益性组织联系，设立社工服务站，积极开展环境整治志愿服务，改变村民脏乱差习惯。

志愿服务结"同心" 精准扶贫乡村行
——安义县同心圆志愿服务社会扶贫工作纪实

一、背景情况

安义县同心圆志愿者协会是由县委统战部牵头,县工商联(总商会)及其他统战系统单位共同参与发起,以全县非公经济爱心人士为主体,由县文明办指导、县民政局注册成立的非营利性公益慈善志愿服务组织。2017年12月底筹建以来,搭建了以张旭琼女士为会长、徐兴君女士等为副会长的协会精干领导班子,协会已发展爱心志愿者518人。"精准扶贫乡村行""三风"志愿服务系列活动项目是在安义县文明办、安义县志联指导下,由协会发起并组织实施的大型公益志愿服务活动,旨在响应国家脱贫攻坚计划,积极参与地方精准扶贫行动,并结合和丰富全县"三风"工作内涵,以公益志愿服务的形式,全面深入开展社会领域扶贫工作和新时代"三风"推广。

二、主要做法和成效

(一)开展"精准扶贫乡村行"活动

为助力安义县脱贫攻坚行动,2018年以来同心圆志愿者协会陆续在长均把口村、万埠洲上村、长埠义基村、石鼻罗田村、龙津镇朝阳社区、乔乐前泽村、黄洲圳溪村、东阳塘口村、石鼻向坊村开展"精准扶贫乡村行"活动9次,精准帮扶扶贫户400余户,发放各类捐助款物计人民币40余万余元,成为全县社会扶贫领域的一张亮丽名牌。

(二)开展"新时代文明实践"志愿服务活动

2019年9月25日,安义县同心圆志协在建设西路开展新时代文明实践公益行动,吸引了数十位同心圆志协"义工"参与。2020年6月,积极组织30余名

安义县同心圆志愿者协会开展"精准扶贫乡村行""三风"专项系列活动

志愿者参加"三城同创"暨世界环境日、安义文明日、综治宣传日学雷锋志愿服务活动。

2019年6月以来,安义县同心圆志协已开展"同心圆新时代文明实践美丽乡村公益行动"志愿服务活动8次。志愿者深入乡镇各村开展走访慰问"极困家庭"、为村里知名热心乡贤颁发"最美好人"证书及奖金等活动。

2020年8月5日,安义县同心圆志协开展新时代文明实践暨关爱环卫工志愿服务活动,同心圆志愿者走上街头,为在城市一线工作的环卫工人免费送去西瓜、矿泉水、绿豆汤等防暑食品,并向他们提供义务剪发和义诊等服务。

2020年10月22日,同心圆新时代文明实践学雷锋"三风"志愿服务活动暨赣电华府"99重阳"关爱老人公益行动在万埠洲上开展,志愿者为老人们提供义诊、义剪、义演等服务,为老人们准备丰盛午宴,让老人们提前体验丰富有趣的重阳节。

2020年10月27日、28日,同心圆志愿者来到安义县社会福利中心(民政局)开展关爱老人公益行动。在福利中心专业人士的陪同下,志愿者带着半失能、坐轮椅的老人们来到附近的休闲公园散心、聊天、唱歌、观看志愿者武术表演等,度过愉快时光。

(三)开展爱心助学公益活动

2019年11月22日,安义县同心圆志协与安义县幼儿园在长均乡幼儿园共同组织开展爱心助学公益活动,在长均乡幼儿园,同心圆志愿者与县幼儿园老师一起热心为该园幼儿送教、送物,与幼儿开展互动游戏等,度过了一下午温馨快乐的幸福时光。

2020年6月1日,同心圆"三风行"爱心助学公益活动走进县第五小学,与全校470名孩子共庆六一儿童节。活动仪式上,志愿者为孩子们送上了旺旺大礼包、蛋糕、文具等节日礼物,帮孩子们义务理发、做口腔检查,并开展口腔卫生宣讲,资助杨玉兰、李丽萍等9位品学兼优困境生2020学年生活补助共计11691元。在县第五小学12个班级中,志愿者与孩子们一道同唱一首歌、同吃一块蛋糕,一同玩耍,让孩子们过了一个不一样的六一儿童节。

2019年以来,同心圆协会志愿者分别来到鼎湖镇西路村塘下组、鼎湖镇炉南村、长埠镇木马村等乡村开展困境学生爱心公益助学活动,分别为朱庆语、李天宇等60余名品学兼优精准扶贫户初小学生每人送去700元爱心善款和名著书籍与小书包,给品学兼优困境高中生每人送去1700元爱心善款,并勉励其好好学习、长大后回报社会。

(四)开展丰富多彩的志愿服务活动

2019年8月24日、25日以及11月1日,县同心圆志协与安义老表志协在县蔚蓝嘉园、景苑小区和安居花园小区内共同开展"技术+公益"志愿服务活动,免费为周边社区的孤、寡、残、军烈属换窗纱,并开展义诊、义剪等志愿服务。

2019年9月5日下午,开展安义县"教育精准扶贫行动"暨金鑫发铝业爱心助学捐赠发放志愿服务活动。此次受捐助的13名大学新生来自全县建档立卡的未脱贫贫困户家庭,每人获得助学金5000元。

2019年12月5日,在长埠镇木马村开展同心圆"12·5"国际志愿者日走进木马公益活动,开展义剪、义诊志愿服务活动,现场义剪10余人,义诊60余人,发放药品60余份,发放健康宣传资料200余份;同时走访慰问"极困家庭"。

2020年6月24日,同心圆志愿者携手走进东阳镇敬老院开展"浓情端午"同心圆学雷锋志愿服务活动,给11位孤寡老人送去大礼包、奶制饮品、衣服、粽子、包子、咸鸭蛋及平安福香囊等节日慰问品。这一天,院内传来欢声笑语,志愿者有的在做"义剪"、有的在整理房间、有的在打扫卫生、有的陪老人一同包粽子、有的陪老人聊天……他们用各种暖心方式让老人们感受端午节日的快乐。

"精准扶贫乡村行""三风"志愿服务系列活动自2018年2月启动实施以来,先后组织开展各类公益志愿服务活动50余次,深入全县11个乡镇(处)33个村(居)委会、自然村(小区)及相关单位开展志愿服务工作,共走访慰问帮扶精准扶贫困难户523户,帮扶困难学生200余人次,其中精准扶贫建档立卡未脱贫大学生

25 人，动员和组织社会力量直接参与志愿服务 2000 余人次，发放各类帮扶慰问资金、物资折合人民币 80 余万元，为贫困户送去温暖，传递社会正能量。2019 年 4 月在安义县举办的新时代文明实践——最佳志愿服务项目评选中，"精准扶贫乡村行""三风"志愿服务系列活动项目荣获全县一等奖。2020 年 9 月该项目入选省级示范性重点志愿服务拟扶持项目。

三、经验启示

同心圆志愿者协会始终本着"奉献、友爱、互助、进步"的志愿宗旨，践行"从心开始、志愿同行，同心安义、爱心永恒"的服务理念，紧紧围绕全县脱贫攻坚主题，筹集爱心捐款，在全县各个乡镇继续组织开展"精准扶贫乡村行"志愿服务系列活动，为贫困户送去温暖，传递社会正能量。

党建扶贫"同频共振" 决战决胜脱贫攻坚
——安义县抓党建促脱贫攻坚暨驻村帮扶工作纪实

一、背景情况

安义县面积666平方千米,辖3乡7镇1管理处,总人口30.2万人。共有党组织558个,其中党(工)委19个,党总支35个,党支部504个,党员11055名。有农村党组织104个,其中党支部91个,党总支13个。近年来,安义县委组织部以强化基层党组织政治功能和服务功能为核心,通过筑牢思想认识、建强基层堡垒、加强工作保障三个方面的举措,抓牢第一书记和驻村工作队驻村工作,推动党建与扶贫相互促进、深度融合,以实际行动打赢脱贫攻坚战。

二、主要做法与成效

(一)筑牢脱贫攻坚的思想认识

安义县积极引导全县扶贫干部牢固树立"四个意识",不断增强"四个自信",深学细悟习近平新时代中国特色社会主义思想,在脱贫攻坚中当先锋、打头阵。

一是理论学习强武装。结合各级党组织组织生活,通过中心组学习、"三会一课"等方式,加强对扶贫干部的教育引导,召开脱贫攻坚专项巡视整改专题民主生活会,坚决把思想和行动统一到习近平总书记关于扶贫工作的重要指示精神上来,以高度的政治自觉、思想自觉和行动自觉,做好抓党建促脱贫攻坚工作。

二是以上率下抓推进。县委率先垂范,定期召开县委常委会、县委党建工作领导小组会,研究审议抓党建促脱贫攻坚暨驻村帮扶工作,县委组织部也定期对第一书记和驻村工作队工作进行调度部署。县委常委、组织部部长多次调度部署抓党建促脱贫攻坚工作,在部务会、中心组学习上研究、审议、传达有关脱贫攻坚工作,制订年度党建扶贫工作方案和各级巡视、督查整改工作方案等,不定期召开抓党建促脱贫攻坚工作部署暨第一书记业务培训会,将全县各级党组织和扶贫干部的行动统一到县委的决策部署上来。

三是督查考核抓落实。在每年的组织工作要点中明确写入了党建扶贫内容,把"党建扶贫"作为抓基层党建工作责任考核制的重要内容,纳入全县基层党建工作指导站指导、督查工作内容。还结合安义县基层组织质量提升"百日会战"对全县党建扶贫、第一书记和驻村工作队工作情况开展了督促检查,发现问题并及时整改到位。

(二)夯实脱贫攻坚的基层堡垒

把基层党建活力转化为脱贫攻坚动力,充分发挥基层党组织在脱贫攻坚中的战斗堡垒作用和党员的先锋模范作用,为打好脱贫攻坚战提供坚强的组织保障。

一是加强村"两委"班子队伍建设。出台了《安义县关于进一步规范届中村(社区)干部选拔任用程序的规定(试行)》,建立了村"两委"干部县级联审和村党组织书记县级组织部门备案管理制度,清理了2名曾受过刑罚的现村干部。强化村级后备干部队伍建设,全县储备村级后备干部208人,保证了每个村都有2名后备干部且有村党组织书记后备人选,进一步夯实了基层党建的组织基础。

二是强化驻村帮扶工作。在市派第一书记和驻村工作队的基础上,全覆盖集中选派了第一书记和驻村工作队,并进行了两轮集中调整,将一批政治素质好、工作能力强、热爱农村工作、敢于担当的优秀干部选派到脱贫攻坚一线。同时对第一书记和驻村工作队分级开展了任期考核,有效激励了广大脱贫干部。

三是持续整顿软弱涣散党组织。按照不设比例、给足时间,逐个整顿、应整尽整的要求,对村党组织进行"拉网式"排查,确定每年年度软弱涣散村党组织,制订《软弱涣散党组织整顿工作方案》,并要求乡镇党委按照"一村一策"逐一制订整顿方案,实行动态管理。2020年排查整顿软弱涣散村党组织9个,且已全部整顿到位。

四是开展走亲连心"1号大调研"扶贫扶智。坚持用好多次被省委书记刘奇点赞的走亲连心"1号大调研"工作,并和脱贫攻坚工作相结合。自大调研开展以来,8次以扶贫工作为主题或以贫困户为调研对象开展大调研,收集涉及扶贫领域问题65个,帮助解决贫困户反映的问题65个,在帮扶干部和贫困户之间架起了党群干群的"连心桥"。

(三)强化脱贫攻坚的各项保障

围绕全面打赢脱贫攻坚战,采取有力举措,不断完善各项机制,千方百计做好抓党建促脱贫攻坚的保障服务工作。

一是完善管理制度。联合县农业农村局出台了《关于贯彻落实〈江西省驻村第一书记和驻村工作队选派管理办法〉的通知》，建立健全工作例会、考勤管理、工作报告、纪律约束等相关制度，明确驻村第一书记和驻村工作队每季度驻村不少于50个工作日，采取定期、不定期明察暗访和视频点到方式对第一书记和驻村工作队在岗情况和工作情况进行督导，每月调度1次驻村情况，每季度上报履职情况报表，定期参加村党组织"三会一课"等组织生活，确保驻村工作取得成效。

二是注重帮扶实效。驻村工作队改进帮扶办法、创新帮扶举措，立足村情实际，多给支持，多办实事，特别是围绕发展村集体经济、促进村民增收致富这一重点，积极探索新路径，研究制订切实可行的发展计划，用好用活各项资金、政策，让贫困村和贫困户真正实现长效的脱贫致富。每年定期维修改造6个村级活动场所，确保了全县行政村都有村级综合服务平台。2019年10月"空壳村"已全面消除，涌现了一批诸如石鼻镇果田村沙洲果园、长均乡把口村、黄洲镇新福村等一批发展村级集体经济助力脱贫攻坚的先进典型。

三是强化激励保障。明确各派出单位每年给予不少于1万元的工作经费，积极提供驻村帮扶资金，提供第一书记和驻村工作队补贴用于开展工作。同时加强驻村第一书记和村"两委"干部培训，县级先后举办村（社区）干部培训班、各类主题教育培训班、第一书记党建扶贫培训班9期，培训达600余人次，帮助各级扶贫干部提高履职能力。近年来提拔使用曾担任过第一书记和驻村工作队队员7人，正确树立了脱贫攻坚领域的用人导向，让广大扶贫干部更有干劲。

三、经验启示

（一）驻村帮扶要坚持党的领导，强化顶层设计

加强党的领导，是党建与精准扶贫深度融合的重要前提。安义县委将党建与精准扶贫工作深度融合确保互融共促，纳入全县中心统筹调度，作为全县基层党建工作的着力点，坚持顶层设计。县委书记和县委率先示范，各级党组织和广大普通党员都将精准扶贫工作作为政治任务，提高站位，履职尽责，将党建与精准扶贫工作拧成"一股绳儿"。

（二）驻村帮扶要坚持统筹协调，集中各方资源

积极协调各方资源是抓好党建与精准扶贫深度融合的重要保障。脱贫攻坚工作涉及点多、线长、面广，必须发挥党组织领导核心作用，驻村工作队要积极统筹农业、财政、教育、卫生、民政等各方力量，制定系列扶贫措施，解决脱贫攻坚难题，打出脱贫攻坚"组合拳"。

（三）驻村帮扶要坚持以人为本，做到因村施策

因地制宜、因村施策是实现党建与精准扶贫深度融合的基本要求。在脱贫攻坚工作中，要坚持以人为本，从贫困户的实际问题出发，切实发挥驻村工作队的主观能动性，激发广大领导干部的党员先锋示范作用，把党建工作落实到精准扶贫各个环节，发挥好把关定向、督促推动作用，切实做到"一村一策"，保证各项扶贫措施落到实处，推动精准扶贫工作成效落地生根。

（四）驻村帮扶要坚持创新载体，激活内生动力

创新载体是实现党建与精准扶贫深度融合的有力抓手。安义县委创新开展走亲连心"1号大调研"，每月1日组织全县党员领导干部和机关党员干部进村入户，调研解决扶贫工作中的实际问题，在帮扶干部和贫困户之间架起了党群干群的"连心桥"。要用活各类活动平台载体，同向发力，推进党建与精准扶贫同频共振。

"三类人员"再聚焦 "一户一策"寻良方
——安义县巩固拓展脱贫攻坚成果工作纪实

一、背景情况

2020年是全面打赢脱贫攻坚战收官之年,既要打好全面完成脱贫任务"歼灭战",完成脱贫目标,也要打好深入推进减贫工作"接续战",切实防范返贫致贫。为实现高质量脱贫和有效化解返贫致贫风险,安义县明确2019年底未脱贫的212户364人、脱贫监测户25户61人、农村贫困边缘户28户81人为"三类人员",采取一户一策攻坚帮扶。

二、主要做法和成效

2020年初,安义县聚焦全县剩余贫困人口、脱贫监测户、边缘户等三类群体,开展"一户一策"清零行动,出台了《关于实施"一户一策"清零行动,确保如期打赢脱贫攻坚战的通知》,全力抓好巩固拓展脱贫攻坚成果这项关键任务。

一是全面统筹提升帮扶力度。在剩余贫困人口、脱贫监测户前期已安排帮扶责任人的情况下,原有帮扶干部是副科级以上的继续保留,其他每户再安排副科级及以上干部进行攻坚帮扶,首先安排挂点大乡镇长,其次安排贫困户所在村定点帮扶单位主要领导,再安排乡镇主要领导和乡镇副科级干部及第一书记;每户边缘户原则上安排乡镇副科级及以上干部进行帮扶。新增的帮扶人明确为攻坚责任人,攻坚责任人负责指导、协助、帮带原帮扶责任人共同完成脱贫目标,负责引导协调边缘户化解致贫风险。

二是全面统筹提升政策落实。包括建立健康扶贫监测管理、落实精准防贫保险长效机制、加大产业直补扶持、大力推动就业扶贫和公益性岗位开发、推动消费扶贫点对点对接、筑牢兜底保障线、动态监测特困残疾对象等举措,明确责任单位、挂图作战。

新民乡新民村未脱贫户熊海清，因在外务工时从高楼坠地成为三级肢残，劳动能力减弱，女儿又是在校大学生，家庭刚性支出费用较高。县政协主席黄小平作为新包户的攻坚责任人，了解到这一情况后，通过多方联络，帮助熊海清到园区企业当门卫，一年工资可达1.4万元。同时，黄小平联系上爱心企业奋发科技有限公司，听到熊海清家的情况后，奋发科技有限公司当即向熊海清家捐款25000元，用于其女儿大学一年的学费和生活费等，并承诺连续捐款三年直至其女儿顺利毕业。这样一来，该贫困户将能如期实现脱贫，并无后顾之忧。

新民乡乌溪村未脱贫户丁金付，单人单户，属于残疾完全丧失劳动能力。包户攻坚责任人、县农业农村局局长刘宗彪制定"一户一策"时，对他的收入做了详细计算：农村低保445元／月，全年5340元；残疾人补助100元／月，全年是1200元；光伏村站发电收益年度分配全年约为600元，预计全年收入为7140元，达到脱贫标准没有问题。但在他居住的"交钥匙"工程房屋里实地走访时发现，丁金付还存在取水不够方便问题，因此，将解决这个问题纳入了丁金付"一户一策"中。通过多方协调、努力，丁金付家已安装了小型水泵、水塔，大大提高了取水方便程度。

攻坚责任人为自己包户的贫困对象制定一例例个性化的"一户一策"，是为"三类人员"带来全面小康所作出的一份份努力。同时，安义县各行业部门也聚焦"三类人员"，集中资源优势，实现上下联动、左右衔接、形成合力。

（1）产业扶贫方面。出台《安义县建档立卡贫困户产业直补奖励工作细则》，对贫困户发展生产进行奖补，产业奖补单项累计1000元到2000元不等，仅脱贫监测户、边缘户享受产业带动的超过10户；印发《关于鼓励机关事业企业单位和个人优先购买扶贫产品，促进消费扶贫的通知》，靠前开展消费扶贫对接，拓宽贫困户生产或参与的扶贫产品销售渠道。

（2）就业扶贫方面。开展"春风行动"和网络推介岗位等方式介绍就业，直接介绍就业9人，统筹开发33个适合"三类人员"中有劳动力或弱劳半劳的公益性岗位。如龙津镇码头村的脱贫监测户吴拥军从事保洁员工作，一年下来能拿到2万多元的工资。

（3）兜底扶贫方面。"三类人员"中，纳入民政兜底保障对象的有419人，享受残疾人补贴的有64人。同时制定了《安义县社会救助兜底脱贫行动实施方案》，加强对象监测和数据比对。

（4）"防贫保险"方面。按农村人口的2.5%比例投入53.2万元购买防贫保险，有效应对因病、因灾、突发情况等，压实抗击疫情长期影响和防控风险能力。鼎湖镇前溪村袁春生养鸡棚在 7 月份受到洪涝冲击冲走、死亡近 2000 只鸡，损失近 2 万元，"防贫保"及时启动为他理赔了 6000 元，有效遏制了因汛致贫。

三是全面统筹提升长效机制。安义县制定了《关于建立防止返贫监测和帮扶机制的工作方案》，结合扶贫对象动态管理工作，进一步加强监测，统筹政府、市场和社会资源，防范返贫致贫风险，筑牢稳定脱贫成效，以脱贫攻坚质量高、成色足、可持续，坚决夺取脱贫攻坚战全面胜利。

三、经验启示

一是干群形成合力是基础。在县领导包乡镇、部门包村、县乡公职人员包贫困户机制基础上，对"三类人员"安排科级以上干部进行攻坚帮扶，并引导社会企业加入扶贫，凝聚合力叠加成效。

二是贫困户发展动力是目标。面向"三类人员"，建立八大机制，特别是加大产业直补扶持、大力推动就业扶贫和公益性岗位开发等，扩宽了贫困户收入渠道，激发了贫困户内生动力。

三是巩固提升持久力是保障。通过建立和完善长效机制，加强监测和针对性帮扶，切实防范返贫致贫风险，筑牢稳定脱贫成效，实现可持续发展。

三、精神扶贫入库案例

举技能之旗　解贫困之难

——新建区大塘坪乡献忠村蔡定早脱贫案例

习近平总书记强调指出："扶贫先要扶志，要从思想上淡化'贫困意识'，不要言必称贫，处处说贫"；"弱鸟可望先飞，至贫可能先富，但能否实现'先飞''先富'，首先要看我们头脑里有无这种意识"。当前的脱贫攻坚工作需要注重改变"贫困意识"，激发贫困人口内生动力，使"输血"和"造血"共同驱动，才能实现长久地脱贫致富。

一、基本背景

新建区大塘坪乡地处赣东北地区，鄱阳湖西岸，工业基础薄弱，以传统农业为主。脱贫攻坚工作开展以来，虽加强工业建设步伐，但归根结底，仍然存在成效不高、覆盖不全等问题，贫困户脱贫需要依托农业经济发展，需要贴近老百姓的产业帮扶，才能增强贫困户的参与度，才能实现真正意义上的脱贫，只有精准施策才能精准脱贫。

大塘坪乡献忠村贫困户蔡定早，41岁，家中5人，配偶和母亲长期患病，家庭困难，于2015年纳入贫困户，其家庭收入不稳定。大塘坪乡农技站副站长邓朝钧为该贫困户的结对帮扶干部，依托于大塘坪农业大乡的基础现状，邓朝钧通过多次询问和引导，为蔡定早推荐了农业致富的道路。得益于自己的专业水平，邓朝钧不厌其烦地对蔡定早进行水稻种植农业指导，在一来一往的过程中，不但为蔡定早的家庭收入带来了增长，同时也让其家庭自我奋斗致富的愿望更加强烈。农忙之余，蔡定早积极外出务工，家庭收入明显增长，于2016年顺利脱贫。

二、主要做法与成效

（一）深度剖析贫困属性

大塘坪乡很多贫困户劳动能力不强，劳动技能不足，大多以粮食种植为生，国家的扶助政策能够保证贫困户的基本生活，但为了持续向好的发展，让贫困户能够实现长效增收，就需要从技能培训和农业帮扶上下功夫，让他们在最熟悉的土地上、在最热爱的劳动技能上实现。

（二）聚焦产业发展优势

大塘坪乡是农业产业大乡，农技水平高，相关人才储备充足，有良好的农业产业发展优势，结合贫困化实际情况，从农业产业帮扶角度对贫困户实施精准帮扶，符合精准施策的要求，也能真正实现贫困户增收和脱贫。

（三）精准开展技能帮扶

邓朝钧是大塘坪乡农技站的农技知识专家，对农业技能研究深入，在他的带领和组织下，形成了一套完整的农技培训和产业帮扶体系，从最初的良种发放到粮食种植丰收全过程进行指导，与贫困户开展深入交流，在不断的碰撞中改进方法措施，为贫困户最终增产增收提供全心服务。

三、经验与启示

（一）扶贫要先扶心

扶贫工作，最基础的是要明确扶贫主体最切实的需求，要从心理层面深入了解贫困户心态，要洞悉贫困户真正所思所想。

（二）聚焦产业优势

发展优势产业，是扶贫帮扶的有力措施，也是最实在的帮扶手段，本乡的产业优势具有很强的延续性、可持续性、可拓展性，能够在最短的时间内进行广泛的应用。

（三）力求精准施策

帮扶措施精准，是实现脱贫攻坚"最后一公里"的基础和着力点，只有帮扶精准，才能实现靶向脱贫。

幸福是奋斗出来的！

——新建区流湖镇上房村王林根脱贫案例

五月的南昌已是骄阳似火、热浪滚滚，在这个酷热的天气里，上房村贫困户王林根每天早晨早早地就将自己种植的平菇采摘、整理、装车，然后骑着三轮车到流湖、石埠和生米赶集卖掉。人们总能在上房村路口看到这个忙碌的身影汗流浃背，风雨无阻。在集市上当有人走近他买平菇时，总能看到这个老人脸上洋溢着笑容，与三年前的他完全不一样了……

一、不畏劳苦，勤劳致富

王林根是流湖镇上房村建档立卡贫困户，妻子右手右脚残疾无劳动能力，两个女儿已嫁人，两老人相依为命。因岁数较大，工作很不好找，前些年只能在村子周边打点零工补贴家用。后来他认为自己会放牛、家里具备养牛的条件就索性买了四头牛崽在家里养，自己也不到周边去打零工了。果不其然，这两年四头牛崽长成了大牛还生了两头小牛崽，卖了两头大牛还剩两大两小，居然净赚两万多元。王林根两老心里乐开了花，这可是辛勤劳动的成果。

2019年上房村"两委"给王林根捐赠了900个平菇菌包，他把这些菌包当成宝贝，每天定时浇水、通风、按时采摘，还虚心到扶贫企业江西省新赣食用菌科技有限公司学习菌菇种植技术。他种养的菌包丰产，每天早晨早早地骑着三轮车走村串户、到流湖镇、生米镇和石埠镇赶集，风雨无阻为的就是给自己的平菇卖个好价钱。到2019年底王林根给自己的900个菌包算了一下账，共卖了8000多块钱。拿着辛苦卖菌菇赚来的钱，老人很有感慨地说："成为贫困户并不是一件多么光彩的事情，现在党和国家的政策这么好，我们老百姓更应该自力更生，不能在家坐享其成，别人给的总没有自己劳动得来的心里踏实。"他始终将那句"幸福是奋斗出来的"牢记在了心里，时刻鼓励自己。

开展"三讲一评"颂党恩活动

二、生活要芝麻开花节节高

2020年4月,王林根主动出资购买1500个菌包在家里扩大平菇种植规模,经过精心种养和勤劳卖菇,目前卖了6000多块钱已收回菌包本金,后续还将大量出菇盈利。2020年5月8日流湖镇上房村召开"三讲一评"颂党恩活动,王林根说:"我没文化,也不会说话,但是去年驻村干部帮扶我种植平菇让我赚了8000多块钱,我就是觉得党的政策好,你们这些扶贫干部好。疫情期间又是给我们送口罩,又是给我们送油送米,还给我们家消毒,今年还给我家里送了300个平菇菌包。我就是觉得很感动,觉得政府在最难的时候也不会把我们忘记,国家是真的对我们好!我要感党恩,以后村里需要我做的事情你们尽管说,我一定尽全力做好。"

"追求更加幸福的美好生活是永恒的主题,是永远的进行时。"沐浴着党的扶贫政策,感恩向前,努力实现"脱贫后生活还要不断芝麻开花节节高。"

穷且益坚，不坠青云之志

——新建区象山镇井岗村谈长武脱贫案例

走进新建区象山镇井岗村西岸山自然村，一栋崭新的一层楼房映入眼帘。要问这是谁家，周边百姓都会竖起大拇指说："这是我们村的谈长武家，他家现在可了不得了！大女儿谈璐 2018 年以 625 分的高分被湖南大学历史专业录取，苦日子总算是熬到头了，生活有盼头了！"

一、身残志不残，勇挑家庭重担

谈长武，新建区象山镇井岗村西岸山自然村村民，小时候因为一场意外，手落下残疾。少年时期的谈长武在学习上一点都不比同龄人差，相反，在他的拼搏下，每门课程的成绩都非常优秀。因为他深知，唯有比别人更努力，才能改变命运。然而，命运总是爱捉弄人。受限于窘迫的家庭条件，品学兼优的他刚上完初中就辍学回家务农了。经过 20 多年的打拼后，谈长武总算是娶上媳妇成家了。随着三个女儿相继出生，如今谈长武家里一共有五口人，大女儿、二女儿在上学，小女儿智力残疾三级，生活无法自理，长年需要人照顾，生活十分困难。岁月在这个 55 岁的矮个子男人脸上留下了太多的沧桑。

因为身材矮小，手又残疾的他，无法从事建筑工地上的重体力活动。但为了改变生活，改变家庭的命运，这个满脸沧桑的男子，靠着自己勤劳的双手和坚韧的毅力，挑起了整个家庭的重担，走上了奋力脱贫致富的道路。他在亲戚朋友的介绍下，来到了南昌深圳农产品批发市场从事货物运输工作。风里来雨里去，暑往寒来，日复一日，他十分珍惜这份工作，从未旷过工。虽然工作辛苦，但每月收入达到了 3000 元以上。

二、言传身教,坚毅奋进

都说人穷志短,可谈长武从不相信这样的断言。他非常注重对女儿的教育培养,从小教育女儿要树立远大志向。对于女儿的学习,谈长武更是严格要求。从幼儿园开始,他就手把手教女儿握笔写字,监督他们读书,养成良好的学习习惯。正因如此,两女儿上学以来一直很自律,没上过补习班,却能凭借自己的努力和意志取得好成绩。每当女儿们考试成绩不理想,意志消沉时,谈长武都能及时地教育道:"做人就是要不断地奋斗。你要是这样半途而废,之前的努力就全白费了。既然我都可以,你肯定更没有问题。再加把劲,你可以的,我相信你!"

2014年,谈长武被精准识别为建档立卡贫困户。首先就享受了社会保障、安居工程等精准扶贫措施,特别是其女儿享受了国家教育扶贫政策。父亲一直以来的谆谆教诲及国家的扶贫政策让女儿安心在校园接受科学文化知识,努力创造自己的美好未来。2018年大女儿谈璐不负众望,以625分的高分被湖南大学历史专业录取,二女儿在南昌湖坊中学成绩也名列前茅。女儿在校的优秀表现让谈长武非常自豪,每当工作累了,他想起女儿,心里就乐滋滋的,顿时充满了干劲。

圆了"安居梦",甩掉"贫困帽"

——新建区厚田乡东洲村罗新龙脱贫案例

"十三五"省定贫困村东洲村在脱贫致富的道路上,广大群众响应号召,不等不靠,涌现出一大批勤劳脱贫、创业致富的先进典型,成为脱贫攻坚中广大贫困群众学习的榜样。他们勤劳朴实,有着对美好生活的强烈愿望。他们脚踏实地,诠释着幸福是奋斗出来的真谛。他们是我们学习的榜样,他们是脱贫路上的一盏明灯,他们也是全面建成小康社会中的一面旗帜。

罗新龙现年62岁,多年前,因他和老伴年事已高且长期患病而致贫,在2013年被精准识别为建档立卡贫困户。目前就他和小儿子两人共同生活。

一、改造危房,居安圆梦

罗新龙家庭贫困,房屋年久失修,一旦遇上下雨天,经常是屋外下大雨屋内下小雨。2017年,经过走访排查,罗新龙家被列为危房改造对象,按照相关政策,给予了6500元的危房改造补贴。"国家为了帮我们脱贫解困出台这么好的政策,还有党委、政府和驻村工作队以及帮扶责任人的帮扶,我们自己也要争口气早日把房子建好!"说干就干,全家上下总动员投入危房改造中。通过政策扶持,加上向亲戚筹资借款,有了资金和劳力,新房子很快就建起来了。接着,罗新龙一家就搬进改造后的新房,圆了"安居梦"。住上了好房子,还要过上好日子,在罗新龙一家看来,自力更生才能丰衣足食,不能"等靠要",想要真正摆脱贫困还得靠自己。他常说,成为贫困户并不是一件多么光彩的事情,现在党和国家的政策这么好,老百姓更应该自力更生,不能坐享其成,别人给的总没有自己劳动得来的心里踏实。

二、种植饲养，积极脱贫

罗新龙在自身是一名癌症患者的情况下，还充分利用东洲村优越的自然生态和气候条件，大力发展蔬菜种植业。他头脑灵活，处事果断，在政策的帮助下率先建起了蔬菜大棚，如今又在种植食用菌产业方面进行了大胆尝试。有了脱贫致富的方向，罗新龙谋发展的积极性更强了，他起早贪黑，吃苦耐劳，他认真规划整理土地、悉心打理自家的小产业。功夫不负有心人，如今罗新龙家的种养产业已经小有规模，共种植大棚蔬菜2亩多，食用菌包200多根，饲养肉牛4头，家禽70多只……加上儿子外出务工，也有一份不错的收入来源。罗新龙一家已成功摘掉了"贫困帽"，正迈向更加宽阔的致富之路。

听着罗新龙讲述他的脱贫故事，让人由衷地感动。人穷并不可怕，可怕的是丧失了斗志，失去了自信。只要找准路子，踏实肯干，就一定能过上了好日子，摘掉贫困的帽子。扶贫更要扶志，扶贫工作的实质就是要积极引导贫困群众克服"等靠要"思想，树立自力更生意识，依靠自己的勤劳双手真正摆脱贫困。

用柔弱的肩膀支撑起整个家庭

——湾里区罗亭镇义坪村李牡香脱贫案例

近几年,在义坪村刘家通往罗亭镇集市的路上,人们总能看到一对夫妻一前一后散步的身影。丈夫的手搭在妻子瘦弱的肩膀上,妻子小心翼翼地迈着每一步,以适应丈夫缓慢的步伐。这对夫妻就是家住湾里区罗亭镇义坪村的刘达敏和李牡香。

一、无怨无悔地坚守

2013年,原本身强体壮的丈夫刘达敏突发脑溢血昏迷不醒,送到医院之后,经过全力抢救,虽然保住了性命,但出院后又经历了多次复发,最终还是中风瘫痪了。这对于李牡香而言,无异于天塌了下来。她成天以泪洗面,彻夜难眠。然而生活还要继续,经过一番心理斗争,她终于重新振作起来,擦干眼泪,不离不弃,坚强地扛起了整个家庭的重担。她忙里忙外,悉心照顾病床上的丈夫,赡养公婆。同时,她还抽空外出打零工,

刘达敏、李牡香夫妇

赚钱供儿子上大学。她说:"不是一家人,不进一家门;进了一家门,就是一家人。现在男主人倒下,我这个女主人有责任和义务继续撑起这个家。"她善良质朴的言行,为家庭和丈夫无悔地坚守,尽到了一位妻子、儿媳、母亲的职责。她有着中国传统女性的优良品质,闪烁着母性的光辉,每天陪伴丈夫走上十里路,走出了一条康复之路、希望之路。

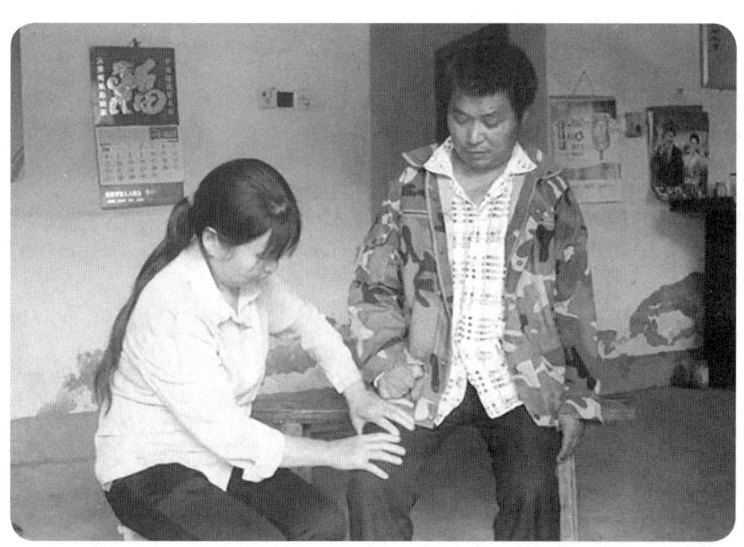

李牧香为丈夫做康复训练

丈夫昏迷不醒时,她陪伴在侧;瘫痪在床时,她精心照料。难能可贵的是,她还时常宽慰丈夫、带丈夫做康复训练。随着丈夫病情逐渐好转,她又把丈夫抱上轮椅,到户外晒太阳,呼吸新鲜空气。现如今,她已经帮助丈夫摆脱了轮椅,只要天气允许,丈夫的身体能承受,她都会接过丈夫的手,从义坪村的家中到罗亭镇集市,来回走上三趟,用每天十里的陪伴之心换来了丈夫的健康。

几年如一日,李牧香付出了常人难以想象的辛劳,脸上的皱纹、双手的皲裂写满了人生的沧桑。常言道"父母是孩子最好的老师"。确实,在她的言传身教下,儿子不但学业有成,而且十分孝顺。

二、尽心尽力地工作

为了获得更多收入改善家庭生活,2017年李牧香还加入了脱贫攻坚公益性岗位,成为一名村组保洁员,在工作中服从组织安排,踏踏实实地对待工作。工作中不怕苦、不怕脏、不怕累,遇到艰苦工作环境,她从不拒绝,都是主动冲在最前面。卫生工作是一项长期性、烦琐性、重复性的工作,但她无怨无悔、任劳任怨,从不发牢骚。在其他人想偷懒、发牢骚的时候,她不声不响,主动带头去做工作,用自己的切身行动为他人树立了一个榜样。

在她的坚持和努力下,如今丈夫的情况越来越好,儿子也已经研究生毕业。在李牧香心里,生活的艰难是暂时的,日子正变得越来越好,她的乐观心态和辛苦付出,战胜了困难,也得到了乡邻的点赞。

身残志坚，小技能撑起大梦想

——湾里区梅岭镇团结村赵令茂脱贫案例

一、背景情况

扶贫需扶智，扶贫必扶志。人穷则志短，志短则技穷。自脱贫攻坚工作开展以来，湾里区人社部门立足旅游资源，大力开发岗位资源，结合就业援助、技能培训、创业扶持、政府兜底等实力举措，积极激发贫困劳动力就业脱贫内生动力，通过"授人以渔不如授之以渔"方式，大力培育创业典型，以创业带动就业，全面完成就业扶贫脱贫攻坚任务，向政府和人民交出一份满意的答卷。

南昌市湾里区梅岭镇团结村贫困户赵令茂，现年 45 岁，自幼高度近视，视力一级残疾，从小他就立志成为一名乡村医生。高中毕业后，他学习西医临床，1994 年 10 月，开始了乡村医生之路，并顺利通过了全国中医大专自学考试。但命运似乎又开了一个玩笑，在 2000 年前后他因眼底病变，视力逐渐下降已经难以应付日常工作。为了生活，身无长处的他开始了漫长的盲人按摩技能求学之路。历经艰辛，学成返乡后的他，本以为可以一技傍身，通过开一个小型盲人按摩店，保障基本生活无忧，却哪知世道艰难。湾里地处山区，当地人民的消费力较低，对中医按摩及养生理念较为陌生，再加上开店资、技术等需求较大，自店铺开业以来，成本一天一天在发生，营业收入却眼见止步不前，让赵令茂一夜之间愁绪万千，百感交集。

二、主要做法与成效

为解决赵令茂开店难、创业难的问题，湾里区人社部门以问题为导向，加强具体情况调研分析，上门咨询政策需求，协调各职能部门，提供更多的问题解决途径，加强政策扶持力度，尽可能地为其创造更好的创业环境和创业条件，解了开店创业的燃眉之急。

（一）多次上门调研，了解创业需求

湾里区通过多次上门调研其创业需求，立足部门职能，寻求可提供的就业帮扶政策。2017年赵令茂在湾里开了第一家盲人按摩连锁品牌经营店——广康源盲人按摩店，经营之初营业规模和营业成效较好，为进一步在湾里把盲人按摩技术做出品牌、做出规模，赵令茂举全家之力，四处奔走，于

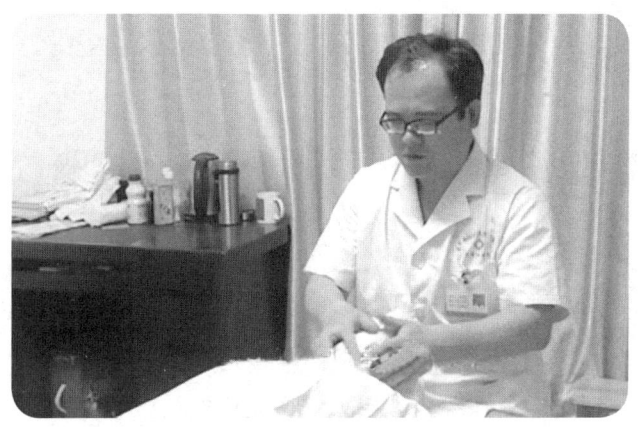

赵令茂在其开办的广康源盲人按摩店工作剪影

2018年又开了一家新店——湾里广康源医疗按摩所，但苦于缺少创业资金，经营举步维艰。湾里区人社部门多次上门，了解其具体的资金需求，并结合职能政策，向其解释了创业担保贷款政策及一次性创业补贴，寻求合适的担保人，尽可能地从政策帮扶方面为其提供帮助。同时在其稳定经营6个月后，湾里区人社部门指导赵令茂正确、便捷地申报一次性创业补贴，并于2020年9月及时为其审批了5000元一次性创业补贴，用于店面正常运行开支补助。

（二）危机中寻转机，提升消费需求

针对湾里按摩店较少，缺少品牌及口碑，湾里大众的接受和消费能力较低等客观现实，湾里区联合残联、人社等职能部门，通过为各职能部门职工免费开展盲人按摩活动推广赵令茂按摩品牌，提升品牌知名度与反响度。同时结合人社部门开展的各类主题招聘活动对赵令茂的创业典型进行广泛宣传，提升湾里品牌按摩的知晓率，以贫困户创业典型带动湾里扶贫消费。

（三）加强职业指导，提高创业积极性

为进一步鼓励赵令茂创业激情，湾里区人社部门定期跟踪其就业创业需求，结合创业指导课程积极为其提供相应的创业建议，并推荐他参加免费的创业指导课程，学会在新的经济形势下如何更好地打造品牌形象，提升创业技能。同时通过推荐其参加各类职业技能大赛、创业故事比赛等方式，加强对其参赛技能的培训与指导，以赛竞技，在各类赛事中比出风采，赛出水平，将个人扶贫扶志的优

赵令茂参加第二届洪城创业故事汇活动

秀模范事迹鼓励广大创业者，同时也激励着赵令茂在创业路上奋发前行。赵令茂通过自己不懈的努力及社会各界力量的支持，2017年荣获南昌市洪城杯第三届职业技能竞赛盲人按摩一等奖，2018年荣获南昌市残疾人励志创业模范称号，2019年荣获南昌市第二届洪城工匠称号，2020年荣获洪城创业故事汇优胜奖。

（四）以一技傍身，全力回报社会

通过政府、社会各界及自己的不懈努力，赵令茂开创的广康源盲人按摩店在湾里区实现稳步经营，有了明显的收入，并取得了良好的社会效应，按摩店自营业以来解决了6名盲人的就业问题。同时，他怀着一颗感恩之心，更想借助中医按摩这个平台，让广康源这一品牌走出湾里，走向全国，去帮助更多像他一样的盲人朋友通过自己的双手实现梦想，使广康源成为广大顾客健康的源泉。

三、经验启示

赵令茂的创业感人事迹，激励着湾里贫困劳动力的创业激情，鼓励着每一个身残志坚的残疾人，虽然家境贫困、身体残疾，但只要每一个人坚定自己的信念，通过政策、资金、技能等扶持，加之自己艰苦奋斗，合理利用各类资源，不断激发内生创造力，才能在脱贫路上走得更远、走得更稳。通过赵令茂的扶贫事迹，总结出了以下帮扶经验：扶贫重在扶志与扶智，不能单纯依靠政策兜底或资金保障，要结合贫困户自己的发展动力及脱贫原因，走出一条有特色、有意义的脱贫发展之路。具体应做到如下几点：

一是加强数据调研，夯实扶贫基数。立足职能与当地实情，加强贫困劳动力基本信息与脱贫需求调研，明确贫困劳动力脱贫原因，分析具体情况，因地制宜、精准施策，实现贫困劳动力自身脱贫意识觉醒，提升贫困劳动力脱贫主动性。

二是加强部门联动，实现资源共享。加强各部门协调沟通，建立健全统筹协调机制，通过残疾、人社、农业、林业、教育等部门贫困劳动力数据共享与职责协调，分析贫困劳动力脱贫原因，结合职能资源统筹调度，因人施策，最终推动整体扶贫工作稳步前进。

三是立足实际情况，跟进政策落实。结合贫困劳动力自身实际情况，加强政策落实调研，针对政策落实难、门槛高的情况，积极协调省、市相关部门，及时反馈意见建议，同时加大资金配套，实现符合政策贫困户或边缘贫困户享受相应政策福利，增加贫困户收入。

四是培育典型事迹，营造良好氛围。通过优秀脱贫人才的培育，加强典型模范的宣传与推广，形成经验事迹，以先进带动后进，在湾里掀起大众创业、万众创新的良好势头，以贫困户小技术脱大贫的事迹，激励广大贫困户积极就业创业，实现稳步脱贫，并营造良好的励志宣传氛围。

干部群众携手齐心，战胜贫困共抗疫情
——湾里区黄之花等贫困户脱贫案例

新冠疫情发生以来，湾里区的扶贫干部及贫困户响应号召，积极主动参与抗疫工作。湾里区扶贫办所有干部，或在一线坚守社区门户，或检查各镇、村防疫哨卡；各镇、村扶贫干部全部投入抗疫一线，部分贫困户也主动投身抗疫工作。

一、抗疫故事：昔日柔弱贫困户，今日抗疫好战士

"党让我过上了好日子，现在能为疫情宣传出一分力，我觉得很光荣。"2月5日，南昌湾里区梅岭镇村民黄之花一脸自豪地说道。

黄之花是湾里区梅岭镇梅岭村贫困户，一家四口中有3个都是残疾人，2017年5月被识别为建档立卡贫困户。"政府为我家建厕所、修房子，小孩还有教育补贴，现在又有一份村庄保洁员工作，我完全能自食其力了。"

"现在疫情非常严重，景区都关闭了，你们还是赶紧回去吧。"樊家是进入梅岭的第一站，疫情发生后还有很多游客来此处游玩，劝阻游客成了黄之花工作之余的常态。湾里区实行交通管制期间，黄之花劝阻了10余拨来梅岭游玩的客人。

疫情突如其来，黄之花第一时间响应村党支部号召，成为一名奋斗在抗疫一线的志愿者。了解到病毒的特点后，黄之花加强了的保洁频率，利用到村庄打扫卫生的便利，积极向村民科普有关新型冠状病毒肺炎预防知识，张贴传单百余次，成功劝阻两起聚餐行为，帮助村民克服了惊慌失措心态和麻痹大意心理。

"现在疫情这么严重，是国家最需要力量的时候，我该站出来，因为党和政府在我最需要的时候伸出了援手。"黄之花激动地说道。

"黄之花的丈夫和儿子本身是残疾，女儿又还小，她用自己瘦弱的身躯撑起了这个原本就不富裕的家，现在，又毅然决然地走在疫情防控的最前沿。"黄之花的邻居樊启龙感叹道。

梅岭镇相关负责人说，她是拾金不昧的保洁员，又是励志脱贫的贫困户，还是疫情防控的宣传员，不管是哪一个身份，她都非常努力，用自己的实际行动，默默为自己、为他人、为国家奋斗着。她性格中的闪光点，值得我们所有人的尊敬和学习。

正是这样一群默默为梅岭奋斗的人，在大灾大难面前，默默坚守自己的岗位，发光发热，也让我们坚信，疫情终将战胜，胜利属于我们，加油！

二、小喇叭喊出了我们的心声

2月3日，泮溪村响起了一个流动的声音："疫情严重，不要出门，不要扎堆，不要打牌。"细心的村民一下就听出了是村里建档立卡贫困户杨小亮，正在村里进行劝导宣传的驻村第一书记循着小喇叭的声音找到了他。只见他身着森林防火员工作服，拿着为防火员配发的小喇叭，跟着村民疫情联防联控队一路喊话。

杨小亮走到第二批、第三批驻村第一书记陈露和郭纪征身边，停下了脚步，说："镇里安排了我做森林防火员，没有党和政府的关心和帮助，我不可能有今天的好生活。现在疫情这么严重，我下班了，想再为抗击疫情做点事情。"说完他又跟着队伍继续喊起话来。

疫情就是命令，防控就是责任。从农历年前开始，泮溪村在太平镇党委的坚强领导下，在村"两委"干部的有力防控下，不断有回乡探亲的党员、村民理事会成员、村民志愿者主动请缨加入到防控工作中。贫困户杨小亮的加入，也让许多村民竖起了大拇指。村民都说，抗击疫情，人人有责，村里有这么多为大家安全默默付出的人，相信我们一定可以战胜这场疫情，迎来美丽的春天。像杨小亮这样加入战"疫"一线的贫困户还有他们。

三、贫困户夫妻来帮忙

65岁的李孔彬和63岁的简芝英是太平村的建档立卡贫困户，同时也是镇民间河长和护林员。在新型冠状病毒肺炎防控工作中，简芝英站在了疫情防控一线，当起了防疫宣传员。她每天拿着小喇叭在村头巷尾走动播放防疫宣传信息，发放防疫宣传单，叫大家不要吃野味，要保护野生动物。自疫情防控战以来，丈夫李孔彬自告奋勇担任全镇范围内防疫消杀工作，每天定时在镇府大楼、集镇超市、农贸市场、垃圾中转站、集镇范围内垃圾桶进行两批次消杀工作。

夫妻俩总是这样说："虽然我们年纪大了，但我们身体还算硬朗，现在疫情这么严重，我们应该站出来做一些力所能及的事。希望这场疫情早点结束，大家健健康康的。"

四、上坂村"战役"日记

新冠疫情发生以来,面对春节返乡人潮和疫情蔓延,罗亭镇上坂村党支部立即就如何做好防控工作,召集党员小组长、村小组长、村民代表,召开防控新型冠状病毒肺炎调度会。

每天9时至12时,蹲点领导王菊根、卢明媚,驻村第一书记李彧斐带着村干部上门给5名武汉返乡、2名黄梅返乡、1名荆州返乡共8人测量体温并建立健康档案,询问身体情况。同时前往各卡点督查,仔细察看登记情况,询问人员车辆进出情况,再三提醒不得让外来车辆人员进入村庄。

上坂村多措并举进行疫情宣传,包括小喇叭、鸣锣宣传,巡逻组全村不定点巡逻。共计入户宣传1000余次,小喇叭循环播放120余次,张贴防疫知识宣传单100余份,发送防疫知识提醒短信100余条,做到宣传全覆盖。

为了有效减少人员流动,防范村民外出被感染,上坂村党支部率先在全村各自然村实行党员干部志愿者为村民代购生活用品。有"代购"需求的居家村民只需通过各自然村小组工作微信群、QQ群、电话、写纸条等方式上报,工作人员联系超市及时购买送货至哨卡点分发。"代购"既保障了居民的生活必需,又有效地控制了人员的外出流动。

自新冠疫情防控阻击战打响以来,上坂村全体村干部、小组干部、村民代表开启了24小时待命工作模式。病毒无情,人间有爱。经粗略统计,上坂村党员群众捐款达7200多元,爱心人士捐赠物资1000余元(包括干粮、水果、口罩)。

谢谢您,爱心人士!上坂村干部们将不负众望,与全镇人民一起共同坚守,坚决打赢疫情防控战,全力以赴守护人民群众健康安全!

自强不息，奋斗幸福生活
——南昌县冈上镇合山村徐先锋脱贫案例

一大早，送走了第一批购买农药的顾客后，南昌县冈上镇合山村村民徐先锋坐在自己的农资店门口，吹着凉风，一身轻松，"如今店里生意越来越好，之前欠下的几十万元外债总有一天能还清"。

早年间，徐先锋开过杂货店，干过养殖，生活得十分幸福。后来，他还被选入村委会，担任会计。其间，他对工作尽心尽责，踏实苦干，身上总是冒着一股傻劲，赢得村民们的一致称赞。徐先锋一家五口，一双儿女，一家人生活幸福。虽然村务繁忙，徐先锋却能两者兼顾。在村里是能手，在家里照样是"一肩挑"。他这股傻劲，

徐先锋向村民介绍农资产品

成就了顶梁柱被需要的满足，更让母亲、爱人、儿女倍感可靠、幸福。

徐先锋的幸福生活因一场突如其来的大病戛然而止。2016年2月10日，他出现头痛、恶心等症状。开始以为是普通感冒，但是吃了感冒药之后不仅没有好转，反而感觉更难受了。事出反常必有妖，徐先锋到医院一番检查后，被确诊患有中枢神经系统感染、脑炎等多种病症。后来，病情进一步恶化，光治疗费就花去100多万元。一场大病，徐先锋的整个家底瞬间被掏空，还欠下了几十万元的外债。

病情稳定后，徐先锋的家中已是一贫如洗，每月一次的复查费用和之前欠下

脸上洋溢笑容的徐先锋

的债务压得全家都喘不过气来。冈上镇扶贫干部了解到情况后,多次到徐先锋家中走访,向他讲解扶贫政策,鼓励他申请纳入精准扶贫对象。2017年11月20日,徐先锋向合山村村委会递交了贫困户申请书,经审批一家四口被纳入建档立卡贫困人口,开始享受系列扶贫政策。"每个月到医院复查一次,每次要花7000多元,一年下来就是8万多元。享受了精准扶贫政策后,这些费用可以报销90%,自己只出剩下的10%,单这块压力就减轻不少。"徐先锋脸上总算有了笑容。

之后,冈上镇政府又依据规定,为徐先锋夫妻俩办理了低保,为他的家人发放省内务工交通补贴。心情好了,病情也随之好转。在徐先锋的身体逐渐恢复后,结对帮扶干部李昌平和驻村第一书记张建军又把他介绍到位于合山村的南昌皓涵农业公司的扶贫车间里工作,每个月有2000元的收入。医药费减少了、收入增加了,2018年底,徐先锋一家经济收入达到脱贫标准,成功脱贫。

脱贫后的徐先锋开始重走致富路。2019年元宵节过后,他在朋友的帮助下,在冈上镇集市上开了一家农资店。为了能把这个店经营好,他参加培训、买来资料自学,尽自己所能恶补经营农资产品的各种业务知识。同时,他还经常下乡开展农技知识宣传和产品推广,努力开拓市场。

"现在我对生活肯定是充满信心的,有这么多朋友帮助我,我也要自强也要自立。我不自强不自立就对不住镇里、村里,就是这样一个理念吧。"徐先锋说。幸福生活是靠奋斗得来的,在身患重病岌岌可危之际,徐先锋没有"等靠要"思想,而是在政府的帮助下,努力治病,努力创业,用自己的双手去创造幸福。如今眼看着身体状况越来越好,农资店生意越做越大,徐先锋对未来充满了信心。

"无声"惊雷立脱贫之志

——南昌县莲塘镇定岗村李金伟脱贫案例

走进莲塘镇定岗村小区,远远便能听到一阵锯木头的声音传来,村民李金伟正在用木头打造家具。只见他时而用笔画线,时而用推刨将木头铲平,忙得满头大汗。一旁的台阶上,摆满了刚做好的木凳子、木桌子,结构精巧、造型别致。

李金伟,男,42岁,南昌县莲塘镇定岗村李埠自然村贫困户。李金伟两岁时因患小儿麻痹造成聋哑,丧失正常的语言能力,其妻子高红霞也是一名聋哑人,家里还有两个小孩要抚养,平时都是李金伟一个人靠做木工、水电工赚钱维持家庭开销。"他们夫妻俩都无法和人正常沟通交流,工作难度较大,一直没有找到合适的工作,没有稳定的经济来源,生活过得十分拮据。"定岗村书记彭金保介绍。

南昌县委书记胡晓海是李金伟的结对帮扶干部,多次登门入户,对李金伟家庭情况、居住环境进行调查摸底,认真分析李金伟家致贫原因,并制订脱贫计划,一方面帮助申请民政救助;另一方面介绍李金伟在邮政局做搬运工,协调李金伟妻子高红霞在本村做保洁,帮助就近解决就业。

扶贫先扶志,治穷先治懒。胡晓海与帮扶人员深刻认识到"有志"对贫困户脱贫的重要性,他们时常来到李金伟家中,与他家人拉家常,从思想上激发他发展的信心和动力,给他带来了奔向幸福生活的极大信心。在了解到精准扶贫各项政策的情况下,李金伟夫妻申请了残疾人补贴,为儿子李飞龙申请了"雨露计划"补助资金,为女儿李思琴申请了教育补助,两个孩子学习成绩均在班级名列前茅,全家低保标准上调。

在帮扶人员和县、镇、村的大力支持下,通过李金伟的不断努力,家庭人均收入有了明显提高。2016年,李金伟一家终于实现了全面脱贫。为防止返贫,根据他们夫妻俩的特殊情况,村里还帮李金伟找了一份邮局捡邮包的工作,并为他的妻子高红霞安排了村保洁员的工作。2018年1月,李金伟夫妻二人开始领取共计

打扫村庄卫生

100元/月的残疾人补贴,李飞龙"雨露计划"补助资金4500元已发放,李思琴初中教育补贴800元已发放,全家低保标准由最初的660元/月上调至1380元/月,现家庭年收入52560元,年人均收入13140元,全家生活基本无忧。

在自己脱贫后,李金伟并未就此满足,他虽然听不到也说不出,但却自学了多项本领,如水电维修、刮瓷补漏等等,平时村里安居小区路灯维修、安装广告栏等事情李金伟都乐意帮忙。他父亲说:"我们不能只懂得享受国家的政策而放弃自我发展,被评为贫困户不是荣耀,而是一份激励。党和政府的政策好,让我们全家的脱贫路越走越顺。"

如今,"精准扶贫"对象虽然脱贫了,但帮扶工作不能松懈,必须继续认真抓好精准扶贫工作。相信在党和政府的关心支持下,李金伟的脱贫致富道路会更加平坦广阔,以后的生活会更加美满幸福。

棵棵柚子树　铺就脱贫路

——南昌县三江镇松林村邹细蝉脱贫案例

在南昌县三江镇松林村旁有一片山地，山上种植的近 8 亩柚子树苗在春雨的滋润下，纷纷萌发了新芽，郁郁葱葱，呈现出一派生机盎然的景象。村民邹细蝉缓步慢行在树林间，不时停下看看、伸手拽拽，精气神十足。"有了这些树，如今的收入就有了保障。"邹细蝉脸上洋溢着满意的微笑说着。

邹细蝉一家原来的生活虽然平平淡淡，但也过得十分充实。然而，在十几年前，邹细蝉和妻子余水德几乎同时检查出患有疾病，邹细蝉患有肾结石、脑梗、胃出血，

邹细蝉观察桂花树生长情况

妻子患有冠心病、支气管炎等十余种病，为了给两个人治病，几乎花光了家里的所有积蓄。回忆起那时的生活，邹细蝉说："那时的日子过得比药还苦。"为了维持一个月近500元的药费，他只能把自家的山地都转租给村中其他人，但租金收入还是远远追不上各种生活和医药支出，一家人的生活过得举步维艰。即使在患病期间，邹细蝉也是时刻惦念着种地，盼望着身体能早点好起来，好起来了就可以继续回到地里去干活。

2006年，邹细蝉的病情终于得到好转，恢复了一定的劳动能力，心心念念要下地劳作的他偶然听说种桂花树能赚不少钱，便决定要靠种桂花树来摆脱困境。于是，他找到亲朋好友借到了10000元，买了10000棵桂花树苗栽种在自家的山地上。但是由于缺乏种植桂花树的经验，10000棵树苗最终只存活了7000棵。2013年，妻子的病情恶化，急需资金动手术，他只能将所有桂花树一次性售出，但由于种植的桂花树品相不好，最终只能低价卖出。妻子治完病后，家中又是一贫如洗，甚至比之前的状况还要糟糕。无可奈何，他填写了贫困户申请表，最后通过评议，成为一名建档立卡贫困户。

即使成为贫困户，邹细蝉也没有一味地"等靠要"，他深知，自己的命运只能通过自己的努力去改变，幸福还是得靠自己的双手去创造。一天，他从外面捡了一些柚子核回家，并由此萌发了种植柚子树的想法。说干就干，他找来更多柚子核，把它们埋进土里。两年后，柚苗越长越高。吸取上次种桂花树的教训，这次邹细蝉格外细心，坚持早晚到地里察看，从不间断。同时，他的结对帮扶人也深入了解情况，还给他介绍了农技专家。有了邹细蝉自身的努力以及帮扶干部的帮助，几年后，邹细蝉种下的2500棵柚子树在他的精心呵护下茁壮成长。

2018年，柚子树已经长得比他还高，之后被果树商人以18万元的价格收购。虽然每个月还需花一些费用在治疗疾病上，但邹细蝉家的经济状况已经得到明显改善。这一年，他家的收入超过了国家贫困线标准，光荣地脱了贫。"脱贫致富就和开荒一样，有劲头、不闲着，就一定能成功。"这是他悟出来的"种地理论"，朴实无华，但却饱含着一个老农民对土地的深厚情感，即便最困难时他也没有放弃土地里的致富希望。

用勤劳浇灌脱贫之花

——南昌县塘南镇田万村宋红平脱贫案例

田万村农家书屋于2012年被评为"全国示范农家书屋",成为全国农家书屋学习的典范,这主要得益于其负责人宋红平的努力。

宋红平,南昌县塘南镇田万村村民,2009年因为一场车祸而留下了终身残疾,但身体上的不幸并没有让宋红平向命运妥协。据了解,办养猪场出身的他,个人出资3万多元在曾经的猪棚上建设成这家农家书屋,经过几年的发展,已形

宋红平整理农家书屋书籍

成藏书2万余册,涵盖农业、文化、生活、廉政、少儿等类别,配有电子阅读设备的现代化图书室,现在已成为田万村群众进行文化交流活动的中心。当被问起办农家书屋的初衷时,宋红平说:"我小的时候因为家里贫穷,没有读过多少书,现在生活条件有了很大的改善,我希望现在的小孩子能够好读书、读好书。"

从1997年开始,宋红平自筹经费建造猪舍养猪,经过几年的发展,已初具规模,年出栏生猪2000余头。除了忙于自己的事业之外,他还积极引导和帮助身边村民加入到生猪养殖的行业中来,将多年养猪经验毫无保留地与村民们共享。他对村民的倾囊相助赢得了大家一致的称赞和好评,村民们都说"虽然红平是个残疾人,但比我们都能干,大家致富都靠红平"。

2009年,宋红平投入3万多元兴建田万村文化大院,作为村民文化休闲的场所。大院包含图书室、休闲室、影像厅等诸多功能室,直接使2000多名村民受益,现在大院不仅是南昌县村级文化信息资源共享点,还是全国文化信息资源共享工程基层服务点,2012年被国家新闻出版总署授予"全国示范农家书屋"称号,他本人也同时被评为优秀"农家书屋管理员"。

2014年,宋红平创办了"塘南镇田万村红平种养家庭农场",至今发展成一座集果树、蔬菜种植,土鸡、生猪养殖,水产养殖为一体的现代化立体式家庭农场,土地面积500余亩,水产养殖水面300余亩,建有鸡舍400余平方米,现代化的养猪基地2个。农场还安置了30多名残疾人工作,带动了45户残疾人农户发展种养殖业,帮助他们脱离困境,自强自立,靠自己的努力和勤奋养活自己,赢得了社会的称赞和好评,真正起到了残疾人创业的示范带头作用。2015年,宋红平荣获"十二五"期间"南昌市自强模范"称号。

身为残疾人的宋红平对残疾人生活的艰辛和疾苦深有体会,2015年10月他自筹资金40多万元创办了南昌市第一家面向农村残疾人的托养(日间照料)综合服务中心,收养照顾残疾人和五保、低保老人。该中心聘请了专业的管理人员、护理员、康复指导员、医疗保健员等,对入住的五保、低保老人及重度残疾人实行全日制集中托养,真正使五保、低保老人及重度残疾人实现老有所养,残有所医,残有所乐,残有所为,残有所康。

宋红平身残志坚,凭着坚强的毅力勤奋创新创业,不仅让自己脱贫致富,还在致富奔小康的道路上引领大家向前。他富有爱心,为了让更多残疾人和低保、五保老人残有所医、老有所养,倾囊相助。他是新时代的自强模范、创业典范,更是新时代的爱心丰碑。

小额贷款圆贫困户脱贫致富梦

——进贤县池溪乡向家村向正有脱贫案例

一、背景情况

在池溪乡向家村提起养鸡户向正有,那是无人不知,无人不晓。1949年出生的向正有已经72岁,爱人万荣花二级肢体残疾,干不了重活。由于家庭贫困,儿媳妇也放弃了这个家庭选择离去,儿子常年只身在外打工,只有逢年过节才会回家,一年的积蓄寥寥无几。家中只有两个老人家带着两个年幼的

扶贫干部入户走访贫困户向正有

孙女,经济收入主要是儿子打工攒下的一点工资以及向正有老人在附近做小工赚的一点钱。然而年老体衰和小工工作的不稳定性,使得向正有一家常年过着拮据的生活。曾经一度,向家日子过得浑浑噩噩,生活仿佛已经失去了盼头。

2017年村"两委"把向正有家纳入了建档立卡贫困户,并对他进行重点关注与帮扶。在进行走访慰问时,发现他家的房子仍是土木结构且存在一定安全风险,为保障其人身安全以及确保住房安全政策的落实,扶贫干部为他办理了危房改造,对房顶等风险部分做了加固处理。之后又结合村情和他个人意愿,为向正有制订了脱贫项目计划,在了解到他以前有过饲养鸡鸭的经验后,村干部推荐他通过养

向正有给鸡鸭投喂食物

鸡鸭来脱贫致富。考虑到其自身缺乏启动资金,帮扶干部便帮助他办理了5000元的小额贷款,用于搭建圈舍和购买种苗,还请了专业技术人员向他传授鸡鸭养殖经验。

在国家各项扶贫政策的帮扶以及扶贫干部的重点帮助之下,向正有自身也迸发了脱贫致富的强烈意愿。买来鸡苗鸭苗后,向正有每天起早贪黑、忙里忙外。其间,帮扶干部、产业扶贫技术指导员也经常来到他家关切慰问,并详细了解鸡鸭养殖方面遇到的困难。每天一大早,向正有提着一桶玉米走进圈舍,他熟练地向地上抛撒玉米粒,上百只鸡鸭迅速围拢过来。由于向正有家养的200余只鸡鸭都是散养在村里田地里,生长周期长,除了吃谷物、玉米等,还吃虫子、青草,他养的鸡鸭肉质鲜香、嫩滑、无腥味,而且营养丰富,品质特别好。周边的百姓都抢着购买,总是供不应求。

按照市面价格,向正有饲养的鸡鸭能够产生1万多元的利润,他家的生活又重新走上了正轨,儿媳妇看到这个家庭逐渐有了希望,也回来加入他们,共同创造美好生活。向正有成功摆脱了贫困,对生活重新燃起了希望。

二、主要做法

(一)全面落实"两不愁三保障"政策

"两不愁三保障"是农村贫困人口脱贫的基本要求和核心指标,住房安全有保障是其中的重要部分。扶贫干部注意到向正有家的房子存在安全隐患时,便第一时间帮其办理了危房改造。实现"两不愁三保障"直接关系着脱贫攻坚战的质量，在普遍实现"两不愁"的基础上，重点攻克"三保障"面临的最后困难，咬定目标不放松，找准"病根"，"对症下药"。

（二）因人制宜，推荐合适的脱贫产业

面对向正有年龄大、妻子二级残疾、不能干重活，还要两个孙女需要照顾的实际情况，村干部了解到他家以前养过一些鸡鸭便推荐其通过养殖鸡鸭来实现脱贫。向正有家附近有开阔的坡地和草地，具备鸡鸭养殖的场地要求；自身和家人身体条件限制，只能适合小规模优质鸡鸭养殖；因有孙女需要照顾，鸡鸭养殖也不需要出远门，总体上是最适合向正有家发展的产业。

（三）打消顾虑，注重培育脱贫信心

在帮扶初期，帮扶干部为向正有制订好饲养鸡鸭脱贫致富方案时，他一直不肯答应。由于缺乏资金以及创业自信心，其内生动力不足。经过扶贫干部的不断鼓励以及对现实问题的解决，向正有自身也有了脱贫的动力与信心。人穷志不能穷，幸福是奋斗出来的！要想脱贫致富不能光靠党和国家的政策扶持，更要靠自己踏实苦干，只要有决心，没有办不成的事。贫困户自身树立脱贫信心，能让脱贫工作事半功倍。

三、经验启示

（一）发挥小额信贷作用，助力贫困户增收

国家实施精准扶贫，提出"核心是精准、关键在落实、确保可持续"，其中产业扶贫是确保可持续的关键支撑，是精准扶贫的"造血"功能，而小额信贷是推动产业发展的一项重要措施。扶贫小额信贷是专门为有劳动力想要发展产业但缺少资金的建档立卡贫困户提供的扶贫贷款，主要是提供5万元以下、3年期内、免担保抵押、财政全额贴息的贷款。扶贫小额信贷通过为贫困户量身定制个性化的金融服务，精准对接到户到人，不仅直接服务于贫困户，而且直接用于生产发展，激发了脱贫内生动力。对贫困户而言，找到脱贫致富的门路，有了小额信贷的支持，犹如汽车加了油，可以加速过上富裕生活；对脱贫攻坚工作来说，有了小额信贷的支撑，为贫困户插上了增收致富的翅膀，这正是扶贫的初衷和愿望。向正有通过小额贷款，有了发展养殖产业的本金，为他架起了脱贫致富的桥梁。

（二）鼓励贫困户树立信心，坚定脱贫信念

很多贫困户容易受到传统思想的束缚，加上文化程度普遍偏低，导致缺乏干事创业的自信心，内生动力不足，引导农村贫困户转变观念，树牢"我要脱贫""靠自己双手勤劳致富"的坚定信念尤为关键。针对这种内生动力不足、不敢和不愿参与创业的贫困户,要采取多种形式积极开展思想工作,用贴心温暖的话语与实际的行动鼓励贫困户树立信心,坚定脱贫致富的信念。向正有前期对于脱贫并没有抱有多大的信心,但在扶贫干部的鼓励以及对他各项实实在在的帮扶之后,他自身也产生了脱贫的动力,这是他能脱贫的关键。

(三)落实精准扶贫,因户施策脱贫

习近平总书记指出:"深入实施精准扶贫、精准脱贫,项目安排和资金使用都要提高精准度,扶到点上、根上。"精准扶贫贵在"精准"。只有"精准",才能让真正的贫困群众得到最佳帮扶;只有"精准",才能实现科学透明、严密高效;只有"精准",才能做到"对症下药,药到病除";只有"精准",才能把好事办好,让人民群众满意和拥护。

扶贫要因地制宜、因户施策,不能简单地从其他地方照搬照学,要分析贫困户致贫的原因、自身的优势,充分利用其自身的优势,结合实际,帮其想办法、谋出路。结合实际、因户施策,做到对症下药,才能见到实效。驻村工作队结合向正有家的实际情况,推荐他选择有经验的鸡鸭养殖产业进行脱贫,充分考虑和利用到了贫困户之前养过鸡鸭的自身优势。

精准扶贫,任重道远。要取得实实在在的效果,就必须在精准施策上出实招、在精准推进上下实功、在精准落地上见实效。只有持之以恒在"精"和"准"上久久为功、绵绵用力,才能真正把好钢用在刀刃上,以有限的资源解决更大的问题。

肉鸽养殖架起脱贫致富桥

——进贤县民和镇山前村魏国安脱贫案例

一、背景情况

进贤县民和镇山前村有这样一个村民,他叫魏国安,家中有四口人,1969年出生的他因患上小儿麻痹症,家中贫穷无钱治病,最终落下了右脚二级残疾的病根。右脚的残疾在长年的消极治疗下致使左脚也有了行走障碍,走起路来有一点跛。妻子也患有慢性病,不能从事较重的体力工作。家有两个孩子,一个在上大学、一个在上高中,都是急需用钱的时候。身体残疾、儿女学费、家境贫困,魏国安的生活仿佛陷入了黑暗。但魏国安没有对生活低头,他不服输、善于思考,深刻认识到自己要更加努力,才能过上更好的生活。

2014年成为建档立卡贫困户后,帮扶干部经常去魏国安家走访慰问并给予鼓励,他开始养一些鸡、种几亩西瓜来获得更多收入,生活逐渐好起来,他在2017年成功脱贫。要强的他并不满足于摆脱贫困,还要致富!看着邻居通过养殖肉鸽获得了丰厚收入,他也决定要通过养殖肉鸽来实现致富梦。筹集到资金后,镇村两级干部排除万难帮他盖起了养鸽大棚,组织技术能手和养鸽专业户向他传授养殖经验。在肉鸽养成待售时,村委会干部又积极为魏国安宣传他养殖的肉鸽,为他打开广

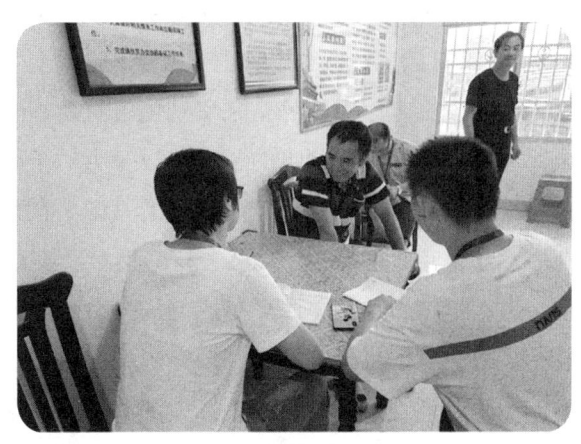

帮扶干部与魏国安交谈

阔销售市场。通过自身的努力奋斗与扶贫干部的竭力帮扶，魏国安养殖肉鸽年利润能达到5万—6万元，致富梦已不再是梦。除了实现自身的脱贫致富梦，魏国安还积极带动周边其他贫困户脱贫，他说："致富不忘党恩，自己虽然过上了好日子，但我们村还有不少贫困户没有脱贫，今后只要有养殖鸽子意愿的老乡，我都愿意提供经验和帮助销售，争取使全村老乡都过上好日子。"

二、主要做法

（一）因地制宜，推荐适合的致富产业引导贫困户自主脱贫

肉鸽养殖业在进贤县有着较长的历史，在20世纪90年代就已经有小规模的养殖基础，肉鸽养殖具有门槛较低、投入少、回报较高等特点。近几年发展较快，已成为当地的特色畜牧产业。扶贫干部向魏国安推荐肉鸽养殖能保证一定的利润，且养鸽子不需要费太大的力气，按照魏国安的实际家庭情况算得上是最适合的产业。魏国安刚开始养殖肉鸽时，

魏国安学习机器设备操作

甚至连公母都分不清楚，经常闹出笑话，为了尽快掌握这项技术，他一边种地一边利用闲暇时间进行学习。除此之外，他还经常向技术能手和养殖专业户学习经验，不久便总结出了一套适合他自己的养殖模式。如今，他的养殖规模越来越大，由最初喂养400只鸽子增加到2000余只，还陆续开发了鸽苗、鸽蛋、鸽肉等产品。

（二）真抓实干，给予贫困户实实在在的帮扶

魏国安决定以肉鸽养殖来实现脱贫致富后，除了自己向亲朋好友筹集了7万余元启动资金，镇村两级的干部们也全力给予他帮助。在帮扶干部的帮助下，他盖起了养鸽大棚，打好了养鸽致富的基础；在帮扶干部的引荐下，他积极与技术能手和养殖专业户交流、学习经验，积累了核心技术要素；在帮扶干部的建议下，他努力扩展销售渠道，开拓了广阔的平台。民和镇党委、政府将扶贫同扶志、扶智相结合，重视以扶志激发贫困户内生动力，鼓励贫困户创业致富，随着扶贫工作的深入开展，对贫困户的帮扶力度和优惠政策越来越大、越来越好，贫困户的内心悄然改变。民和镇党委、政府高度重视扶贫工作，切实推动扶贫工作深入开展，

将脱贫攻坚工作扎扎实实地向前推进。

三、经验启示

（一）变"输血"式扶贫为"造血"式扶贫

脱贫攻坚，缺了产业支撑是不行的。近年来，随着脱贫攻坚工作不断推进，扶贫的方式也在逐渐发生变化，从"输血"式扶贫转变为"造血"式扶贫，由救济式扶贫转变为开发式扶贫，从悲情式扶贫转变为快乐式扶贫。归根结底就是要让扶贫从一次性变为可持续性。关于如何让脱贫攻坚工作可持续推进，习总书记提出"要脱贫也要致富，产业扶贫至关重要"的答案。所谓"扶贫先扶志，脱贫靠自己"。产业扶贫可以使贫困户得到一定的就业岗位和工作培训，获得成就感，从而激发其脱贫的内生动力，实现从原来的"要我脱贫"到"我要脱贫"的转变。功夫不负有心人，通过自己的努力探索养殖新技术和扶贫干部的帮助，魏国安终于使肉鸽养殖走上正轨，对于未来的发展，他充满了信心和干劲。虎瘦雄心在，人贫志气存。开发式、"造血"式扶贫，让不少贫困户走上了脱贫致富的道路。魏国安就是不等不靠，努力实现自己脱贫的同时，还积极带领其他贫困户脱贫致富增收的典型代表。

（二）变粗放扶贫为精准扶贫

2015年以来，精准扶贫工作不断深入，扶持对象精准、项目安排精准、资金使用精准、措施到户精准、因村派人精准、脱贫成效精准等六个精准要求实施效果越来越好。扶贫项目安排精准，就是要因户因人制宜，根据贫困户和贫困人口的实际需要进行有针对性的项目帮扶，在找准每个贫困家庭致贫原因的基础上进行有针对性的项目安排。努力做到扶贫与扶志、扶智相结合。帮扶干部充分地结合了魏国安与进贤县的实际情况，精准地向魏国安推荐通过肉鸽养殖实现脱贫致富，实践效果良好。精准扶贫让贫困群众看到了美好生活的希望，有效地激发了贫困户自我发展的内生动力，摒弃了"等靠要"的落后思想，让贫困户的生活有了彻底的改变,生活和生产条件都有了极大的提高和改善。魏国安的例子充分说明，只要肯干，一定能拔掉穷根，走向脱贫致富的道路。

"脱贫羊"闯出一条致富路

——进贤县三里乡金红村吴煌芝脱贫案例

一、背景情况

吴煌芝,三里乡金红村村民,早年随岳父做泥匠,帮助乡里乡亲房屋楼面现浇,长期处于水泥灰尘严重污染环境中,工作劳动强度大,身体不好,经常生病,导致他不能长期从事这份全家赖以生存的工作,本来不多的收入就更少了。大儿子从小智力残疾,小儿子读小学,女儿读高中,家里还有80多岁的老母,沉重的家庭经济负担压得他和妻子胡海慧两人喘不过气来。一家六口日子过得非常艰难,2013年12月,吴煌芝一家被精准识别为建档立卡贫困户,第一批进入金红村贫困户的队伍。

二、主要做法

(一)思想动员,激发内生动力

习近平总书记强调,扶贫先扶志。扶志就是扶思想、扶观念、扶信心,帮扶困难群众树立起摆脱困境的斗志和勇气。三里乡扶贫站的工作人员及吴煌芝的结对帮扶干部、村干部经常到他家走访,大家围坐在一起,拉家常,给他宣传扶贫的好政策,帮助他树立脱贫致富的信心,共同憧憬美好的生活。同时扶贫干部引导他摒弃"等靠要"思想,鼓励其提高自身发展能力,艰苦奋斗,争取早日脱贫;引导他常怀感恩之心,感谢党感谢政府,积极配合干部的工作,同时做到自己能做的事要自己做。

经过扶贫站工作人员、帮扶干部和村干部的多番劝导之后,吴煌芝深有感触地说道:"这些年,乡里很多扶贫干部不论严寒酷暑还是刮风下雨,经常往村里跑,到我家里来,时刻关注着我们的生产生活情况,更是在第一时间给我们带来党和政府的温暖。他们是舍小家为大家，牺牲自己的休息时间为我们贫困户跑政策跑市场，他们扶贫的决心从来不曾动摇，他们对贫困群众更是饱含深情。这些我们贫困户都是看在眼里，放在心里，所以我们贫困户要怀感恩之心，感谢党和政府的好政策，感谢扶贫干部的默默付出。"

（二）牛刀小试，甜味初尝

在各级扶贫干部的鼓励下，吴煌芝夫妇决定根据自己家的实际情况，因地制宜谋发展，开始养起了羊，希望通过养羊脱贫致富。起步阶段，他们只养了30只，后面随着经验的积累和技术的成熟，逐步扩大规模，现在已经到了160多只，年纯收入从最初的几千元也已经到了现在的几万块钱了。

（三）小额贷款，锦上添花

夏天，羊群基本上是放养在荒山野地吃草，冬天只能吃吴煌芝在自家地里种植存留下来的草料。初尝甜头的吴煌芝想扩大养殖规模，进一步租地种草、扩大羊圈，无奈资金不足。乡扶贫站得知情况，第一时间和银行对接，积极争取为他办理政府贴息的小额贷款，以解他的燃眉之急。

吴煌芝在荒山野地放养羊群

（四）树立标杆，激励他人

榜样的力量是积极向上的，也是激励人心的。脱贫路上，需要榜样引领。吴煌芝夫妇凭借自己的努力，日子越过越红火。吴煌芝在"三讲一评"活动会上讲道："现在国家政策好，我们家享受了教育、医疗、低保等帮扶政策，解决了后顾之忧，但政策再好也得自己努力下功夫，不等不靠，现在我们夫妻靠养羊发家致富了，希望更多的人走上致富路。"

在吴煌芝夫妇事迹感召下，三里乡自力更生、勤劳致富的贫困户越来越多了，他们树立劳动光荣、勤劳致富的荣辱观，发扬吃苦耐劳、坚韧不拔的精神，抓住当下的大好机遇，把政府的帮扶和自身奋斗结合起来，找准脱贫路径，彻底摆脱贫困。

三、经验启示

（一）激发内力是前提

内生动力是脱贫攻坚最根本、最稳定、最强大的力量。扶贫工作中"输血"重要，"造血"更重要，扶贫先扶志，必须从精神脱贫调动内生动力的维度，帮助贫困户树立摆脱贫困的信心和志气。扶贫不扶志，即使一度脱贫，失去内生动力，也可能会再度返贫。

（二）因人施策最关键

精准扶贫，一定要精准施策。要坚持因人因地施策。俗话说，治病要找病根。扶贫也要找"贫根"。对不同原因、不同类型的贫困，采取不同的脱贫措施，对症下药、精准滴灌、靶向治疗。要搞清楚贫困人口中哪些是有劳动能力、可以通过生产扶持和就业帮助实现脱贫的，哪些是丧失了劳动能力、需要通过社会保障实施兜底扶贫的，哪些是因病致贫、需要实施医疗救助帮扶的，等等。要为贫困户创造条件，发展乡村产业，提供就业岗位，给予物质帮助，提升劳动技能，精准施策到户到人。

（三）榜样引领很重要

在脱贫攻坚最紧要的关头，尤其需要发挥榜样的力量，用榜样的故事吸引人、感动人，用榜样的精神鼓舞人、激励人，凝心聚力、众志成城，确保打赢脱贫攻坚战，让贫困群众和全国人民一道进入全面小康社会。通过典型树立、乡风引领、利益引导等方式，帮助贫困户摆脱思想上的贫困，树立主体意识，激发其积极面对生活的勇气以及艰苦奋斗的决心，让贫困户脱贫的步伐更加铿锵有力。

身残志坚　勤劳致富

——进贤县张公镇老王村熊桂林脱贫案例

熊桂林，进贤县张公镇老王村村民，全家七口人，本人肢体二级残疾，不能从事重体力活，妻子视力四级残疾、母亲肢体三级残疾、父亲老年性痴呆，3个小孩都在读书。家中没有1个强劳动力，平时靠政府救济和打些零工维持生活，家境十分贫寒，熊桂林一度对生活失去了信心。在党和政府的大力支持及扶贫工作队帮助

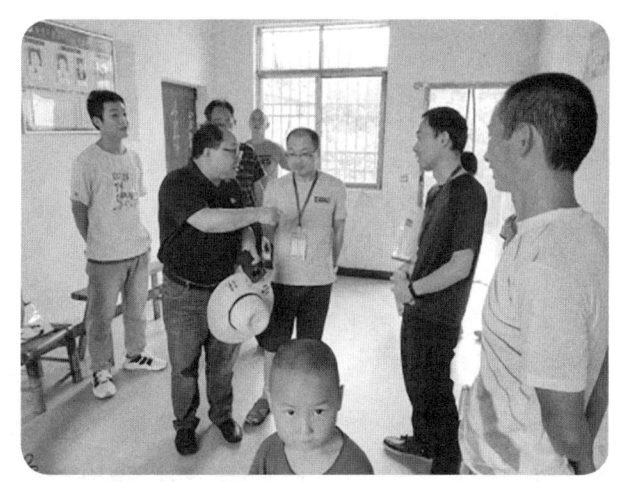

扶贫干部介绍熊桂林情况

下，熊桂林一家2014年纳入建档立卡贫困户。经过扶贫干部的引导和鼓励，熊桂林彻底转变了"等要靠"思想，奋发图强，靠自己勤劳的双手，2018年就成功实现了脱贫致富。

一、直面挫折不气馁

熊桂林先天肢体残疾，但人比较灵活，四十来岁，正值壮年，看到村里同龄人有的发展种植业、养殖业，有的外出务工、拥有一技之长，大都发家致富了，他心中非常苦闷。面对这样一个大家庭，自己又是家中的顶梁柱，有责任和义务改善家庭生活条件。如何改变现状，熊桂林针对自身条件冥思苦想：一是发展种植业，但家中没有强劳动力，种少量的田只能解决温饱问题，规模种植又不现实；

二是发展养殖业,既缺资金,又缺技术;三是外出务工,自己既不能从事重体力活,又没有技术,选择的空间比较少。就算真的出去务工,虽然会比在家里的收入高一点,但3个小孩读书谁来接送,这个家又由谁来照顾,根本不现实。思来想去,没有一个切实可行的办法。熊桂林一度陷入几乎绝望的境地。

正在这时,党的扶贫政策犹如一缕曙光,照进了熊桂林的心田。习近平总书记指出,在扶贫路上决不能让一个贫困群众掉队。总书记的关心让熊桂林深受鼓舞,他默默下定决心,一定要靠自己的双手勤劳致富,决不能成为那个掉队的人。他主动找到进贤县人社局驻村扶贫工作队和帮扶干部,表达了自己的一些想法。他的想法得到帮扶干部的大力支持,干部们多次找他谈心谈话,进行励志教育,并帮其分析家庭实际情况,扬长避短,终于找到了一条适合熊桂林脱贫致富的途径——养鸭。

二、迎难而上不退缩

熊桂林有自己的想法:养鸭投资少,成本低,设备简单,加之鸭子生长发育快,周转资金快,收益较多,而且自己以前还帮别人养过鸭子,有一定的经验。妻子和母亲可以做简单的体力活,刚好哥哥有闲置的猪栏可以当鸭舍。想好了就要干,没有条件,创造条件也要干,在驻村工作队和帮扶干部的大力支持下,熊桂林开启了致富梦。

一是学习技术。熊桂林知道,养鸭是一门技术活,技术是基础,技术不过关,不能匆忙上阵。他积极参加进贤县人社局组织的劳动技能培训。拜养殖大户为师,帮养殖大户做义工,吃住在鸭棚,摸索养殖经验。功夫不负有心人,经过刻苦钻研,熊桂林把养鸭技术学到了手。

二是筹措资金。资金是贯穿养鸭整个过程的一个拦路虎,最大的开支是购买鸭苗和饲料。熊桂林向亲朋好友四处凑钱,一个星期下来,只借到1000多元。正值一筹莫展之际,驻村扶贫工作队和帮扶干部雪中送炭,帮助其制订详细的养殖计划。2018年上半年刚开始时,帮扶干部联系爱心企业免费送来了60只鸭苗、80斤饲料,让他试着养殖。2018年下半年及2019年又免费为其送来了700只鸭苗。帮扶干部积极与饲料加工厂沟通,先提供饲料,待成鸭销售后再结账。

三是精心饲养。养鸭既是技术活,又是体力活。季节变换,环境恶劣,鸭子容易生病。如果没有精心照料,甚至可能全部死亡,血本无归。养第一批鸭苗时,熊桂林像对待自己的小孩一样对待鸭宝宝,天气炎热时,大清早把鸭赶到大树阴凉处,一家人轮流照看;天气寒冷时,又用塑料布把鸭舍围起来,防风保暖。到晚上还要多次巡查，防止老鼠窜入鸭舍。经过精心呵护，把学习到的技术应用到实践中，第一批60只鸭苗只死了2只，成活率96.6%。熊桂林还注重调动家庭成员的积极性，让妻子和母亲参与鸭子养殖，合理分工，既减轻了劳动强度，又提高了劳动效率，节省了人力成本。

四是开拓市场。鸭养好了，销售是关键。产品不仅要卖得出去，且能卖到一个好价钱，这是一个难题。熊桂林认真地做过一个市场调研，发现鸭苗什么时候开始养，成鸭什么季节出售，大有学问。因为不同的季节，价格不同，经济效益也不同。所以，具有经营头脑的他懂得根据不同季节调整养殖规模。此

熊桂林在家中制笔

外，驻村帮扶单位进贤县人社局也利用职工食堂帮熊桂林消费一部分成鸭，并联系周边的农贸市场帮助推销。特别是新冠疫情期间，组织网格采购员上门采购。由于熊桂林的技术好，懂经营，人又实在，鸭子基本上畅销无阻。

在鸭子养殖的淡季，熊桂林就在家中制笔，每月收入2000多元，一家人围坐在一起，其乐融融。谈到现在的生活，熊桂林感慨："感谢党的好政策，感谢驻村工作队和帮扶干部的真帮实扶，让我们在家门口就有工作，收入稳定，小日子越过越幸福。"

三、致富路上不停步

虽然熊桂林2018年就已经成功实现了脱贫，然而他并没有停下前进的步伐，而是想方设法扩大养殖规模，增强自身的实力，树立自立自强标杆，影响带动周边贫困户共同脱贫致富。熊桂林表示："致富不忘党恩，自己虽然过上了好日子，但我们村还有不少贫困户，我愿无偿提供技术指导和经验分享，和大家一起发展壮大养殖业。"

驻村工作队非常支持，帮他申请了3万元贴息贷款，并向南昌市残联申请了残疾人种养业补贴资金1万元。同时，帮扶单位决定出资3万元用于老王村贫困户产业帮扶，在各项优惠政策及帮扶干部的支持下，脱贫致富的氛围在周边逐渐

浓厚起来，产生了集群效应。在熊桂林牵头组织下，老王村正筹备成立养鸭专业合作社，让更多贫困户人员加入进来。像熊桂林一样的贫困户，有了帮扶单位和对口帮扶人，脱贫解困的信心更足了，致富的脚步迈得更加坚实。"他现在就是老王村勤劳致富的一面旗帜，每做一户贫困户的思想工作时，我们就拿熊桂林的故事给他讲。"驻村第一书记赵明辉自豪地说。

　　坚韧推开了困难，勤劳战胜了贫穷。党的政策始终是为了人民，在脱贫攻坚的道路上，只要贫困户积极脱贫，政府都大力支持。没有做不到，只有不想做。只要你想脱贫，政府来帮忙，干部来上心。贫困之路不再孤单，帮扶干部和贫困户齐心协力，共同实现致富梦。相信在党和政府的关心支持下，在社会各界的热心帮助下，熊桂林等贫困户的脱贫致富之路会更加平坦宽广，未来的生活会更加美满幸福。

内生动力助脱贫　我靠勤劳获幸福

——进贤县池溪乡向家村王少青脱贫案例

现年51岁的王少青，是进贤县池溪乡向家村贫困户，他患有先天性白发病，视力二级残疾，靠打零工维持一家人生活。他没有被生活的困境打垮，而是用自己勤劳的双手创造了美好生活，并于2017年顺利脱贫，摘掉"穷帽"。

一、身体虽残，志不可废

王少青勤劳老实，他总是对帮扶人说："成为贫困户并不是一件光荣的事情，现在党和国家政策这么好，我们不能'等靠要'，不能在家坐享其成，别人给的始终没有自己劳动得来的心里踏实。"他在脱贫的路上，始终没有停下致富的脚步。

他尽量不麻烦村委会干部，平时自己种田种地，农闲的时候打零

王少青在家门前留影

工增加收入，希望早日脱贫。由于他年龄较大，文化程度不高，又没有一技之长，王少青只能在村周边工地干些杂活。即使工作很辛苦，王少青依然坚持有空就到工地干活，从不在家闲着。"现在，趁着身子还硬朗，多干点活，多挣些钱，就能少给国家添些负担。"王少青的声音里充满着自信。

在结对帮扶干部的帮助下，他儿子王坚也积极参加政府组织的技能培训，2016年他参加了"汽车美容"技能培训，2017年在南昌市车匠汽车服务有限公司工作，2018年在安义县炫车坊工作，年收入6万元。通过一家人的努力，2017年

底王少青一家顺利脱贫。2018年10月,王少青主动提出取消全家人的低保。"应该把低保给更需要帮扶的村民,我会靠自己的双手奔小康,努力不返贫。"王少青说道。

谈及脱贫后的生活,王少青感激地说:"感谢党的政策,感谢结对帮扶干部南昌市统计局夏小兰局长的帮助,我现在吃不愁、穿不愁、住得好,看病也有了保障,家里用上了自来水和卫生厕所,儿子还买上了小汽车。勤劳能致富,今后的生活要靠自己。我相信,日子会越过越好。"

二、饮水思源,感恩奋进

王少青是个热心人。平时,邻居哪家有急事难事,他总是热心地施以援手。例如,邻居王小平,是个贫困户又有些智力残疾,一个人无依无靠,王少青经常叫王小平到他家去吃饭,一家人总是尽可能地关心照顾着他。同时他还用自己的脱贫事迹来激励王小平,只有通过自己的努力才能过上幸福的生活。在王少青的激励下,王小平主动去水泥厂工作。又如,贫困户王建国,由于一次意外事故导致腰椎断裂,老婆离他而去,女儿远嫁他乡,王建国一个人对生活完全失去了信心。在他最绝望的时候,王少青一家人都主动来帮助照顾他,帮助王建国攻克难关。通过王少青一家人的帮助下,王建国的身体慢慢地恢复了。在王少青的劝说下,王建国在池溪乡政府找到了一份门卫工作。有人问王少青,你这样帮助别人,不累吗?他总是微笑着回答,累点没关系,人家信任我,有求于我,在我能力范围内,能帮则帮。51岁的王少青,一天总是忙里忙外,笑对人生,身残志坚。在池溪乡向家村开展的"三讲一评"颂党恩活动中,他以脱贫典型身份在会上"现身说法",在谈及脱贫感言时,王少青激动地说"感谢党和政府全心全意为我们办实事"。

三、"现身说法",激励他人

王少青向村民和政府承诺,他非常感谢党和政府对他家庭多年的关心与帮扶,目前他家已脱贫,不能再占用国家资源,所以他主动提出取消全家人的低保。王少青怀着"政府帮扶引进门,脱贫致富靠个人"的信念,用自己的双手创造财富,靠自己的勤劳实现价值。

他还经常用自己的经历"现身说法",激励他人奋进。一是他成了脱贫政策宣传人。他经常用自己的事迹向其他贫困户介绍脱贫政策。二是他做到了脱贫不忘感恩。王少青经常挂在嘴边的话就是,我能有今天的幸福生活要感谢党和政府,什么时候都不能忘了党和政府。在自己能力范围内,一定要多帮助他人。三是他是村里移风易俗的带头人。他说，现在我们党的政策越来越好，水泥路修到家门口，全村实现全覆盖，进村的主路也加宽修好了，去哪里都很方便。吃肉不再是像以前只有来客人、过年过节才舍得吃，这是以前根本不敢想的事。向家村这几年发生了翻天覆地的变化，大家的生活水平比过去有很大的提升。虽然我们有的贫困户物质脱了贫，但精神面貌和一些陋习还没有根除，这还需要我们大家共同努力，从我做起，奋勇争先，做移风易俗的带头人。

辛勤劳动最光荣　自力更生奔小康
——进贤县三阳集乡凤凰村姜雷仁脱贫案例

一、背景情况

姜雷仁，三阳集乡凤凰村村民，妻子身体不好，经常生病，最后经医生诊断，罹患乳腺癌，这让本来就不富裕的姜雷仁一家雪上加霜。为了给妻子凑钱做手术，姜雷仁到处借钱，亲朋好友能帮的都帮了，但都只是杯水车薪。在大家的互相帮衬下，姜雷仁妻子的手术总算完成了，但是手术留下了后遗症，一只手臂的经络断了，举不起来，自然也就干不了重活，基本丧失了劳动力。再加上姜雷仁还有三个孩子（两个女儿、一个儿子）要抚养，孩子都处于念小学的阶段，可是家里已经没有钱供孩子读书了，日子过得捉襟见肘。一家人正一筹莫展时，精准扶贫政策的春风吹进了姜雷仁家。

二、主要做法

（一）情到深处，志比钢坚

三阳集乡扶贫办的工作人员和姜雷仁的结对帮扶干部经常到姜家，大家围坐在一起，拉家常，共同憧憬美好的生活。交谈中，扶贫干部引导他摒弃"等靠要"思想，鼓励其提高自身发展能力，艰苦奋斗，争取早日脱贫。同时运用其他乡镇的实际案例开导姜家人，告诉他们要明白脱贫不是一蹴而就的，贵在一点一滴的细微之举，时刻做到把自己作为党和国家的一分子，发自内心地热爱党和祖国，对帮助的干部热情一点，积极配合干部的工作，自己能做的事自己做，时刻铭记"自力更生、艰苦奋斗"八字箴言。

听了扶贫办工作人员以及结对帮扶干部的劝导，姜雷仁深有感触地说道："乡里很多扶贫干部往往是舍小家为大家，牺牲自己的休息时间为我们贫困户跑政策跑市场,他们扶贫的决心从来不曾动摇,他们对贫困群众也是饱含深情,这些我们贫困户都是看在眼里,所以我们要怀感恩之心,感谢党的好政策,要用力所能及的能量,回馈社会,传递正能量。以后真正做到能靠自己的靠自己,绝不做一个'等靠要'的寄生虫。"

(二)扬其所长,援其所短

根据姜雷仁擅长开车的实际情况,乡扶贫办帮助姜雷仁在三阳集乡农商银行小额贷款5万元买了一辆二手车,让他在南昌开车配送货。同时,针对姜雷仁的家庭困难,乡扶贫办工作人员以及结对帮扶干部再伸出援手,在实际生活中帮一把,让其家庭有基本的收入来源,应对日常的生活需要,助力其早日成为脱贫队伍中的一员。

(三)好风凭借力,扬帆正起航

正因为有了"自力更生,艰苦奋斗"的生活目标,姜雷仁凭借自己双手的努力,日子一天比一天好了,现在他自己在南昌送货并做点小生意,妻子在家休养,三个孩子也在赵埠小学读书。姜雷仁说道:"现在国家政策好,但政策再好也得自力更生找出路,不等不靠,就一定可以甩掉贫困的'帽子'。"

在三阳,像姜雷仁这样自力更生、不等不靠的贫困户还有很多很多,他们树立劳动光荣、勤劳致富的荣辱观,发扬吃苦耐劳、坚韧不拔的精神,抓住当下的大好机遇,把外界的帮扶和自身奋斗结合起来,找准脱贫路径,彻底摆脱贫困。

三、经验启示

(一)激发贫困户积极奋斗、脱贫致富的决心

如果把精准扶贫比作正在播种的蒲公英,那么自强不息便是那播撒的种子,只有种子自身坚强,才能克服逆境茁壮成长。对姜雷仁一家的扶贫工作深刻证明:扶贫首先需要扶志。要帮助贫困户摆脱思想上的贫困,树立主体意识,打消其"等靠要"的念头,激发其积极面对生活的勇气以及艰苦奋斗的决心。

(二)营造村组致富氛围,强化典型示范作用

在村组营造比、学、赶、超的浓厚氛围,用榜样的力量激发贫困户脱贫的决心和斗志,减少简单发钱发物的帮扶方式,杜绝"保姆式"扶贫,引导贫困户自身积极脱贫。

(三)分类指导,因人施策

根据相关政策,根据具体贫困户的实际情况,因地制宜地给予其政策上的指导和资金上的帮助,发展适合贫困户自身的脱贫路径,助力其早日成为脱贫大军中的一员。

不离不弃成佳话　自主脱贫巾帼风
——安义县石鼻镇罗田村杨小兰脱贫案例

杨小兰现年61岁,是安义县石鼻镇罗田村的一名贫困户。在和丈夫黄必春结婚后,他们勤俭持家、兢兢业业,育有三个子女,虽然没有大富大贵,但一家人生活也算美满幸福、十分满足。这一切却在2007年发生了翻天覆地的变化。那一年,为了补贴家用,丈夫黄必春和同乡们前往北京从事铝合金生意,就在同年冬天,黄必春在烧炭取暖时,因房间通风不畅导致一氧化碳中毒,不幸成为植物人。那时,丈夫是家中唯一的顶梁柱,两个女儿都已经出嫁,儿子正在高三准备高考,丈夫的事故对杨小兰来说无疑就是晴天霹雳,养家糊口的重担一下子全压在了杨小兰的身上,让她喘不过气来。尽管很累,但杨小兰一刻都没有想过要放弃丈夫、放弃这个家,而是一直坚信着他终有一天会恢复意识,一家人重新回到原来的美好日子。

在黄必春失去自理能力之后,家中不但失去了经济来源,杨小兰还必须每天在身旁照顾,不能外出务工赚钱。在侍候丈夫的同时,承担着家务和农活。为了维持日常生活开销,杨小兰还在园子中种了些菜,多出的也能卖点钱。除了照顾丈夫的三餐,夏天怕丈夫生褥疮长疹子,她每隔几个小时就要为丈夫翻身。为防止丈夫长久不活动导致肌肉萎缩,

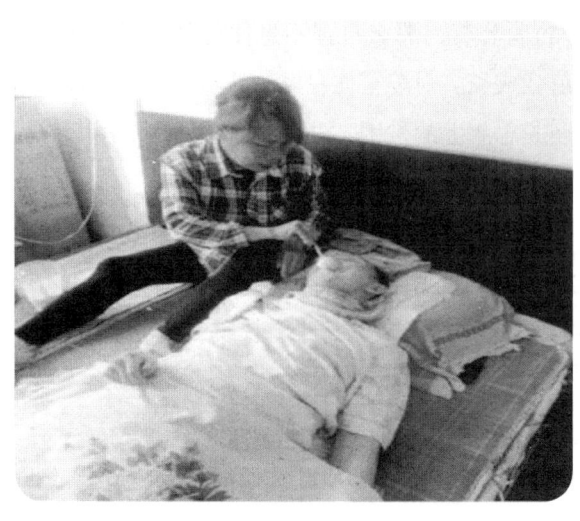

杨小兰照顾丈夫进食

她每天要给丈夫进行按摩。日复一日、年复一年，她都这样尽心尽力地照顾丈夫、陪伴丈夫。虽然辛苦，但杨小兰从未有过丝毫怨言。

杨小兰对丈夫十余年如一日的精心照料得到了同村村民的极大称赞。在村委会的帮助下，杨小兰一家在2014年被识别为精准扶贫对象。村里干部了解到她家的遭遇后，介绍她到安义古村旅游开发公司做保洁员，工作时间灵活，也能同时照顾到她丈夫。罗田村第一书记刘昆对她的情况格外关注，村里花果园产业基地和莲蓬产业合作社农忙时也聘请她去帮工，为她家减轻负担。面对这些来之不易的工作机会，杨小兰十分珍惜，工作虽小却格外认真，不怕苦、不怕累，获得了大家的认可称赞。

杨小兰凭借着这份执着和勤劳，家中的日子过得一天比一天好，如今她的儿子也已经长大成人并顺利完成学业，大学毕业后在深圳找到了工作，逐渐接替母亲扛起家中的重担，成为顶梁柱。2020年，杨小兰家年收入将近9万元，远远超过贫困线，一家人摆脱了贫困，走上了脱贫致富的幸福大道。

生活的不幸没有使杨小兰一蹶不振，面对困难她也没有轻言放弃，她用自己的坚毅和乐观为遭遇不幸的家庭撑起了一片晴天，通过这样的方式向世人演绎着最美的爱情故事。党和政府的帮助也为她重新点燃起了幸福之光，引领她摆脱贫困，走向更加美好的未来！

脱贫致富感党恩　奋斗自强乐助人
——安义县长均乡把口村熊华海脱贫案例

一、吃水不忘挖井人，脱贫不忘感党恩

在把口村"两委"及驻村工作队日夜奔忙在防疫一线，四面八方筑牢联防联控铜墙铁壁，全力守护把口村人民的生命安全之时，2020年2月9日晚，村委会收到了一笔特殊的爱心款。特殊爱心款的发送者是把口村外基组贫困户熊华海。"党和政府、爱心企业还有爱心人士帮我脱贫，我应该行动起来，奉出微薄的爱！"这是熊华海通过村支部书记熊卫微信转账为村"控疫"工作捐献爱心时，留下的一句话。在和驻村第一书记罗俊辉留言时，他说："有党和政府的坚强领导，我相信国家一定能战胜疫情。在这非常时期，看见你们这些干部确实辛苦，还有医务人员，我也给大家加油。"为了感谢党和政府及爱心人士多年的支持和关怀，他主动捐赠了爱心防疫款200元。一位昔日的贫困户，脱贫致富后不忘回报社会，这一举动，无疑更加鼓舞着把口全村打赢疫情防控阻击战的信心。

走进把口村外基村小组贫困户熊华海的家，门前晒满了干豆角、干辣椒、干萝卜等蔬菜，家里干净整洁，最引人注目的是墙上两个相框，里面贴满了他收藏的历代党和国家领导人肖像的剪报。忆起对党的感恩之情，说起现在越过越好的生活，熊华海喜笑颜开，精神焕发，完全不像一个多年身患重症的病人。

二、沙漠中的清泉，夜航时的灯塔

熊华海现年52岁，他十几年前身患鼻咽癌。"癌症"这个词犹如死神一般令人可怕，这个消息对于这个家庭无疑是晴天霹雳，疾病不仅让他直接丧失劳动力，还花光了为数不多的积蓄。与此同时，熊华海夫妻育有两个儿子，孩子年幼在读书，养育孩子所需要的花费更让这个家庭雪上加霜。所有的重担都压在熊华海妻子身

上,妻子也身体羸弱,无法做一些体力活,没有能力抗住家庭的重担,熊华海一家陷入困境。2014年熊华海家被识别为建档立卡贫困户后,驻村扶贫工作队和村"两委"根据他的家庭情况,在最低生活保障的基础上,着重从就医、上学两方面加强帮扶。随着村立体种养专业合作社的成立,把他纳为合作社股东,每年享有产业分红。因为病情得到了有效缓解。扶贫工作队为了帮助其就业,积极奔走,四处打听,终于为熊华海夫妻两人争取到了在附近加油站从事轻微体力劳动。如今大儿子已大学毕业在深圳工作,小儿子也外出务工,家庭年收入近15万元,2016年熊华海家顺利脱贫。

三、提振精气神,传递正能量

从过去家境窘迫甚至健康都朝不保夕到现在对生活充满了希望,熊华海说:"这都是党的政策好,是各级党委、政府的关心,是帮扶单位的帮助,所以面临困难,我的精神没有垮。"他教育儿子"贫不足羞,可羞是贫而无志",在深圳工作的大儿子熊诵谱积极向党组织靠拢,已向村党支部递交了入党申请。

熊华海虽然是贫困户,但他"不等、不靠、不要",努力培养儿子好学向上。全家通过劳动致富,并在力所能及的范围内热心帮助别人。看到村庄哪里巷道不平、桥梁破损,他都会主动修修补补,遇到年老体弱、行动不便的群众有什么购物需求,每次下班回家他都会帮助代购代送。如今,在把口村一提到熊华海,村民们都会竖起大拇指,说他就是名副其实的"最美贫困户"!熊华海一家,靠着自己的双手打拼,生活一天比一天幸福,过得一天比一天精神,正与全国人民一道,向美好生活大踏步迈进。

照进心里的光　自力脱贫励志人心
——安义县万埠镇桃一村张礼全脱贫案例

一、扶贫政策暖人心，不幸中之万幸

如果在安义县万埠镇桃一村提起张礼全夫妇，大家定是称赞有加。张礼全出生于1953年1月3日，8岁的时候由于玩爆竹而导致双目失明。1960年出生的妻子李爱德在34岁的时候视力也逐渐下降直至失明，夫妻二人没有生育子女，但于1985年领养了一个女儿，一家人的生活虽清贫但充满温暖。然而随着夫妻二人年龄不断增加，行为能力逐渐减弱，女儿也于2008年外嫁他乡难以在身前照看，张礼全夫妇的生活逐渐陷入困境。幸运的是夫妇二人赶上了新时代，遇上了党的好政策，张礼全享受到了特困供养政策，妻子享受到了低保。2014年，夫妻双方因残、因生活困难被列为贫困户，目前夫妻俩年收入17000余元。

二、身残志坚，不忘拼搏之志

张礼全夫妇二人并没有被现实的困境所吓倒，身体虽有残缺但意志却无比坚定。张礼全从未学过制作篾制品，但他自己摸索其中窍门，自学成才，能用竹篾、包装带编织菜篮、篓筐等，制作起来无比娴熟。久而久之，他从制作篾制品中悟出了对尺寸的敏感度，并从2008年开始，自己学着做木材生意，木材的长短、粗细，全凭双手丈量，从村庄村民那里收集木材后集中售卖，补贴家用。

如今张礼全年近古稀，妻子李爱德年近花甲，夫妻俩双目失明，属完全无行为能力的人，需要护理照顾。本来完全可以凭享受国家特困供养和低保金维持基本生计，古稀之年，却不甘现状，不"等靠要"，不忘拼搏之志。张礼全说："虽然我眼睛看不见，但我心是明的，手脚是好的，我还能做点事。"听起来虽普通平淡，却折射出了他自信、坚韧、积极向上的精神。妻子李爱德虽年近花甲、背驼

张礼全学习竹篾编织技术

失聪,却仍然是丈夫张礼全的贤内助,家中卫生打扫得干干净净,家具摆放得整整齐齐,虽然眼睛看不见,但却心明如镜,还能自己炒菜做饭,油盐酱醋施放都很合适,是常人眼里的传奇。

三、投桃报李,不忘感恩之心

张礼全夫妇的情况全村皆知,邻居们觉得他们眼睛看不见生活很不方便,都会主动帮他们做点力所能及的事。对于亲朋好友的善意帮忙,他也是全都铭记于心,会将亲手编制的篮子送给邻里乡亲,村民们都称之为"感恩篮"。除了邻里乡亲的帮助,村"两委"干部、帮扶干部在平时或节假日都会走访慰问,关心他们的日常生活、心理健康,帮助办理低保调标、修建屋顶、联系收集木料等。每次去走访,都会看到张礼全夫妇发自内心的灿烂笑容。张礼全有一句话经常挂在嘴上:"感恩党和政府,感恩党的好政策,感恩党的好干部。"

张礼全夫妇身体虽有残疾却不困于残疾,一直保持着积极乐观、坚毅向上的精神,有了自己的努力拼搏再加上党和政府以及邻里乡亲的帮助,他也能开创自己的美好生活。而且对于帮过他的人们,他也常怀感恩之心,给予对方最美好的祝福。

不等不靠谋发展　自主创业摘穷帽
——安义县黄洲镇新福村刘贤迎脱贫案例

一、精准识别，找准穷"根"

刘贤迎是安义县黄洲镇新福村刘含村小组的村民，现今40多岁，由于患有先天性语言障碍残疾，刘贤迎在外总是难以找到合适的工作，最后只能留在家耕种几亩田地。其妻夏先爱勤劳朴实、忠厚善良，两人育有一子一女。儿子常年在上海打工，只有过年才会回一趟家，打工的积蓄也寥寥无几。女儿在安义中学读高中，正是各种花费都很大的阶段。刘贤迎一家人只能依靠低保金和家中几亩田地维持生计、勉强度日，2013年，其家庭人均纯收入仅为2035.4元，生活十分艰难。2014年，村委及村民代表考虑到他家生活困难，"两不愁三保障"未达标且收入低于贫困线，便将其纳入国家建档立卡贫困户名单。有了国家扶贫政策的帮助，刘贤迎家的日子慢慢好过了一点。

二、精准施策，"对症下药"

2016年，在驻村工作扶贫队及第一书记对他家进行走访、核对情况时，发现刘贤迎虽然有天生的残疾，但他非常机灵聪明，妻子夏先爱也是非常勤劳肯干。基于这一点，扶贫干部鼓励他们自主创业，努力改变自身的命运，早日摆脱贫困户的面貌。刘贤迎想到家中子女念书确实需要更多资金的支持，一家人的生活开销仅靠低保金和夫妻二人务农远远不够，也不是长远之计，于是便打定主意要自主创业，靠自身的努力摆脱贫困。

三、"输血"+"造血"，稳定脱贫

说干就干，有了驻村工作队的帮忙，他们夫妻成功租赁到一个50亩的水库，

还在银行办理了20000元的贷款用来购买鱼苗、鸭苗和一些相关工具。有了场地、资金和大家的支持，再加上他们两口子不怕吃苦、踏实肯干，当年刘贤迎一家纯收入就达到了18000元。有了第一步成功，他们又向亲戚朋友借来20000元，用以扩大水库养殖密度，并且尝试着养起了几头水牛和200多只土鸡。

因为是真正拥有良好品质的土生土长农产品，刘贤迎养的鱼、土鸭、土鸡、牛等很快就销售一空，赢得了大家的良好口碑，也建立了长期稳定的销售渠道。在自身的不懈努力以及党的政策帮扶下，2018年刘贤迎一家的全年纯收入达到了58372元，远远超过了贫困线，彻底摘掉了贫困户帽子，一家人对今后的生活也充满了希望。

授人以鱼不如授人以渔，单纯地依靠政府政策进行外部"输血"式扶贫，给钱给物，只能解决贫困人口的一时之困，无法彻底实现脱贫致富，最终就会出现反复脱贫、复贫，没有相应长久的"造血"功能，就不能从根本上断掉穷根，阻断贫困代际传递的途径。因此，单纯的物质资金支持是不够的，更应该做的是重视贫困户甚至贫困地区的人力资源开发，让贫困群众得以认识到掌握脱贫技能的重要性，提升他们的文化素养和职业技能，通过鼓励创业就业、产业发展来增强脱贫致富的技能。扶贫干部通过鼓励、帮助刘贤迎一家自主创业，激发其内生发展动力，从而使得脱贫能更快速也更稳定。

下篇

南昌市脱贫攻坚先锋模范

一、全国脱贫攻坚先进个人

"货郎"书记的扶贫"经"

——记全国脱贫攻坚先进个人应文伟

应文伟,男,1979年2月生,中共党员,南昌县农业农村局畜牧兽医局副局长。2018年10月担任南昌县南新乡九联村第一书记。2021年2月25日荣获党中央、国务院授予的"全国脱贫攻坚先进个人"光荣称号。

"一车货4万元,这油门踩得带劲!"见到应文伟时,他刚给客户送货回来。每次跑单送货,应文伟都是开着他自己的全顺车,车身喷着"九联村电商平台"广告,车窗贴着"脱贫攻坚"的鸭蛋海报,活生生一个现代版"货郎"模样。

深入群众绘蓝图——当好村情"调查员"

2018年11月,养鸭户杨少春来到九联村委会,反映鸭蛋售价低,连成本都保不住,希望村干部能够帮忙找销路。杨少春家的鸭子都是散养在农田里的,鸭蛋品质既好又稳定。应文伟在入户走访中还了解到,这样的养鸭户有很多,都为销路"头疼"。他敏锐察觉"痛点",决定把销售滞销农产品与产业经济发展结合起来,蹚出一条符合九联村实际的道路。

砥砺前行初见效——变身产品"推销员"

面对农特产品"销售难",应文伟和村干部商量后,在南新乡党委、政府和县农业农村局的大力支持下,于2018年11月建立了九联村电商平台。

应文伟包装好鸭蛋,通过电商平台和微信宣传散养鸭蛋的品质。很快,滞销的鸭蛋就销售一空,并成功帮杨少春增收2万多元。

2019年1月，初尝"甜头"的应文伟指导村里成立南新宏鹰综合种养专业合作社，注册"九联圩"商标，与乡里的农特产品作坊建立合作关系，收购村民的初级农产品，加工后再卖出去。一年时间里，合作社销售额就达56万元，实现利润15万元，九联村一举甩掉了"空壳村"的帽子。

应文伟（右）与村民一起装货

坚定执着为扶贫——逆行义务"送货员"

应文伟这个被派来"救火"的第一书记，原本在2019年底任职期满就要回原单位。10月，乡党委领导找到他，希望他能留任，并转交给他一封信。这是九联村"两委"干部和20多名村民代表向乡党委申请挽留他的联名信。看着信纸背面村组干部和村民的签名，应文伟感动得流下了泪水。

2020年，正值九联村鸭蛋销售火爆之际，突如其来的新冠疫情"封死"了全部销售。情急之下，应文伟通过微信朋友圈发布销售信息："买100枚鸭蛋，送10斤新鲜蔬菜，提供送货上门服务。"不到一天的时间，他就收到了6000枚鸭蛋的订单。

订单是有了，但送货却成了一道难题。关键时候，应文伟站了出来："我是党员，村里的第一书记，这个时候更应该冲在前面。"应文伟又一次驾着他的全顺车，当起了"送货员"，穿梭在南昌市各楼盘小区间。

应文伟(左一)疫情中逆行送鸭蛋

不忘初心闯新路——尝试成为"带货主播"

授人以鱼不如授人以渔。2020年,应文伟在县、乡两级积极奔走,为九联村争取了占地1600平方米、投资金额225万元的扶贫车间项目。项目于2021年下半年交付使用,将成为集农副产品生产、再加工、包装于一体的综合性车间。

"直播带货太火了,我们在埋头苦干的同时,也要积极利用新技术带来的红利。"随着扶贫车间项目的推进,应文伟打算将直播技术引入车间,将九联村农副产品生产的全过程,以直播的形式推向全国。

二、江西省脱贫攻坚先进个人和先进集体

江西省脱贫攻坚先进个人（32人）

胡志平	南昌市教育局计财科干部
潘景屏	南昌市卫生健康委员会基层卫生科科长
胡　群（女）	南昌市扶贫办公室综合科科长
曾　平	南昌市建设工程招标投标监督管理办公室党支部书记
胡朝辉	南昌县委常委、县政府党组成员
樊友军	南昌县农业农村局党组成员、副局长
肖　青（女）	南昌县社会福利院院长
龚芦花（女）	南昌县南新乡党委书记
章春虎	南昌县广福镇副镇长
龚常慧	南昌县塔城乡湖陂村原驻村工作队队长兼第一书记，南昌县税务局党委委员、副局长
卞　红（女）	南昌市新建区机关事务服务中心主任（新建区扶贫服务中心原主任）
黄小晖	南昌市新建区流湖镇党委书记
凌　婧（女）	南昌市新建区石岗镇党委书记
魏　靓（女）	南昌市新建区石埠镇党委副书记
戴党太	南昌市新建区铁河乡东阳村驻村工作队队长兼第一书记，南昌市公路事业发展中心三级主任科员
吴文坚	南昌市新建区流湖镇溪洪村驻村工作队队长兼第一书记，新建区税务局机关党委干部
叶修堂	进贤县委副书记、县长
刘　杭	进贤县政协副主席，县财政局党组书记、局长
吴　宽	进贤县委办公室主任
李　勇	进贤县扶贫服务中心党组书记、县政协农业农村委员会主任
胡江华	进贤县白圩乡党委副书记
张志江	进贤县钟陵乡副乡长

付　亮	进贤县民和镇旺坊村党支部书记、村委会主任
彭开先	安义县委书记
刘宗彪	安义县农业农村局党组书记、局长
刘凤生	安义县扶贫服务中心主任
罗俊辉	安义县长均乡把口村驻村工作队队长兼第一书记，南昌市委统战部干部科科长、机关党总支专职副书记
万为富	安义县鼎湖镇湖溪村党支部书记、村委会主任
刘红玲（女）	安义县万埠镇下庄村村民
涂　晔	湾里管理局党工委委员、副局长
何媛丽（女）	湾里管理局农业农村与林业办公室党委书记、主任、四级调研员
夏　辉	湾里管理局太平镇党委书记

江西省脱贫攻坚先进集体（14个）

南昌市财政局农业农村科

江铃汽车集团有限公司

南昌县扶贫服务中心

南昌县幽兰镇

南昌县泾口乡

安义县东阳镇

南昌市纪委市监委驻安义县石鼻镇果田村帮扶工作队

江西银行驻进贤县衙前乡下邹村帮扶工作队

进贤县民政局

进贤县季艺力志愿者协会

国家电网南昌供电公司驻湾里管理局梅岭镇立新村帮扶工作队

南昌市新建区农业农村局

南昌市新建区石埠镇

南昌市政府办公室驻南昌市新建区象山镇河林村帮扶工作队

三、江西省脱贫攻坚奖荣誉人员

公益"绣"出一片助困天地

——记 2017 年江西省脱贫攻坚奖奉献奖获得者沈东京

沈东京,男,1991 年生,中共党员,现任南昌市崛美公益发展中心常务副理事长,青云谱加加美公益发展中心创始人。2017 年江西省脱贫攻坚奖奉献奖获得者。

沈东京,大学毕业后因受到崛美公益创始人——老党员阎志强同志的感召,放弃了回乡及去北上广深发展的机会,留在了江西,踏上了一条扶贫济困、服务社会的公益事业道路。

风雨无阻,爱心"到家啦"

2014 年,沈东京加入全国先进社会组织——南昌市崛美公益发展中心下属的苹心志工社,走村串户,无私奉献,抗洪救灾,一年后担任社长。

通过"到家啦"系列项目,沈东京与志愿者们在江西赣州、上饶,湖南,贵州等重灾区,为灾民协调分发 1000 余万元的救灾生活物资;发起"给留守儿童烧个肉"活动,为千名留守儿童送上了一顿可口的红烧肉;开展"免费小药箱到家啦"活动,为江西几十位贫困老人送去一个生活小药箱;发起"进深山送老花镜去"活动,三天筹款 22 万余元,为 1 万名贫困老人送去了免费老花镜;等等。目前志工社有两辆公益物流面包车常年穿行于各个扶贫村,累计配送物资 10 万余件,价值千余万元。

小微扶贫,扶贫先走"心"

"小微扶贫",是沈东京针对社会组织参与脱贫攻坚所提出的理念。草根社会组织在脱贫攻坚工作中,扮演绣花针而不是斧头的角色,通过多元化的公益活动打扫政府难以介入的扶贫死角，满足个性化的贫困扶助需求。如：沈东京发起的"洋娃娃到家啦"项目，为千余名留守儿童送上了毛绒娃娃，陪留守儿童过了一个快乐的童年；通过基金会申请，每年冬天为扶贫村的孤寡老人送去温暖包（内含羽绒服、羊毛袜、护膝、护腰等），累计覆盖40余个村落，3000余人，价值百万元。通过类似的微小活动，扶贫第一书记在落地任职扶贫的时候，不会空手到村，这无形中增加了与百姓们之间的黏性，调和了与村干部、村民之间的关系，缓解了扶贫第一书记落地难、沟通难、政策推广难等问题，是扶贫关系中的创新手法。

沈东京（左）给山区老人送老花镜

沈东京在鄱阳县参加"呈香小屋"标准化建设现场会

建房铺路，搭起扶贫"爱的桥梁"

修房子、铺马路、改造旱厕等原本不是沈东京做公益扶贫的目标手段，缘起偶然。

2015年12月，沈东京带着"老农万岁"项目组深入江西省向塘镇璜溪村为老农免费拍摄艺术照，一位八十多岁的老奶奶拉住沈东京的手，来到一条泥泞的旮旯小道。老人抹着眼泪说，这条短短的百米小路连着她家，几十年了没有修过，只要一下雨，她和四岁的曾孙女就没有办法出门。

沈东京带领队友，采访、拍照，向工程队询价，与村民一起探讨修路方案，连夜起草一份网络众筹方案，迅速上线、转发、跟踪、回款、建设、验收。老人万万没想到，仅仅一个月，坑坑洼洼的小路魔术般地变成了一条平坦结实的水泥马路。竣工的那一天，全村老少都来了，人声鼎沸，鞭炮齐鸣。活动尾声，老人寻找那个叫小沈的年轻人想当面再次道谢，志愿者们指了指远方，小沈已经发动了小面包车，他要去下一个"老农万岁"活动点安排工作了。

修路成功后，沈东京尝到了基础设施为全村百姓带来便利的美妙滋味，他一发不可收拾，开始项目化推进基础建设了。通过多方协调，他感召了四十位多慈善合伙人，于 2016 年 9 月开始推行"呈香小屋"项目，专门为贫困村无家可归者修房子，目前已为江西省扶贫村修路、修房、建屋、安厕、打井 35 栋（个）。随着"呈香小屋"项目的深入，项目组团队凝聚力也越来越强。目前核心捐助人已经合伙成立专项的"呈香基金"，成为该项目持续发展的坚强后盾与源源动力。

"小微扶贫"理念，受到了民政部、省市扶贫办的高度肯定，被扶贫第一书记亲切地称为扶贫村的"第二书记"。《人民日报》以"愿做一根绣花针"为题，用半个版面对沈东京及其团队的脱贫攻坚先进事迹进行了专题报道。

用生命谱写扶贫赞歌

——追记 2018 年江西省脱贫攻坚奖贡献奖获得者 李俊敏

李俊敏，男，1975 年 6 月—2018 年 5 月，中共党员，生前系进贤县供电公司营销部党支部书记、副主任。2017 年 9 月至 2018 年 5 月 21 日担任南昌市进贤县七里乡兰溪村第一书记，他用生命谱写了兰溪村脱贫攻坚的一曲优美赞歌，书写了平凡人不平凡的一生。2018 年江西省脱贫攻坚奖贡献奖获得者。

于扶贫，他鞠躬尽瘁

李俊敏（左）走访慰问困难户

"立了军令状，就要对得起组织，对得起乡亲。"李俊敏是这样承诺的，更是这样付出的。初到兰溪村的李俊敏，经过深入调查发现，兰溪村很多土地都荒废着。为了依托土地资源发展特色农业，让贫困户获得稳定收益，李俊敏不辞辛劳地找到县扶贫办、省农科院，实地考察了多个扶贫项目，并翻阅了大量资料，最终确定了走油茶种植的脱贫路径。有了初步的产业规划，李俊敏却顾不上喘一口气。作为来自供电系统的扶贫干部，村里陈旧的电网令他寝食难安。为了兰溪村电网改造一事，他四处奔走，多方联系，最终县供电公司决定从全县中低压配电网改造建设工程经费中，专门挤出212万元，系统性地彻底解决兰溪村的用电问题。

于百姓，他问心无愧

在兰溪村众多群众眼里，李俊敏是一位像亲人一样的好书记。李俊敏来到兰溪村的第一件事就是走访群众，他用一个星期走访了10个自然村、13个村小组、32户贫困户，摸清了村民的家庭状况并熟悉了村子的地形特点。用兰溪村书记的话讲，李俊敏来到村里，总是不跟村干部打招呼，而是走到贫困户家中，直接跟他们打招呼，嘘寒问暖。贫困户付国运一家不会忘记，李书

李俊敏（左）与同事分发茶树苗

记的一次拉家常，给一家人带来了转机；贫困户颜国花一家不会忘记，李书记的一次走访，以最快的速度帮助颜国花落实危房改造资金；孤寡老人颜国和不会忘记，李书记经常到家看望他，嘘寒问暖，陪他唠嗑，排解寂寞。

于家人，他心中有愧

村支书洪瑞珍含泪回忆着："他真是拼命啊，经常晚上八九点还在贫困户家里走访。村民们都很喜欢他，看到他来，摆上两张小板凳就开始聊，说说心窝子话。"扶贫工作忙碌的背后，是陪伴家人的时间越来越少。从小和李俊敏一起长大的表弟兼同事胡小刚说道："3月25日，是李俊敏儿子的生日，许久没有见到爸爸的儿子，本来约好爸爸回家一起聚聚，但到了晚上，李俊敏仍忙着陪一名贫困人员在医院治疗，对着电话那头的儿子，李俊敏万分愧疚：'儿子啊，爸爸真的走不开……'"

为了扶贫事业，李俊敏献出了宝贵的生命。在这担任第一书记的200多个日夜里，李俊敏深入走进群众周围，贴近群众心里，想群众之所想、急群众之所急、解群众之所困，他用自己的实际行动深深地打动着村民，他用短暂的一生诠释了共产党人的责任与担当。

菌菇棚里富民"经"

——记 2019 年江西省脱贫攻坚奖奋进奖获得者丁建新

丁建新，男，1975 年 3 月生，中共预备党员，南昌市新建区流湖镇上房村里家垅村人。2017 年底，眼看着上房村还是江西省"十三五"省定贫困村，长期在外打拼的丁建新毅然回乡投资创办食用菌生产基地，带领村民脱贫致富。如今他已是江西省新赣食用菌科技有限公司董事长。2019 年江西省脱贫攻坚奖奋进奖获得者。

二次创业：返乡办厂种菌菇

其实，丁建新在外一边跑自己的生意，一边把目光瞄准了食用菌种植，准备找准机会回乡创办食用菌生产基地。返乡后，丁建新就与村集体合作，前期自主投资 580 万元注册江西省新赣食用菌科技有限公司，自费聘请技术专家指导组织试种。很快，2018 年基地一期建设工程顺利完成，累计投资 1000 余万元，新建食用菌大棚 4620 平方米，标准温控鸡枞菌房 11 间。当年种植投产的 30 万包菌包，清一色高端高价的黑皮鸡枞菌，不仅供应给南昌及周边市场，还远销上海、广东、福建等地。村"两委"如期兑现全村 19 户贫困户户均 1000 元的分红收入。同时，大量招收本地村民务工，仅在食用菌生产过程中，基地就发放村民务工工资 100 多万元。

创新模式：助力村民新生活

2018 年 6 月，基地尚在建设时，经与村、镇干部商量，"流湖镇产业扶贫基地""流湖镇就业扶贫车间"就在公司正式挂牌，成为基地创新帮扶模式平台。2019 年开始，村"两委"出资购买公司的菌包赠送给贫困户种植，每户 900 包，收获的菌菇或自销，或由公司以保底价收购。2020年又推出菌包托管模式，即由帮扶单位南昌市公安局、社会爱心人士每年向贫困户捐赠菌包（其中，特困户500包、一般贫困户300包），交由公司代种代管代销，收入归贫困户。

平菇种植技术简单易学，一批菌包可以种3个月，以每包菌包利润6元计算，贫困户种一批菌包的纯利达5400元。即便贫困户一年只种两季，村里10户参与平菇种植的贫困户，每年可实现户均增收1万多元。从南昌市公安局来的驻村第一书记杨亮这样算了一笔账。

村企融合：扶强村集体经济

"把村集体扶强，持续脱贫才会有保障。"上房村采取"党支部＋能人＋公司＋贫困户"的模式，成立村级专业合作社，与江西省新赣食用菌公司签订村企合作协议：村委会整合扶贫资金44万元，在基地一期项目规划中，建了一间800平方米出菇房，出租给公司使用，公司每年向村集体缴交菇房租金3.7万元。在二期菌包房建设中，村集体又投资200万元建设2100平方米厂房供公司使用，公司每年向村委会缴交12万元租金。2020年底，上房村集体收入突破20万元，辐射带动周边100余人实现就近就业增收。

丁建新（左）查看村民种植的菌菇产品

从"弃农从商"再到"弃商从农"

——记2019年江西省脱贫攻坚奉献奖获得者凌继河

凌继河,男,1961年12月生,中共党员,江西省绿能农业发展有限公司董事长。先后荣获全国种粮大户、全国十佳农民等称号。2019年江西省脱贫攻坚奖奉献奖获得者。

2009年,凌继河弃商从农,创办江西省绿能农业发展有限公司。他践行"再亏不能亏农民"的经营理念,创新实践粮食生产经营模式,以"大绿能"托"小绿能"的特有模式,助力脱贫攻坚,带动800多户贫困户脱贫致富、12000多户农户迈向小康。

放弃外地产业回乡当"田老板"

凌继河是安义县鼎湖镇西路村土生土长的农民,20世纪80年代,他弃农从商,20多年的努力,成为身价几千万的企业家。但他一直把自己看作是庄稼人。每次回家探望父母,看到村里许多良田被撂荒,不少乡亲的生活依然不富裕,他心里就觉得不是滋味,"我们这一辈的庄稼人对田地是看得很重的"。他逐渐萌生一个愿景:把撂荒的土地集中起来,成立农业企业,组织规模化产业化的生产经营,带领乡亲共同致富,让种田成为有奔头的产业,让农民成为体面的职业。

2009年,凌继河毅然决定:结束在外生意,回家种田。投资1000余万元,在自己的家乡鼎湖镇,组建了江西省绿能农业发展有限公司。

公司成立后的首要任务就是把村民的土地承包经营权集中流转过来,但村民一开始并不相信凌继河,认为他不是真心实意来种地的。面对村民的怀疑,他没有气馁,一家一家上门调查,找亲戚担保,承诺"租金一次付清,合同一年一签"。一番努力,公司土地流转规模从最初的5000亩,到1.2万亩、1.5万亩、1.8万亩,再到如今的 5 万亩。凌继河实现了从农民企业家到"田老板"的转变。

运用现代技术的"田专家"

2009 年秋收过后，曾经的种田好手凌继河发现自己不会种田了。头三年，竟连续亏了 600 多万元。多年的营商经验告诉他：要实现农业的现代化，科技、管理和人才是关键。

科技上，他与江西农业大学、江苏农业研究院、广东农业科学院等单位建立农业科技服务合作关系。引进新型农业实用技术，共建科研实践基地，提供实践教学平台，把教学科研和技术应用实验搬到田间地头；建 40 多亩试验田，试种袁隆平科研团队指导下的 Y 两优 2 号最新品种；应用测土配方、施用叶面肥、智能化喷药等新技术，科学精准开展作物田间管理；争取国家项目支持和公司自筹资金 5000 万元，对农田基础设施升级改造，建成 9000 亩高标准良田，设立蔬菜种植、瓜果种植、水稻品种推广、施肥配方试验、植保测试等功能区，实现了连片种植和水稻植保的统防统治。

管理上，凌继河将商业绩效经营方法推广到种田管理，农田地被分成若干个区，聘请 100 多名种田能手管理，每个分区由 1 名生产队长和 7 名农民负责，聘用人员拿固定工资，公司制定产量标准，实行目标管理、绩效考核、超产重奖等机制。其中，最为大家津津乐道的是他高调给种粮能手发超产奖金的"趣闻"。从 2012 年始，他每年公开举办超产奖励大会，现场为种粮农户发奖金，连续八年的奖金总额 2000 多万元，"种粮状元"刘高美八年来的工资和奖金达到了 200 多万元。

人才上，他育才、引才并举，以工代训、定期专家技术指导、组织员工参加县级技术培训、选派员工到高校进修等，已是公司的常态性工作。现在，公司已经引进了 13 名大学生，其中不乏"95 后"的年轻人。他还有一个更长远的设想，创办一所现代职业农民培训学校，专门培育"80 后""90 后"新型职业农民，解决未来"谁来种田"的问题。

带领村民致富的"田保姆"

圆了现代农业梦的凌继河觉得不能仅限于个人的梦想实现，应该带领更多村民共同致富。他是怎么做的呢？

高价流转土地。以高出当地零星流转租金平均水平 1 倍以上的价格，广泛让利于村民和贫困户。鼎湖镇党委书记熊振强算过这样一笔账："绿能每亩地租金是 500 元，加上国家粮食直补，等于给外出务工村民增加收入近千元每亩，以前种田，每亩纯收入也就300多元。"

推广"股田制"。把贫困户、收入低的农户组织起来,成立合作社,合作社以土地入股的方式参与经营,公司给合作社保底收益160元/亩。万埠镇下庄村就是"股田制"受益村之一,该村从村民手中以每亩450元的租赁价格流转出1300亩土地,整体交由绿能公司帮助春种秋收。该村委会主任王小九说:"绿能公司的帮助,使我村的脱贫攻坚工作走在了全镇的前列。原来我们这里的土地流转价格在300—400元,仅这一块就为村民增收13万元,村里也能有83000元收入。"

提供社会化服务。充分尊重农户的意愿,对希望自营的农户提供半托管或全托管或订单等多样化社会服务。半托管服务,品种选择、季节安排、产品销售等,由农户自主决定,公司以低于当地市场30%的价格提供机耕、机收、烘干等部分环节服务;全托管服务,从购买种子、化肥、农药,到机耕、机插、机收、稻谷烘干,到销售的产前、产中、产后实行全程服务,每亩收取费用980元,农户每亩增收1000元左右;订单服务,通过统一品种、订单生产、保底价回收方式合作,确保高于市场价格0.15元/斤以上收购农户稻谷,接受订单服务的村民和贫困户增收168元/亩。

经过不断的探索实践总结,"江西省绿能农业发展有限公司"形成了"四金组合""股田制""公司直营+托管服务""订单"为内容的兴农、助农模式,被誉为"绿能模式"。如今,"绿能模式"已经走出了安义县,凌继河的"脱贫稻"种到了国家级贫困县乐安县、莲花县。

十年的耕耘,江西省绿能农业发展有限公司成长为省内响当当的综合性农业企业。公司已有自营土

凌继河(左二)与田间劳动的农户进行交流

地5万亩、社会化托管土地15.8万亩,员工186人,厂房30000平方米,机械化耕作率达到95%,大米深加工能力年10万多吨;辐射带动800多户贫困户脱贫致富,12000多户农户迈向小康,员工中也涌现出64名百万富翁。

成功了的凌继河正在思考更深层次的问题——未来谁来种地?怎么种地?和谁种地?江西省绿能农业发展有限公司的探索实践无疑将为我们找到答案。

以创新思维聚力脱贫攻坚

——记 2019 年江西省脱贫攻坚奖奉献奖获得者李光荣

李光荣,男,1965 年 10 月生,民建会员,江西省越光电缆股份有限公司董事长,江西省电缆行业协会会长,民建江西省委会委员、常委;2016 年 10 月至今任江西省民建同心扶贫基金会理事长;2018 年 1 月当选为江西省十三届人大代表,江西省政协第九、十、十一届委员会委员。2019 年江西省脱贫攻坚奖奉献奖获得者。

饮水思源,富而思源,守望投身扶贫事业初心

年过五十的李光荣,身为一个在农村长大的孩子,经历过童年时期农村生活的艰辛,目睹过农村多少贫困家庭的绝望无助。走出农村,是当年这个懵懂少年的强烈愿望。20 世纪 80 年代初期,年方十八的李光荣勇敢地迈出了这一步,来到城里一个社办街道小厂打工,幸运的是,在他踏入城市之际,正值改革开放之时,波澜壮阔的时代洪流,赋予了他这个勇敢者从未有过的人生机遇。从打工到下海成为个体户,再到开办贸易公司、投资建厂办实业,企业规模从几万元到百万元、从百万元到千万元,进而迈入数亿元,缴税额从数万元到过千万元。每一步发展,每一次突破,都受益于时代的进步、经济的活跃和政策的宽松。李光荣始终觉得,是改革开放成就了自己,是伟大时代和光辉岁月成就了他的光荣梦想。

这是李光荣的真实想法,也是他长期以来致力于扶贫帮困的内生动力。企业在不断壮大的同时,李光荣一直在思索,自己应该为国家、为社会做点什么。自从有了基本的经济条件以后,李光荣便会自觉地去慰问贫困家庭,为农村修路建桥、捐建学校、资助贫困学生。截至2016年，他自发零星地扶贫助困不下10起，捐赠资金200多万元。做这些，他并没有什么太多的理论，更没想过得到什么回报，李光荣只是出于农家孩子纯朴的直觉：饮水要思源！

创新思维，搭建平台，倾心架起民建同心扶贫"桥"

扶贫不能零敲碎打，扶贫不能撒胡椒粉，扶贫不能有始无终，扶贫要有平台组织、有方向、有源头活水。李光荣觉得应该成立一个基金会，以基金会的名义推动扶贫工作更好更快、更持续更长久开展。李光荣的思考得到了中国民主建国会江西省委员会的大力支持。经过不懈努力，2016年10月，江西省民建同心扶贫基金会经省民政部门正式批准成立。

基金会在成立过程中，李光荣倾注了大量的时间和心血，并自告奋勇担任基金会理事长。在2017年2月18日举办的民建同心扶贫基金会首场慈善晚会上，李光荣带头举牌捐赠100万元。在他的示范带动下，当场募得善款1100多万元，为基金会成体系、有规划地开展脱贫攻坚工作搭建了平台，注入了源头活水。基金会的成立，走在了全国民建各省、市的前列，也是本省各民主党派扶贫工作的首创，得到了省委统战部和社会各界的充分认可。到2019年，基金会成立不到三年，已募得扶贫基金超过1800万元。其中，李光荣作为基金发起人，个人捐资170多万元。这些资金如缕缕溪水，陆续用于为贫困乡村修路建桥、建设学校、改善乡村电力设施以及资助乡村贫困学生等。李光荣用创新思维，使自己的扶贫意愿与民建同心扶贫基金会一起，汇入了江西脱贫攻坚的丰富实践，成为脱贫攻坚战役中的重要力量。

创新方式，发力引领，着力打造教育扶贫品牌工程

扶贫要和扶志、扶智相结合，重点攻克深度贫困地区脱贫任务。习近平总书记的殷切嘱托，激发着李光荣的扶贫动力。扶贫不能打游击战，要有实施计划和主攻方向，这是国家脱贫攻坚战的时代要求，也是李光荣在近年来扶贫过程中体悟出来的感受。2018年2月，李光荣和另外4位企业家创新扶贫方式，共同发起"音乐响起"乡村音乐教室援建工程，旨在补齐农村小学音体美专业教育短板，促进县域义务教育均衡发展，让贫困地区青少年儿童从小播下音乐艺术的种子。为全省偏远贫困地区小学配备完善的音乐教学器材，为乡村小学搭建标准化的音乐教室，让偏远乡村的孩子在接受基础义务教育之外，还能获得基本的音乐素养，目标是在全省范围内建设400间乡村音乐教室。作为发起人之一，李光荣当年就捐

建了6间音乐教室，再一次，在他的影响和其他发起人的带动下，众多企业家和爱心人士都参与到"音乐响起"这一工程中。仅2018年，就在全省范围内建成了56间规范标准、设备齐全的乡村音乐教室。

在项目实施过程中，李光荣不顾路途遥远，不计个人得失，参加各类音乐教室启动仪式和推广活动，只要是对音乐教室建设有作用有帮助的事情，李光荣都会优先安排处理。他还安排时间走访了音乐教室的学校负责人和音乐教师，了解音乐教室的使用情况以及学生意见。当得知每一间音乐教室都成为孩子们最为期待的课堂，许多孩子因为有了音乐教室之后，性格都变得活泼开朗了，李光荣总会兴奋不已，因为自己的付出在孩子们身上体现了回馈。目前，乡村音乐教室已得到社会各界的广泛赞誉和参与，李光荣仍在为"音乐响起"项目进一步扩大覆盖面而努力工作，规划在未来几年时间，实现全省高校音体美专业师范生实习支教活动的全覆盖，让更多的偏远贫困乡村的孩子因为乡村音乐教室而接受更多的音乐熏陶，为全面脱贫攻坚和美丽乡村建设增添一抹亮色。

党建统领，奋力比拼赛脱贫

——记2020年江西省脱贫攻坚奖作为奖获得者刘福明

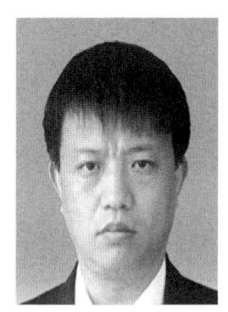

刘福明，男，1981年9月生，中共党员，南昌市湾里管理局罗亭镇党委书记、罗亭工业园党组书记。2020年江西省脱贫攻坚奖作为奖获得者。

"坚持'党建统领'不动摇、强化'奋力比拼'不放松、加快'乡村振兴'不止步、打造'样板罗亭'不停歇。"这是刘福明在2021年1月的工作会议上的一段讲话。他自2018年1月任职以来，开启党建统领脱贫攻坚工作，树立了样板罗亭典范。

"一加三"助推乡村产业

积极鼓励一产快速发展，鼓励当地村民发展特色种养业，短短时间内就形成了具有罗亭特色的青蛙、小龙虾养殖业和草莓、火龙果、葡萄等种植业。大力促进三产遍地开花，发展以美丽经济带动的旅游业，先后举办了南昌市第二届、第三届郁金香花展和第一届、第二届国庆嘉年华金秋十月花展。挖掘罗亭关公灯文化、赶集文化和葡萄品牌特点，进一步丰富了旅游内容。罗亭已形成一条以旅游带动、节庆拉动、农业推动的产业链条。

考核比拼改善乡村面貌

通过每日一督查，每周一调度，每月一考核评比、奖优罚劣的方式，短短半年时间，义坪村发生了翻天覆地的变化，顺利实现整村脱贫摘帽。多少个烈日下坚守在贫困村改造的一线，身上的皮肤晒得黝黑脱皮，多少个夜里伏案思考，眼圈发黑眼里布满血丝，老百姓都说："刘书记身上有一股使不完的劲。"2018年选取义坪村岭口王家重点打造秀美乡村，按照总体规划、精细建设的方式，使昔日贫困村中最脏乱差的自然村成为如今的网红村庄,将脱贫攻坚与秀美乡村建设紧密结合,为实现乡村振兴添上浓墨重彩的一笔。

结对帮扶助力贫困户脱贫

创立了"党建+脱贫攻坚"新机制,大力开展"走亲戚"活动,党员干部结对帮扶1—2户贫困户,每月走访不少于1次。他不仅自己走亲戚,带着全镇干部走亲戚,还带着自己的家人走贫困户亲戚。他结对的贫困户祝青春家里有两个孩子正在读小学,刘福明便带着自己的大儿子与贫困户孩子结对走亲戚。在他的教育下,大儿子刘履发也多次把自己的书籍、书包、文具等赠送给他们,还拿出自己的压岁钱为贫困户孩子购买新年礼物赠送。

百姓要脱贫,党建要先行。罗亭镇在开展扶贫工作中充分发挥了广大党员的引领作用,带领村民走上了产业振兴脱贫的道路,打通了党联系群众的"最后一公里",为乡村振兴建设打下了坚实的基础。

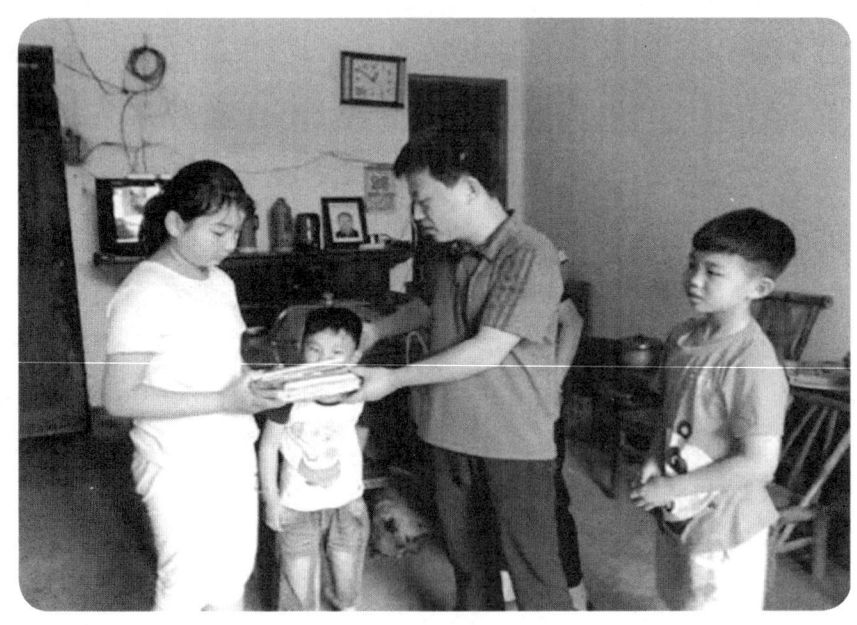

刘福明(右二)带着儿子去贫困户家里送书籍

小芦笋铺出致富路

——记 2020 年江西省脱贫攻坚奖奉献奖获得者谈承标

谈承标，男，1980年10月生，中共预备党员，南昌市禄祺实业有限公司董事长兼总经理。2019年被授予新建区"创业致富带头人"荣誉称号。2020年江西省脱贫攻坚奖奉献奖获得者。

敢于改变现状，让西岗环境"变"起来

近年间，西岗村告别土坯房，百姓住进"小洋楼"；西岗人告别地井水，喝上自来水；西岗地告别"靠天收"，用上"自流灌"；西岗人告别"囊中涩"，种上小芦笋。2016年底，谈承标经身边朋友引荐，骑车来到西岗村，考察芦笋基地落户事项。多年前的西岗村道路坑洼，环境脏乱，黑灯瞎火，但那里土壤优良，水资源丰富，是非常适合芦笋生长的好地方。

谈承标顺势而为，投资1600万元，成立南昌禄祺实业有限公司，打造千亩芦笋种植基地。一个曾经只求养家糊口的少年，如今立志要做一番有意义的事业。

万事开头难。谈承村投资创业之初，面对的阻力不小，困难重重，他以赤诚之心对待事业，在自己不断的努力和当地政府的大力支持下，资金不足、村民扰乱、环境改造等问题迎刃而解。一排排整齐的白色大棚依路而建，公司有序启动。村民们从原来抵触，到现在欣然接受。现在的西岗村越来越美，道路整洁，沟渠清澈，鹭鸟悠悠，芦笋基地呈现出一派田园风光。西岗村村民陈宇祥老人感慨万千，他说："如今的西岗村，自解放以来，变化最大的一次。"

为了"强筋壮骨"，弥补知识不足，谈承标自我加压，考了"国家开放大学"，学习企业管理，提升素质，提高管理水平。三年来，南昌禄祺实业有限公司形成了一家以芦笋种植、精深加工、示范推广为主的绿色农业生态园，被江西省农科

院授牌为芦笋新品种、新技术示范中心,公司年产量500万斤,产品远销中国台湾、马来西亚等地,是一家响当当的龙头企业。

千亩芦笋基地,让百姓腰包"鼓"起来

走进西山岭下的千亩芦笋种植基地,只见成片的芦笋长势喜人,一眼望不到头,一根根手指粗的绿笋从地里冒出头来。基地里,工人们正趁着好天气在拔草、铺有机肥、掰芦笋,一派繁忙的景象,不时从芦笋丛里传出劳作人们的笑声。西岗村芦笋基地流转了1250亩土地,其中860亩已经种植了芦笋,230余亩种植了莲藕。据芦笋种植基地负责人谈承标介绍,他们生产有机芦笋,不使用机械运作,绝大多数工作是人工作业,所以每天至少需要80多个人工,用工高峰时能达到230余人。

谈承标主动与政府对接,将千亩芦笋基地列为扶贫基地,通过土地流转、资金入股、解决就业的方式,带动村民踏上脱贫的道路。基地关联了全村38户贫困户,通过土地流转获得租金的有28户,每亩给予500元的补助。全村38户贫困户全部加入合作社,其中12户贷款60万元以合作社名义入股芦笋基地,每年可分红8.6万元,使脱贫贫困户享受分红800元,未脱贫贫困户享受分红1200元。谈承标优先聘请贫困户到基地工作,让村民们实现家门"稳就业、稳创收",西岗村也于2018年成功摘帽脱贫。对那些缺乏技能但有劳动力的贫困户,谈承标安排他们培训,邀请江西农业大学、省农科院专家讲课,种植、开沟、施肥、打农药、采摘、切割,环环指导,直至熟练操作。而对那些年纪偏大或身体残疾的贫困户,则因人而异,安排力所能及的工作。

真诚回报社会,让西岗群众"暖"起来

致富后的谈承标不忘回报社会。谈承标认真践行创业之初的诺言,尽自己最大的能力投身于社会公益事业。从来到西岗村后,谈承标每逢传统佳节都会给西岗村38户贫困户送去粮油、被褥等。2020年新冠病毒席卷全国,面对疫情,作为一名农民企业家,谈承标第一时间将1000斤芦笋送到省卫健委,从海南调入2吨茄子运抵武汉。当他得知西岗村口罩、消毒液等防疫物资紧缺时,立马采购,将2000余件防护物资免费送到了村民手中,体现出一名企业家的社会责任感。

风物长宜放眼量。眼下的西岗村,乡风淳朴、安居乐业,正向着富裕文明的康庄大道铿锵迈进。谈承标看在眼里,喜在心里,他始终认为,无论是作为一名共产党员,还是作为一名农民企业家,这一切都是自己应该做的。他昨天今天这样做,明天依然会这样做。

四、江西"最美扶贫干部"

续写脱贫攻坚新篇章

——记 2020 年江西"最美扶贫干部"王明君

王明君，男，1981 年 12 月生，中共党员，南昌市纪委监委党风政风监督室副主任。2019 年 10 月担任南昌市安义县石鼻镇果田村第一书记。2020 年被评为江西"最美扶贫干部"。

"四道保障线"巩固脱贫攻坚成果防返贫

自"沙洲果园"入驻果田村，果蔬产业成了集体增收、贫困户脱贫的有力保障，但光靠这一部"造血机"，仍显薄弱。果田村水资源丰富、近年区位优势日显，产业还有拓展的潜力。王明君与扶贫小分队队员调研论证后，有了共识：成立村产业经营实体，继续发展种植养殖业，对接政府发展战略。

2020 年 7 月，成立村集体独资控股的南昌市果田农业投资有限公司，公司把统管起来的资产折价 10% 股份，成为沙洲果园股东，深度参与果园生产、经营和分配链条；抓住江河湖泊禁渔十年的机遇，公司流转土地 190 亩、租赁水面 1500 亩，筹资 240 万元，联合恒湖农场打造稻虾共养和渔业养殖产业；对接全国现代农业示范企业贵澳集团入驻石鼻镇项目，流转土地 500 亩，推动贵澳集团投资 3000 万元在果田村设立现代农业产业园；成立南昌市果田物业管理有限公司，对村里闲置民房进行"四统一"管理，打造夜市经济一条街，为吸引对岸职教园区常驻师生进村消费未雨绸缪。

巩固脱贫攻坚成果防返贫的"四道保障线"基本成型。"这些项目一旦全部落地生效，按我们的估算，集体年收入将由 5.17 万元扩大到 100 万元以上，贫困户将年增收 2 万元以上，全村现有劳动力就地就业基本解决。"王明君信心十足地说。

"六项工程"补齐基础设施短板

果田村位于石鼻镇的尾端,四面环水地势低,与外界联通一直不畅,这成了村民最大的一块"心病"。要想富,先修路。王明君动起了修桥通路的念头。经他多方奔走,一条长 2.16 公里、直通安南小镇、与昌铜高速路口接壤的跨河跨高速桥梁公路项目确立了下来,建设资金和桥梁踏勘、测绘、设计、施工方案也相继落实。

他立足村集体经济发展升级的现实需求,对标乡村振兴战略,一揽子解决果田村饮水、绿化、亮化、灌溉、排污等基础瓶颈问题。为确保工程实现,他牵头做规划,又带领村"两委"干部马不停蹄地沟通洪城水业公司、市旅游集团等企业,协调市农、林、水部门,争取政策和资金支持。7 个多月里,硬是把接通安南小镇自来水工程、村夜市亮化工程、村级公路成品树移栽工程、村生活污水管网铺设工程、干河清淤覆岸工程 5 个项目定了下来,并争取到 900 多万元建设资金。

王明君(左三)参加果田村与恒湖农场签订水产养殖技术合作协议

"两手推进"战疫情稳生产

2020年1月,一场新冠疫情防控战、阻击战在全国打响。隔壁古楼村已有确诊病例,果田村有从武汉返乡人员。正在休假的王明君顾不上家人,大年初三就回到村里,立即着手部署疫情防控工作:组织动员、逐户排查、重点盯防、设卡监测、应急处置、物资储备等一系列措施紧急落实;防疫物资告急,王明君和党员干部带头捐款,紧急协调,口罩2000个、消毒液5箱、款项5万元到位;贫困户的小孩上网课困难,王明君一一上门确认开通网络学堂,还为脱贫户邓木火家孩子当了一回临时教师……

疫情防控一刻不能放松,复工复产、春耕春播又迫在眉睫。按照中央和省委的决策部署,王明君带领干部群众抢农时、促生产:组织村民和贫困户210余人开展春耕;逐户上门了解务工人员返工情况,提供返工前的健康和出行服务,460余户1760多人顺利返工;帮助2名不能及时返工的贫困户就地就业;发动社会关系,购买果农、菜农滞销水果2万斤、干蘑菇700斤,收入24.2万元。

王明君(中)在疫情防控一线

五、南昌市因公牺牲的扶贫干部

用生命兑现庄严诺言

——追记南昌市扶贫办原党组成员、副主任何国山

何国山，男，1962年11月—2019年8月，中共党员，2019年3月担任南昌市扶贫办党组成员、副主任。然而，就在南昌市脱贫攻坚收官战即将取得全胜的前夕，2019年8月25日23时，何国山同志却因病倒在了脱贫攻坚的第一线，用生命永远定格在57岁的忠诚，兑现了一名普通扶贫干部的责任承诺。

临"危"受命，主动扛起扶贫重担

2018年，南昌市脱贫攻坚正处最吃紧的关头。这年7月，因市扶贫办原主任退休，组织上安排何国山担任扶贫办副主任。肩负脱贫攻坚重任，他总是"白+黑""5+2"地苦干实干，全市75个有贫困人口的乡镇和80个贫困村都留下了他的足迹。经常深入基层调研、督导，何国山很快精准吃透了全市脱贫攻坚工作实情，找准了问题症结难点，并精准提出推进措施和方案，为市委、市政府决策发挥重要参谋作用。

忘我奋战，各项工作成绩出众

面对脱贫攻坚的艰辛，尤其是在脱贫攻坚考核、巡视问题整改期间，何国山自告奋勇担任市委脱贫攻坚巡视整改督导组二组组长，天天顶着烈日酷暑，白天入户了解情况，晚上针对发现的问题研究对策，从责任落实、政策落实、工作落实等方面研究细化具体指导意见，针对精准识别、精准帮扶、政策落实和精准退出等方面提出切实可行的操作方案。为了尽快帮助各县区、乡镇、村补齐工作短板，他与镇村干部、驻村工作队一道看内业、查漏洞，逐项指导，现场督导，讲任务、

讲方法、讲措施。功夫不负有心人，在2018年全省市级党委、政府脱贫攻坚考核中，南昌市位列"第一方阵"，5个县区有3个考核"好"、2个县区为"较好"。

未尽而终，一腔热血谱写初心使命

"舍小家顾大家""提起扶贫就有说不完的话"，这是和何国山接触过的同事朋友对他一致的评价。自从在扶贫办任职以来，何国山把全部心思都花在指导基层镇村和贫困群众脱贫上。

何国山是家里的顶梁柱。由于工作繁忙，他无暇照顾家庭和长期卧病在床的父亲。2019年5月，何国山的父亲病重弥留之际，他仍忙碌在脱贫攻坚会场上，没能见上父亲的最后一面，在送别老父亲后又全身心投入到工作中。

走访慰问贫困户是何国山（左）每次下乡的"必修课"

何国山（右一）冒着酷暑现场调度贫困村村庄整治

"老何经常说等到全市贫困群众脱了贫，自己也就完成了组织交给的使命，然后就退休和远在广州的女儿、外甥一起，享受天伦之乐，颐养晚年。"和他相濡以沫30多年的妻子至今悲情未却、泪眼难抑。

不忘党员初心，牢记脱贫使命。作为一名共产党员、一名扶贫干部，何国山用一颗赤诚之心诠释了一名共产党员肩负的责任，用实际行动践行了对党的庄严承诺！

六、2015—2020年
南昌市脱贫攻坚优秀第一书记

◇南昌县（18人）

兴产业促脱贫 扶真贫赢民心
——记南昌市南昌县黄马乡罗渡村第一书记熊斌

熊斌，男，1978年7月生，中共党员，南昌市委保密机要局干部。2015年8月至2017年9月担任南昌市南昌县黄马乡罗渡村第一书记。2017年被评为南昌市优秀第一书记。

兴乡村旅游，助脱贫致富

在充分调研、论证罗渡村基本情况的基础上，熊斌带领村集体制定了《罗渡村脱贫攻坚产业发展规划》，确立了发展乡村旅游这个脱贫致富的主导产业。他带领村民通过打造罗渡村入口景观和莲蓬种植基地，采取"旅游+产业+合作社+农户"的模式，流转300余亩土地种植富硒白莲；逐步培育农家乐，为发展乡村旅游产业打基础，2016年吸引游客3000余人次，发展农家乐8家，发放贫困户劳动力工资12万余元，广大村民受益良多。2017年，全力打造罗渡村"花海原乡"乡村旅游扶贫项目，总投资2亿元。罗渡村通过资源变资产、资金变股金、农民变股东"三变"改革，将村集体、农户和经营主体三者联合，激活生产要素，释放旅游产业扶贫潜能，助推罗渡村脱贫致富。

抓党建，带班子，筑牢脱贫攻坚组织保障

"火车跑得快，全靠车头带。"熊斌始终把发挥村党支部的战斗堡垒作用作为

罗渡脱贫攻坚的重要抓手。坚持执行村"两委"议事"四议两公开"制度,强化村民监督委员会监督作用,真正在村"三资"处理和扶贫资金使用上让群众明白放心。丰富"党建+脱贫攻坚"内涵,通过"党建+项目推进""党建+产业发展""党建+乡贤文化"等方式推动脱贫攻坚工作。罗渡村党支部先后被评为南昌县先进基层党组织、党建先进单位、五星网格示范点。

办实事,善作为,推进民生保障得民心

熊斌在民生工程、文化服务设施、环境提升等项目建设上积极作为,先后申请、协调、推进基础设施建设项目25项,总投资上亿元,村民的获得感和幸福指数不断提升。他发动社会力量,争取爱心企业、社会团体、家官乡贤共同参与脱贫攻坚,争取到南昌旅游集团捐资100万元打造罗渡村入口景观,南昌县洪宇建筑集团捐资200万元修通长1.8公里、宽6米的罗渡村三级通村公路,市烟草专卖局捐资5万元建设小型生态停车场,罗渡村12名家官乡贤踊跃筹集教育基金22.3万元。

罗渡村的新面貌

产业兴村谱新篇,民生保障得人心。通过发展产业,保障民生,如今的罗渡村,每到盛夏时节,河岸边及莲蓬种植基地呈现出"接天莲叶无穷碧,映日荷花别样红"的美丽画卷,吸引游人如织,村里环境美了,村民们的腰包鼓了,大家干事创业的心也更齐了。

扶起朱坊村脱贫致富的"一片天"

——记南昌市南昌县武阳镇朱坊村第一书记龚署鹏

龚署鹏,男,1974年7月生,中共党员,南昌市委组织部调研处副处长、主任科员。2015年8月至2017年9月担任南昌市南昌县武阳镇朱坊村第一书记。2017年被评为南昌市优秀第一书记。

补齐支部短板扶强"主心骨"

朱坊村一直是武阳镇的"后进村"。龚署鹏按照"党建带扶贫、扶贫促党建"的工作思路,带领村"两委"班子成员,瞄准"穷根"发力补短板。利用市财政拨给第一书记的5万元工作经费,新建朱坊村党务、村务和财务公开栏,倒逼村"两委"和村干部由"漂起来"向"沉下去"转变。整合省、县和镇三级基层党建工作经费15万元,将闲置的村小学7间教室改造为集支部会议、党员(村民)远程教育、党员(村民)谈心交流、便民(惠民)服务等功能于一体的村级组织活动场所,村民有困难不再"摸不到门、找不到人、办不成事"。

盘活鱼苗池扶壮"村集体"

朱坊村临近抚河故道,沿故道有53个鱼苗池,养殖水面594亩。朱坊村的集体资产原由村民承包经营,2016年初就要到期了。

"收回出租到期的全部鱼苗池,重新在全村组织公开竞标!"2016年3月15日和3月18日,在多数村民的大力支持

龚署鹏(右)走访贫困户朱金来

和配合下,龚署鹏带领村"两委"干部顶着巨大压力,冲破少数村民无理阻挠,将53个鱼苗池594亩养殖水面的5年经营权(从2016年3月16日起至2021年3月15日止)公开竞标,规范签订承包合同后,村集体共收取承包款244.657万元(含3万元投标押金)。同时,按照"四议两公开"程序,村"两委"除留下12%的承包款用于村内基础设施和民生公益项目建设外,88%的承包款按人田各半的原则,以现金分红的形式分两次发放给全体村民。拿到分红现金的村民个个脸上绽露出久违的笑容。

办实事扶真贫扶起"精气神"

万新月,是村里的贫困大学生。由于父亲因病去世,母亲改嫁后,便一直与70余岁的爷爷、奶奶一起生活,家境一度十分困难。得知这一情况后,龚署鹏趁着万新月假期在家,一边鼓励她树立战胜困难、刻苦学习的信心和勇气,一边积极争取女企业家彭玲女士每年资助万新月15000元学费和生活费,确保她不因家庭

朱坊村村民分享鱼苗池承包的收获和喜悦

困难而失学。2019年7月,万新月大学本科毕业,2020年5月顺利考取了上海对外经贸大学的硕士研究生。

贫困户徐金兰,因患尿毒症基本无劳动能力,儿子在念初中,家中生活全靠丈夫一人打工维持。龚署鹏专程"请来"洪宇建设集团公司,为她家无偿援建了1幢60余平方米的新房,帮她儿子申请每年800元的贫困学生助学金,免费办理了城镇居民基本医疗保险和重大疾病商业补充保险。多项帮扶政策同时发力,让徐金兰全家增添了脱贫的信心。到2017年8月,朱坊村全村16户贫困户全部达到脱贫标准。

把驻村工作当事业干

——记南昌市南昌县三江镇汗塘村第一书记龚昆

龚昆，男，1982年3月生，中共党员，南昌市0112工程管理处副处长。2015年8月至2017年9月担任南昌市南昌县三江镇汗塘村第一书记。2015—2016年度被评为南昌市优秀第一书记。

整合资源，成立党建先锋网

龚昆2003年大学本科毕业后，先后在公安、食药监、人防系统有过任职，还在市纪委、市信访战线上锻炼过工作能力。丰富的履职经验给了他更加先进的工作思维，恰逢全镇实施集体承包土地确权颁证之际，通过高拍仪扫描所有农户的土地承包证，建立了村里承包土地信息库；又以新农合向城乡居民医疗保险升级改革为契机，建立了全村人口信息数据库；利用人防系统专业队伍，拍摄了村里

三江镇汗塘村道路改造前后对比

航拍图及视频,建立了建档立卡贫困户电子数据库。如今,汗塘村的各项资料电子化采集存档的程度越来越高,综治内网数据库建设基本成型,在全镇率先建立了汗塘村党建先锋网。

长远谋划,筑牢村庄发展根基

汗塘村基础设施极为薄弱,严重制约了村里各项事业发展。晴天一身灰、雨天一身泥,作田的人工作环境就是这个样子。农民下地的机耕道还是泥石路、汗塘小学上下课的坡路是破损的、村里办公设施场地陈旧且常规办公室设置不合理等,龚昆用实际行动积极响应老百姓的诉求,多方协调,想办法,出方案,一一落实解决老百姓最关心的民生问题,始终坚持民生事无小事、心系民生是做好扶贫工作的初心。

产业"造血",实施精准电商扶贫

参观"党建+电商产业"扶贫服务中心

根基筑牢了,才能走得稳、跑得快。恰逢2016年3月江西省扶贫办、省商务厅、省邮政分公司联合发文发展农村电商支持扶贫工作,龚昆积极争取"村邮乐购·农村e邮"项目落地,积极走访乡贤能人,找到并引领汗塘村大洲袁家有志青年袁祥云创立"秀挹三江"农业品牌。

"做梦都没有想到政府会帮我家销售马蹄,还是通过网上销售!"万基建与农户聊天开心地说道。通过入户走访,龚昆了解到桥头万家万基建夫妇和同村人合伙承包了50亩水田种植马蹄,预计产量有30万斤,得知销量不好的情况下,他主动找到他们,帮他们出谋划策,多次联合省邮政电商团队,实现销量和收入双增加。

一枝独秀不是春,百花齐放春满园。驻村扶贫期间,龚昆始终坚信:"只有珍惜百姓的点滴信任,才能汇聚成脱贫攻坚、全面小康的胜利海洋;只有坚守为民服务的忠贞信仰,才能实现国家复兴的中国梦!"

抓党建赢脱贫 促公益助发展

——记南昌市南昌县向塘镇璜溪村第一书记章三平

章三平,男,1977年8月生,中共党员,南昌市科技信息中心副科级干部。2015年8月至2017年9月担任南昌市南昌县向塘镇璜溪村第一书记。2015—2016年度、2017年被评为南昌市优秀第一书记。

抓党建赢脱贫,创新开展"521"党建工作模式

璜溪村共有党员86名,设有1个党总支、3个党支部、6个党小组。驻村后,他创新开展"521"(我爱你)党建工作模式,利用每月第一周星期三的晚上即网格日(南昌县创新社会治理网格化管理日)轮流在党员家中过一次组织生活,激发广大党员建设家园的积极性。如今,璜溪村的各个建设项目在广大党员参与支持下进展顺利,并涌现出许多优秀党员,如义务管理村庄事务的全县优秀党员徐金根,让路于民的徐吉平,主动分差田的张建平、张衍贵等。"521"(我爱你)党建工作模式获全省首届党务技能大赛"党的组织生活"项目一等奖,党建促脱贫工作成效显著。

促公益助发展,创新提出"网格+公益+扶贫"模式

为打通服务群众的"最后一公里",他来回奔波于村里、局里、社会组织间,摸索出了一套"网格+公益+扶贫"的全新模式,争取和吸引社会力量帮助璜溪村脱贫。为改善贫困学子学习环境,他联系南昌义联志愿者协会为贫困学子争取社会助学;为确保贫困户稳定增收,他联系江西协成新能源科技等公司帮助贫困户发展光伏项目;为方便村民生活,他争取南昌崛美公益发展中心为村里修建了

一条"溪旺小路"。目前与璜溪村建立帮扶的社会爱心组织和企业有十余家。"网格+公益+扶贫"模式在璜溪村形成了政府、公益、产业"三位一体"帮扶格局,得到民政部民间组织管理局副局长刘振国充分肯定,开启了璜溪村精准脱贫的新篇章。

家风促作风,平分"军功章"

一桩桩、一件件,璜溪村的每一点改变,都让章三平欣喜。他的心里、眼里都是村民、贫困户,心之所系,事之所为,自从担任第一书记以来,他先后获得了"优秀第一书记"、"四讲四有"先锋党员、"全县创新社会治理网格化管理工作先进个人"、"优秀共产党员"、"优秀村书记"、"优秀网格长"等荣誉称号。但"军功章"并不完全属于他,对于他的妻子而言,她爱上了一个"不回家的男人"。驻村工作期间,章三平白天与干部群众一起奋斗在扶贫脱困第一线,晚上住在村镇,想扶贫办法,谋脱贫出路。他顾了"大家"却时常顾不到"小家",工作日在村里忙,休息日在外奔波。家人经常调侃道:他是贫困家庭的"常客",自己家里的"稀客"。

组织全村党员重温入党誓词

聚焦精准扶贫　心系贫困群众
——记南昌市南昌县广福镇北头村第一书记林克一

林克一，男，1973年6月生，中共党员，南昌市发展和改革委员会办公室主任。2015年8月至2017年9月担任南昌市南昌县广福镇北头村第一书记。2017年被评为南昌市优秀第一书记。

精准帮扶暖人心

林克一在南昌县18个贫困村中率先建立贫困户资料库，共为25户贫困户92人进行了精准扶贫建档立卡工作，贫困户的基本信息都采集入表，输入国家精准扶贫系统，做到了精准识别、公正公开。为切实帮助贫困户解决实际困难，他协调市发改委25位党员干部与25户贫困户结对帮扶。驻村期

向贫困群众献爱心

间，共为村留守儿童和孤寡老人送来"微心愿"慰问品60余次；联系市残联等社会公益组织为村里残疾贫困户和老年人送来了轮椅、拐杖、棉被、老花镜等物资；联系南昌三中教育集团与村小学结对帮扶，对8名贫困留守儿童进行一对一结对帮扶，赠送了一批教学物资给北头小学，并就师资培养方面达成协议。

"党建+扶贫"得人心

北头村新貌一角

为筑牢"党建+扶贫"的组织基础,林克一积极配合乡党委、政府,指导村支部建立健全了村级事务规范化管理、党建工作会议等各项规章制度。推动市发改委与北头村进行"开展双联,携手共建"活动,签订了共建协议书,在基层组织共建、城乡资源共享、困难群众互助、社会主义新农村共创等方面进行合作共建。通过加强村党支部建设和村级事务管理规范化、公开化、透明化,村民对党的扶贫政策落实情况、扶贫款项使用情况心中有数,增强了村民的集体意识和向心意识,赢得了广大村民的支持和信赖。

强基固本聚人心

为改变村基本生产生活设施不齐全、农民技术水平不高的现状,林克一四处奔走,多方求助,努力筹集到农业扶贫项目等各方面资金总计约1800万元。完成了水利基础设施建设、村级小学改造、村容整治、基层党建、光伏扶贫、电力改造、新农村改造、小康示范村建设,极大地改变了北头村的落后面貌,村内基础设施建设取得了显著变化。

党旗招展千帆竞,凝心聚力万象新。坚持真心倾注,老百姓看在眼里记在心里,林克一的工作得到了北头村村民的一致好评,使村民真切地感受到精准扶贫政策好、共产党好。在北头村,谁家有喜事都争先邀请林书记前去祝贺,喝上一口甘甜的米酒,道上一声温暖的祝福,大家欢聚一堂,村民的心更齐了,干劲更足了。

"小康村"的领跑者

——记南昌市南昌县黄马乡罗渡村第一书记熊亚波

熊亚波,男,1985年12月生,中共党员,南昌市委办公厅领导批件督办处副处长。2017年9月担任南昌市南昌县黄马乡罗渡村第一书记。2018年被评为南昌市优秀第一书记。

精准靶向滴灌,真扶贫扶真贫

作为驻村第一书记,熊亚波一直坚持在村工作,潜心思考和制定针对性的帮扶措施,做到一户一策、精准滴灌。在驻村帮扶的两年时间里,先后为9户贫困户安排卫生监督员岗位、3户贫困户安排保洁员岗位,动员和安排9户贫困户参与小额信贷产业扶贫,引导和鼓励7户贫困户外出就业,推荐2户贫困户在村里在建项目上务工。通过各类举措精准帮扶,罗渡村实现整村脱贫,贫困户人均收入由7000元增加至13000余元。

聚焦富村产业,断"穷根"促振兴

贫有千种,困有百样,产业"空心"是通病。把特色富村产业搞起来!熊亚波暗下决心,带领村干部寻项目,访专家,找企业、谈合作,发动群众议"钱"景,整合扶贫政策筹资金……这一路"跑"下来,最后确定,根据罗渡村依山傍水的自然资源禀赋和临近凤凰沟4A级景区的有利条件,培育富硒白莲扶贫种植产业,推进一三产业融合发展。采取"一领办、三参与"产业发展模式,由村党支部带头,动员致富能人领办,村党员干部、村民、贫困户参与,成立罗渡村富硒白莲种植合作社。推行"旅游+产业+合作社+农户"模式,流转300余亩土地入股合作社,完善旅游景区的基础设施,依托富硒莲花引来游客游览观光。2019年7月推出冈上—罗渡旅游精品线路,"莲韵清风·醉美罗渡"正逐步成为昌南特色旅游名片,当年来村旅游2万余人,带动百姓就业创业60余人。探索"商超+合作社"融合助推扶贫模式,与旺中旺连锁商超签订购销合同,打通了白莲产品销路。如今,罗渡村的"造血"功能增强了,贫困群众告别了"穷根"缠绕的苦日子,正在小康村里谋振兴。

熊亚波(左四)向村民征求"积分超市"实施意见

打造小康示范,美山村惠百姓

驻村帮扶以来,在市委办公厅的大力支持下,熊亚波带领村"两委"瞄准"山下小康示范村"、罗渡"五位一体"示范村建设发力,统筹推动28个基础设施建设项目落地。先后修通了全长6公里、直达凤凰沟4A级景区的美兴公路、航道东路和罗岭公路,14个自然村实现硬化道"村村通";落实罗渡村生活用电、自来水"户户通";建成山下、港头、刘家、罗渡等4个自然村的污水处理项目;14个村小组都建成了自家的"垃圾屋",配备公益岗保洁。一个"人在花中笑、花在绿中俏"的宜居宜游小山村,已成为南昌县小康示范村的"罗渡风景线"。

远眺百亩莲花簇拥下的山下小康示范村——罗渡村

主动请缨接续战脱贫

——记南昌市南昌县武阳镇朱坊村第一书记姜孟

姜孟,男,1986年10月生,中共党员,南昌市委组织部公务员办副主任。2017年9月担任南昌市南昌县武阳镇朱坊村第一书记。2018、2019年被评为南昌市优秀第一书记。

创办扶贫产业,增强致富"造血"功能

"朱坊村沿抚河而建,水系发达、土质肥沃,适合推广经济作物……"乡贤朱方红的一席话,坚定了姜孟发展扶贫产业的信心。经村民会议商讨,决定在朱坊村实施"西瓜甜瓜优质栽培项目",率先在全县成立了第一家村集体农业公司——南昌连心农业开发有限公司。

公司采取"一领办、三参与",即由村能人大户领办,村集体、党员群众、贫困户等参与的模式经营管理。2017年,朱坊村流转西瓜产业用地20亩,建成标准大棚8个,每亩年收益达5000元,直接带动年增收10万元。实行扶贫与扶勤相结合机制,有计划地组织16户贫困户每月分期分批到公司义务劳动一天。按每天80元的工资标准,聘请4名有一定劳动技能的贫困户在公司上班,就近就便解决了发展集体产业的劳力需求,实现贫困户与村集体"双赢"。朱坊村从此具备了稳脱贫、奔小康的"造血"功能。

精准帮扶全覆盖,如期脱贫不落一人

60多岁的贫困户万淑成,因患小儿麻痹症落下残疾致贫。有一次,万淑成主动找到姜孟,说想在村口路边摆个摊位卖牛肉。姜孟和在场的村干部当即表示支持。2018年立春不久,万淑成与堂兄合伙,由堂兄出资从外地买来两头刚成年的小黄

牛，放养到当年端午节便在村里宰牛卖肉。从那天起，每逢中秋、端午和春节，万淑成总是围着自己的牛肉摊忙得不亦乐乎。

驻村期间，姜孟先后联系爱心人士资助1户，帮扶危房改造6户、改水改厕13户、提供扶贫公益岗位4户，联系企业帮扶就业1户，落实教育扶贫3户、光伏扶贫3户、享受低保（五保）

姜孟（左）与村民在村集体扶贫产业基地交流

保障扶贫15户、小额信贷帮扶4户。一户一施策，一人一帮扶，实现了贫困户精准滴灌。2017年底全村16户贫困户29人全面脱贫。

破除陈年旧习俗，凝聚乡村振兴新动能

姜孟（左）走访贫困户朱爱义

2018年，南昌县正式启动农村殡葬综合改革试点工作，朱坊村也无例外。可祖祖辈辈沿袭了数千年的旧风俗，哪能说改就能改？姜孟与村"两委"班子一起反复商量后，提出了一个大胆的设想：建村级公益灵堂。

如何让设想变成现实，考验着村干部，考量着全体村民。2018年4月，姜孟和村干部一起一家一户上门宣讲政策、征求意见，动员党员户争先、干部家属带头；组织村民代表外出参观学习，争取专业单位义务设计，最终确定并按照殡葬改革的规范要求，选址在朱坊村老祖坟山修建了一座占地600平方米、上下共两层结构的公益性骨灰堂，改变了长期河道安葬、下田安葬、圈地厚葬等陋习，为朱坊留下了一项祭奠先人、造福子孙的百年民生事业。

为脱贫攻坚找准最优解

——记南昌市南昌县广福镇北头村第一书记郭惠平

郭惠平，男，1983年12月生，中共党员，南昌市发改委区域处副处长。2018年4月担任南昌市南昌县广福镇北头村第一书记。2018年被评为南昌市优秀第一书记。

贴近群众，熟悉情况绘蓝图

北头村有8个自然村，为了尽快熟悉情况，郭惠平自行购买电动车，跑遍了村里每一个角落。通过走访村组干部、困难户、党员群众代表，他掌握了贫困户生产生活情况，并主动与镇、村领导围绕贫困户脱贫共商计策。结合村民脱贫意愿，郭惠平协同村"两委"共同研究制定了《北头村脱贫攻坚三年规划》。他还大力争取县市对美丽乡村建设规划的支持，帮助北头村跻身南昌县小康示范村建设点项目。该项目总投资为1500万元，将把北头村打造成南昌县乃至南昌市农村小康示范村。

党建为先，提升班子领导力

农村基层党建工作是扶贫工作的首要工作，郭惠平指导村支部建立健全了各项规章制度，树立了20余块村级党务、村务公开宣传栏。为了更好地强化党员日常教育，他创造性地在北头村实行党员管理"四分工作法"，对农村基层党员进行"分类定标、分项考核、分档定格、分层记实"

郭惠平（左）在北头村无花果产业扶贫基地

四分管理,有效规范和加强了农村党员教育管理。他协同村"两委"定期召开"三会一课",开展民主评议党员活动,积极推动并完成好村"两委"换届改选,打造一支团结有力的村级党组织战斗堡垒,助力精准扶贫工作再上新台阶。

持续帮扶,脱贫攻坚在路上

郭惠平持续加强与贫困户的结对帮扶,他先后组织市发改委党员帮扶干部200余人开展慰问走访和帮扶活动,两年间共捐献现金和物资计10万余元。他先后为贫困户办理住院及特殊门诊二次报销63人次,为13户贫困户申请到低保资格,为李顺水等5户精准贫困户争取房屋维修经费2.5万元……郭惠平争取到项目资金280万元,解决了北头村的农田水利灌溉难题;仅2019年,他分两批次向南昌县申报基础设施改造和产业扶贫项目5个,共计457万元,极大地改善了北头村的农业基础设施建设、村容村貌和社会民生事业。

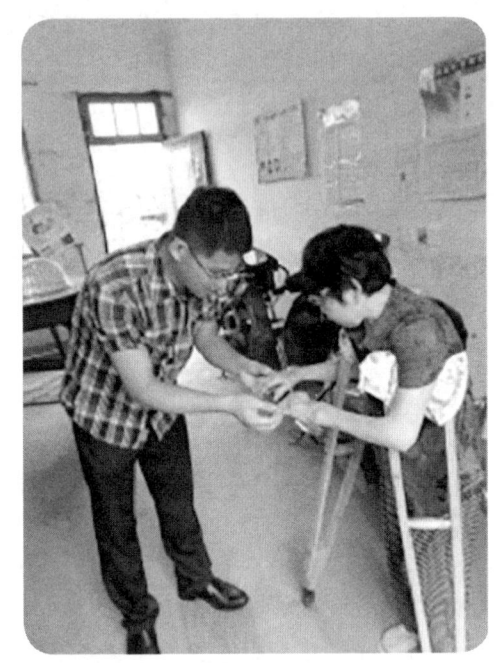

郭惠平看望北头村贫困户谌桂珍

谈到扶贫工作的感受,郭惠平这样说:"北头村乡亲们脱贫只是迈向幸福生活的第一步,是新生活、新奋斗的起点。我将继续落实乡村振兴战略,不断拓展产业扶贫渠道,扎实奋斗,让幸福的北头村更加幸福。"

把准贫困症结　做好精准扶贫
——记南昌市南昌县幽兰镇南山村第一书记章国荣

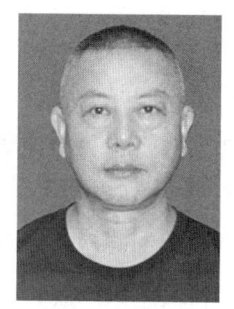

章国荣，男，1968年10月生，中共党员，南昌市市场监管局执法稽查局副局长。2017年9月担任南昌市南昌县幽兰镇南山村第一书记。2018年被评为南昌市优秀第一书记。

勤调研析原因，强党建真扶贫

一家农户的困难，一个村庄的发展缓慢，都是有原因的，生于农村的章国荣知道要想真正驾驭农村工作，成为行家里手，必须撸起袖子加油干。入村伊始，章国荣始终坚持做到深入田间地头潜心调研、深入农户与贫困户交心交谈，悉心收集、归纳分析调研材料，找出贫困的具体原因。

章国荣始终坚持"党建带扶贫、扶贫促党建"的工作方针，先后引导南山村制定出台了《扶贫资金使用管理办法》《村务党务公开制度》《村级财务管理办法》等制度，提高了资金使用效率，完善了以党建为引领抓好扶贫工作的制度。

舍小家、顾大家，贴近群众真心扶贫

"扶贫先扶智"。当他发现贫困户李智鑫是个孤儿，"一定得让这个娃接受相应的教育，日后走向社会有一技之长"这个想法首先进入章国荣的脑海。章国荣多次看望李智鑫，鼓励他好好学习。在得知李智鑫毕业时，充分考虑到这个孩子的个人特长和职业发展，章国荣建议他去学开挖掘机技术，并想办法帮他联系学校和解决学杂费等顾虑。直到李智鑫学成工作，章国荣对他的关心才慢慢转为安心。

"家是你的旅店，南山才是你真正的家。"妻子打趣地对章国荣说。女儿一直想亲身体验在海边游泳的感觉，章国荣承诺暑期休假带她去北海旅游，恰逢村庄

整治最忙阶段,他放心不下只好放弃原来的计划,心里很是愧对女儿。"扶贫事业就得不怕吃苦、不怕吃亏,没有点舍小我、为大家付出的韧劲是很难真正做好的。"章国荣如是说。

多措并举,创新产业致富渠道

精准扶贫,产业是手段,脱贫是目的。章国荣主动协调村里致富能人李建军引资项目落户南山村打造现代旅游观光农业综合体。2019年3月,幽兰镇政府已与该项目负责人签订正式合同,项目预计投资2亿元,商定好租用土地总面积600亩,每年每亩收取500元的租金,一期签3年的租用方式。章国荣和驻村工作队一起与该项目负责人积极沟通,同意优先招用南山村有劳动能力的贫困户就业。这将有利于带动本地经济发展,为有劳动能力的建档立卡贫困户提供零散就业增收岗位,为有土地资源的贫困户提高流转种植收益。

章国荣带给南山村的不仅仅是基础设施的改善、生活习惯的改变,更多的是为村民带来了脱贫致富的新思路、新观念、新方法,激励他们在脱贫攻坚的道路上奋发努力,创造幸福生活。

贫困村里的"大忙人"

——记南昌市南昌县塔城乡湖陂村第一书记龚常慧

龚常慧,男,1973年6月生,中共党员,南昌市国税局工会副主席。2017年9月至2021年3月担任南昌市南昌县塔城乡湖陂村第一书记,村民都称他是"大忙人"。2018、2019年被评为南昌市优秀第一书记。

建强基层组织,"党建+扶贫"得人心

为打牢"党建+扶贫"的组织基础,龚常慧积极配合乡党委、政府,顺利完成村"两委"换届,通过与多个单位开展共建,先后为湖陂村建起了电动车充电桩和全乡乃至全县藏书最多的农家书屋,受赠了一批价值5000余元的文体健身器材。他争取资金近40万元,为彭家自然村修建了2000多平方米的村民休闲广场和篮球场……驻村头两年,他收集村民生产生活诉求40多件,投资4万余元解决实际困难30多个,办理各类便民事项不下150件,完成"你点单、我来办"项目3个。在全乡"党建+扶贫"目标管理考核中,湖陂村党支部每年都名列前茅。

扶牢发展基础,稳定脱贫可持续

2018年,龚常慧和村"两委"利用流转的55亩荒地、申请的50万元扶贫资金,与致富能手合作创办高效果树种植扶贫产业基地,吸纳2户贫困户就业,实现全村贫困户产业扶贫全覆盖,村集体增收6万元、总收入超过10万元。龚常慧多方奔走,先后找到南方水泥厂和两家混凝土搅拌站赞助水泥100吨、混凝土100余方,完成了湖陂村农田水利设施改造工程,惠及全村4000多亩农田。安排驻村第一书记10万元扶贫款,将魏家村组300米机耕道拓宽近3米,铺上吸水地砖。从此,

龚常慧（右）春节前看望贫困户祝拾全

该村组 200 多户 700 多人出行不再"交通堵塞"。

"到 2019 年底，全村募集各方资金 1000 余万元，完成道路硬化 6.2 公里，新建沟渠 3.3 公里，整治池塘 7 个，安装路灯 150 盏，改建卫生室 1 个，帮助贫困户改水改厕 16 户，新建公厕 2 座，新建产业扶贫基地 1 个。"龚常慧的扶贫日志记录的都是村民们的所需所盼。

顶着险情逆行，抗疫防洪不误扶贫

2020 年初，新冠疫情突如其来，为了把防疫口罩及时送到贫困户家里，龚常慧四处打电话、发微信，托朋友、找亲戚，有时干脆瞒着家人"偷"一点出来。5 月又遇洪涝灾害，每天巡防时他都要到 42 户贫困户家去看一看防疫措施落实得如何，从涝区转移出来安置得怎样，及时为贫困户发放"爱心超市"兑换券，方便他们到村里的超市兑换米、油等日常生活所需物品。疫情防控进入复工复产阶段，洪水退出村庄后，龚常慧又第一时间召集 5 名贫困户复工，组织村产业基地的 1500 多棵脐橙树苗、橘子树苗及时移栽落土，临时新增 8 个村公益岗位解决因疫情不能外出务工的贫困户就近就业，让他们增收无后顾之忧。

让青春在脱贫攻坚一线中闪光

——记南昌市南昌县塘南镇西河村第一书记陈东飞

陈东飞，男，1982年8月生，中共党员，南昌市工商联党组成员、副主席。2017年担任南昌市南昌县塘南镇西河村第一书记。2018年被评为南昌市优秀第一书记。

制定规划，脱贫攻坚开好局

到村里以后，陈东飞第一时间入组入户，熟悉村情民情，深入开展调查研究。通过走访调查和精心梳理，他把准了村子落后的"穷根"，在结合西河村实际的基础上，制定了《脱贫攻坚"百日行动"实施方案》《南昌县塘南镇西河村产业扶贫实施方案》和《脱贫攻坚"百日行动"第一书记工作计划》，完善了西河村脱贫攻坚工作的顶层设计，为有序推进各项扶贫工作，改变西河村的落后面貌，打下了坚实的基础。

建强班子，党建扶贫双推进

陈东飞注重发挥基层党支部的作用，以党建促扶贫。他坚持"当主人不当客人"的工作思路，主动融入班子，经常与村"两委"班子成员谈心谈话，调动大家的工作积极性。同时，他还注重规范村党支部组织生活，加强党员干部队伍建设，推动村党支部与工商联党支部党建共建，提升"两委"班子的凝聚力和战斗力。工作过程中，他还系统总结和梳理了近年来的脱贫工作，制作了扶贫和党建宣传栏，用图文并茂的方式，营造党建和扶贫工作双赢的大好形势。

发展产业，精准脱贫见成效

农村要致富，产业来带路。陈东飞积极争取工商联资源的支持，成立了西河

陈东飞（右）走访贫困户

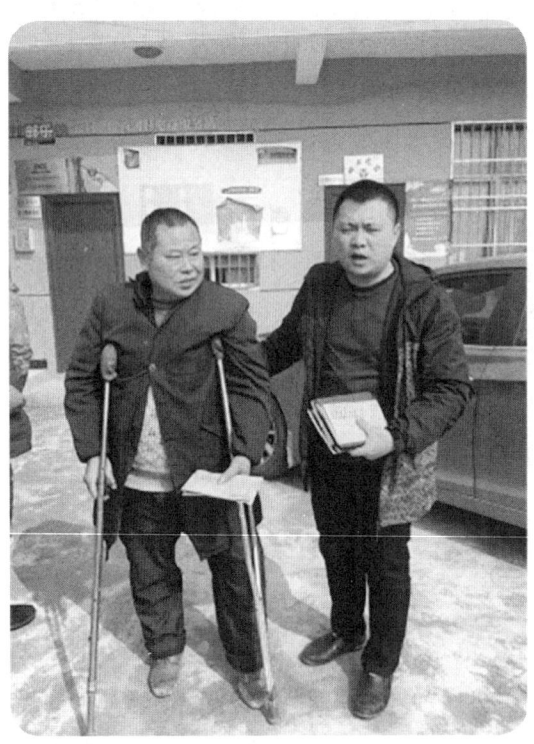

陈东飞（右）帮助贫困户解决困难

村商联合作社，组织贫困户入股，先后投入近20万元，采取"以购扶贫"和"订单扶贫"的模式发展了"生态养殖"黑猪和"生态养殖"瓦灰鸡产业，为贫困户每人增收1200元。考虑到农业扶贫项目抗风险能力弱，陈东飞带领村干部到处"游说"，说破了嘴皮子，用行动和决心感动了江西泉州商会理事陈晋江出资100多万元，在西河村建起了服装厂，并以扶贫资金入股，确保"旱涝保收"。服装厂带动三四十人在家门口就业，集体经济每年增收约2万元。

作为一名从农村走出来的年轻党员，陈东飞为能投身精准扶贫这项伟大工程而倍感自豪。正如他自己所说："来到基层，与百姓面对面，考验了自己解决难题的能力，磨炼了自己的意志。扶贫这项神圣的工作，让我有机会为基层群众特别是困难群众服务，用青春燃烧的光芒锤炼自己的初心和使命。"

静心驻村情 "输血"更"造血"

——记南昌市南昌县黄马乡白城村第一书记王洪

王洪，男，1973年10月生，中共党员，南昌市体育运动学校学生科科长。2017年9月担任南昌市南昌县黄马乡白城村第一书记。2020年被评为南昌市优秀第一书记。

静心驻村，决不当"走读书记"

笨鸟先飞早入林，"困难再大也要顶着压力上，一定要在扶贫工作中干出点名堂来。"驻村第一年，王洪几乎没有回过家，坚持在村里工作，即使白天在市、县有关部门联系工作，晚上也赶回乡里。面对完全陌生的工作环境，他深入村里田间地头，走访村组干部、老党员、贫困户，来到人群聚集的地方，与村民唠家常，倾听他们最关心的热点难点问题，了解村民对村班子建设的看法，以及生产生活方面的诉求。

产业帮扶，"输血"更"造血"

扶贫不能只看一时，而要从源头上"拔穷根"。按照这个发展思路，王洪与村"两委"干部经过反复考察，确定以"公司+农户+贫困户"的模式创办养鸡基地，充分利用村里的山地和树林优势，为村民寻找一个在家门口就能挣钱的门路。王洪联系乡贤章国泉，邀请技术员指导，发动村民章四华、章永等共同参与养鸡项目。经商议后，他们将鸡舍依山而建，让鸡食山上虫草，饮山涧泉水，只有在傍晚归巢后，辅喂一些五谷杂粮。用这种方法喂养产出的鸡肉鸡蛋的营养价值高，是名副其实的绿色食品。很多顾客慕名争相购买，养鸡基地年产值达90余万元，在产蛋高峰期为村里多提供了10多个务工岗位。

王洪（左）看望村里的贫困老人

王洪（右）与村民商讨发展养殖产业

不落一个，尽心到每个人

贫困户章花员丈夫早年去世，自己身患残疾，本身几乎没有劳动力，一直靠政府救济度日，两个孩子还在读初中。大儿子章大宝还在读初三，为了早点赚钱，初三寒假就偷偷出去打工，章花员和小儿子面对王洪的询问都闪烁其词。在多方努力下他通过其他途径得知章大宝在离家几十公里外的一家公司打工，又数次驱车到公司劝说其回到学校。章大宝初中顺利毕业后，王洪在尊重他的选择后千方百计到处联系，最后与煌上煌集团结成帮扶合作单位。章大宝与其他几名贫困户及村民现在都已经在煌上煌集团务工，且基本都成为生产骨干。

精准帮扶的例子还有很多，在王洪的不断努力下，白城村落实建档立卡贫困户中14位在读学生的教育补助款24400元，安排建档立卡贫困户在16个村级公益性岗位上就业，实现就业帮扶收入6.5万元。

在这场没有硝烟的攻坚战中，王洪与连心小分队队员和村党员干部并肩作战，从源头上拔掉穷根，用脚步丈量民情，用实干赢得民心，为白城村脱贫攻坚工作作出自己的贡献。

用脱贫成效守护民心

——记南昌市南昌县冈上镇合山村第一书记黄晓安

黄晓安，男，1979年10月生，中共党员，南昌市直机关团工委书记。2019年10月担任南昌市南昌县冈上镇合山村第一书记。2020年被评为南昌市优秀第一书记。

扶强村集体，巩固脱贫成果

按照村"两委"与花卉公司合作协议，黄晓安和村干部一道，动员村民支持配合，顺利流转土地100余亩，推动花卉产业扶贫大棚工程项目落地，建设2个连栋大棚约6400平方米、100个简易大棚约32000平方米，2020年为村集体经济实现增收26.1万余元，比上年净增收4倍多，解决全村富余劳动力60余人就近务工，人均实现月收入3500余元。同时，协调推动村集体以"合作股份"方式入股10%建设扶贫加油站，并于2021年3月16日试运营，每年可为村集体经济增收60万元以上，2021年村集体经济有望突破100万元，给合山村巩固拓展脱贫成效吃上了"定心丸"。

逆行战疫情，组织复工复产

2020年镇村吹响战"疫"集结号后，黄晓安正月初一第一时间便从老家赶回村里，投入战"疫"持续坚守52个日夜，发动全村党员组建疫情防控"青年突击队"，分组轮流值班巡逻，定时开通村广播站16个大喇叭，让村干部用合山村"土话"循环宣讲防疫政策和纪律，滚动播放科学防疫防护知识，群防群控确保全村疫情防控"零记录"。疫情期间，黄晓安主动上门入户，为贫困户送上医用防护口罩600余个。科学有序组织复工复产。密切掌握疫情动态，及时关注村民生产生活需求,为3户办理小额信贷支持发展产业,为8户争取产业奖补1.3万余元,并积极协助做好全村土地流转相关服务工作,让脱贫群众无后顾之忧。

真扶办实事,引导"感党恩"

黄晓安查阅爱心超市台账

黄晓安(左)向贫困群众宣讲防疫政策和知识

接续推进村庄环境整治、"门前塘"清理和道路硬化等建设,拆除危旧空置房等6000余平方米。全面落实社会保障兜底政策,48千瓦光伏村级电站收益的80%以上用于关联脱贫户,先后为有劳动能力的17位脱贫户解决公益性岗位就业;为81户87人落实残疾人救助政策,每年为残疾人申请办理残疾证;以创建省级法制示范村为契机,协调配置了"智慧法律明白人"自助服务终端,网络式连线律师,为有需求的村民提供法律帮助。加强先进典型选树培育,评选"最美保洁员"并给予一定物质奖励。打造"和合爱心超市",针对全村建档立卡贫困户,围绕主动脱贫意识等6个方面,每2个月上门入户进行现场考核评分,推行"以奖代补"的积分奖励考评;坚持每季度开展以"感恩奋进争脱贫,携手共圆小康梦"等为主题的"三讲一评"感恩教育活动,激发脱贫群众既富口袋又富脑袋。

助力脱贫群众奔小康

——记南昌市南昌县蒋巷镇立新村第一书记吴恬

吴恬，男，1989年12月生，中共党员，南昌市委老干部局办公室副主任。2019年10月担任南昌市南昌县蒋巷镇立新村第一书记。2020年被评为南昌市优秀第一书记。

注重精准施策，助力群众稳定脱贫

驻村工作期间，吴恬依据村情户情，注重因户施策，2020年度新设公益性岗位就业3户、小额信贷入股合作6户、推荐务工1户，2020年度贫困户收入达16940元。及时解决贫困户生产生活中的困难。劝说1名贫困学生放弃辍学念头、落实2名省外就读贫困学生教育补助，为2户贫困户办理慢性病特殊门诊手续，完成9户贫困户住房修缮工作。顶住防疫、防汛双重压力，积极筹集补充2000余个防疫口罩，募集爱心捐赠资金9000余元，在10公里圩堤防汛阵地坚守值班20余天。同时，依托产业扶贫基地支持，采取新增扶贫岗、合作共养等形式，解决临时用工16人次，发放防疫补助资金7000余元，确保脱贫群众和周边村民增收不返贫。

发展生态养殖，推动消费扶贫

实现稳定脱贫，拓展脱贫成果，根本在发展产业。吴恬自上任以来，就一直在思考如何破解这道制约立新村脱贫致富的难题。经过反复调研、论证，大家都把眼光盯在了生态养殖上。于是，采用"村委+公司+农户+电商"模式，申报2020年度专项资金84万元扶持发展生态家禽扶贫养殖项目，当年养殖土鸡8000

吴恬（右）展销现场带货生态农产品　　　吴恬（右）走访独居贫困户

余羽，土鸭 2000 余羽，土鹅 400 余只。为拓展立新村农产品销售渠道，吴恬积极寻求帮扶单位、镇政府等支持，建立"消费扶贫"定期定点采购机制，设立专门门店 1 个，申请 11 种扶贫产品列入全国扶贫产品目录，并登陆消费扶贫江西馆、南昌县馆，2020 年度实现销售额 100 万余元，村集体入股分红收益超过 6 万元，贫困户户均分红 14600 元。

补齐民生短板，激发脱贫精气神

民生无小事。吴恬与村"两委"干部一道，针对各村组村情实际，争取基础设施建设等各类专项经费 100 余万元，聚焦影响群众出行、用水和村庄环境等方面的民生短板，硬化机耕道 3 条，新修排污沟渠 1 条，实施自来水通村入户工程，大大改善了村民生产生活条件。对接"公益＋扶贫"项目建设，在南昌市崛美公益中心筹资 60 万元援建"呈香小院"乡村公益综合体的基础上，争取 30 万元配套经费，对综合体外部设施进行改造提升。推进"爱心超市"积分制，争取资金 68100 元，设立以表现换积分、以积分换物兑现金的模式，激发贫困户内生动力。坚持开展"三讲一评"颂党恩活动，树立"脱贫奋进之星"3 名，其中，村民刘廷国被评为全省脱贫攻坚感恩奋进典型。

但行前路　不负韶华
——记南昌市南昌县广福镇北头村第一书记熊剑骁

熊剑骁，男，1986年2月生，中共党员，南昌市发展和改革委员会农村经济科副科长。2019年10月担任南昌市南昌县广福镇北头村第一书记。2020年被评为南昌市优秀第一书记。

再寻致富路，巩固脱贫成果长效稳定

如何巩固拓展北头村的脱贫成果，实现稳步奔小康与乡村振兴有机衔接？在深入走访调研和广泛听取群众意见后，熊剑骁与村干部"心有灵犀"：发展壮大村级产业规模。借鉴成功培育晶静无花果产业扶贫基地的经验，重点推进北头村鑫龙园艺花卉基地建设，并于2020年成功引进了"菇蔬城外"菌菇种植基地项目。利用多方争取的500多万元帮扶资金，建成了产业扶贫基地硬化机耕道、灌溉水渠及供电线路、蔬菜基地机耕道、菌菇产业大棚、无花果基地硬化机耕道、下坊电排站维修改造等配套项目。目前,北头村已在105国道沿线基本建成了以无花果、花卉、菌菇种植为主体，占地近700亩的产业扶贫基地，带动村集体年增收30万元，为北头村贫困户、周边农户提供就业岗位超过100个。

为民解难题，推动扶贫工作深入人心

驻村工作期间，熊剑骁坚持定期上户走访贫困户，及时了解他们生产生活中的所需所急，尽心尽力帮助解决。贫困户罗国平患病住院，家里年幼的孙子无人照顾，他就主动帮忙，每天到学校接送小孩。贫困户熊德保发展莲子种植产业缺资金，他积极帮助其办理5万元扶贫免息贷款，用于发展近30亩莲子种植产业。贫困家庭学生罗辛庭，初中毕业后未能考上高中，又无法承担私立学校高昂的学

费,他第一时间争取市发改委扶持,让罗辛庭到市卫校就读。熊剑骁真扶贫扶真贫的行动,赢得贫困户的信任。北头村"两不愁三保障"事事有回音、件件见成效,先后为25户贫困户免费安装净水器,为3户贫困户维修屋面,从村级产业扶贫收益中拿出近3万元资助20位贫困学生,对符合慢性病特殊门诊条件的贫困户办理门诊卡。

应对新挑战,积极投身防疫抗洪一线

面对突如其来的新冠疫情,肩负共产党员的责任和使命,熊剑骁主动放弃春节假期,第一时间投入北头村疫情防控一线,与村"两委"干部共同组织党员群众对全村外出返乡人员进行摸排登记、积极宣传疫情防控知识、对村庄出入口进行24小时轮班值守,连续奋战20余天无休息,确保北头村新冠疫情零疑似零确诊,有效守护了北头村群众的生命健康。这年汛期,面对来势汹涌的洪水,熊剑骁主动请缨,投身防汛抗洪一线,不分昼夜在防洪堤坝上巡查值守,组织突击队排险堵漏,为保障老百姓的生命财产安全、防止贫困户返贫贡献绵薄之力。

熊剑骁(右)分享扶贫产品展销成功的喜悦

不舍的驻村情结

——记南昌市南昌县塘南镇石岗村第一书记胡峻

胡峻，男，1990年10月生，中共党员，南昌市城市管理局属大桥管理处财务科科长。2019年10月担任南昌市南昌县塘南镇石岗村第一书记。2020年被评为南昌市优秀第一书记。

带头当好扶贫政策宣传员

宣传好党的扶贫政策，是第一书记的重要职责。胡峻结合扶贫工作实际，用好"三会一课"，在每月的支部主题党日活动上，带领党员干部认真学习习近平总书记关于扶贫工作重要论述，引导党员干部争做脱贫攻坚的引领者和带头人。

驻村工作期间，胡峻坚持一边进村入户走访调研，一边耐心开展政策宣传，突出群众普遍关心关注的精准识别标准、产业扶贫重点、教育扶贫举措、医疗保障和社保兜底等政策，逐条逐项宣传解读，为群众解惑释疑，引导贫困群众做扶贫政策的明白人，做脱贫攻坚的主人翁。

不让石岗村一人一户掉队

"我现在每天在镇上开摩的也能贴补一些家用，母亲的身体也比原来好多了，感谢党和政府给了我们一个温暖的家。"陶兵华激动地对胡峻说道。

陶兵华家是石岗村建档立卡贫困户。41岁的他右脚致残，母亲万爱香因中风导致行动不方便，一家两口是典型的缺少劳动力，有田不能种，有工上不了，屋漏无力修，生活过得很艰难。正是因为这样，陶兵华成了胡峻的"娘家"——南昌市大桥管理处的定点帮扶对象，多次出资为陶兵华改建、修缮住房，还为他建起了家庭光伏发电站，每年增收3000元以上。胡峻和村干部为他家落实了低保

胡峻（右）指导贫困群众开展疫情防控

户政策，帮助他加入村里的合作社，送上产业帮扶，在镇上为他提供了开摩的就业岗位，2019年陶兵华全家收入30222元，人均15111元。

至此，石岗村在脱贫奔小康路上没落下一人一户。

发展土鸡养殖扶贫产业

针对石岗村的自然环境条件和市场需求，胡峻和村干部商量，把有劳动能力的贫困群众拧成一股绳，集中力量发展土鸡养殖业。2020年2月，以建档立卡贫困户陶益民为带头人，关联所有13户建档立卡贫困户的土鸡养殖扶贫产业基地落成。为了提高土鸡养殖成效，胡峻专门找来了镇上的养鸡能人指导贫困户挑选种鸡、科学饲养提高成活率，请来了塘南镇卫生院的工作人员定期对养殖基地进行消毒除菌。8月，石岗村扶贫产业基地迎来了第一次分红，13户建档立卡贫困户共领取了14335元分红。

"接下来，我们将继续发展石岗村的土鸡养殖产业，稳定销售渠道，把石岗村土鸡养殖产业做大做强，推动'输血'式扶贫转化为'造血'式扶贫，巩固脱贫攻坚成果，实现与乡村产业振兴有机衔接。"两年的驻村经历，胡峻从内心深处对石岗村有了不舍的情结。

胡峻（右）织密石岗村疫情防控网

驻村第一书记的责任担当

——记南昌市南昌县泾口乡东岗村第一书记雷家胜

雷家胜,男,1981年2月生,中共党员,南昌日报社后勤中心副主任。2019年10月担任南昌市南昌县泾口乡东岗村第一书记。2020年被评为南昌市优秀第一书记。

东岗脱贫的"领头羊"

东岗村濒临滨湖,远离省会县城,基础设施落后,产业结构单一,集体经济薄弱,是南昌市"十三五"省定贫困村。全村辖7个村民小组,412户1888人,耕地面积6512亩,建档立卡贫困户12户45人。

东岗村要脱贫,集体经济得先行。雷家胜注重创新"党建+合作社+产业基地+贫困户"模式,持续巩固学明种植专业合作社和"稻—蛙—鳅"综合种养基地建设,完善南昌市昌鸿服装实业有限公司驻东岗村扶贫车间的帮扶机制。充分利用原东岗村小学的闲置校舍,向上级申报将其土地性质转变为建设用地,并争取到上级产业扶贫资金470万元,上级党费扶持壮大村级集体经济资金50万元,新建了占地面积达3550平方米的标准厂房,在厂房的房顶安装了装机容量为30千瓦

雷家胜(左)在抗洪一线身先士卒

的光伏发电设备。现在，厂房出租收入和光伏发电收入每年达 22.8 万元，2019 年东岗村集体经济收入达到 26.8 万元，一举甩掉了"空壳村"的穷帽子。

农资销售的"中间商"

2020 年春耕春播在即。受新冠疫情影响，东岗村部分农户春耕生产所需的种子、化肥、农药等农资还没准备充分。雷家胜早有预料，未雨绸缪。他一边上户详细了解村民春耕生产需求，一边联系农资供应商，变身为一名忙碌的农资销售"中间商"。

在他的协调努力下，农资销售商将东岗村农户春耕生产所需的肥料等农资送到了每家每户：贫困户樊武文购买 20 包复合肥、4 包尿素；王年春购买 15 包复合肥、3 包尿素；江小王购买 20 包复合肥、5 包尿素；樊小春购买 30 包复合肥……确保了东岗村村民在疫情期间春耕备耕的农资供应，做到了不误农时、不误帮扶。

农副产品的"带货人"

雷家胜（左二）"带货"东岗村农产品

"这是风味独特、营养丰富的东岗米酒；这是爽滑柔韧的东岗米粉……"在 2020 年第九届南昌"休闲农业·秀美乡村"活动月"买产品、献爱心、促脱贫"扶贫集市上，雷家胜组织东岗村的米粉、菌菇、米酒、土鸡蛋、蔬菜等优质农副产品参展销售，利用"5G+VR"技术开展线上线下同步直播。现场采购和网络订单接连不断。短短两天时间，东岗村的农副产品销售额近万元，中途多次补货，并与一家机构初步达成了长年定点供应蔬菜的意向。

作为驻村第一书记，雷家胜始终坚持"情为民所系、利为民所谋、权为民所用"，诚心诚意办实事，尽心竭力解难事，坚持不懈做好事，带领广大群众奔向小康之路。

聚力巩固脱贫促振兴

——记南昌市南昌县幽兰镇罗舍村第一书记李晓明

李晓明,男,1987年5月生,中共党员,南昌轨道交通集团物业管理有限公司总经理助理。2019年10月担任南昌市南昌县幽兰镇罗舍村第一书记。2020年被评为南昌市优秀第一书记。

坚持党建引领,筑牢稳脱贫保障

巩固脱贫成效,有机衔接乡村振兴,组织振兴是关键。驻村以来,李晓明依托帮扶单位为罗舍村修建的党员活动室及党建工作平台,指导和帮助村党支部规范落实"三会一课"制度,开展"送党课到基层"活动,邀请南昌市委党校专家来村讲授专题党课,进一步深化完善村务公开、民主管理、村"两委"定时定点集中办公等制度。注重加强村"两委"班子建设,协助发展党员1名,培养入党积极分子1名,吸纳年轻干部2名,为巩固拓展脱贫成效,有序推动乡村振兴奠定坚强的组织基础。

持续盘活资源,壮大村集体经济

"河里有水沟里满"。实现罗舍村稳定脱贫致富,壮大村集体经济是关键。两年前以厂房租赁方式引进南昌永固实业有限公司来村里办企业,给村集体带来了收入、为村民送上了家门口的就业岗位。李晓明找来尝到甜头的村"两委"班子商量:现在村里的交通条件比原来更好了,招商引企助发展的文章应该有"续集"。于是,李晓明带领村干部多方筹集资金220万元,利用已获批建厂房的剩余土地再建1000平方米标准厂房,用于村集体"筑巢引凤",扩大引企入村"战果"。目前,村集体正式与有关企业加紧协商,预计签约后每年将为村集体增加收入10万元。

立足为民办实事，巩固民生成果

李晓明（右）防疫期间在村口发放口罩

结合贫困户特点，李晓明和村干部一道争取资金170余万元，用于完成4个自然村的村组道路硬化延伸和机耕道建设达2.5公里，极大地改善了乡村环境和村民的生产生活条件。设置村公益岗位7个，安排村扶贫基地就业1户，协调外地就业2户，协助办理门诊慢性病11户，维修提升居住环境2户。积极对接帮扶单位工会、团委等部门及社会公益性组织，开展帮扶活动。投入资金3万余元，为村小学改建近40平方米的图书室，暑假期间组织12名留守儿参加"村伢进城"夏令营活动。对接南昌崛美公益为全村270余名70岁以上老人免费拍照并制作相框。到2020年底，全村18户已脱贫贫困户人均收入达16000余元。

带头防疫防汛，确保脱贫不返贫

防疫期间，李晓明积极帮助村"两委"带领全村党员干部，实施网格化管理，并为全村贫困户配备口罩，代购生活用品12人次，往返市县医院代购药品3人次。防汛期间，带头配合村"两委"组建突击队，开展巡堤查险，争取帮扶单位拨付5万元防汛专项资金，确保全村无一人一户因疫因汛返贫。

◇进贤县（22人）

"门外汉"引领脱贫攻坚"加速跑"

——记南昌市进贤县文港镇下邹村第一书记徐坤

徐坤，男，1975年11月生，中共党员，江西银行授信审批部中级审贷官。2015年10月至2017年10月担任南昌市进贤县文港镇下邹村第一书记。2015—2016年度被评为南昌市优秀第一书记。

摸准扶贫对象，开展困难帮扶

徐坤从驻村的第一天开始，就很快融入了新角色，俯下身子走村串户，了解民情民生民况，摸准扶贫对象底数，精准帮扶靶向定位，全村共15户贫困户37人中脱贫5户12人，贫困发生率下降到1.85%。下邹村溪流环绕、土壤富硒、无工业污染，徐坤带领村"两委"班子发展当地优质稻谷种植业，以优质稻谷种植专业合作社为依托，组织32户农户建立176亩优质稻谷实验种植基地，带动建档立卡贫困户8户。为了落实产业扶贫，下邹村为所有贫困户建设光伏发电户站，通过优质稻、西瓜种植和家禽家畜养殖引导产业项目发展，增加建档立卡贫困户收入，积极帮助建档立卡贫困户申请助学、助医、危房重建、危房维修、改水改厕等资金。徐坤协调江西银行对下邹村进行结对帮扶，先后提供帮扶资金13万元，捐赠物品折款近10万元。

擦亮村容村貌，改善基层设施

在徐坤驻村以前，下邹村好多地方都是土路，赶上刮风就会尘土飞扬，如果下雨就会满地泥水，寸步难行。为改变村子基础设施薄弱的问题，徐坤多方争取资金，帮助下邹村开展了村道改造，太阳能路灯安装，桥梁修缮以及标准化卫生室、党员活动中心等多项建设。下邹村已经由一个发展滞后村华丽转身为"新农村"。

如今的下邹村，硬化的路面、平整的村道、修葺一新的沟渠，令人眼前一亮。

用好扶贫资金，落实产业发展

徐坤担任村第一书记期间，下邹村村项目总投资867万元，其中，江西银行自筹资金260万元。根据村级"十三五"规划及年度实施计划，组织实施了基础设施建设项目24个。为了促进产业发展，下邹村开展西瓜种植基地建设，建成优质西瓜种植基地50亩，参与农户6户，江西银行投入购买资金7万元；开启光伏发电户站建设，投入36万元资金为12户贫困户新建了光伏户站。这些产业大大增加了村民的收入，同时也解决了部分村民的就业问题。

"造血"扶贫斩穷根
——记南昌市进贤县泉岭乡前溪村第一书记周振波

周振波，1982年9月生，中共党员，共青团南昌市委宣传部部长、四级调研员。2015年10月至2017年10月担任南昌市进贤县泉岭乡前溪村第一书记。2015—2016年度被评为南昌市优秀第一书记。

资源整合，补齐农村短板

长期以来，前溪村村民遇到干旱只能是"望天收"，周振波围绕全村唯一的主干渠找对策，利用团市委专项资金对主干渠进行清淤整治，对下渠进行清淤、疏浚，对上渠进行清淤、硬化。2016年底主干渠与分渠正式打通，村里灌溉用水有了"源头活水"，受益耕地2000余亩，

周振波（左一）入户走访，精准识别

亩产收益能达到1000多元，受益群众2000余人。为了美化亮化村庄环境，周振波争取多方支持，带领村"两委"班子开展农村环境卫生整治、安装行道路灯、新建村民活动场所，先后拆除危旧房屋、禁养区猪栏、高铁沿线违建近150处，争取基层团建经费打造青年空间、共青团生态文明示范村。

教育扶贫,守护农村希望

前溪小学原来落后的教学环境和紧张的教学资源,让很多村民都不愿将自己的孩子送到这里来读书。为了让孩子接受更好的教育,周振波争取资金将前溪小学的危旧教学楼进行拆除重建,对校园环境进行整治提升,援建电脑室、图书室、文体室。周振波还主动对接团市委、市少年宫、南青基金、青年企业家协会组建帮扶小组对贫困户进行教育帮扶,为当地留守儿童开展艺术教育,为贫困户子女解决大学学费,为留守儿童送来梦寐以求的文具、书包、课外书籍……

产业夯实,增强农村收入

周振波在争取政策进行"输血"的同时,千方百计推动村级产业发展,增强村民"造血"功能。他结合前溪村资源优势,利用村里闲置土地在农业上做文章,规划大力发展蔬菜、水果种植业,积极探索村级产业发展的新路子,带领前溪村走上一条产业扶贫的道路。周振波主持召开村干部议事会和村民代表会,决定引进省级农业龙头企业——江西接地气绿色农业发展有限公司落户,2016年4月与公司签订协议建设农业示范园,100余户村民签订了土地流转协议,每亩土地以300元的价格进行流转,一期流转土地423.86亩用于蔬菜种植,带动村级产业发展,吸收当地120余名农户务工就业,促进村民增收致富。

周振波(左二)走访慰问留守儿童

贫困村的"战贫"功臣

——记南昌市进贤县架桥镇土坊村第一书记曾建华

曾建华,男,1970年9月生,中共党员,南昌金泰国资管理有限公司党委委员、副总经理。2015年10月至2017年10月担任南昌市进贤县架桥镇土坊村第一书记。2015—2016年度被评为南昌市优秀第一书记。

垫底子,提升招商吸引力

"有了路灯,晚上不黑;有了广场,生活不闷;有了便民中心,办事不难。一年没回来,咱们土坊村真是大变样!"这是土坊村村民饶波外出务工回家后的感受。短短一年时间,土坊村新建了3公里村级道路,安装了85盏路灯,成立了3个新农村点,让村民过上了回家有灯明、走路不沾泥的舒心日子。这些改变,都离不开曾建华的努力。曾建华

曾建华(左一)施工现场调研路灯安装路线

通过多方面争取扶贫资金,2016年落实基础设施建设项目17个,投入380余万元,2017年确定建设项目12个,投入1300余万元,项目涵盖农田水利、道路交通、新农村建设等方面。通过这些项目的实施,初步改变了土坊村基础设施落后的现状,筑巢引凤,为招商引资奠定了坚实的基础。

引进来，激活脱贫续航力

2016年以来，曾建华带领村"两委"班子在全市范围内招商引资，南昌汇智新能源有限公司（通过天眼查，该公司已更名为南昌工控资产管理有限公司）、江西绿恒实业发展有限公司等到村实地考察。针对土坊村缺少长远规划、发展目标不明确问题，曾建华协同南昌工业控股集团有限公司聘请江西枫叶园林规划工程有限公司（通过天眼查，南昌工业控股集团有限公司已更名为南昌市产业投资集团有限公司，江西枫叶园林规划工程有限公司已更名为江西鸿业生态环境建设集团有限公司）对土坊村产业发展、生活设施、道路交通、文化娱乐做一个5到10年的发展规划，让土坊村在帮扶工作结束后有一个整村发展建设目标。他还谋划成立了农业合作组织，发展种养殖产业，使贫困户在项目中受益，在项目中赚取工资收入。曾建华协同工业控股公司邀请南昌市蔬菜研究所到村调研，江西昌工商贸发展有限公司（通过天眼查，江西昌工商贸发展有限公司已更名为江西工控商贸发展有限公司）、南昌市菜篮子市场投资管理有限公司等单位承诺在种植技术、市场销售上提供保障。

曾建华（左二）组织召开村民代表会议

补短板，永葆扶贫生命力

土坊村共有建档立卡贫困户18户，通过走访，制定台账，曾建华对建档立卡贫困户的家庭情况了如指掌。针对不同致困原因，曾建华做到具体问题具体分析，一户一策，精准扶贫。曾建华在任期间，省市扶贫办将土坊村列为2016年贫困摘帽村，县委、县政府对土坊村的精准扶贫工作在大力支持帮助的基础上给予了肯定，土坊村先后获得2016年度架桥镇人口和计划生育工作先进单位、党建工作先进单位、新农村建设工作先进单位、农村清洁工程工作先进单位等荣誉。"一年打基础，两年出产业"，这是曾建华到土坊村的初步扶贫计划。在担任第一书记的两年时间里，他把精力投入到扶贫工作中，他是不可磨灭的"摘帽"功臣。

一位"80后"扶贫青春

——记南昌市进贤县三里乡黄家村第一书记周桓宇

周桓宇,男,1989年10月生,中共党员,南昌市第一医院团委书记。2015年10月至2017年10月担任南昌市进贤县三里乡黄家村第一书记。2015—2016年度被评为南昌市优秀第一书记。

精准扶贫摸村情,解决难题统数据

精准扶贫首先要精准,要如何做到精准?周桓宇用了两个方法:一是对村里党建工作、集体资产、基础设施等情况进行调查摸底;二是对贫困户情况调查摸底。在走访贫困户的过程中,他改变了工作方式,首先从乡镇得到贫困户的低保、医保、粮食补贴等信息,再听取村"两委"委员对贫困户的了解,帮助每一户统计其家庭收入支出总数与构成,又深入每一户贫困户,由群众补充内容,最终完成每一户家庭收入情况表。一张张表格,让每一户的家庭情况都一目了然,为制定精准脱贫方案奠定了基础。

精准扶贫办实事,情系村民暖人心

在走村入户的过程中,村民反映最多的就是小孩的教育问题。村里的小学年久失修,杂草丛生,环境较差,村民对村学校失去信心,不少村民每天都送小孩到8公里外的乡镇上学。周桓宇说:"扶贫先扶志,教育是脱贫的根本,学校硬件设施一定要跟上来。"他主动作为,争

周桓宇查看作物长势

取资金对学校进行全面改造。现在，学校面貌得到了大大的改善，原来流失的生源，也逐渐返回学校就读。除小学重新装修外，周桓宇还整修了村委会办公大楼，扩建了村级医院，完善村内基础设施，整治整体村容村貌。不少村民高兴地说道，现在村里办事议事的地方宽敞了，学生读书看报的地方亮堂了，就连同运动健身的地方都"高大上"了。

周桓宇（右）指导村民种植技术

精准扶贫抓特色，主做山与水文章

俗话说"靠山吃山，靠水吃水"。黄家村有水域面积近4000亩，瞅着周边条件相似的村发展种养殖业走上致富路，村民着实有点心急如焚。"只要大家伙相信我，项目的技术引进、协调你们都不用管。"说干就干，周桓宇协助村"两委"编制了黄家村精准扶贫开发规划，内引外联，积极实施推进"金溪湖黄鳝"绿色养殖等多个对接帮扶项目。黄家村不仅有丰富的水资源，而且有大片的旱地，利用村里的山水条件，村内不仅建起了30多亩苗木种植基地，还组建了蔬菜合作社，全村已成为进贤县十佳蔬菜基地之一。与此同时，周桓宇与村干部引进农产品经销公司，形成"公司+农户"经营模式，确保农产品种养有规模、有产量、有销路。

周桓宇扶贫扶志，用一颗为民服务的真心，用真抓实干，把群众对脱贫工作的一个个问号，落实为村民交口称赞的一个个感叹号，他是可爱、可信、可为的"80后"第一书记。

"520天"扶贫"心路"

——记南昌市进贤县民和镇旺坊村第一书记钟坚华

钟坚华,男,1971年10月生,中共党员,南昌市委信访局接访处主任科员。2015年10月至2017年10月担任南昌市进贤县民和镇旺坊村第一书记。2017年被评为南昌市优秀第一书记。

不辞辛劳"画村像","把脉会诊"找问题

钟坚华深知脱贫攻坚绝不是轻轻松松、敲锣打鼓就能实现的。他团结村"两委"班子成员,按照"四看法"(一看房、二看粮、三看劳动力强不强、四看家中有没有读书郎),深入田间地头、走村串户开展调研。上任初期,他连续走访了9个自然村的全部家庭,踏遍了全村方圆4.4平方公里的水田、旱地、山林及水塘,察看了全村传统农业种植和养殖情况。他摸清村情实际,搞清致贫根源,探讨扶贫发展方向,拟订扶贫攻坚规划,建立了贫困户家庭情况档案信息卡,编制完成《扶贫攻坚规划》和《村庄

钟坚华(左)慰问困难户

整治规划》。他说，打蛇打七寸，问题抓关键，脱贫攻坚关键是要知道问题是什么。

结合村情抓创建，"对症下药"促发展

钟坚华（左）走访贫困户

钟坚华结合村情实际，确定精准扶贫的工作思路。通过自然村连接道路硬化及水利基础设施改造，提升了农业发展升级的基础条件；通过建立农业产业合作社，带动村民集体脱贫摘帽；根据村庄的地形地质特点，邀请专家对地形、气候、土质等进行实地考察指导。为了让村民高质量生活和村子今后的发展，钟坚华积极跑资金找项目，争取到400余万元，完成了水利改造、道路硬化、村庄亮化、环境整治、危房改造、光伏扶贫等工程，已实现入户道路百分百硬化、危房百分百改造、饮水百分百安全，村内易旱易涝的现状已彻底改变。同时，他极其重视"乡风文明"建设，通过开展"文明家庭"评选活动，选拔树立优秀典型，丰富了村民的精神世界。

一心为民守初心，无私奉献担使命

村民生活质量的提升，离不开钟坚华书记的无私奉献。每周驻村5天，每周从南昌到进贤来回约200公里，每天从民和镇到旺坊村来回约20公里，两年下来钟坚华在旺坊村待了近520天，走了近31200公里，约占赤道周长的四分之三。这是一名第一书记的坚守，面对从繁华城市到偏远农村、从舒适到简陋的工作生活环境，他不怕艰苦，始终保持着高昂的工作状态与良好的精神风貌，投入到扶贫工作中。在他离任之际，村民满怀不舍。一名村干部说："他的每一滴汗水、每一步脚印、每一点付出，都将被记录在旺坊村的土地上。旺坊村的村民会记住这个不辞辛劳为我们生活富裕而作出过努力的人，谢谢钟坚华书记。"

想群众之所想　急群众之所急
——记南昌市进贤县罗溪镇塔岗村第一书记吴小兵

吴小兵，男，1976年2月生，中共党员，南昌市医疗保障局医疗保险处副处长。2015年10月至2017年10月担任南昌市进贤县罗溪镇塔岗村第一书记。2017年被评为南昌市优秀第一书记。

完善农村设施，保障生产生活

从驻村第一天开始，吴小兵就独自一人戴着草帽、骑着自行车挨家挨户跑遍了7个自然村。在了解到塔岗村存在水利灌溉设施年久失修、乡村环境卫生脏乱差等问题后，吴小兵通过多种方式筹集资金，为岭上杨家自然村新建排灌站1个，为山东曹家、罗家坪自然村各架设灌溉电网1500余米，为寺下周家自然村翻修灌溉水渠1000余米，新建水冲式公共厕所3个，完成家庭水冲式厕所改造300多户，设置垃圾集中收集点16个……

开展产业扶贫，促进增产增收

吴小兵与村"两委"班子积极探索产业"造血式"扶贫模式，在南昌市财政下拨光伏产业扶贫资金的基础上，通过多渠道筹集资金为9户贫困户安装光伏发电站，使每户贫困户都能在20年收益期内实现每年稳定增收4000余元；积极争取"一村一品"项目资金，发展特色观光火龙果及蔬菜种植业，"辐射"带动乡村一日游和农家乐产业，贫困户通过土地、劳务及扶贫资金入股，每户每年平均增收3000元。吴小兵积极拉动种养致富带头人帮助贫困户发展个体种养产业，培养种养大户2户，成立肉鸽养殖、莲藕种植等农村合作社2家，带动村民通过个体种养产业发家致富,"养鸽专业户"周启胜被评选为"农村种养创业能手"并获得相应资金帮扶。

发挥自身优势,落实医疗扶贫

吴小兵注重发挥南昌市医疗保障局资源优势和自身专长,落实多种措施做实做好医疗扶贫工作。一是耐心宣传城乡居民基本医疗保险政策,为贫困户落实财政补助形式参保,实现了城乡居民基本医疗保险、大病保险参与率达100%。二是积极联系有关部门,为建档立卡贫困户和群众申请办理特殊慢性病门诊,帮助患大病群众做好医疗费用报销。三是筹集资金建设标准化村卫生室,组织市级医院专家团队80余人次到村里送医送药上门,为500余人次免费看病,免费送药累计达2万余元。

南昌市人社局组织专家在塔岗村开展基层服务

"我永远是焦家村的一分子"

——记南昌市进贤县前坊镇焦家村第一书记熊冬平

熊冬平，男，1977年1月生，中共党员，南昌市林业局局属市林木良种管理站站长、支部书记。2017年10月至2019年12月担任南昌市进贤县前坊镇焦家村第一书记。2018年被评南昌市优秀第一书记。

把脉焦家脉搏，谋划脱贫蓝图

进贤县前坊镇焦家村，位于前坊镇东南方，是典型的省定贫困村。一到任，熊冬平便走访贫困群众，坚持与焦家村干部群众同吃同住同劳动。通过调查研究，他找到了村里致贫的主要原因——村庄基础设施差、干部带富能力弱、村级产业处于瘫痪、村庄人气不够旺等。在摸清焦家村"全部家底"后，他向市林业局党委提出了"以项目帮扶促脱贫，夯实基础增强发展后劲；以产业帮扶促发展，激活'造血'功能持续增收；以精准帮扶为准绳，不断提升村级治理水平；以对口帮扶为突破，坚决打赢焦家脱贫攻坚战"的总体思路，制订《焦家村脱贫攻坚帮扶工作计划》，为焦家村描绘了一张脱贫致富的美好蓝图。

熊冬平（右）看望困难户

精准对症施策,强抓产业脱贫

在焦家村,熊冬平同时做到了"授之以鱼"和"授之以渔"。环境整治,打造生态宜居乡村。熊冬平筹资65万元,对6个自然村进行环境整治,"污染源"全面挖除,乡村功能逐步完善,昔日"灰头土脸"的村庄变成了一幅淡雅的乡村水墨画。发展产业,打造多元产业体系。熊冬平积极推行种养殖业相结合的发展模式,不断发展壮大养殖业、油茶产业、苗木产业、乡村旅游产业这四张"王牌"。他利用恒湖农场的技术优势,成功建起了60亩稻虾养殖基地和40亩家鱼基地;邀请林业专家到村传授抚育技术;协调南昌市花卉苗木行业协会帮助焦家村建设完成1个20亩规模的"爱心苗圃";全力打造乡村旅游业。

熊冬平(左一)与村民共同为焦家村基建施工

关爱困难群众,打赢脱贫攻坚战

焦家村贫困户大部分因残致贫,缺乏内生发展动力。贫困户涂传阳患间歇性精神病,熊冬平从改善家居环境入手,提升贫困户的生活信心。在他的帮助下,焦家村贫困户都加入了村办的种养专业合作社,每年每户可稳定增收3000元左右。驻村两年来,在市林业局党委、前坊镇党委、政府和镇村干部的共同努力下,熊冬平累计帮助焦家村争取各类资金近600万元,这为焦家村打赢脱贫攻坚战奠定了坚实的经济基础。现如今,村村通宽带电视、组组通水泥路、户户连便民道、家家饮干净水、人人用卫生厕,村容村貌焕然一新,乡亲们的生活蒸蒸日上,越过越红火。这正是熊冬平最期盼、最想见到的,也是他来到焦家村的"初心与使命"!

真抓实干惠民生　倾心帮扶促发展
——记南昌市进贤县罗溪镇塔岗村第一书记周奎

周奎，男，1984年5月生，中共党员，南昌市人力资源和社会保障局劳动关系处处长。2017年10月至2019年10月担任南昌市进贤县罗溪镇塔岗村第一书记。2018年被评为南昌市优秀第一书记。

加强基层党建，心系困难群众

周奎坚持以党建为引领，大力加强村党支部建设，发挥基层党组织和农村党员在脱贫攻坚中的战斗堡垒和先锋模范作用，较好地完成了脱贫攻坚、"五拆"、"清湖行动"等重点难点工作。驻村工作以来，周奎先后协调南昌市人社局推动塔岗村成立南昌市首个就业扶贫工作联系点，组织开展走访慰问120余人次、发放慰问金3万余元，落实贫困户"微心愿"13个，为留守儿童争取关爱物资5000余元，送医下乡2次，免费义诊100余人次，赠送药品价值3万余元，开发公益性就业专岗扶贫4户，落实小额贷款4户，帮助5户贫困户实现家门口就业。

协调引入项目，夯实脱贫基础

为改善塔岗村村容村貌，完善基础设施，壮大集体经济，周奎坚持项目带动，大力协调相关项目和配套资金，实施"八大工程"，不断夯实脱贫基础。先后协调基础设施资金完成综合服务中

塔岗村特色水果蔬菜种植基地

周奎（右一）深入农户走访慰问

心建设工程、产业扶贫大棚设施建设工程、灌溉渠道工程、灌溉水闸维修工程、道路建设工程、村庄亮化工程等。周奎与村"两委"班子争取"一村一品""农村特殊专长人才"等扶农项目资金，通过"合作社+致富带头人+贫困户"模式，建设 50 余亩特色水果蔬菜种植基地带动建档立卡贫困户 14 户，引进春香柚推广种植项目带动建档立卡贫困户 5 户。

强化定点帮扶，为群众办实事

周奎坚持高位推动定点帮扶工作，及时向南昌市人力资源和社会保障局党委专题汇报、争取支持，建设卫生厕所、整修家居环境、硬化路面、改造危房、捐赠医疗设备……周奎驻村两年来在塔岗村做的一件件好事，赢得当地群众的交口称赞。塔岗村建档立卡贫困户年人均可支配收入由 2015 年的 5232 元增加到 2019 年的 10682 元，村集体经济收入由原来不足 5000 元增长到现在 8 万多元，2017 年底塔岗村退出"十三五"贫困村序列。

但愿苍生俱饱暖　不辞辛苦出山林

——记南昌市进贤县七里乡寺背村第一书记李建国

李建国，男，1983年12月生，中共党员，南昌市总工会下属单位市思想政治工作研究会秘书处副秘书长、负责人。2017年10月至2019年10月担任南昌市进贤县七里乡寺背村第一书记。2018、2019年度被评为南昌市优秀第一书记。

党建引领，形成脱贫攻坚合力

针对致贫原因和发展难点，李建国与村党支部确立了"强支部、聚民心、重基础、优产业"的发展思路，以"党建带扶贫、扶贫促党建"为抓手，研究制定《寺背村年度扶贫工作方案》和《贫困户帮扶措施》，为扶贫村工作把关定向。李建国多方筹集资金64万元，帮助寺背村改建党支部会议室，新建综合活动室。在村里打造党建文

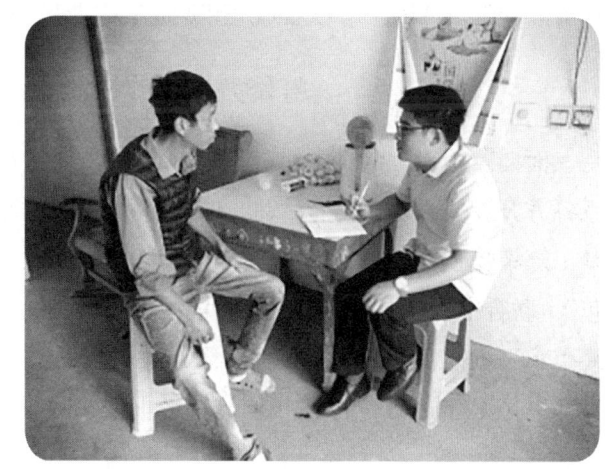

李建国（右）走访困难村民

化墙，制作160块"红色家书"宣传展板，修葺100米"三风"文化长廊，营造"党建＋精准扶贫"的浓厚氛围。着手规范村党支部组织生活，严格落实"三会一课"制度，积极开展多形式的主题党日活动。"贫困村更需要通过规范党内政治生活以

推动党建工作与中心工作、重点任务、日常工作的有机结合。"他说道。

培育产业，为实现全面小康助力

寺背村产业基础薄弱，必须坚持"输血""造血"并重，不断激发村民自我发展的内在动力。他牵头党支部班子成员带头成立专业合作社，以"支部＋合作社＋贫困户"模式，多方筹得资金，因地制宜发展莲蓬、果蔬、中草药、光伏等产业。在他的推动及各方努力下，村里发展了30余亩莲蓬、50余亩半夏中草药种植基地以及85千瓦光伏发电站等产业，

李建国（左）与村民查看作物长势

并与33户贫困户签订了分红协议书，实现贫困户产业全覆盖。同时，引进江西农湾生态农业发展有限公司100余万元投资发展大棚蔬菜、生态葡萄园等产业，设立"扶贫车间"。"2019年，村里扶贫项目让贫困户增加收入800多元，2020年预计可以为每户贫困户增收2000元以上。"寺背村委会主任黄冬华高兴地说。

凝聚力量，传递脱贫正能量

面向贫困户、困难党员、留守儿童、空巢老人、残障人士等群体，李建国联系各方开展多种爱心关爱活动。他征集到57个微心愿，联系党员干部认领帮助圆梦；筹集爱心资金，为33户贫困户和3户因突发疾病生活困难村民送上"爱心红包"；联合中建五局组织贫困儿童前往动物园、军事主题公园等实践教学……他始终秉承"不以善小而不为"的理念，关心帮助困难群体，传播社会正能量。村党支部书记王红成说："李建国同志带着责任和感情来到村里，把心融进了村民的心田。"

"但愿苍生俱饱暖，不辞辛苦出山林。"他把个人理想追求融入国家和民族事业中，这正是李建国的真实写照。

忠诚履职助脱贫 情系乡村谋发展
—— 记南昌市进贤县南台乡观前村第一书记唐洪斌

唐洪斌，男，1976年11月生，中共党员，南昌市公路运输管理处监察室主任。2017年10月至2019年10月担任南昌市进贤县南台乡观前村第一书记。2018年被评为南昌市优秀第一书记。

情系群众，为民排忧解难

唐洪斌一到观前村任职，就认真开展村情民意调研，挨村挨户进行走访。他对贫困户说得最多的一句话就是，党和政府派我们到村里来，就是为大家解决实际困难，把党和政府的温暖送到大家的手中。驻村期间，他帮助李宝珍母子安排卫生保洁、图书管理员公益岗位，帮助年近八旬的胡安华进行残疾鉴定并落实残疾补

唐洪斌（左二）研究扶贫工程建设项目

贴，帮助张树行落实"崛美公益基金呈香小屋"援建项目资金4万元改造建设住房……唐洪斌注重改善贫困户家居环境，争取专项经费用于贫困户家居环境整治，先后给14户贫困户安装自来水，为6户贫困户新建水冲厕，帮助2户贫困户整修房屋。

加快建设,改变乡村面貌

唐洪斌注重加强农村基础设施建设,争取资金为所有自然村新建维修农田灌溉设施,修建村庄道路,村民农业生产、生活出行条件得到了较大改善。唐洪斌注重加强秀美乡村建设,带领村"两委"班子争取专项资金对9个自然村的门塘进行清淤、护坡、周边道路硬化、安装水泥防护栏和太阳能路灯,对80%以上的农户进行水冲厕改造推进厕所清洁工程,拆除危旧房、设立垃圾集中收集点……

"呈香小屋援建"安家仪式

发展产业,壮大集体经济

村集体经济发展历来是观前村的盲区,2018年之前村集体经济基本为零。唐洪斌到任后就着手对村集体经济发展进行调查研究,对特色农产品进行开发,设计外包装及商标,成功开发米酒、菜籽油、土鸡蛋3类产品,成立了当地第一个村集体经济组织——观前农民专业合作社。为了打通农产品销售渠道,唐洪斌还兼任销售员、快递员,每天跑销路、接订单,将特色农产品在电商平台进行销售。农民专业合作社成立以来,2018年、2019年先后向每户贫困户分红1500元,村集体实现创收4万余元。唐洪斌带领村"两委"班子落实各项扶贫政策,2017年新建1个30千瓦村站、3个3千瓦户站,建档立卡贫困户中享受教育扶贫的有6户7人、危房改造有4户、光伏扶贫有3户、保障扶贫有19户36人、金融扶贫(小额信贷)有11人,就业扶贫覆盖率达到80%,健康扶贫覆盖率实现了100%。

"有问题，找彭书记"
——记南昌市进贤县民和镇旺坊村第一书记彭小华

彭小华，男，1974年11月生，中共党员，南昌市委政法委国安处处长。2017年10月至2019年12月担任南昌市进贤县民和镇旺坊村第一书记，2018、2019年被评为南昌市优秀第一书记。

真抓实干推动精准扶贫

为搞准摸清村情民情，掌握第一手资料，驻村以来，彭小华走遍了村里每一个角落，多次邀请乡镇干部、村小组长、致富能手、贫困户、低保户、非贫困户等座谈交流，分析贫困症结，听取扶贫工作意见，探讨扶贫发展计划。旺坊村有18户建档立卡贫困户，其中17户是因残致贫。针对不同情况，他们采取分类指导，有劳动能力

彭小华（右）与合作社理事长在瓜地查看西瓜长势

的帮助实现在外有效就业扶起来，有部分劳动能力的安排在合作社基地做工并重点带起来，丧失劳动能力的纳入各类财政保障完全兜起来。他与村"两委"同志们一道，加班加点，连续工作20余天，仔细梳理了贫困户家庭信息、收入情况等基础数据，全面规范了村级扶贫工作台账和贫困户档案资料台账。

千方百计落实产业发展

旺坊村2016年初成立了村集体合作社,但管理较为粗放、技术水平不高、产权不太明晰。彭小华到村担任第一书记后,利用自己法律专业的优势,帮助村合作社理清了股权结构,进一步明确了合作社章程和分配方式,指导合作社和18户贫困户签订产业扶贫协议,将村集体产业发展和贫困户利益有效联结。作为第一书记,他不断指导合作社加强成本核算,规范财务管理,不断优化产业结构,摒弃了一直亏损的水稻、菊花种植,专注一直盈利且技术市场成熟的西瓜种植。2017、2018两个年度,旺坊村集体合作社实现产值106万余元,直接用于支付包括贫困户在内的村民劳务工资20余万元,用于18户贫困户分红31000元。这一做法先后被人民网江西频道、江西教育电视台等媒体报道。

彭小华(左)协助村民采摘西瓜

全心全意服务困难群众

贫困户付光辉的妻子为聋哑人,劳动能力较弱,两个孩子读初中,家庭经济困难,彭小华就到孩子所在中学联系校长帮助落实了最新的教育扶贫政策。贫困户何祖正两个儿子去世,独自生活,彭小华经常到他家走访,和他拉拉家常,面对面宣讲有关扶贫政策,在老人生病期间多次到医院看望。老人现在逢人就讲现在的扶贫政策好、政府好、干部好,是好干部把党的好政策带给了老百姓。

"彭小华",在别人眼中可能仅仅是指一个人的姓名,但在进贤县民和镇旺坊村村民的心中,"彭小华"是帮他们办实事的彭书记。彭小华自从来到旺坊村后,他的名字甚至成为"解决问题的代名词",村民们总亲切地说道:"有问题,找彭书记。"

从白领到农村:"不肯走"的第一书记
——记南昌市进贤县衙前乡下邹村第一书记付璟辉

付璟辉,女,1976年2月生,中共党员,江西银行股份有限公司客户经理。2017年10月至今担任南昌市进贤县衙前乡下邹村第一书记。2019年被评为南昌市优秀第一书记。

走好旧颜换新颜之路,做好策划人

下邹村通村道路崎岖,路面毁损严重,老旧破损房屋随处可见。面对如此浩大的改造工程,付璟辉带着党员干部与村委会的同志多次逐一上门与户主做思想工作,经过两个月的努力,拆除120余栋老旧房屋,无偿退出1500余平方米,拆除围墙100多户,完成了危房与围墙的整体拆除工作并在专家的指导下完成新建。不仅如此,党建、"三风"、村规民约等也得到完善。经过近三年的努力,现在的下邹村风貌焕然一新:村"两委"干劲十足、村民安居乐业、村庄美不胜收。2018年下邹村被评为"优秀村委会""扶贫先进村"及"党建'三风'建设先进示范村"。

走好产业发展致富之路,做好领路人

在强化产业项目、拓宽产业扶贫渠道的道路上付璟辉从

付璟辉(右)与村民一起采摘农作物

未停歇。2017年，为提升水稻品质她走遍进贤县乡镇进行对比，最终选择"泰优90"优质水稻；为解决销售难题，她促进合作社与种植户签订产销合同，以高于市场价在家门口收购稻谷。2018年3月，她在微信朋友圈发布：我来扶贫了，以后这就是我

付璟辉（右）推介扶贫产品

的家，有扶贫项目可以推给我。在朋友的推荐下，她邀请江西中医药大学教授曹岚到村实地考察，利用下邹村土壤富硒、无工业污染等优势，采用"企业+合作社+农户"形式，开辟了40亩葛根种植基地，预计年产值28万元，利润近8万元。就这样，村里有了光伏、小龙虾养殖、葛根种植、蔬菜大棚、家禽养殖大棚等产业项目，打开了发家致富之门。

走好为民服务办事之路，做好跑腿人

事关百姓民生，付璟辉总是"小题大做"。为解决村民看病难的问题，她第一时间邀请江西省民革委医疗专家组利用周六来村义诊；为让贫困学生不失学，她带领村干部多次与当地学校沟通；为让村民们过上幸福年，她组织年轻党员开展别开生面的文艺演出；为让贫困户感受温暖，她组织"我为村民做餐饭"活动……所有的付出，渐渐打动村民的心。如今，下邹村各项基础建设已基本完成，贫困村摇身变为产业新村。在下邹村"第一书记"岗位上驻守3年多的付璟辉说："下邹村整村走向富裕是必然的，而我的使命就是让必然来得更快些。"

产业扶贫促增收　乡村整治展新颜
——记南昌市进贤县池溪乡向家村第一书记陶武羊

陶武羊，男，1979年12月生，中共党员，南昌市科技进修学院招生办主任。2017年10月至2019年10月担任南昌市进贤县池溪乡向家村第一书记。2019年被评为南昌市优秀第一书记。

精准识别，扶贫又扶志

陶武羊带领村"两委"班子严格按照"七清四严"标准对贫困户进行重新甄别，以户为对象落实精准帮扶，因户施策、因人施策。王小平患有间歇性精神病，长年独居在家，除低保收入外无其他收入来源，对于贫困现状，他选择了麻木对待，习惯了长期通过酗酒来逃避现实。陶武羊主动从"扶志"上打开突破口，帮助他购买衣柜、煤气灶、电饭锅等生活用品，经常对他嘘寒问暖，鼓励他自食其力。王小平思想逐步转变，渐渐敞开心扉，在陶武羊帮助下在水泥厂找到一份工作，每月务工收入1500元。对王小平的帮扶只是陶武羊工作的一个缩影，他经常性实地了解和听取贫困户的现状和诉求，开展送生产资料和助耕、助学、送温暖活动，协调解决贫困户的生产生活困难。

产业扶贫，增产又增收

在陶武羊担任第一书记之前，向家村的村集体收入几乎为零。陶武羊结合当地产业基础与资源禀赋，整合专项扶贫经费、财政专项经费，通过"公司+基地+农户"模式，建设13.6亩大棚辣椒种植基地、38亩春香柚产业扶贫基地，每年可以帮助贫困户增收40余万元，当地单一农业产业结构得到优化。陶武羊积极争

扶贫产业（春香柚）基地种苗栽种活动

向家村美观整洁的乡村道路

取产业扶贫资金支持，为10户建档立卡贫困户建起30千瓦光伏发电设备，每年每户可以实现增收3000元以上。

乡村建设，美化又亮化

陶武羊带领村"两委"班子认真做好道路、休闲广场、水利设施、党群服务中心和农户农房等基础建设，重点做好"五拆"工作，极大地改善了群众的人居环境，实现了全村新农村建设全覆盖。向家村干净整洁的道路、错落有致的民居、休闲健身的广场，远远望去美如一幅画。

陶武羊深入脱贫攻坚一线，带领村"两委"班子打赢脱贫攻坚战，凭借着实实在在的工作业绩，赢得了村干部和群众的赞扬。

如今，向家村基础设施基本完善，乡村道路实现了户户通，建档立卡贫困户人均年纯收入已经达到了13000元左右，习近平总书记提出的"两不愁三保障"目标在向家村已经全部得到了实现。

精准帮扶　不图虚名　办好实事

——记南昌市进贤县张公镇邵窝村第一书记胡泰武

胡泰武，男，1972年9月生，中共党员，南昌市中级人民法院二级主任科员。2017年10月至2019年10月担任南昌市进贤县张公镇邵窝村第一书记。2019年被评为南昌市优秀第一书记。

精准帮扶，为空巢老人排忧解难

胡泰武觉得，在脱贫攻坚工作中面对群众困难，一切要从实际出发，要有大我格局、舍我精神、忘我担当、无我境界。得知贫困户陈冬芳的83岁老母亲独居家中，胡泰武就隔三岔五进行走访，陪老人聊天，帮助整理家务。寒潮来袭，胡泰武发现老人家里窗户破损后及时帮助安装铝合金玻璃窗，彻底解决了冬天受冻的困境。五保户胡细水，因为车祸腿脚落下残疾，平日里在附近打工，只在春节时回家住几天，而他家却是一个只有9平方米的小房子并且四处漏风。于是胡泰武找到居住条件较好的胡细水大哥大嫂商量，让他暂住在大哥大嫂家。考虑到胡细水的实际情况，胡泰武连夜组织村支部委员召开会议，研究决定对胡细水进行重点帮扶，用慰问经费帮他采购生活必需品……

勤于走访，把困难群众当作亲人

胡泰武认为，只有把群众当朋友、亲人，才能贴近群众，才能掌握第一手资料。建档立卡贫困户李国平患有多种疾病，每年都要住院治疗，身体非常虚弱，情绪也很低落。胡泰武几乎每周都会抽空去看望他，教李国平一些简易操作的康复技巧。经过心理疏导和康复训练，李国平身心状况好了很多，露出了久违的笑容。邵窝

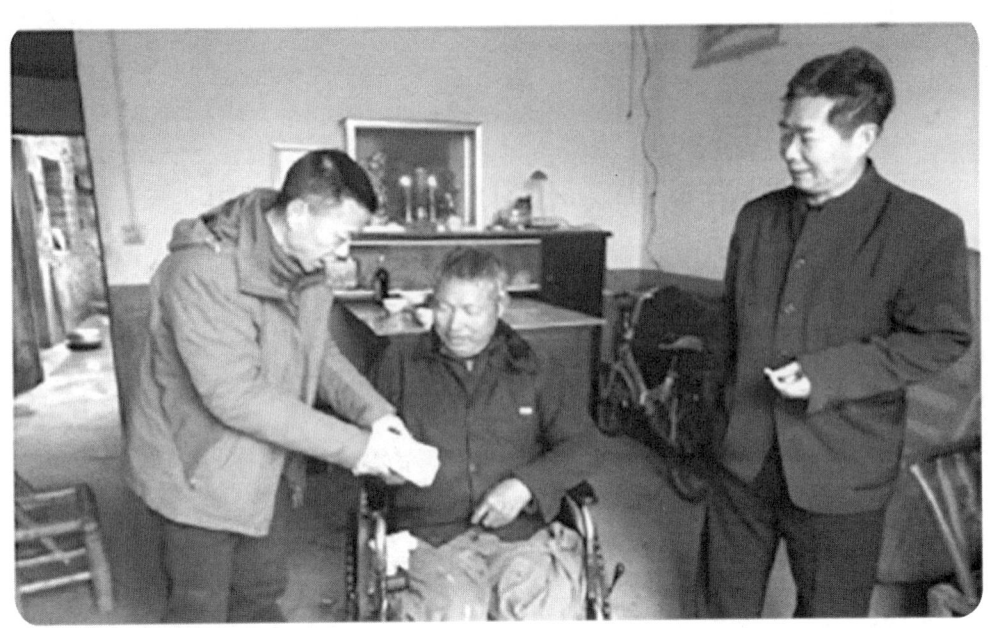

胡泰武（左一）与队员一起走访慰问贫困户

村几乎家家户户都种西瓜，每到西瓜成熟时节，村民们都为西瓜销售犯愁。胡泰武协调成立邵窝村第一个农业产业合作社并亲自跑销售，每年为种植西瓜的贫困户增收近千元。

办好实事，多渠道支持提供帮扶

胡泰武经常性加强与南昌市中级人民法院的沟通联系，帮助邵窝村争取资金和政策支持，加强基础设施建设，推动村集体经济发展。南昌市中级人民法院一次性出资60万元帮助邵窝村建设光伏发电站，每年为邵窝村带来10万余元的集体经济收入；先后为邵窝村脱贫攻坚筹助资金206.8万元，支持村委会办公室、文化活动中心、村小学、村卫生所等建设，帮助高郭自然村修建便民公路，助力贫困户住房改造、公共路灯和自来水安装等工程。

胡泰武（右一）帮助困难群众销售西瓜

为了旺坊村民的微笑

——记南昌市进贤县民和镇旺坊村第一书记张锦军

张锦军，男，1974年7月生，中共党员，南昌市委信访局三级主任科员。2019年10月担任南昌市进贤县民和镇旺坊村第一书记。2020年被评为南昌市优秀第一书记。

建强村级党组织的带头人

驻村工作后，针对村"两委"一班人思想不统一、合心合力不强的问题，张锦军主动与村干部逐个谈心，了解思想动态，帮助排忧解难，统一思想，明确分工。严格落实党支部各项组织生活制度，先后组织5次党员大会，组织学习、教育12余次，党员群众主动参与、支持扶贫工作的自觉性不断提高，村党支部的凝聚力、公信力、战斗力不断增强。

面对疫情汛情的逆行人

新冠疫情暴发后，张锦军第一时间返岗，组织和参与卡口值守、网格管理、测温消毒、配送生活物资。进入复工复产阶段，张锦军和村干部就开始忙起了旺坊村莲蓬种植的事：请人租机械翻耕莲蓬种植基地的40余亩农田，组织贫困户进行施底肥，组织村干部和扶贫工作队队员前往"莲子之乡"广昌县现场

张锦军（中）在基地察看西瓜苗的长势

考察、学习技术，选购优质莲蓬品种……看着12000多株莲蓬种苗从抚州广昌运送到旺坊村莲蓬基地时，张锦军那颗悬着的心终于踏实了。

怎奈天有不测风云。7月初持续不断的暴雨让防汛形势日益严峻，莲蓬基地同样遭受着考验。张锦军与村党支部商量后，立即启动应急预案：把村干部和扶贫队队员搭配分成3组，组织村民轮流巡查莲蓬、西瓜基地，能采摘的抓紧采摘，第一时间把新鲜莲子烘干。"今年太不容易了，多亏了张书记和村干部啊。"汛情过后，手捧着晶莹剔透的新鲜莲子，贫困户付茂财感慨万千。

张锦军（中）帮着村民剥莲子

发展村集体产业的热心人

"我这次拿到了1200元的分红，加上平常在基地务工的工资，收入比以前增加了不少。今年我通过扶贫贷款贷了3万元，准备再养头牛，争取在小康路上越走越好。"2021年1月21日上午，旺坊村2020年度分红大会上，从张锦军手里接过扶贫产业分红款时，贫困户洪小仁笑得合不拢嘴。

和洪小仁一样，全村另外12户贫困户都是旺坊村众兴种养专业合作社的股东，也领到了自家的分红款。旺坊村采取"公司＋合作社＋农户"模式，由村致富带头人领办组建众兴种养专业合作社，种植金丝皇菊6亩，连同西瓜、莲蓬两个产业基地，2020年合作社年收入37万元，盈利4万余元，既壮大了村集体经济，又吸纳贫困户务工12人，人年均增收近5000元，辐射周边村民参与务工120人次。

党建引领 脚踏实地 扎实工作
——记南昌市进贤县衙前乡瓦子陂村第一书记刘文龙

刘文龙,男,1988年11月生,中共党员,南昌市史志办公室四级主任科员。2019年10月担任南昌市进贤县衙前乡瓦子陂村第一书记。2020年被评为南昌市优秀第一书记。

党建引领,创新方式,提升活力

刘文龙注重加强基层党建,团结和带领村"两委"班子,认真落实"三会一课""四议两公开"制度,学习政策法规、探讨农村科技、谋划发展出路;认真落实"党建+精准扶贫",坚持扶贫与扶志、扶智、扶勤、扶德相结合,组织帮扶干部、村"两委"干部、部分党员和建档立卡贫困户,创新开展每季度"三讲一评"颂党恩主题活动,深度解读脱贫攻坚政策要求、帮扶措施,正向激励贫困户勤劳致富、感恩奋进。邱秋兰家庭经济困难,通过"三讲一评"颂党恩主题活动,她不等不靠,种植了8.4亩水田和10亩经济林,平日里就在扶贫公益专岗工作,通过不断的努力2019年实现了脱贫。刘文龙积极推动"党建+志愿服务",争取南昌市史志办公室支持,向瓦子陂小学捐赠"名著小书包";2019年12月,邀请南师附小优秀教师到瓦子陂小学开展志愿伴读、诵读故事等活动,通过"大手牵小手"做到共享阅读、共话成长。

加强学习,认真调研,熟悉情况

驻村以来,为了尽快了解基层、熟悉工作,刘文龙始终坚持静下心来、俯下身来主动向村乡干部学习、向当地村民学习,做到多交流、勤沟通、善思考。为了详细了解贫困户的基本情况,刘文龙始终坚持进村入户开展调查研究,积极参与各类工作台账的整理和贫困户档案资料的查漏补缺,弄清村民们急难愁盼并推

刘文龙（左二）向督查指导组汇报扶贫工作　　刘文龙（右）坚守卡点参与疫情防控

动问题解决。刘文龙了解到瓦子陂河道容易堵塞，河边几户住房存在塌方的风险，2020年4月就开始组织对瓦子陂河道进行改造，加固了河边的护坡，重新建设了洗衣台等，成为当地一道亮丽的风景线。

脚踏实地，转变角色，抓实工作

2020年初新冠疫情暴发以来，刘文龙第一时间积极响应市委、市政府决策部署，放弃休假、主动请缨、奋战一线，走村入户、上户测温、值班守卡、防疫宣传、主动摸排发热人员，申请防疫经费购买防疫物资，帮助网格员发放防疫连心卡，引导年长村民申请南昌电子通行证……在脱贫攻坚的主战场，刘文龙认真落实"扶贫先扶志"，积极推进基础设施建设，瓦子陂村设立道路维护、乡村保洁等6个公益性岗位，组织实施党群服务中心建设、门塘渠道整治、排水沟建设、护栏安装等项目，村容户貌得到进一步提升，瓦子陂村2020年财政扶贫项目全部通过验收。

奉献青春热血　助力乡村振兴
——记南昌市进贤县泉岭乡前溪村第一书记黄皇

黄皇，男，1989年6月生，中共党员，共青团南昌市委统战部三级主任科员。2019年10月担任南昌市进贤县泉岭乡前溪村第一书记。2020年被评为南昌市优秀第一书记。

舍小家顾大家，奉献青春热血

黄皇赴前溪村担任第一书记时，大女儿两岁半、小女儿才刚足岁，面对一双年幼的女儿和组织安排，作为一名年轻的党员干部，他毅然选择驻村挂职。任职期间，黄皇经常性地走村入户，老百姓看到他后总喜欢拉住他唠唠，他也乐在其中。因为他深知这是他了解村情、民情最直接、最有效的方式。农村里很多问题都是家长里短的小事，黄皇

黄皇（左二）在疫情期间走访贫困户

带领前溪村调解委员会调解各类矛盾纠纷案件25起，调解率为100%，调解成功率达到98%以上，前溪村人民调解委员会也被评为"全省优秀人民调解组织"。2020年防疫期间，黄皇带领驻村工作队、村"两委"干部、值守党员在进村几个卡口连续值守70余天，导致腿伤复发，可就算痛到走路都费劲，他也是吃点止痛药继续坚守，其个人因扶贫先进事迹被团省委授予"2019年度全省优秀团干部"称号。

"输血""造血"并举,助力乡村振兴

在争取"输血"之时还注重"造血",黄皇带领全村发展吴茱萸中草药基地260亩,栽种药苗2万余棵,稳定收成后预计每亩收益6000余元。他将中草药种植基地发展为青年劳动实践的"青年林",并通过团市委组织全市各界青少年种植"希望工程三十周年纪念林",打造前溪村青年空间。黄皇带领驻村工作队、村"两委"干部大力推进农村人居环境整治,

黄皇(左二)在扶贫车间介绍情况

提升村容村貌、促进乡风文明,拆除危旧房屋、断壁残垣5000平方米,按照"三园(果园、菜园、花园)"理念进行改造6000平方米。目前,前溪村脱贫攻坚全面胜利、环境面貌焕然一新、乡村振兴翻开新篇。

扮美扮靓风景,打造秀美前溪

为了加强秀美乡村建设,黄皇联系协调高校志愿者为前溪村进行乡村公益彩绘,组织豫章师范学院、江西服装学院等高校志愿者围绕党建引领、乡村振兴、脱贫攻坚等主题,用形象的彩绘画面将1600平方米普通的村庄墙壁变成了一道亮丽的风景。在几任驻村工作队的不懈努力下,前溪村已经变成了一个和谐、美丽、宜居的新农村。

把驻村帮扶当作事业干

——记南昌市进贤县钟陵乡田南村第一书记车大毛

车大毛,男,1972年4月生,中共党员,南昌市国资委监督科科长。2019年10月担任南昌市进贤县钟陵乡田南村第一书记。2020年被评为南昌市优秀第一书记。

"党建+扶贫"用实招,党支部建设结硕果

驻村扶贫以来,车大毛始终以"党建+扶贫"为抓手,围绕"用好扶贫政策、抓实扶贫实事、建强基层组织、推动乡村振兴"扶贫目标,用好南昌市国资委100万元帮扶资金,全面加强以支部建设为龙头的各项建设。在车大毛直接指导和具体帮带下,先后完成了村党群服务中心、村庄整治、道路硬化、爱心超市、农家书屋、视频监控系统、抗疫及防

用真情实意做好扶贫政策解读

汛等系列公共服务设施建设,彻底改变全村基本生产生活条件,全面提升村党支部带领村民脱贫和扶持贫困户创业就业的能力。在脱贫攻坚中,村党支部的核心领导作用显著增强,并取得优异成绩。2020年,田南村党支部获"县级村优秀党支部"荣誉称号,被列为全县基层党建"三化"、"党建+宅改"试点村。

特困户脱贫"药"对症，政策精准断穷根

在扶贫工作中，车大毛始终把特困户脱贫当作攻坚战，做到对症下"药"，政策精准断穷根。李美兰是村里唯一没脱贫的特困户。对此，车大毛高度关注，通过走访、面对面谈心交流，摸准李美兰特困病根在于其与丈夫、儿子失散失联十几年，导致她患有严重抑郁症。于是，车大毛发挥村委会、乡政府和派出所三方合力作用帮助她找寻亲人，经过近

为贫困户办实事

百天不懈努力，终于帮她找到了在宁波打工的儿子杨南生，并帮助李美兰建立起与儿子的亲情联系。由于"药"对症，效果显著，大大激励了李美兰对生活的信心，促使其精神状态明显好转。同时，车大毛全力给李美兰落实了各种政策补贴和兜底救助，帮她改造了危房、住进了新房。现在，李美兰低保、田地租金、村养鸡场分红、保洁员的工资和兼做零工收入，连同她儿子的务工收入，家庭年收入达到了4.5万元。全村最后一户特困户"告别"贫困，精准脱贫好政策帮助她彻底断了穷根。

防疫抗洪奋战第一线，处处事事当好表率模范

面对新冠疫情和防汛压力，车大毛和村"两委"干部始终战斗在第一线，防疫防汛、复工复产，疫情防控、抗洪救助值班值守始终走在前干在先，处处事事当表率做模范。通过多种渠道，帮助7户贫困户签订了用工合同，村集体销售土鸡近2000只，确保2020年全村贫困户人均可支配收入超过1.6万元，较上年度增收0.43万元，村集体产业收入达8.8万元。

扶贫是为群众办实事

——记南昌市进贤县罗溪镇塔岗村第一书记刘超

刘超，男，1981年10月生，中共党员，南昌市人力资源和社会保障局工伤保险科副科长。2019年10月担任南昌市进贤县罗溪镇塔岗村第一书记。2020年被评为南昌市优秀第一书记。

扶强基层党建，激发脱贫动力

认真学习落实党的十九大精神,积极配合罗溪镇党委选优配强村"两委"班子；帮助村"两委"班子健全完善村党总支部职责、党员议事制度等党组织工作制度，使村"两委"工作制度化、规范化，充分发挥基层党组织的战斗堡垒作用和党员先锋模范作用。以"三讲一评"颂党恩活动为载体，积极开展扶贫扶志"感恩行动"，积极宣传党的扶贫政策和帮扶举措，引导贫困群众感党恩、听党话、跟党走。通过每月的"爱心超市"积分评比，以群众看得见的实惠引导贫困户崇劳向善，激发贫困户内生动力，鼓励贫困户通过自己的劳动带动家庭增收，重获劳动者的尊严，贫困群众脱贫致富内生动力不断增强。

应对疫情挑战，精准动态帮扶

新冠疫情不期而至，给塔岗村稳脱贫、防返贫带来巨大风险。刘超主动放弃春节假期，连续40余天在疫情防控卡点值守，为贫困户代购药物和生活物资。坚持带领村干部和驻村队员深入走访调研，把详细掌握贫困户脱贫进展情况作为工作依据，对照脱贫攻坚考核要求及时调整扶贫基础台账，在强化贫困户信息动态管理的基础上，提高因人因户施策帮扶的精准度。仅2020年，先后新开发4个公

刘超（右）看望贫困户

益性岗位，解决因疫情无法外出的贫困群众在家门口就近务工，落实6个贫困学生义务教育阶段贫困非寄宿生、"雨露计划"、大学助学金等补贴，为1户符合条件的贫困户申请优惠小额信贷。在2020年下半年全省脱贫攻坚普查中，塔岗村的各项工作得到了普查组的好评。

为群众办实事，注重脱贫质量

扶贫就是为贫困群众办实事，这是刘超驻村以来一直笃行的工作信条。为保持村扶贫产业健康成长，刘超主动联系镇农技站技师，帮助解决村集体产业基地在生产管理中遇到的技术难题。根据村产业扶贫基地的实际用工特点，介绍多名熟悉农活的贫困户在基地长期务工，组织施工人员为贫困群众硬化入户道路、修建卫生冲水厕所、更换瓷质瓦屋面等；按照"四议两公开"原则申报7个建设项目，争取资金123.2万元新建村内道路近1.5公里、护坡0.5公里，新安装抽水灌溉设备2套。每一件实事，既记录着扶贫过程，也体现着脱贫成色。继2017年底退出省级贫困村序列后，到2020年底，塔岗村集体经济收入达到15万元，贫困户年人均纯收入为11759元。

凝心聚力战"贫"收官

——记南昌市进贤县前坊镇焦家村第一书记黄义松

黄义松,男,1978年8月生,中共党员,南昌市林业勘察设计队副队长。2019年10担任南昌市进贤县前坊镇焦家村第一书记。2020年被评为南昌市优秀第一书记。

因地制宜发展产业

针对焦家村产业结构单一、经济效益低下等问题,黄义松积极推行种、养、加相结合,一、二、三产业融合发展模式,不断发展壮大村集体经济。黄义松围绕村中资源优势,大力发展绿色养殖、食用油加工、果树苗木花卉种植和乡村休闲旅游等产业,成功建起了60亩"稻虾"养殖基地、40亩养鱼基地、20亩土鸡养殖基地,每年向每户贫困户分红3000元。针对焦家村现有油茶种植经营比较粗放的局面,黄义松大力推广油茶新品系,聘请市林业系统老科协专家现场指导、改造低产油茶林1800亩,将焦家村油茶产量提高了两成,为村民每亩增收约100元。同时兴建了年处理鲜果量20万斤的村级榨油厂,大幅度提高焦家村食用油产业附加值,每年为村集体带来10多万元的经济收入,向焦家村党员干部群众交出了一份产业兴旺、富民强村的出色答卷。

"一对一"帮扶办实事

黄义松采取"一对一"帮扶模式,联系市林业局9个下属单位分别对口帮扶6个村民小组和5户贫困户,点对点开展村容村貌整治等基础设施建设,帮助贫困户发展产业脱贫致富。工作期间,黄义松共争取各类基础设施项目12个、资金投入达700多万元,出色完成了进村入户道路路面硬化、村中边角地整理硬化、

俯首田间地头话农桑

喜看贫困户好收成

蓄水河塘排水沟固堤固坝、村庄绿化等基础设施工程，先后建设完成了市级森林村庄和省级乡村森林公园。积极筹集资金建成农村生态公厕2处，整固山塘2个，兴建2个文化广场面积达800平方米，申领安装体育器材100多件，为村民健身锻炼、文化休闲提供了好去处。如今的焦家村，路硬化了、水变清了、山变美了，基础设施整体改善，人居环境全面提升，村民们的获得感、幸福感明显增强。

战疫抗洪冲在一线

面对肆虐的新冠疫情，黄义松没有留恋与家人的团聚，大年初一就从安徽老家赶回村里，组织村干部全力投入到疫情防控阻击战。从疫情排查到宣传防疫知识，从劝阻村民不聚集、发放防疫物资到卡点值班值守，每项工作他都亲力亲为，常常忙得几天几夜都没合眼。洪涝灾害发生时，他更是不顾生命危险，带领村干部冲在安置转移群众、巡堤护坝的第一线，一连三个月都顾不上回家一趟。为帮助村民将手中因疫情汛情滞销的农产品卖出去，他多次带领村干部参加各类农产品展销会，利用电商平台帮助村民销售农产品，共为村民销售滞销的大米、土鸡（蛋）、茶油、西瓜、蜜橘、春香柚等农产品50多万余元，及时解了村民的燃眉之急，真正做到为民办了实事、办了好事，体现着新时代青年扎根基层、一心为民的纯朴情怀。

义无反顾　只为扶贫

——记南昌市进贤县二塘乡新源村第一书记杨建平

杨建平，男，1978年2月生，中共党员，南昌综合保税区管委会规划局局长助理。2019年10月担任南昌市进贤县二塘乡新源村第一书记。2020年被评为南昌市优秀第一书记。

知难而进，危难时刻显党员担当

作为一个有着十几年基层工作经历的老党员，本着对基层的那份特殊的感情，杨建平在接到驻村扶贫任务的第一时间，便义无反顾地一头扎进新源村的扶贫事业。村集体年收入为9000元，建档立卡贫困户20人，其中11人患有残疾，剩下的基本都是年迈、无劳动能力的贫困户。如何帮助贫困户脱贫，怎么才能让村集体自己"造血"，这便是初到新源村的杨建平面临的第一道难题。但他知难而进不畏难，在驻村期间，他总是以身作则，积极投入村集体各项工作中，不论是脱贫攻坚还是防疫防汛，他总是冲锋在前。防疫期间，他驻村坚守40余天，带着村干部坚守村庄卡口，摸排武汉返乡人员，帮助长期慢性病的贫困户购买药品；防汛期间，他带领驻村工作队队员和村干部巡堤查险、排除险情，排查中发现一处泡泉，他科学处理，得到专家一致好评，巡堤中即使中暑他也未曾抱怨一句。

脱贫攻坚，科学规划增扶贫效能

在脱贫攻坚工作中，他用心、用情、用智破解难题，科学谋划产业扶贫，因户制宜制定帮扶政策。对于扶贫资金，他充分合理地利用推进村庄整治及基础设施的建设，优先建设群众反映强烈的民生基础工程。为提升群众生产生活的便捷性，

杨建平（前）带领村民防汛救灾

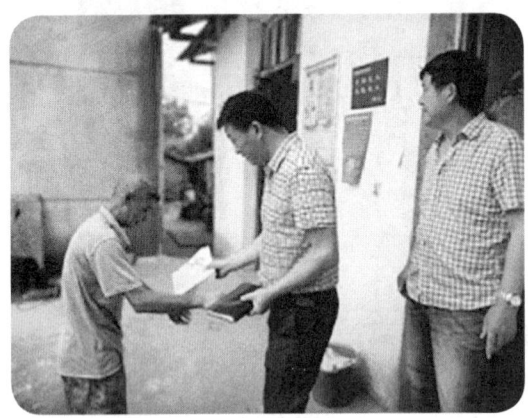

杨建平（中）走访困难户

2020年共计修建水泥路1.4公里、防护墙400米，对1棵800年历史的古樟树进行了保护，贫困村人居环境得到了不断提升。通过不断推动扶贫产业发展和扎实落实各项帮扶政策，新源村2020年产业收入突破10万元，脱贫成效显著；10户贫困户全部脱贫，2019年度贫困户人均年收入为11824.27元，2020年度增长为16213.20元，脱贫质量得到了不断巩固。

群众帮扶，一个都不能少

对于贫困户的帮扶，杨建平大力发扬"钉钉子精神"，坚持贫困户一户户过，帮扶政策一项项定，自驻村帮扶以来，他帮助3户贫困户办理了残疾证，4户贫困户办理了特殊门诊，确保贫困户应助尽助。为行动不便的贫困户买药、送奶粉是他日常工作中的一部分，闲不住的他经常走进贫困户家中，了解生产生活情况，问一问期盼解决的问题。在了解到扎根基层奉献40余年的老党员徐春苟生活贫困，且患有耳疾无法与人交流，他积极联系社会力量捐赠生活物资，走访慰问，帮助其减轻生活压力，并联系到省中西医结合医院，为其验配助听器，"听不到"声音长达5年的老党员恢复了听力，在建党100周年之际，向老党员送上了最好的礼物。

找准产业路子　走稳发展步子
——记南昌市进贤县三阳集乡赵埠村第一书记高晶

高晶，男，1987年11月生，中共党员，南昌城投资产管理有限公司总经理助理。2019年10月担任南昌市进贤县三阳集乡赵埠村第一书记。2020年被评为南昌市优秀第一书记。

扶贫先扶志，扶贫必扶智

驻村帮扶第一天，从来到结对帮扶贫困户陶桂华家里开始，高晶就坚持注重扶贫与扶志、扶智相结合，积极引导贫困群众由"要我脱贫"向"我要脱贫"观念转变。一是定期开展"三讲一评"颂党恩活动，紧紧围绕扶贫政策进行宣讲，共同探讨脱贫攻坚思路，激发脱贫内生动力。二是坚持把"爱心超市"建设作为激发内生动力的重要载体，引导贫困

高晶（左一）入户走访

户在社会公德、村规民约、遵纪守法、个人品德、内生动力、配合工作等六个方面取得相应积分并兑换生活物品，将思想引导和物质奖励结合，激发贫困户"比着干""争着干"，促进扶贫与扶志、扶智相结合。

整合资源优势，推进产业发展

高晶结合赵埠村产业发展重点，依托合作社引进南昌云辉蔬菜有限公司，通过合作企业打造蔬果全产业链、引进先进工艺和先进技术、聘用职业经理人，以贫困户入股合作社、土地流转、劳动务工等形式，实现了"资源变资产、资金变股金、农民变股民"的转变，贫困户由此享有资产产生的收益权。2019年，通过发展产业扶持，每户贫困户年

高晶（左二）参与疫情防控

收益从1300多元到1700多元不等，村集体享有管理费，既解决了村集体经济收入问题，又能让贫困户长期致富，贫困家庭由此在承担较小的市场风险的前提下，达到了增收脱贫的目的。

消费扶贫，助力致富增收

高晶牵头组织开展"传统佳节"消费扶贫活动，鼓励"娘家"干部职工购买帮扶村土鸡蛋、菜籽油、大米等农产品，并通过微信朋友圈等途径进行宣传，帮助贫困村解决农产品销售难的问题，截至目前消费扶贫收入达32万元。赵埠村惠民种养合作社与帮扶单位签订协议，采购合作社种植的蔬菜、鸡蛋等农产品。通过消费扶贫，充分调动和激发贫困群众发展生产脱贫致富的积极性，让扶贫从传统"输血"向持续"造血"转变。

◇安义县(15人)

"果田村样板"成型记
——记南昌市安义县石鼻镇果田村第一书记黄少林

黄少林,男,1973年1月生,中共党员,南昌市纪委驻市国资委纪检监察组组长。2015年10月至2017年10月担任南昌市安义县石鼻镇果田村第一书记。2017年被评为南昌市优秀第一书记。

引进农业旅游生态项目

果田村村民收入主要来源于粮食生产和外出务工,虽名为"果田村",但这里并没有瓜果种植。经过前期的调查摸底,黄少林发现,果田村环境无污染、地势平坦、沙质土壤、水源充沛,很适合瓜果蔬菜规模化种植;而且毗邻安义古村,可以利用景区的辐射作用,发展农业旅游产业。如何把这里的生态区位优势转化为产业优势?黄少林带领村"两委"班子先后三下广州、宜春、赣州等地考察,江西玖祥农业发展有限公司成为引进的对象,为打消对方顾虑,又先后到公司总部和董事长老家"游说"。投资方被黄少林的诚心打动,一个以特色高档型水果种植为主、绿色有机蔬菜种植为辅,集观光农业、淡水养殖、休闲旅游为一体的"沙洲果园"农业旅游生态项目落户果田村。

2016年3月,"沙洲果园"正式开工,一期投资1000万元,流转土地300亩,建成了8个连栋大棚,按照有机、绿色、无公害的标准,分季种植台湾木瓜、红心火龙果、百香果等特色高档水果,以及绿叶类、甘蓝类、根菜类、葱蒜类等七大类20多个蔬菜品种,并配套建成淡水龙虾和淡水鱼养殖区。

2017年9月28日,"沙洲果园"正式运营,当天销售总额突破20万元,

2018年春节期间营业额48万元,全年预计产值600万—800万元,年收益200万—300万元。

创新产业扶贫模式

黄少林与投资商反复磋商,双方确定了"支部+公司+合作社+贫困户"的运作模式。党支部联合贫困户和村民成立专业合作社,合作社以现金、土地租金入股,按公司占60%股份、合作社占40%股份的比例共同经营。贫困户全部以现金、土地租金等方式入股,每年固定分红1000元,公司每年可以为贫困户提供固定劳动岗位15个、临时用工2000余人次,按80—120元/日计算工资,加上年底的分红,贫困户一年的综合收入能达到2万元以上。

特困户万显珍就是该项目的直接受益者,她成了公司员工和股东,通过在果园上班,加上果园定期分红,经济条件得到极大的改善,2017年底,家里的新房终于建了起来。"做梦也没有想到自己能成为股东,有分红,也像城里人一样每天上下班拿工资",万显珍如是说。

沙洲果园全景

成为贫困群众的暖心人

主攻产业扶贫的同时,黄少林时刻不忘解决贫困户生活疾苦。贫困户杨香树患脑肿瘤瘫痪在床半年,其母因脑溢血常年卧床,生活极为困难。他多方联系省医院专家到杨家做检查,安排其到省二附院住院治疗,垫付医疗费4000多元,还时常带药、带营养品到家看望,帮助杨香树的爱人成为果园的股东和员工,经济状况随之好转，家庭条件也慢慢得到改善。这样的事例不胜枚举，据不完全统计，在两年多驻村扶贫期间，黄少林为贫困户和村民办实事47件次，17户贫困户基本上都得到了特殊"关照"，他因此被村民称为"暖心书记"。

如今的果田村家家路通，村庄亮化绿化美化，贫困户改水改厕到位、有线电视全覆盖，村学校和卫生室面貌一新，扶贫产业沙洲果园欣欣向荣，村民业余生活丰富多彩，果田村正向幸福美丽和谐家园发展。

提起第一书记黄少林，果田村村民无不交口称赞：这位同志是党的好干部，不愧为我们村里的"领路人"！

黄少林（后排右一）组织贫困户讨论合作社入股

咬定脱贫不放松

——记南昌市安义县鼎湖镇湖溪村第一书记李忠华

李忠华，男，1973年5月生，中共党员，南昌市财政局大楼处副处长，2015年10月至2017年10月担任南昌市安义县鼎湖镇湖溪村第一书记。2015—2016年度被评为南昌市优秀第一书记。

困难不怕多，组织要强健

刚到湖溪村上任时，李忠华发现村内存在基层党组织软弱涣散、党员先锋模范作用发挥不够的问题，同时，许多村民对于扶贫政策了解甚少。李忠华立即带领村干部一起不分昼夜起草规划、建章立制，不断完善村级管理制度，积极推行党务、村务和村级财务公开制度，设立了村级民主管理审查监督小组，有效地整顿了软弱涣散基层党组织等问题。同时，他组织村"两委"班子定期入村入户开展调查摸底和扶贫政策宣讲工作，经过一个多月的努力，党的扶贫政策基本做到深入人心。

问题不怕杂，找准着力点

李忠华知道，要想带领村民致富，就要主动走进村民生活，针对问题制定对策，才能做到精准施策。于是，他带领村"两委"班子每天早出晚归访问本村老党员、困难户、回乡创业村民等群体听取意见建议。经过了解，他找准了工作着力点，确定了多个项目，这些项目均是群众反映最为强烈、最具可行性的扶贫项目。

在李忠华刚到湖溪村时，村容村貌较为落后。通过沟通，一些扶贫项目取得丰硕成果。比如投资100万元提升改造湖溪老街，给村民们提供了良好的休闲娱乐场所。同时筹集400万元建设了500亩高标准农田；筹集95万元建成1座30

李忠华（右一）陪同南昌市住建局领导查看湖溪村建设情况

千瓦的村级光伏扶贫基站，完成3000米村级道路、机耕道的硬化工程，门塘护坡护栏建设、水渠改造等多个扶贫项目。

与此同时，李忠华累计筹资340万元对湖溪小学进行重建，不仅修建了新操场、新道路，还购置了一批新桌椅，建立了语音教学室……

着眼长远，李忠华还办了一件大事，那就是解决医保问题。原来村民们每次看病都得进城，不仅给生活带来不便，还提高了看病成本。在他的努力下，市财政局整合了100万元资金，在村中筹建了一所爱心卫生计生服务室，方便村民们在家门口看病。

压力不怕大，产业挺在前

湖溪村是一个丘陵村，村内水田比较多，但村民们依靠传统农业收入太低，为此许多人都选择外出打工，而把家里的田荒在地里。

为了解决这个问题，李忠华组织成立了湖溪村产业扶贫基地，说服贫困户将闲置土地流转给产业扶贫基地后入股来实现脱贫致富。在李忠华工作的基础上，经过后续几任第一书记的共同努力，现在的湖溪村已经建设起了一个能够实现自繁自养的澳洲龙虾淡水养殖基地，基地生产的澳洲龙虾如今销售火爆、供不应求。这几年，贫困户通过土地流转、产业扶贫资金收益等多个渠道每年纯收入翻了几番，纷纷实现了脱贫致富的梦想。

一心一意扎根扶贫

——记南昌市安义县长埠镇老下村第一书记夏思捷

夏思捷，男，1974年11月生，中共党员，南昌市审计局行政事业审计处副处长、主任科员。2015年10月至2017年10月担任南昌市安义县长埠镇老下村第一书记。2015—2016年度被评为南昌市优秀第一书记。

抓党建，正作风，固堡垒，聚人心

刚到村里放下行李，夏思捷就匆匆联系村"两委"干部了解情况。长埠镇老下村是"十三五"省定贫困村，2014年农民人均纯收入3543元。怎么让这些群众脱贫呢？夏思捷心中没数，脚步却没停，几天下来，他发现老下村脱贫路上有四块短板：基础设施较差；"两委"班子作风建设有待加强；村民贫富差距较大；干群关系不够融洽。

找准了问题，接下来就是搬走这几座"大山"。经过思考，夏思捷认为加强"两委"班子成员作风建设是脱贫的首要政治任务。他组织召开村"两委"班子成员干部大会，明确成员工作分工，制订完善《老下村村"两委"工作制度》，规范村干部的工作。经过努力，干部们齐了心，明确了目标，也鼓足了干劲。

办实事，解难事，做善事，行好事

为了让群众全面实现走平坦路、喝干净水、上卫生厕、住安全房的愿望，夏思捷在一年内就争取到了300余万元扶贫资金。他和村干部们一起为村里新建了一座机耕桥，维修并新建水圳3000余米，还建设起了两个省级新农村建设点及一个"五位一体"综合示范村建设点，安装路灯68盏，新修水泥路100多米，道路绿化植了200多棵树。

基础设施一天天变好了，"重点人群"的生活质量也不能落下。夏思捷联合村干部为丧失劳动能力的村民刘印金及张祖平新建了2栋50平方米的小平房，并帮他们添置了家具与家电。得知残疾贫困户刘武水、张足友上卫生间不太方便，夏思捷及时组织力量进行改造，添加了无障碍设施。同时，他积极联系社会各界开展"献爱心、送温暖"活动，仅仅一年间就给贫困户累计赠送慰问金4.5万元、棉被7条、羽绒服6件、棉袜6双、电风扇5台。

村子里青壮年劳动力大多在外务工，许多空巢老人留守家中。

夏思捷（前）带领村民一起开垦荒地

夏思捷（右）为村民宣讲扶贫政策

为了给老人们更多的关怀，夏思捷联合公益组织累计免费为老人发放老花镜212付，为220个老人拍摄艺术照，为100名70岁以上老人每人赠送了10种夏日防暑用品和一根拐杖。

强基础，兴产业，促发展，利后人

村子要真正富起来，则必须要有推动村民内生发展动力的集体产业。为了建设好高标准农田，夏思捷带领村干部对涉及高标准农田建设项目的农户逐户做好思想工作。同时，依托集体讨论决策，初步确定了发展青蛙养殖项目，他与其他干部一起做了初步田块规划。村内还建设起了光伏扶贫基站，安排了3户扶贫户进行光伏发电建设，投入金额10万元，每年可为每户贫困户带来3000—4000元的收益……

如今的老下村，青蛙养殖产业基地蓬勃发展，村民们的"钱袋子"越来越鼓。

摸索中求突破善作为

——记南昌市安义县新民乡尚礼村第一书记王绍江

王绍江,男,1972年7月生,中共党员,南昌市人大法制委专职委员。2015年10月至2017年10月担任南昌市安义县新民乡尚礼村第一书记。2017年被评为南昌市优秀第一书记。

住农家,摸底数

和多数第一期驻村第一书记一样,王绍江对所驻村知之甚少,如何开展精准扶贫工作,心里也没个谱。但他相信一句话:要做群众的师傅,就要先做群众的学生。进村后,他信心满满地准备调研,没有想到碰了不少"软钉子"。他意识到,要了解实情,必须真"驻"下来。回家与女儿、妻子商量后,他卷上铺盖,住进了村委一楼那间没有空调、热水的计生室。没饭吃就到村民家搭伙,没热水洗澡就洗冷水澡。看到市里扶贫干部真和他们吃住在一起了,村民们逐渐愿意说实话。

找症结,做规划

尚礼村得名于唐宪宗年间,位于安义县西北,四面环山,方圆9341.3亩,耕地1341.3亩,林地8000亩,9个自然村组,272户997人。村民世代以种植水稻、油菜等农作物为生,2015年,人均纯收入不过1900元,全村有贫困户84户、低保户8户、特困户9户。

一个历史悠久、山林资源丰富、人口不少的尚礼村何以戴上了"省级贫困村"的帽子呢?王绍江做了更深入的调研:过去,尚礼村靠林木采伐还能有一定的经济收入,随着建筑业对木材需求量的减少和天然林全面禁伐,本来较为单一的收入来源就只剩下种地了，而农业生产又长期受山洪的影响，产量很不稳定。

症结找到了，下一步如何开展扶贫工作也就心中有数。王绍江把想法与村党员干部和群众代表商量后，很快拿出了《安义县新民乡尚礼村扶贫建设五年规划（2016—2020年）》。规划得到乡、县和市人大的充分肯定，这让他有了信心。

打基础，美村庄

作为一个省定贫困村，尚礼村历来是扶贫开发的重点，但限于历史条件，基础条件差的状况没有根本改变。按照"切合实际、整体改善、利于生产、便于生活"的思路，王绍江召集村党员干部和村民代表反复商量论证，精心谋划具体建设项目。项目所需资金经初步测算要2000多万元，钱到哪里要？王绍江又组织村"两委"干部一起读政策、找依据、对部门，带着他们三番五次找乡里、跑县城、请市局。资金总算有了着落，18个整村改造美化亮化文化基建项目启动。

谋产业，引项目

尚礼村"靠山吃不到山"的尴尬局面如何改变？王绍江认为还是要做好山的文章，发挥这里的生态优势，让"绿水青山"变成"金山银山"。早在做扶贫规划时，他就注意把产业发展融入基础建设项目中，实施了200亩翠冠梨种植园、300亩猕猴桃种植田和300亩鲑鱼养殖基地的整修改造；规划利用尚礼村古村文化和天然林优势对接正在开发的圣水塘项目，打造休闲、爬山、垂钓、餐饮等山村旅游产品。

他又带领村"两委"一班人走出去，引进婺源皇菊有机茶叶有限公司、尚书源生态农业专业合作社、云山农产品开发有限公司3家企业落户尚礼村，预计项目实施后可以为村民年人均增收2000元、提供100多个就业岗位。

接力促"果田村样板"成色足

——记南昌市安义县石鼻镇果田村第一书记吴华辉

吴华辉，男，1971年10月生，中共党员，南昌市纪委监委第二执纪监督室副主任。2017年10月至2019年10月担任南昌市安义县石鼻镇果田村第一书记。2019年被评为南昌市优秀第一书记。

精准帮扶再发力

掌握第一手资料是做到精准施策的前提和基础。吴华辉扎进村组，开展民情家访，把困难家庭的基本情况、贫困现状、致贫原因摸了个一清二楚；分类造册、严把标准、反复甄别，原先在册的贫困户37户109人精准识别到18户66人；再按"一户一策"制定措施，组织村组干部一对一联系。2017年底，14户22人落实教育扶贫，发放帮扶资金33575余元；改造3户贫困户的危房；19户贫困户改水改厕、路面硬化；3户贫困户申报光伏扶贫项目；16户37人吃上了低保、2户2人吃上了五保、8户9人享受残疾补助资金。

贫困户杨润宝摔伤治愈后，吴华辉主动帮助他在"沙洲果园"谋到了一份工作，每月2000元的工资让他的家庭有了稳定收入；贫困户杨长树妻子体弱多病，经济拮据，正在上高中的大儿子突发疾病，高额的治疗费让他一筹莫展，吴华辉主动上门，为孩子申请到大病救助，联系医院及时就医。

产业扶贫再增效

2016年3月，"沙洲果园"农业综合产业项目入驻果田村，通过"支部+合作社+公司+贫困户"的经营模式，让部分贫困户成为股东，实现家门口就业，村集体也有了稳定经济来源。吴华辉继续盯上了"沙洲果园"，再落实土地流转

200亩，公司投资1000多万元，建成12个连栋温室大棚、冷库、旅游厕所、生态停车场、农家乐餐饮等配套设施相继落成；协调当地部门加快土地调规程序，解决农家乐餐厅被拆除导致游客减少、经济效益下降困难；落实省市有关扶贫产品"五进"的要求，拓展"沙洲果园"农产品销路；帮助"沙洲果园"产业项目申评市休闲示范点、市乡村旅游点、市级龙头企业、省劳动和人社厅就业示范点、市优秀科普示范基地，打造"沙洲果园"名声度；再引导18户贫困户进合作社入股"沙洲果园"，再帮助贫困户10户14人在果园实现就业。贫困户年人均工资收入5000元以上，加上每年的3000元分红，每个贫困家庭年增收1万—3万元；村集体每年有20余万元的收入。

基础设施再提升

基础设施落后是制约果田村发展的障碍之一，吴华辉把完善基础设施作为重要抓手，推动"美丽南昌、幸福家园"环境综合整治工程落地生效，筹集资金1500余万元，对果田村基础设施进行全面改造升级。硬化进村道路4.2公里、村组公路12公里，拆除废旧危房50余幢，拆除废旧牛栏、猪舍、露天厕所400多间，新建村民广场10处、公厕11座，增建东庄、陈家、邓家、江上4个自然村7个新农村建设

时任省委书记刘奇考察"沙洲果园"产业扶贫项目

示范点，推进果田堤倒虹吸管修复工程项目实施，主干道安装路灯200盏，新建400多平方米村级垃圾中转站1个、垃圾集中收集点7个、定点摆放垃圾桶200余个；引入资金60万元，新建三层360平方米多功能村级卫生计生服务室，解决了村民多年期盼的看病就医问题；协调县林业部门，植树1300株，种花400余株，铺设草坪400平方米。

这就是第一书记吴华辉的扶贫故事，没有惊天动地，但成效实实在在。2018年初，果田村摘掉了"贫困帽"；2018年底，贫困户18户66人在安义县率先实现全部脱贫。如今的果田村，路网通畅，产业欣荣，生活便利，村容村貌整洁有序亮丽，村民们也开始跳起了广场舞。

细处入手　真情为民

——记南昌市安义县长均乡把口村第一书记杜忠贤

杜忠贤，男，1970年8月生，中共党员，中共南昌市委统战部二处处长。2017年10月至2019年10月担任南昌市安义县长均乡把口村第一书记。2019年被评为南昌市优秀第一书记。

建强基层组织迈开第一步

"火车跑得快，全靠车头带"，没有一支有向心力、组织力、执行力的团队，扶贫工作难以施展，脱贫攻坚任务也恐难如期完成，杜忠贤深谙此道。他到村里后的第一件事就是抓基层党组织建设。杜忠贤从最基础的工作入手，找党员谈心谈话，建流动党员微信群，选拔年富力强的村致富带头人熊卫同志担任书记；按照"四个一"的规划落实"三会一课"制度；鼓励党员提意见建议，并一一登记、逐项落实。通过这些虚实结合、细致而有效的工作，基层党组织的向心力增强，党员的政策理论水平提高，党员参事议事办事的意识和能力明显提升。

推动扶贫产业增值增效

2015年，市委统战部挂点扶贫把口村以来，村基础条件大大改善，村集体产业从无到有，并成立了养殖专业合作社。杜忠贤到村后，再筹措资金，改扩建了刚起步的马家柚种植基地和小龙虾示范基地，并引导19户贫困户加入专业合作社。他还在思考，如何在已有的产业项目增值增效的基础上拓展新的产业项目？通过组织产业"诸葛会"和调研，大家有了共识：基于把口村的资源环境优势和民众花卉消费需求增长的趋势，发展花卉种植项目应是契合实际的选择。杜忠贤通过自己的"娘家"解决了启动资金，又带领村"两委"干部多方市场论证，找到了合作伙伴。2019年2月，把口村花卉种植项目启动，3月份进行场地改造和大棚建设，5月份种上15个花卉品种，当年国庆期间就实现花卉营销省内各地，村集体当年增收22万元。

经短短一年的科学规划和强势推动，把口村产业扶贫见成效，形成了水下养鱼、水上养鸭、水边养花、山上种果的立体种养格局，村集体年收入达到了50万元，200余名劳动力实现就业，贫困户年增收达到5000元以上。

把口村花卉种植基地

解决群众困难不嫌麻烦

群众困难无小事。对群众的困难和诉求，杜忠贤总是责无旁贷地想办法为他们解决。北溪组村民谢帮李向他反映村干部优亲厚友，下水道没有安装到他家，杜忠贤了解到是施工队未按图纸施工，立即协调村委和施工队整改到位，谢帮李非常满意，误解即刻消除。西溪组的贫困户谢阔口家的井水有问题，不能饮用，因政府前期已投入10万元帮他家解决了住房问题，谢阔口不好意思再提要求，杜忠贤立即从第一书记工作经费中拿出1200元，请人修井。北溪组的刘茶香因其老公患喉癌，要求进贫困户，但她家的条件不符合。刘茶香提出建档是因为两个儿子不愿出钱为父亲治病，杜忠贤跟刘茶香的两个儿子反复讲解国家"扶贫不扶懒、不扶不孝"的政策，帮助解决低保待遇和落实医药费报销比例提高。刘茶香的两个儿子看到第一书记的真诚与努力，答应出钱为父亲治病，刘茶香想进入贫困户的念头也就打消。

这只是杜忠贤开展扶贫工作中的几个画面，在他厚厚的笔记本中记录着他两年多来驻村扶贫生活的轨迹，其中的数字印证了他艰辛而有成效的扶贫之路：走访贫困户360余人次，走访非贫困户3258人次，为村民办实事56件，解决贫困户困难21件，落实扶贫项目8个，筹措扶贫资金210余万元，发放慰问金25万余元，把口村2018年底如期退出贫困村，贫困户2019年如期脱贫。

杜忠贤（右一）走访贫困户

小山村的"四员"扶贫书记

——记南昌市安义县新民乡尚礼村第一书记廖县平

廖县平,男,1974年12月生,中共党员,南昌市人大农业与农村委员会农业与农村处处长。2017年10月至2019年10月担任南昌市安义县新民乡尚礼村第一书记。2019年被评为南昌市优秀第一书记。

村庄建设"规划员"

从穷山村走出来、一直与"三农"打交道的廖县平深知贫困地区群众对基础设施改善的迫切,到村后的第一件事就是对尚礼村进行基础设施再规划、再建设。他与村干部和村民一道商量建什么、如何建,并请来专家指导,尚礼村整饬美化规划蓝图形成。他又带领村"两委"干部多方筹集资金802万元。项目建设中,廖县平特别注意"乡愁"的留存,对有历史印记的古樟、古祠和有年代记忆的村礼堂予以整修;对村容村貌有影响的破屋、牛棚猪栏等杂屋,坚决拆除。一个古朴新颖、庭院整洁、环境秀美的山村渐次呈现。

基础环境的改善,引来了"金凤凰"。400亩猕猴桃基地、100亩绿色皇菊基地相继落户,土地租金由原来每亩100元提高到了每亩350元,村1100亩土地可增收28.5万元,272户村民户均可增收1000余元。

产业发展"技术员"

产业单一是尚礼村贫困的主因。尚礼村四面环山、山清水秀、空气清新、生态良好,还有冬暖夏凉的独有气候,很适宜菇类作物的种植。这一发现让廖县平有了思路:利用这里的自然环境优势,发挥个人专业特长,带领乡亲们发展菌菇产业。

尚礼村大球盖菇种植基地

经过市场调研,廖县平选择了技术简单、成本低、产量高、收益好的大球盖菇。他一边请市人大办公厅帮村里争取到了12万元市级党建经费,一边联系购买菌种。当年晚稻收割后,廖县平组织贫困户,平整出5亩地,把大球盖菇菌种种了下去。

大球盖菇种植看似粗放,但其技术要领还是有不少。那段时间,廖县平化身农技员,每天往地里跑,手把手教大家种菇技术

2018年3月地里开始出菇,这一季,销售收入6万元,纯收入2万元,9户贫困户户均分红1000元,7户贫困户户均增收3000元,村集体增收1.1万元。

2019年,大球盖菇的种植面积扩大到了10亩,销售收入22万元,纯收入8万元,9户贫困户户均分红2000元,7户贫困户户均增收5000元,村集体增收6万元。

精神文明"宣导员"

在做好基础建设和产业扶贫的同时,廖县平更注重精神扶贫。先后6次讲党课,组织村党员赴贵州息烽集中营开展"不忘初心、牢记使命"理想信念教育,发展4名年轻党员,开展村级优秀党员评选,激发村党支部和党员活力;利用村民微信群开讲"《弟子规》析意"18次,传扬优秀传统文化;纾困与治心病并用,解决一些贫困户的懒病;以身示范,引导村民改变乱丢垃圾的毛病,第一书记捡烟头的故事曾在尚礼村传为美谈;组织村委立村规民约,以制度固化教育成效。这些看似常规细碎的工作,正润物细无声地改变党员干部和村民的思想和行为习惯。

为民服务"办事员"

及时解决群众诉求,积极回应群众呼声,是融洽党群干群关系、提升基层组织向心力的有效手段。廖县平到村后,实行村委办公24小时值班制,随时接受群众来电来访,编号登记,限时办结或说明。两年来,接受办理各类群众诉求16件,件件落实。

集体的事情,件件落实;私人的请求,有求必应。每次回城里,廖县平的车里总是满当当地塞着各类农货,回村再把卖出的钱如数给村民。原来,他不仅带领村民致富,还义务为村民带货销售,前前后后总金额近27万元。次数多了,村民给他起了个雅号——带货书记。

很快,服务期即将结束,廖县平给村里干部开了最后一次会,详谈今后产业发展思路,并给村里提了5个字的嘱托:"感恩更辉煌"。在离任后的半年时间里,廖县平又先后6次回尚礼村,指导村里重点打造绿色皇菊、猕猴桃、瓦灰鸡三大产业。

廖县平(后排右一)向村民讲解产业发展新思路

"青蛙书记"的扶贫路
——记南昌市安义县长埠镇老下村第一书记裴剑

裴剑,男,1974年3月生,中共党员,南昌市审计局农业农村审计处处长。2017年10月至2019年10月担任南昌市安义县长埠镇老下村第一书记。2019年被评为南昌市优秀第一书记。

早春三月,走入老下村,村舍错落有致,道路干净整洁,连片的青蛙养殖大棚内,不少村民忙碌着给种蛙挥撒饲料,充满了欢声笑语。这一切都离不开第一书记裴剑率领村民埋头苦干,带领大家走上脱贫奔小康的道路。

重任在肩,着眼当下补短板

裴剑刚来到长埠镇老下村担任第一书记不久,就接到要求老下村年底退出贫困村的任务。这个消息犹如晴天霹雳,让裴剑犯了难。

"不行,肩负组织信任和人民期望,我不能有畏难情绪。"经过走访调研,他发现村内存在几个突出的问题,如部分贫困户住房及卫生情况较差、村内卫生环境差及集体经济近乎空白等。

问题当前,裴剑迅速制定好问题整改推进表,经过多方努力将人力物力准备妥当后,第一时间进行村内改造。短短几个月内,从为贫困户改水改厕到泥土路硬化工程,从为无地无房户建好安居房到村舍维修改造,处处都活跃着他的身影。一番"折腾"下来,村容村貌可谓焕然一新。

经过艰苦努力,因在脱贫攻坚绩效考核中取得了较好成绩,老下村如期退出了贫困村队伍,摘掉了戴了多年的"贫困帽"。

搭建平台,青蛙产业助"造血"

老下村是一个典型丘陵村,村民依靠种植冬季油菜、水稻和外出务工的传统收入来源并不能真正改善生活质量,长期持续下去甚至还有返贫的风险。

在前任驻村第一书记工作基础上,裴剑多次外出考察调研,最终决定大力发展青蛙养殖产业。为保证项目顺利实施投产,裴剑多次邀请投资者及技术专家到老下村进行实地评估,为项目提供技术和资金支持。项目动工后,青蛙养殖产业在老下村迅速发展起来,一年间就建立起了标准化温控养殖大棚、电排灌站、临时集装箱板房、循环土沟水渠及护栏围网等多项基础设施,项目占地面积达到了70亩,呈现出一片欣欣向荣的景象。

2018年青蛙养殖基地共产出青蛙8万斤左右,销售收入达160万元,老下村实现集体经济收入6.2万元。这些都为老下村的村民们带来了实实在在的幸福。为了让青蛙养殖基地能在这片土地扎下根,裴剑又筹措了60万元,为青蛙基地后续发展提供了有力保障。为了感激青蛙养殖产业给生活带来的改变,裴剑被村民亲切地称为"青蛙书记"。

深耕不辍,规划发展谋未来

为进一步发展壮大村集体产业经济,裴剑带领村"两委"成立合作社进行稻蛙共养。稻蛙共养既能栽种一季水稻又能使青蛙放养生长,经专家初步估算每亩可增收2000元以上。经过试点,稻蛙共养取得成功,老下村村民们仿佛看到了更加美好的生活在招手。

裴剑和村干部一起讨论村内基建改造问题

如今的裴剑,虽然已经离开了第一书记的岗位,但是却从未忘记这个他为之奋斗数年的地方。他时不时会回到老下村看看,和村民一同分享他们生活改善的喜悦。他的实践证明,只要心中装着老百姓、装着人民,就能在扶贫工作的平凡岗位上做出不平凡的业绩。这就是扶贫干部裴剑的百姓情怀。

裴剑陪领导查看青蛙大棚基地

"住"进村民心里的第一书记
——记南昌市安义县石鼻镇罗田村第一书记罗勇

罗勇,男,1977年7月生,中共党员,南昌市第十五中学政教处主任。2017年10月至2019年10月担任南昌市安义县石鼻镇罗田村第一书记。2019年被评为南昌市优秀第一书记。

长远谋划,夯实村庄发展根基

作为古村落,罗田村内各项基础设施都十分薄弱,严重制约了各项事业的发展。罗勇多方筹措资金约60万元,着力改善村里的基础设施建设。此外,他充分利用好第一书记工作经费和基础建设费用,为村内安装路灯,将村里的路灯管网进行了全覆盖。

基础设施逐渐完善了,可贫困户的内生脱贫动力并未完全激发,在爱心人士捐资扶贫基础上,罗勇带领村干部开设了一个"爱心超市",油、米、盐、开水壶等生活用品应有尽有。贫困户可通过参与环境整治、政策宣传、参加会议等行动获取积分,通过积分在超市兑换商品。"这个爱心超市,对我们这些贫困户鼓励很大,比如我们家里的卫生搞得好,积分就积得多,积得高。"说起爱心超市,贫困户杨小兰的脸上洋溢着喜悦。

因地制宜,大力实施产业扶贫

要拔掉穷根子,则必须培育产业。在充分调研的基础上,罗勇确定了罗田村的扶贫和发展策略:在大力发展旅游的基础上,建设配套的集观光与游客消费于一体的生态产业,既争取金山银山,也保留绿水青山。

困难户从爱心超市领到物品

罗勇带领非洲访问团参观花果园种植基地

为了增强村子的旅游吸引力，罗勇带领村干部引进了旅游开发公司，将老建筑修葺一新。同时，积极牵线搭桥，让贫困户将闲置土地流转给旅游公司，获得一定收益。

考虑到古村景观内容较为单一，倘若没有其他的"吸睛点"则很难将游客留下来消费。在罗勇的努力下，分别占地83亩的莲蓬产业园和占地126亩的花果园水果种植基地在罗田村建立了起来。

为了让村子里的优质农产品有更好的销路，罗勇依托南昌市现代教育技术中心资源开设了"安义县罗田村扶贫网"，为村民提高收入又"添了一把火"。

通过旅游产业扶贫等，2018年罗田村贫困户实现户均增收5000元以上，同年底，罗田村实现了贫困村摘帽。2019年，罗田村最后2户4人全部脱贫。

帮扶"村小"，教育扶贫着眼未来

身为教育工作者，自驻村以来，为促进罗田村小学各项事业的发展，罗勇一直积极奔走。硬件方面，筹措资金及设备款项约85万元，为村小配备了机房、配全了信息化办公设备；为全校师生筹得校服1000套及价值20余万元的电脑沙发课桌一体机等设备。软件方面，联系南昌机电学校、南昌二十中、南昌市实验中学等学校送课下乡，为罗田村小的孩子送去了多种优质教育资源。

"在罗田村驻村的日子，用心用情帮扶，流过许多汗水，也收获了村民的信任，从陌生人变成了村民的'家里人'，累并幸福着。"罗勇说。虽然驻村工作已结束，但他仍牵挂着罗田村，希望村民们能够在党和政府的带领下，日子一年比一年好。

群众脱贫路上的主心骨

——记南昌市安义县东阳镇新华村第一书记范雨锁

范雨锁,男,1982年1月生,中共党员,南昌市农业农村局农业合作经济指导处处长。2017年10月至2019年10月担任南昌市安义县东阳镇新华村第一书记。2019年被评为南昌市优秀第一书记。

注重点滴,赢得信任

到村任职后,摆在范雨锁面前的是一道棘手的难题。这个面积约7平方公里的小村庄里,11个村小组散落在村内各个角落,贫困户人均纯年收入仅有2300元左右。

"既来之,则安之,我要好好干",范雨锁这样告诉自己。得知贫困户李菊妹一家准备卖牛,却因牛贩子上门收购价格太低导致一直无法卖出的消息后,范雨锁联系到屠宰场前来收购。得知价格出到7800元,李菊妹的丈夫陈大哥满心欢喜。到了李菊妹家里,发现牛车车厢上了锁,他来不及多想,从附近修车铺借来一把锤子,抡起来就砸,经过一番努力最终把铁将军请下来。看着自家的牛终于卖掉,李菊妹80多岁的婆婆拉着范雨锁的手,激动地说:"这次多亏了范书记。"

担当较真,发展产业

2017年新华村农民专业合作社获得上级5万元奖补资金。范雨锁召集村干部们反复磋商,最终确定用来做果园护坡和果品冷库。选准目标之后,他带领村"两委"干部立即投入项目,在护坡项目中,从搬运水泥六角板到现场铺设,他全程现场管理,实地上阵;在制作冷库中,他反复比较选择冷库制作商,最终做成了物美价廉的冷库;结余的资金还购买了一车菜籽饼用来施肥。事后证明,5万元做成

范雨锁（左二）查看东阳村产业扶贫基地

范雨锁（右一）走访贫困户

的这两件事，在今后起到了关键的作用：因为有了护坡，水土流失大幅减少，下游水库明显变清；而果品冷库则在第二年5月份的蓝莓收获季节，确保了蓝莓保鲜、有序上市，没有出现果实腐烂情况，销售额达到12.5万元，贫困户户均分红近4000元。

在范雨锁的带领下，干部群众相继完成了100亩柚子产业基地项目、1000亩病虫害绿色防控水稻田项目、80万元村庄整治暨村容村貌提升改造项目、22万元合作发展资金项目，并成功获得上级300万元村级集体经济发展壮大资金项目。村庄实现美化、亮化、绿化，老百姓纷纷拍手称赞，感叹新华村发生了翻天覆地的变化。

以身作则，与民同行

范雨锁在生活上艰苦朴素，每天骑着电动自行车走村入户，风里来雨里去，夏天一身汗，雨天一身泥。

受到范雨锁的影响，大家都积极肯干，力争把事情做实做细。经过两年的带头实干，新华村成为全县的产业扶贫典型村，2018年顺利退出贫困村，并逐渐形成了蓝莓、瓦灰鸡、春香柚、光伏、油茶树5个主要产业，2019年底贫困户大部分人均纯收入由最初的2300元达到1.5万元左右。

与贫人共年谷　用真情践初心
——记南昌市安义县长均乡把口村第一书记罗俊辉

罗俊辉，1973年8月生，中共党员，南昌市委统战部干部科科长、机关总支专职副书记。2019年10月担任南昌市安义县长均乡把口村第一书记。2020年被评为南昌市优秀第一书记。

视贫困户如亲人真情帮扶

走访贫困群众

贫困户张秀英原为特困供养户，对照有关政策取消了其特困供养户"待遇"。为此，张秀英很是想不通，哭着吵着要向上面"反映"。罗俊辉反复思考后找到村支书商量：换一种方法来解决。此后，他经常往张阿姨家里跑，帮助打扫卫生、提提水，拉拉家常。在了解到老人家的真实想法后，他提出聘她担任村同德堂管理员的建议，每月的工资发到她的银行卡里。罗俊辉和村书记把这个想法告诉张阿姨，老人家欣然接受，开心地说："你们真的是好干部，共产党真为我们好！这个办法我愿意！这样，我也可以通过自己的劳动体面地增加些收入。"

立体种养催生"梦想田园"产业

在扶贫政策和帮扶单位的支持下,2018年6月,把口村建设立体种养合作社,因地制宜发展鱼、鸭养殖和大棚花卉种植项目,当年村集体收入增加11.5万元,2019年达到21.57万元。

把口村能脱贫靠的是产业,如今要巩固脱贫成果,发展产业仍是根本。罗俊辉在总结经验的基础上,统筹布局把口村产业升级发展规划,积极发展"梦想田园"产业。2020年以来,先后推出40亩原生态优质水稻租耕计划,新增种植12亩葡萄、10亩柑橘、100亩艾草等项目,农家乐小屋也正在施工。同时,采取差异化分红等方式,巩固完善扶贫产业与贫困户的利益联结机制。目前,把口村已逐步建成水下养殖、花卉(艾草)种植、田园租耕、果业采摘、农庄休闲等五项产业,全年产业收益超过30万元。

"当十好""去六不"扶起精气神

坚持工作在防疫一线

2020年新冠疫情防控期间,村委会发出防疫爱心捐赠倡议后,贫困户熊华海不仅自己带头献上200元爱心款,还动员在深圳工作的儿子熊诵谱捐赠了爱心防疫款500元。

"党和政府、爱心企业还有爱心人士帮我脱贫,我应该行动起来,奉出微薄的爱!"像熊华海这样脱贫不忘感恩的村民,在把口村不是个例。把口村在脱贫攻坚中坚持深入开展"当十好"(精神面貌好、家庭卫生好、遵法守德好、勤劳致富好、邻里关系好、家庭和睦好、子女教育好、互相支持好、听党的话好、感恩之心好)"去六不"(不懒怠散、不脏乱差、不信谣言、不胡蛮缠、不失诚信、不等靠要)教育,唤起了贫困群众主动脱贫、感恩奋进的精气神。

全力以赴拔"穷根"

——记南昌市安义县乔乐乡乔乐村第一书记徐桂华

徐桂华,男,1973年10月生,中共党员,南昌市委政策研究室办公室主任兼市委改革办秘书科科长。2019年10月担任南昌市安义县乔乐乡乔乐村第一书记。2020年被评为南昌市优秀第一书记。

强化产业,增加贫困户经济收入

为了促进贫困人口较快增收达标,徐桂华明白只有把乔乐村现有的扶贫产业——华芃农业公司做大做强。为此,他一方面积极为企业解决发展过程中的一些实际困难,另一方面支持华芃农业公司在乔乐村先后投资1000万元流转350亩山地建设构香牛产业项目,投资1500万元流转山地670亩发展果业种植,村集体每年可获得13万元的土地租金收入,吸纳14名贫困户就业。贫困户刘珍花因爱人高位截瘫,以前感觉生活没有希望。经驻村工作队联系,如今她在照顾好爱人的同时,到扶贫基地务工,每天有80元的收入,生活得到很大的改善。

排解民忧,真心为民办实事

面对乔乐村基础设施较差的面貌,徐桂华向南昌临空经济区申请57万元用于全村15个公厕提升改造、熊家村小组和金家村小组引水渠清淤维修,以及上二村小组门塘整治。同时,他还积极向市水务局和市农业农村局申请专项资金,开展乔乐村人居环境整治和全村防汛抗旱相关设施建设。村里有32户贫困户因洪涝灾害造成房子漏水、墙面发霉、井水变浑等情况,徐桂华争取维修资金6万余元,为受灾贫困户维修改造生活和用水设施等。贫困户许阳龙家中抽水马达和卫生间房门坏了,徐桂华从紧张的工作经费中挤出部分资金,帮许阳龙家更换了马达和房门。

战疫防汛,誓与村民心连心

新冠疫情暴发后,针对全村湖北返乡人员较多的情况,徐桂华积极参与防疫工作中,从人员排查、物资调配、卡点值守到政策宣传,始终站在防控疫情工作第一线。同时,他及时帮助贫困户解决一些实际困难。贫困户邓方显夫妻二人都是四级残疾,因疫情影响,天天坐在家中没有收入很是着急,徐桂华积极为邓方显申报临时公益性岗位,安排在村卡点值守,工资加补贴每月有600多元的收入,解了邓方显一家的燃眉之急。

徐桂华(右一)在村民家中走访谈心

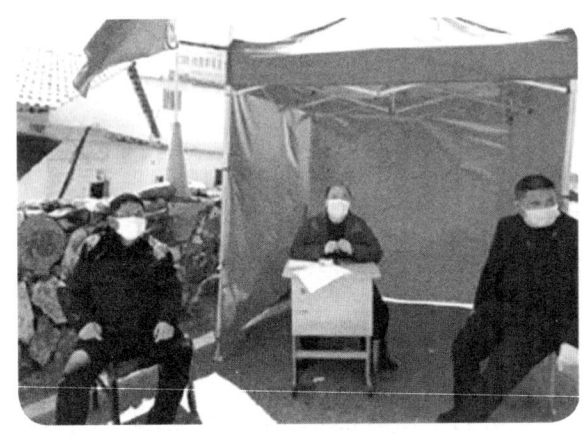

徐桂华(中)在村口防控卡点执勤

在7月的防汛抗洪中,徐桂华带领村"两委"干部昼夜轮流值守在水库上,宣传动员群众注意预防地质灾害……

在徐桂华的努力下,现在的乔乐村已经成为安义县远近闻名的宜居精品村,"天蓝、地绿、水清"也正在一步步从愿望变为现实。

"真"字当头干为先

——记南昌市安义县新民乡尚礼村第一书记蔡易

蔡易，男，1987年5月生，中共党员，南昌市人大常委会办公室信访处副处长。2019年10月担任南昌市安义县新民乡尚礼村第一书记。2020年被评为南昌市优秀第一书记。

抗疫防汛，冲锋在前，集体利益放在先

2020年正月初三，新冠疫情形势严峻，蔡易主动放弃休假迅速投入到尚礼村的疫情防控工作中，处处以身作则，严格落实人员进出管控措施，会同村"两委"干部和党员代表等在卡口轮班值守、监督湖北返村人员居家隔离等，在防疫物资极度紧缺的情况下，是他努力争取到了口罩400余份、消毒酒精2桶、额温枪1把、防疫值班帐篷2顶，大大解了村疫情防控燃眉之急。

2020年7月，村子受多年难遇的特大暴雨连续侵袭，蔡易积极履行责任，带领村"两委"干部、党员、群众代表分组24小时不间断对山塘水库等重点区域进行巡逻，产业基地的农田田埂被水冲毁时，他二话不说顶着暴雨跳入田里，冒着被山洪冲击的风险，及时同巡查人员一起将沙袋一袋一袋垒起，最大限度减轻了扶贫产业基地和农田的损失。

学习先进，竭尽所能，满腔热情献基层

作为凌美龙先进事迹展览馆"兼职"讲解员，蔡易深深为"一心为民好支书"的感人事迹所感动，并一直以凌美龙书记为榜样，严于律己、一心为民。通过积极申报协调，他争取到扶贫项目资金390余万元；3.5公里进村主干道路全线加宽，消除了道路交通安全隐患；6个自然村环境卫生全面提升，村村有公厕，人居环

脱贫户魏生根为村民理发

真心帮助贫困户

境得到有效改善；主干道全线两侧栽种行道树、安装太阳能绿光灯，实现了全村美化亮化；改造了取水口过滤设施，保障了村民生产生活用水；建成500平方米扶贫产业基地钢构车间，完成烘干房、冷藏库等运行设备的成功进场；完成村史馆榜样人物、历史进程、大事记、特色景点简介等板块内容的文字收集整理，将尚礼村特色用文字记录下来，累计21000字。

民族要复兴，乡村必振兴。2020年，为发展村集体产业，蔡易带领村"两委"、村民引进优质皇菊种植技术，流转土地50亩种植金丝皇菊，年底成功收获皇菊干花1100余斤，实现收入近30万元。

无私奉献，心系群众，个人得失放最后

尚礼村离南昌市区有65公里多路，坐公交到村里要花3个小时，为了提高工作效率，蔡易自费购买了一辆二手汽车，这辆车成为他扶贫工作必不可缺的一件重要工具，取名为"扶贫专车"。村里有个养鸡大户刘老板，养了近万只瓦灰鸡，没有销路，蔡易主动上前，向商场、酒店、食堂等积极宣传，帮助他打开了市场，还主动承担了运输任务，一年来为其实现销售收入6万余元。尚礼村脱贫户凌继光的儿子不满6岁，患先天性眼管堵塞疾病，久治不愈。2019年11月，蔡易驾车多次带着患者往返村里和医院，从门诊检查到住院治疗，像对待自己的家人一样专车接送、亲力亲为。手术成功出院的那一天，孩子的父母紧紧地握着蔡书记的手激动得泣不成声。

扎根千年古村的一朵清莲

——记南昌市安义县石鼻镇罗田村第一书记刘昆

刘昆,男,1980年2月生,中共党员,南昌市朝阳中学科教处主任。2019年10月担任南昌市安义县石鼻镇罗田村第一书记。2020年被评为南昌市优秀第一书记。

依托古村游优势,发展旅游产业扶贫

罗田村是安义千年古村群古村落之一。"安义古村"旅游项目的开发,极大地带动了相关产业发展和基础设施改善。刘昆意识到罗田村的脱贫致富应紧扣古村游做文章。

他积极鼓励村民利用古村原有的资源发展民宿产业、观光采摘农业、餐饮服务业,村民纷纷开起了农庄、饭庄、旅馆、商店……贫困户黄建莉将自家老宅租给旅游公司建民宿,每年获租金4200多元。

看到古村游深度开发对土地需求的迫切与贫困户因无力劳作造成土地闲置的矛盾,刘昆因势利导,推动村民将闲置土地流转租赁给旅游公司,14户贫困户名下土地全部流转,按每亩500元租金,14户贫困户因此每年获得稳定收入500—3000元。

经过调研分析,刘昆认为罗田村的莲蓬和花果园两个产业仍有潜力可挖。在原有60亩的基础上,增加23亩莲蓬种植面积;他

刘昆(中)指导贫困户种植莲蓬

带领村干部选购优质莲种,精心指导种植养护;莲蓬、葡萄、桑葚丰产,他又带领村干部拓展线上、线下营销渠道,开发游客采摘项目,把农产品送上江西和南昌卫视直播平台,组织参加扶贫展销会,寻求爱心企业和小区团购,发动市教育系统消费扶贫。一波下来,基地克服了疫情和汛情的双重影响,实现了丰产增收,2020 年实现产值 80 余万元,村集体经济增收 18 余万元,为贫困户分红和发放务工工资 30 余万元。

发挥古村文化优势,共建研学实践基地

2020年12月万名中学生进安义古村研学

刘昆利用自身从教的有利条件,积极奔走于学校和古村之间,牵线搭桥。2019 年秋,全市研学课程专题研讨会在古村召开,全国首套以赣文化为主题的研究性、课程化研学旅行教材——《安义古村群研学旅行》同时发布,安义古村成为"首批江西省中小学生研学实践教育基地"。近两年,全市近百所学校、逾 10 万名中小学生到罗田村开展研学旅行实践活动,极大地推广了罗田古村文化,为古村旅游公司增收数百万元,带动经济效益逾千万元。

利用教育资源优势,提升乡村教育质量

作为南昌市教育系统小有名气的学科带头人,刘昆深知教育之于脱贫的价值和意义。他把贫困地区的孩子也能接受更好教育列入扶贫重要事项,着力罗田村小教育教学设施完备和质量提升。经他多方沟通协调,2020 年,筹集资金 90 余万元用于提升优化罗田村小硬件设施,按"最美乡村学校"标准打造校园环境,建造标准运动场,为每个班级配备了希沃白板一体机和电脑;选派南师附小两位优秀教师到罗田村小支教一个月,带来先进的教育理念和教学方法;邀请江西教育评估院院长叶存洪教授和南师附小理事长易艳丹等到罗田小学现场指导,帮助理顺村小办学理念、特色和方向。

《爱莲说》,是刘昆最喜欢古文。他把自己看作一朵扎根古村扶贫地的清莲,无风香自远,继续致力于罗田村脱贫后的乡村振兴事业。

小村庄里的"高"书记

——记南昌市安义县万埠镇下庄村第一书记高朝华

高朝华,男,1985年9月生,中共党员,南昌市水利投资发展有限公司办公室副主任。2019年10月担任南昌市安义县万埠镇下庄村第一书记。2020年被评为南昌市优秀第一书记。

抓党建,固本培元

高朝华一方面从"抓班子、带队伍、强堡垒"入手,规范了村级班子议事规则、决策程序,及时将党的政策及脱贫攻坚政策等向干部、群众进行大力宣传;另一方面,他累计联系、争取到投资50万元建起了下庄村党群服务中心,开设了"立志爱心超市",进一步转变了村民"等靠要"的观念。

经过努力,下庄村的党建工作在全县一直名列前茅,党建"三化"被列为安义县示范点,村党支部已被推荐为安义县2020年"三化六好"优秀党支部。

谋发展,破除僵局

下庄村村民传统收入主要来自种植水稻,村集体收入微薄。看着这位从企业来的第一书记,"穷惯了"的村民们并未抱有多大的期望,"一个从企业来的,哪里懂扶贫啊?"面对

村民分拣丰收的瓜蒌

村民的不信任，高朝华并未气馁，反而下定决心要拔除下庄村的穷根子。

高朝华（右一）检查瓜蒌的生长情况

他带领村干部们到新建、九江等地考察，带上泡面和水到田间地头寻找产业，在和村"两委"干部多次讨论后，最终确定发展瓜蒌产业。

谈起瓜蒌产业，村支部书记王小九洋溢着笑容："去年100亩，今年增加200亩，成立农业合作社能为村集体带来12万元收入，一天用工量大约60人，都是除草、栽苗、育苗这些轻劳动力，本村大部分脱贫户，包括智力残疾人、老人，都可以在家门口就业，去年总共为村民带来收入20多万元。"

"我快60岁的人，在基地干活一天80元，村里还安排了公益性岗位，工作不累还能养家，就蛮好！"脱贫户胡正得丈夫患有癌症，女儿为失能残疾人，受惠于瓜蒌产业的发展壮大和政府的帮助，她一家人的基本生活有了保障。

看着高朝华带来的巨大改变，曾经怀疑的村民们不由得竖起了大拇指，"高书记的扶贫手段真是好，真是名副其实的'高'书记"。

守岗位，战疫抗洪

新冠疫情暴发后，高朝华第一时间回到村里开展疫情防控工作，经过努力，110名湖北返乡人员全部按照要求居家隔离，全村无一例新冠肺炎确诊或疑似病例。由于防疫物资非常紧张，他多方筹措，为安义县捐赠口罩11500个，其中万埠镇捐赠口罩4100个，下庄村口罩2500个、消毒酒精5瓶、洗手液3箱，解了村里缺少防疫物资的燃眉之急。

7月连下暴雨导致洪涝灾害，他又立即投入到防汛抗洪工作中，安全转移群众13户33人，抢救受灾瓜蒌100亩，守住了村子脱贫攻坚的重要成果。

如今又到了抢抓春季农业生产关键节点，下庄村新增的200亩瓜蒌种植基地已经开工使用，数台挖掘机正同时忙碌工作……看着一片欣欣向荣的景象，高朝华并未自满，他要带着大家向着更加幸福的生活大踏步地走去。

◇新建区（23人）

他的梦，你终于懂了
——记南昌市新建区象山镇河林村第一书记汪美宁

汪美宁，男，1971年1月生，中共党员，南昌市政府办公室副调研员。2015年8月至2017年9月担任南昌市新建区象山镇河林村第一书记。2017年被评为南昌市优秀第一书记。

"党建+设施"扶贫，建设秀美乡村

要致富，先修路。初到河林，汪美宁就下定决心脱贫要先从脚下这条路开始。2015年底，经过多方筹资，在市政府办公室和区、镇两级政府的大力支持下，汪美宁为河林村争取到4000多万元的项目资金，马上就开始启动实施象山至河林四级公路建设，一举畅通了7个村连接"外面世界"的道路。几年来，村里的各项工作逐渐有了起色，河林村开始变得多彩、热闹起来。村前新修了休闲广场，昔日的臭水沟边建起了漂亮的围栏，种起了杨柳，池塘里还养了供观赏的金鱼，成为今朝村民的休闲景点和垂钓乐园。后来，在一块废弃50多年的祖坟边，建成了20亩的爱心果园，为贫困户增加收益，也坚定了村"两委"打赢脱贫攻坚战的信心。

能人带头，勇闯产业新路

设施扶贫抓基础，产业扶贫是关键。为了能找准产业发展方向，把河林建成精准脱贫示范村，汪美宁扎根农村、深入农户、走进农民、四处奔波，到处寻找打听致富"能人"。在汪美宁的支持下，帮助乡贤熊海峰建成了100亩甲鱼养殖基地，帮助熊中英建成了200亩龙虾养殖基地，帮助老党员熊运选建成了10亩青蛙养殖基地；组织动员171户农户，成立生态养殖合作社，建成了"1000亩油菜观

汪美宁（右一）为贫困户办理政策　　　　汪美宁上户走访贫困户

光+600亩荷花观赏+农家乐"的村扶贫产业基地，25户贫困户因入股村产业基地而快速脱贫，为农户、贫困户长效增收奠定了扎实的基础，让河林村村民驶向致富快车道，铸就河林村脱贫致富梦。

全员参与，脱贫一个不落下

"弱鸟渴望先飞，至贫可能先富。"为了实现"先飞""先富"，汪美宁把几个休闲农业、生态养殖项目捆绑在一起，组建了纯原生态合作社，将包括11户贫困户在内的171户农户纳入其中，还给每户贫困户赠送500股的项目股份，每年享受5%的产业分红。截至目前，每个贫困户通过产业分红4000元。在汪美宁的帮助下，贫困户熊维新、熊运昌通过在村产业基地分红和打工，家庭年增收2万元，还盖起了楼房，依靠双手摘掉了"贫困帽"。河林也成为南昌市2017年第一批率先退出的贫困村。

仙亭是我的第二故乡

——记南昌市新建区松湖镇仙亭村第一书记梁顺根

梁顺根，男，1976年8月生，中共党员，江铃汽车股份有限公司安技保卫部保卫科科长。2015年8月至2017年12月担任南昌市新建区松湖镇仙亭村第一书记。2017年被评为南昌市优秀第一书记。

"仙亭是我的第二故乡，作为一个'仙亭人'，我很开心见证了仙亭村发生的巨大变化。"梁顺根在仙亭脱贫攻坚专题会议上讲道。

以"巡逻员"的姿态深入了解民情

梁顺根一到仙亭便拿出了他在江铃集团干保卫工作的劲，以"勤走访，多倾听，勤用笔，多动脑"的十二字方针开展扶贫工作。他用最短的时间走访了仙亭村所有的党员干部家庭、贫困户家庭等，把自己的脚印留在了仙亭的每一条路上，把自己的声音留在了每一个仙亭百姓耳中，把自己"仙亭人"的形象传递给了每一个仙亭的百姓。

以"人性化"的举措加强组织建设

梁顺根始终惦记村民的一粥一饭，尽力解决村民们的急难愁盼。"金家村小组两村民由于宅基地纠纷，相互召集家族人员聚众斗殴；村民的水牛被另一村民菜地的化肥毒死了，进而产生了纠纷……"这样的事例在梁顺根的工作记录本里还记着很多，但他通过细心入微、春风化雨的工作方式，成功协调多起村民之间的纠纷，实实在在地为组织赢得了民心，筑牢了基层党组织战斗堡垒。

以"组合拳"的招法抓好产业扶贫

梁顺根瞄准"户户有增收项目,人人脱贫有门路"的目标,重点选择以"有市场需求,有资源条件"为标准的产业,打通"造血"功能。3000余只鸽子在现代化的肉鸽养殖大棚里咕咕地叫,母鸽悉心呵护着小鸽子,在开放的养殖房里,鸽子飞来飞去……走进仙亭屋塘肉鸽养殖示范基地就如同进入了鸽的世界,到处都是鸽声,既是欢迎的声音,也是致富的声音。该肉鸽养殖基地覆盖到了仙亭22户69名贫困户,吸收了8名贫困户就业,培育了养殖能手20名。

梁顺根(右二)走访贫困户途中

现代化肉鸽养殖基地

以"长远化"的思维打造宜居家园

家有一老,如有一宝。如何让空巢老人老有所养、老有所医、老有所乐、老有所安?梁顺根向"娘家"江铃集团"哭穷"。功夫不负有心人,江铃集团出资136万元为仙亭村援建一幢老年活动中心综合大楼,为空巢老人提供了活动场所。梁顺根说:"等将来我老了,我一定要多回仙亭,不做其他的事情,就来这个老年活动中心聊聊家长里短。"

如今的仙亭干净整洁,畅通有序,文明友善,和谐宜居,村容村貌焕然一新,成为脱贫摘帽的样板村。

奋战在脱贫攻坚一线的"干将"
——记南昌市新建区西山镇英山村第一书记钱凯

钱凯，男，1972年1月生，中共党员，南昌市建筑工程技工学校支部委员、纪检监察员。2015年10月至2018年2月担任南昌市新建区西山镇英山村第一书记。2015—2016年度、2017年被评为南昌市优秀第一书记。

精准把脉识"穷根"，固本强基铸"堡垒"

"没有一个村干部的笔杆子能扶得起来"是钱凯对英山村干部的第一印象。村支部战斗力弱是英山村的"穷根"。针对这一问题，钱凯以"抓党建促脱贫"为抓手，打破村委会干部身份和级别，实施"庸者下能者上"的工作机制，村干部很快就动起来、立起来了。村支部通过开展党员应知应会学习教育、打造党建文化长廊等系列举措，打通了乡村文化建设"最后一公里"，提升了村民文化修养，增强了基层组织战斗力，两年间获省农村基层党建"五星级支部"、省五星级特色品牌基层党组织等多项荣誉。

入户走访问民困，多方借力重"调理"

为精准施策、精准发力，钱凯驻村期间走访贫困户278人次，对贫困户逐户"过筛子"，为残疾人解决实际困难25件，为200多位村民引进金融服务。贫困户潘林贵激动地说："我要给钱书记打100分。"

为解决村民出行难问题，钱凯放下面子，不厌其烦地奔走于市建委各部门，几个月时间，筹措基础设施资金280余万元，对道路硬化等各项基础设施进行了一次大刀阔斧的建设。经过两个多月的"整形美容"术后，村容靓了，村民"村村通""户户通"的梦想也终于实现了。如今回乡省亲和办酒的年轻人多了，年老的村民再也不用担心出门摔跤了。

对症开好"药方子",内生"造血"摘"穷帽"

钱凯组织村"两委"班子成员学习相关文件精神

钱凯(左一)与英山村村民

治贫之本,在于产业。为能早日"摘穷帽",钱凯率领村"两委"抓住产业扶贫这个牛鼻子,确立产业开发合作社抱团发展的工作思路,制订了英山村"十三五"扶贫攻坚规划和"十三五"产业扶贫规划,出台了《英山村集体经济经营承包合同管理实施办法》,成功申报省野生油茶林低改等项目,签署油茶林产业合作开发协议,支持村民积极创业。同时还引导村民共建光伏电站户站3个、村站1个,并网后户站年均增收3000元,村站增收3万元以上。通过不断地靶向治疗、对症下药,精准"拔穷根",贫困群众有了自身"造血"能力,22户贫困户全部如期脱贫摘帽。

过程再难,结局一定会胜利!摸着手中的26本精准扶贫胶装材料,钱凯深情地说:"驻村工作看似平凡,却有着千万个不易。能帮助村民脱贫致富,是我人生价值的加码,无悔、幸福!"

小试牛刀扶贫路　毛锥犹自有乾坤
——记南昌市新建区象山镇井岗村第一书记胡小毛

胡小毛，男，1972年9月生，中共党员，南昌市市场建设物业管理服务中心副主任。2015年8月至2017年8月担任南昌市新建区象山镇井岗村第一书记。2017年被评为南昌市优秀第一书记。

勤走访、深调研，理清发展思路

"大智兴邦，不过集众思"，胡小毛非常重视调查研究。

胡小毛在走访调研中发现井岗村的建档立卡贫困户自身脱贫能力非常有限，必须走产业扶贫之路。通过大力发展扶贫产业，壮大村集体经济，保障贫困户的收入，从而实现贫困户稳定脱贫，不返贫。为了实现这一目标，他把发展扶贫产业作为扶贫工作第一要务。通过这几年的努力，井岗村的扶贫产业已初具规模，为实现贫困村整村退出、贫困户稳定脱贫打下了坚实的基础。

忙"输血"、促"造血"，抓好产业扶贫

"授人以鱼，不如授人以渔"，针对贫困户存在的"等靠要"、守土安贫等思想观念，胡小毛创新扶贫思路，积极引导村民通过自身努力和发展产业走上脱贫致富道路。通过走访和座谈，胡小毛发现村民万怡田有开办农村电商服务站的想法，于是他利用市商务局的政策优势，积极和市、区邮政部门沟通对接，争取政策扶持。在他的努力协调下，2017年1月5日，井岗村电商运营中心正式开业，圆了村民万怡田的创业梦。井岗村电商运营中心的开业，安排了村民就业，方便了村民生活，解决了村民农副产品的销售问题，使村民特别是贫困户增加了收入，贫困户万怡福高兴地说："这是胡书记帮我们又做了一件大好事！"

胡小毛（左三）走访调研

胡小毛（左二）走访贫困户

修道路、建广场，改善基础设施

"要想富，先修路"，这是个亘古不变的真理。西岸山自然村至象山林场茶果队道路是一条1.5公里的土路，晴天一身灰，雨天一脚泥，不仅村民出行不方便，而且制约了村里产业的发展。这里分布着一家养殖专业合作社和一家家庭农场，由于道路出行不便，极大地增加了生产成本。修路，成为人们期盼已久的事情。胡小毛在调研中掌握该情况后，就下定决心将这条路硬化修通。他积极争取上级扶持政策，多方筹集资金40万元，谋划这条道路的建设工作。在道路开工的当天，村民们个个笑逐颜开，幸福之情溢于言表。

听民声、解民困，情系困难群众

胡小毛经常走村入户，听取困难群众的心声，想方设法帮助他们解决实际困难。2017年1月，他协调富德人寿保险江西分公司和中国农行江西省分行为井岗村贫困户和困难群众捐赠了10万元，捐赠款直接打到贫困户和困难群众的银行账户上，给贫困户和困难群众实实在在的关心和帮助。

甘做扶贫"孺子牛"

——记南昌市新建区大塘坪乡新富村第一书记涂华刚

涂华刚，男，1979年7月生，中共党员，南昌市司法局律师工作处处长。2015年8月至2017年9月担任南昌市新建区大塘坪乡新富村第一书记。2017年被评为南昌市优秀第一书记。

筑连心路，为聚民心民情垫底子

2015年8月，刚到村子的涂华刚，村民对他似乎并不买账，只觉得是上面派来的"镀金"书记，涂华刚只是暗暗听在耳里，痛在心里。在走访调研中，涂华刚发现，村里连一条像样的进村公路都没有，严重拖了发展的后腿。随后，他带领班子成员磨破嘴皮子"四处化缘"筹集经费，最后筹得专项资金32万元用于机耕道硬化。两个半月后，宽3.5米、厚0.2米的三横三纵总长6000多米的水泥机耕道在新富村的千亩良田间呈现。涂华刚的努力最终赢得了村民的笑容，大家都称村里来了个"痛快"书记，纷纷称这条路为"连心路"。

扎根群众，真心暖得民意百宝箱

从那以后，村民看到最多的是涂书记挽起裤腿、卷起衣袖，席地而坐与村民谈天说地的场景。老干部、老党员以及以前对村里工作不满意的村民都向他倾吐心声，他都热情接待，对他们的要求和想法认真记录并耐心解答。驻村以来，村里的17户困难群众在涂书记的帮扶下，收到了轮椅、自行车、电高压锅、棉被等价值10000元的各类生活用品。涂华刚说："做好事，不嫌小，具体困难解决一件是一件。"两年来，涂华刚还为困难户征集"微心愿"20条。

以点带面,精准施策,打开强村富民之路

民心齐,泰山移。涂华刚首先将筹得的5万元资金从江西省农科院购入优质薯苗20000株,先期动员党员先锋进行小规模种植,联系农科所的技术员进行技术跟踪指导;后逐步推进薯类种植,并深入推动薯类作物加工,每年可为村集体收入增收8万元。他悉心研究各项惠农政策,依托国家"光伏扶贫"工程,建设贫

涂华刚(左一)走访调研

困户家用太阳能发电站;同时,还利用开发"海昏古墓""汪山土库"之契机,重点鼓励、扶持贫困户带头致富,发展乡村振兴旅游业,积极推动"农家乐"项目,形成户户有产业、长短结合高低搭配的产业发展局面。几番努力,强村富民之路就此打开,村里也有了人气。

回首两年扶贫之路,涂华刚说:"任第一书记,不是为走过场、不是来镀金,而是一种担当、一种责任、一种奉献。"只有俯下身子助脱贫,沉下心来谋发展,耐心暖心为群众,撸起袖子干事业,那些深扎泥土的梦想,才会开出金黄丰硕的麦穗。

竹园致富路上的那一抹蓝

——记南昌市新建区石埠镇竹园村第一书记熊志强

熊志强,男,1976年7月生,中共党员,南昌市公安局红谷滩分局巡逻处突大队副大队长。2015年10月至2017年10月担任南昌市新建区石埠镇竹园村第一书记。2017年被评为南昌市优秀第一书记。

"熊书记是带领我们村脱贫致富的大恩人,他在竹园村的两年多时间,每天吃住在村里,经常深入田间地头帮助村民解决实际问题,在公安局是好干部,在我们村是好书记,由衷感谢他。"竹园村蔬菜基地负责人"冬瓜妹"喻火妹讲道。熊书记就是熊志强。

"第一书记"来了

熊志强刚到竹园就把身着蓝色衬衣的模样留在了田间地头和家家户户中。他对竹园做了细致"侦查"后质疑:倚着320国道交通优势,竹园还是贫困村?熊志强先在做强班子、增强"造血"功能上下功夫,加强了对村"两委"班子成员的引导,消除以往"等靠要"的消极思维,对不愿作为、不想作

熊志强(右四)与村民座谈

为的干部建议石埠镇党委严格落实考评规定，这增强了村"两委"带领全村上下同力改变贫困面貌的信心。他还借助互联网和手机移动平台等信息化手段，建立村民微信群，发布村级事务，宣讲上级政策，介绍先进做法。

这个"第一书记"有两下子

熊志强（右）走访贫困户

"我听到你们讲话的声音了。"贫困户程国强听到这个声音时喜极而泣。他女儿程慧2岁时被查出耳蜗畸形，与世隔音。熊志强了解后，积极向各级慈善组织申请救助资金2.2万余元，向"爱的分贝"公益组织申请救助资金5万余元，发动爱心人士捐款1万余元，协调解决医保报销5万余元，成功为程慧安装了人工耳蜗。

长长的丝瓜挂在藤蔓上林林总总，青的红的辣椒挂在枝上格外显眼，一个个大冬瓜躺在绿油油的叶子间睡得安静……熊志强联系签约江西大家族种业有限公司在梅桶自然村建成了100亩的蔬菜种植基地，不仅为村集体增加了收入，为贫困户解决了就业问题、增添了分红，还用好了闲置荒地，一举多得。

一位年过七旬的老者合不拢嘴地讲："这个公安局来的后生有两下子，志强志强，不但志气强，能力还很强，竹园能翻身，他立了头功。"

谢谢您，竹园村的大恩人

现在的竹园村，平坦的水泥路能通到每家每户；米粉作坊、百亩蔬菜基地等项目的相继建设，给村民们带来了新的脱贫渠道；全新的篮球场、村民活动中心也陆续建成，给村民提供了新的活动场所。"谢谢熊书记，您是竹园村的大恩人！"

他是一名穿着蓝色警服的人民好公安，也是一名穿梭在竹园田间地头、屋舍厅堂的好书记。

书写淑溪脱贫的满意答卷
——记南昌市新建区流湖镇淑溪村第一书记曹红阳

曹红阳,男,1968年10月生,中共党员,南昌市机关事务管理局一级主任科员。2015年8月至2017年担任南昌市新建区流湖镇淑溪村第一书记。2017年被评为南昌市优秀第一书记。

答好"党建引领题",筑牢战斗堡垒

曹红阳始终坚持以"党建+"理念为引领,夯实淑溪村的党建工作。他严格落实"三会一课"制度,研究部署村支部各项工作,健全规范工作条例。他积极宣传各项党建扶贫政策,消除党员干部"等靠要"思想,凝聚了人心,增强了支部的战斗力。

每逢佳节,当别人回家享团圆之乐时,曹红阳却到老党员们家中,给他们送温暖和祝福,并向他们请教工作经验。村里的年轻党员受带动鼓舞,纷纷向老党员"拜师学艺",形成了良好的"传帮带"氛围。在大家的共同努力下,村中党员的综合素质得到提高,凝聚力增强,干部工作时更有干劲,这为扶贫发展奠定了坚实的组织基础。

答好"基础设施建设题",打造秀美淑溪

村里原本的基础设施薄弱,卫生环境差,曹红阳到任后下定决心要给淑溪"易容"。

任职的两年里,他利用专项资金530万元开展农村面貌整治,使村子变得干净整洁,"面子""里子"明显改善。危桥魏家桥严重影响了村民的出行安全,曹红阳心急如焚。他走破了鞋子,磨破了嘴皮子,终于争取到改造资金190万元,

亲力亲为修缮了这座干群连心桥。

危房改造之初,村民对政策半信半疑,甚至产生抵触心理,危房改造工作一度陷入僵局,但群众的生命安全是头等大事,曹红阳挨家挨户做工作,协调各方,通过拆旧换新、修缮加固,共拆除危房11处500多平方米。淑溪的危房改造工作也被列为示范点被周边村子学习。

答好"精准帮扶题",温暖淑溪人心

"走一走看一看,回到单位好了愿",一开始,村民对扶贫工作充满质疑。曹红阳暗下决心要用实际行动改变人民的这种观念。

2017年4月29日深夜,曹红阳接到贫困户滕银牙女儿滕英的电话,得知滕银牙伤口化脓长虫,他立即联系解放军九四医院,连夜将其送医救治。滕银牙家里困难,伤口感染却不愿花钱医治。曹红阳积极为其争取治疗费用减免,还为他家申办了低保,缓解了他家的实际困难。

"脚下沾有多少泥土,心中就沉淀多少真情。"曹红阳牢记使命,扎根淑溪,在脱贫攻坚一线咬定目标加油干,使淑溪村实现了贫困村向美丽乡村的华丽转身,提交了百姓满意的"淑溪"脱贫答卷。

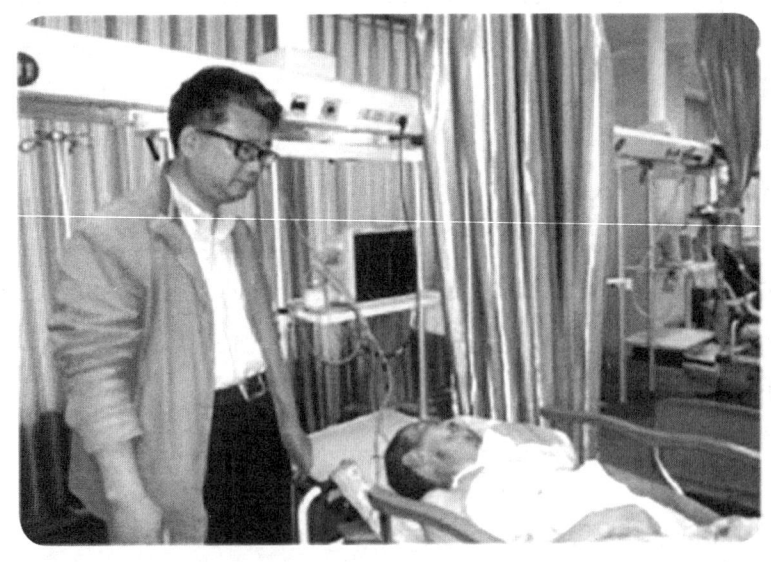

曹红阳(左)到医院看望贫困户

让青春闪耀在扶贫一线

——记南昌市新建区松湖镇仙亭村第一书记熊万庚

熊万庚,男,1988年2月生,中共党员,江铃集团改装车股份有限公司技术部底盘组组长、第一党支部书记、团支部书记。2017年9月至2019年10月担任南昌市新建区松湖镇仙亭村第一书记。2018、2019年被评为南昌市优秀第一书记。

"农村要发展,农民要致富,关键看干部。"年轻扶贫干部熊万庚自担任南昌市新建区松湖镇仙亭村第一书记以来,把青春的汗水洒在了仙亭的每一寸热土上,一心一意做实事,心无旁骛办实事,以青春的名义谱写了一曲壮丽的脱贫之歌。

固本强基,加强党建促脱贫

党和国家的为民好政策如何能更好地"飞入寻常百姓家",如何更好更快地让百姓受益?熊万庚在仙亭村老年活动中心休闲广场边缘布置了图文并茂的国家政策宣传栏,村民们足不出村便可了解国家最新惠民政策。他还规范便民服务办事,加强村便民服务中心管理,帮扶群众办好"村办""代办""带办"业务,提升为民办事成效,将干部、群众紧密地联系在一起。仙亭儿女不仅坚定了打赢脱贫攻坚战的信念,更增强了全面建成小康社会的信心。

筑梦扬帆,致力扶智促脱贫

摆脱贫困不仅是摆脱物质的贫困,更要摆脱思想和观念的贫困。扶贫必扶智,教育是脱贫致富的根本之策,也是阻断贫困代际传递的重要途径。2019年9月,江铃集团资助500万元的仙亭江铃小学正式交付使用,计算机室、多媒体教室、

新建的仙亭江铃小学

五人制足球场一应俱全。熊万庚说："看着全新的校园，看看孩子们一张张天真快乐的笑脸，感觉人生得到了满足，希望孩子们能健康快乐成长、成才。如果一个贫困家庭的孩子通过努力学习将来有一份稳定的工作，一个贫困家庭就能稳定地摆脱贫困。"

靶向治疗，精准帮扶促脱贫

熊万庚（右）走访贫困户

一次偶然的机会，熊万庚在江西社会工作网上看到："江西5名！贫困家庭脑瘫患儿可申请免费救治！"他立马想到贫困户孙其华家有个患有脑瘫的孩子，便立即拨打了工作人员的电话，当知道江西5个名额只剩下1个时，他立即开车赶往孙其华家，向他说明情况后，快速办好了"希望之光"脑瘫儿童救助申请材料，帮助其赴华济医院进行治疗。通过治疗，小孩有了好转，以前比较急躁，易发脾气，只能坐在轮椅里面，现在温顺了许多，还能坐在凳子上，日常生活等方面都有了较大改善，可谓帮了贫困户孙其华的大忙。

如今的仙亭，孩子们欢声笑语，喜笑颜开，琅琅书声充满了整个仙亭江铃小学；老人们其乐融融，共话盛世，溢美之词在老年活动中心不绝于耳。

青春燃起来的胜利火焰，如此夺目！

续写扶贫路上的警民鱼水情
——记南昌市新建区石埠镇竹园村第一书记姜振宇

姜振宇，男，1979年11月生，中共党员，南昌市公安局东湖分局墩子塘派出所副所长。2017年10月至2019年12月担任南昌市新建区石埠镇竹园村第一书记。2018、2019年被评为南昌市优秀第一书记。

"金杯银杯，不如老百姓的口碑。"两年多，姜振宇始终践行全心全意为人民服务的宗旨，奔忙于精准扶贫一线，用实际行动在脱贫攻坚的伟大事业中续写警民鱼水情，构建了新时代警民情深的新典范，树立了共产党员的光辉形象。

抓住党建"牛鼻子"，组织有力到位

火车跑得快，全靠车头带，打赢脱贫攻坚战，组织领导有力是保证。崭新的办公设施、修缮一新的办公环境……竹园村党员活动室"旧貌"换"新颜"。姜振宇主动向"老东家"争取专项资金支持，升级了党员活动室设施，巩固了凝聚党员、服务群众的阵地。至今，党员活动室召开现场培训会15次，参会群众超1000人次，增强了贫困群众脱贫致富的信心。

92岁的贫困老人手拉着姜振宇

搭建警民"暖心桥",解决民忧到位

92岁的贫困户姜根芝老人拉着姜振宇的手说道:"小姜,太感谢你了,帮我了却一个大心愿。"姜根芝老人双目失明,常年卧床,无法前往医院做残疾鉴定,致使残疾人补贴一直不能顺利发放。姜振宇心想,既然老人不能前往医院做鉴定,何不把医生请过来。他向石埠镇民政部门反映了老人的实际情况,主动邀请医生送诊上门。如今,老人鉴定做好了,补贴也下来了。

打造竹园"新面貌",改善人居到位

"现在村里变化真大啊,路修好了,家门口也有公园了,居住环境也改善了",这是老党员邓万军经常挂在嘴边的话。驻村以来,姜振宇积极争取扶贫资金246.8万元、自筹资金37.47万元用于竹园村基础设施建设,修建了村民活动中心,为下余等自然村修建了休闲文化广场,添置了文化体育健身设施,不断推动竹园村生活、文化、医疗等公共设施逐步完善。

精准传递"致富经",因户施策到位

姜振宇(左三)帮助贫困户制作豆腐

艾金辉、胡素珍两户贫困户因自身或配偶残疾致贫,但都有做豆腐的专长。在与贫困户协商后,姜振宇到相关部门办理了执照,购置了豆腐制作设备,联系食堂打开了销路。现豆腐作坊日产量200余斤,产生的收益超150元。胡素珍说:"党和国家的政策太好了,我做梦也没想到一个残疾人能挣这么多钱"。

一排排整齐的路灯,一条条平坦整洁的道路,一间间错落有致的房屋,一张张合不拢嘴的笑脸,成为竹园村的独特风景线。

书记带货扶贫下苦心　村民脱贫致富奔小康
——记南昌市新建区象山镇河林村第一书记马正兵

马正兵，男，1975年2月生，中共党员，南昌市政府办公室科技处处长。2017年9月至2019年10月担任南昌市新建区象山镇河林村第一书记。2018、2019年被评为南昌市优秀第一书记。

从贫困户到承包人，脱贫攻坚没有"局外人"

2017年9月底马正兵正式赴任第一书记，到村后他就立马联系"两委"班子，召开村委会、党员代表会、村代表会，熟悉村情民意，了解村里11户31人建档立卡贫困户生产生活状况。"只有真正深入走进老百姓的家中，才能走进他们的心中。"马正兵说。在政策扶持下，帮助熊建国办理低保的基础上，还通过村级扶贫产业分红助其增收。熊建国也从"万事无所谓"的贫困户变成了"想有所作为"的承包人，和过去相比判若两人。扶贫期间，马正兵会同多方努力，帮助3户3人实现就业，使就业增收家庭由原先的2户上升为5户；为3户3人提供了公益性岗位，使公益性岗位增收家庭由1户上升为4户；帮助3个超过65岁但有劳动意愿和能力的人员就近务工增收，让脱贫攻坚路上没有"局外人"。

书记巧当带货郎，让河林扶贫产业越走越宽

为稳定脱贫成效，帮助贫困户增收致富，马正兵带领村"两委"一班人在2019年初又引进种植了150余亩"美都西瓜"生态品种，发展西瓜种植产业。可种植容易，销售难。80余万斤西瓜短时间内相继成熟，如何让上百万斤西瓜销售出去，让马正兵发了愁。在相关单位的帮助下，他积极主动与城区的大型超市、

马正兵（右二）陪同领导走访河林村

马正兵（右）在大棚了解西瓜种植情况

农贸市场、电商平台等对接，同时还利用新闻媒体、微信等直播带货方式，积极向身边的人宣传，发动大家一起来购买生态吊西瓜，销量由起初的每天几千斤变成现在每天五六万斤。有了第一年的路子铺垫，现在西瓜是由"怅销"变畅销了，每年收获至少80余万斤，实现经济收入100余万元，让河林扶贫产业之路越走越宽。他也被人们笑称为"西瓜书记"。

因地制宜拓产业，让河林特色生态饭越吃越甜

2017年底河林村退出贫困村序列后，立即启动了稳定发展扶贫产业工作。马正兵推动土地流转，建立860亩"千亩生态养殖扶贫产业示范园"，让村里从此有了集体农业产业项目。后又在2018年底带着村干部将"千亩生态养殖扶贫产业示范园"内的养殖基地面积调整为350亩，将180亩渗水严重的水田打造成大棚瓜果蔬菜基地。2018年村里贫困人口年人均纯收入达到11333元，2019年又提升至13530元。产业发展为稳定脱贫成效提供了坚实的基础，带富效应明显增加，让河林村的特色生态饭越吃越甜。

书记精准扶贫下苦心，巧当带货郎增收致富，带领河林村民脱贫奔小康。短短几年时间，河林村村容村貌焕然一新，农业产业蓬勃发展，农业产业方向明晰规模初具，乡村气象振奋人心。马正兵说："没有比人更高的山，没有比脚更长的路。在脱贫攻坚的道路上，我将不忘初心，继续前行，为了群众的美好生活。"

增强脱贫内生动力　推进扶贫产业发展
——记南昌市新建区象山镇井岗村第一书记韦金洪

韦金洪，男，1982年8月生，中共党员，南昌市商务局市场体系建设处处长。2017年9月至2019年10月担任南昌市新建区象山镇井岗村第一书记。2018、2019年被评为南昌市优秀第一书记。

推进决策民主规范，营造党建文化氛围

韦金洪积极帮助完善村级班子议事规则、决策程序，推行党务村务公开。按照"四议两公开"等程序，对全村扶贫项目建设、新农村建设等惠民实事进行民议、民决。2019年初，以"党建+脱贫攻坚"为主题收集整理相关文字图片材料，打造井岗村党建宣传长廊；以入党誓词、党员的义务和权利及"三会一课"等制度为主要内容，对党员活动室进行全新布置，营造了浓厚的党建宣传氛围。

围绕"两不愁三保障"，推进脱贫攻坚工作

整改工作中，围绕"两不愁三保障"标准，坚持举一反三，制定了井岗村整改工作方案和整改台账，实行销号管理。加强对习近平总书记关于脱贫攻坚重要论述的学习，更加注重产业发展的可持续性及与贫困户收益的关联度，不断提升井岗村党员干部的理论水平，为井岗村打造一支永不撤走的脱贫工作队伍。

增强脱贫内生动力，推进扶贫产业发展

一心发展现代农业种植扶贫产业。2018年筹集资金95万元，建设了20亩大棚和60亩广昌白莲种植基地，积极发展大棚蔬菜及白莲种植产业，实现125600元的集体经济收入，带动周边群众就业10余人，其中贫困户6人，并拿出了

韦金洪（左）走访贫困户

开展送小书包志愿活动

30000元产业收益对贫困户进行补助，户均年增收达1800元左右。为进一步提升村产业基地"造血"功能，走集观光、采摘、垂钓、农家乐为一体的现代农业发展之路，大力发展乡村旅游产业。2019年筹集扶贫资金150万元，进行升级改造，完善采摘游步道、灌溉设施等，种植百香果、象山美人红柑橘、柚子及水果莲等品种，供游客采摘、游玩，提高产业基地附加值。

完善产业与贫困户的利益联结机制。为了使产业发展的同时，贫困户的收益能得到稳定增长，通过会议的形式，明确了扶贫产业基地收入作为村集体经济收入，每年须拿出利润的20%分红。2019年初拿出了30000元对17户建档立卡贫困户进行补助，使每户增收1500—3000元不等。为了贫困户的收益能得到稳定增长，在村产业基地建立了扶贫车间，安排7户有劳动能力的建档立卡贫困户签订了务工合同，让其参与到产业基地的建设过程中。

在驻村第一书记韦金洪的带领下，井岗村于2018年底顺利通过省级第三方评估验收，实现了整村退出省级贫困村行列，全村17户34人建档立卡贫困户全部实现稳定脱贫。韦金洪也于2018、2019年连续两年被南昌市委组织部评选为"南昌市优秀第一书记"。

窑西"贫困症"的"医者"

——记南昌市新建区昌邑乡窑西村第一书记徐礼旭

徐礼旭,男,1976年8月生,中共党员,南昌市残联残疾人康复中心副主任。2017年担任南昌市新建区昌邑乡窑西村第一书记。2018、2019年被评为南昌市优秀第一书记。

"圣人不利己,忧济在元元。"在窑西村,总能看见一个匆忙的身影穿梭于田间地头,奔走于各家各户。这个身影就是窑西村的驻村第一书记——徐礼旭。他用悲天悯人的医者情怀践行着共产党人的为民初心,用一颗医者的仁心治愈了窑西村的"贫困症"。

夯实党建强引领

"制度建设得好不好,就要看阵地打得牢不牢。"徐礼旭深知光靠一己之力不可能带领整个村子摆脱贫困的泥淖,需要一个强有力的"牵引力"才能拔掉窑西的"穷根",而这个牵引力的施力者就是窑西的党员干部。为此,他立足实情,形成了有窑西特色的党建模式,建立了"1+1+1"支部联建模式,即班子队伍一起抓、思想观念一起带、扶贫攻坚一起干。在徐礼旭的带动下,窑西村的党员坚定了为民初心,担负起了党员的先锋模范作用,战斗堡垒的"火力"又逐渐猛了起来,大大增强了脱贫攻坚"火车头"的动力,为日后载满村民满脸笑容的"窑西致富号"专列奠定了坚实的基础。

秀美窑西"大换血"

"带着一份感情去扶贫,再苦再累也值当。"这是徐礼旭在窑西村不畏严寒酷暑,日夜忙碌的生动写照。

徐礼旭帮助建设的生态水产养殖基地

徐礼旭（左）走访贫困户

整个村子没一个产业项目，徐礼旭看到这一瓶颈，心里比任何人都明白产业"造血"是脱贫的根本之策。为此，他坚持弱鸟先飞，努力引进产业，增加村集体收入。他争取到市残联产业帮扶资金20万元，建设了一个养羊扶贫产业基地；争取资金30万元，建设了一个光伏发电村站；争取资金96万元，建设了两个生态水产养殖基地。据统计，现在窑西村建档立卡贫困户户均收入超过了10000元，贫困户腰包鼓了起来，日子也红火了起来。

精准施策暖人心

"扶贫工作，贵在精细，就是需要有恒心、真抓实干，因户施策，帮他们解决实际生活问题。"徐礼旭经常对扶贫队员讲这句话。

50多岁的勒永拍，是窑西村的第一批精准扶贫对象，他整天待在家里游手好闲。徐礼旭本着"挖穷根"的原则，经常去找勒永拍聊天谈心，并为他争取资金，改良居住条件，新建了一间60平方米的单层混凝土房屋。在确保勒永拍住得安全后，徐礼旭为他安排了村容保洁员、光伏基地管理员等公益性岗位，还让他加入村集体产业分红，申领残疾补贴等。如今，勒永拍已有上万元的年收入，顺利实现脱贫摘帽。

徐礼旭被窑西村村民称为"万能的徐书记"。当他得知村里还有4名贫困家庭的孩子因贫即将辍学时，心痛不已，不断奔波，帮他们办理了教育补助资金；他还为5户贫困户提供了公益性岗位、为12户贫困户进行了危旧房改造、给14户贫困户落实了改水改厕资金、为13户贫困户安装了光伏发电户站、为26位贫困残疾人配备了辅助器具……

英山村美丽蝶变的奉献者

——记南昌市新建区西山镇英山村第一书记余国华

余国华,男,1978年12月生,中共党员,南昌市城乡建设局村镇建设处副处长、二级主任科员。2017年10月至2019年10月担任南昌市新建区西山镇英山村第一书记。2019年被评为南昌市优秀第一书记。

做好脱贫致富的引路人

在驻村期间,余国华引进并启动了英山村第一个实体产业项目——30亩白及药材种植基地,变"输血"为"造血",激发"造血"动力,并协调解决产业扶贫资金48万元,有效缓解贫困村资金短缺困难。2016年、2017年两年共安装建设村级光伏站1座、户级光伏站11座,2019年底贫困户人均可支配收入达10373元,相比2015年涨幅达175%。余国华带领村民开发种植基地,贫困户通过土地入股和入社方式共同分享村集体产业收益,每年可获得每亩200元土地租金和年终分红。2019年全村贫困户实现全部脱贫,所有村民"两不愁三保障"全面解决。英山村村民的日子就这般越过越红火,越过越甜。

做好安全稳定的维护人

在驻村工作期间,余国华把在走访中发现的危房、空心房详细记录下来。之后亲自部署、亲自谋划、亲自动手,对这些危房、空心房进行了"大整改"。两年间,在余国华的带领下,英山村共实施危房改造18户,村庄内破旧房屋、空心房、猪牛栏等进行了大面积拆除,拆除危房、土坯猪圈、牛栏176处21390平方米,全村村民住房安全实现100%达标,为村民营造了"舒心窝"。

做好服务群众的贴心人

余国华（右）向村民宣讲最新政策

余国华（左）参观英山村

余国华带领班子成员积极协调筹集物资和资金，赠送贫困户电风扇、电饭煲、学习书桌等生活必需品，捐赠慰问物资和慰问金达20余万元，且为11户不能收看电视的农户购置新电视机。两年来，他先后实施了"户户通"、路灯安装、小农水设施建设维护、主路加宽、下水道修建、主街美化绿化、文化大院建设等多项惠民工程。村里68岁的饶奶奶说道："路都修到家门口了，路灯也亮了，余书记真的做过很多好事，要感谢他们为村里做的这些好事、实事。"

如今，全村养老保险、医疗保险覆盖率100%，村里基础设施完善，水、电、路、房和通信配套齐全，公共服务配套设施到位，建有村级卫生室1个，综合文化活动服务平台1个，村里的娱乐文化生活内容也丰富起来。

看今朝，英山村村庄建设日新月异，村容村貌焕然一新，村民生活水平显著提升。余国华和村民们都相信，英山村的美好正如所期待的那般如期而至！

扶贫路上坚守初心
——记南昌市新建区流湖镇淑溪村第一书记黄坚

黄坚，男，1970年10月生，中共党员，南昌市机关事务管理局市委服务中心主任。2017年9月担任南昌市新建区流湖镇淑溪村第一书记。2019年被评为南昌市优秀第一书记。

2017年9月，黄坚受组织委派奔赴新建区流湖镇淑溪村担任第一书记。寒来暑往，700多个昼夜更替，他吃住在淑溪，手把手帮扶群众脱贫，点对点为百姓做实事，用实际行动践行了一名扶贫干部的"初心"。

修通门前"最后一米路"，完善基础设施促发展

以前的淑溪村，村民出门晴天一身土，雨天一身泥，交通十分不便，严重影响了村里经济作物的销路和规模生产。

面对困境，黄坚沉思："道路是一个地区经济发展的大动脉，要发展产业，实现产业'造血'，就一定要先将血管疏通好！"任职期间，他争取到各方资金570余万元，修、扩建了村子的道路，把结实的水泥路延伸到了村民家门口，修通了"最后一米路"。同时聘请村里的贫困户对村道进行打扫和养护，此举不仅改善了村容村貌，还增加了贫困户的收入。

引导青年"鸿雁归巢"，发展扶贫产业增收入

"集体发展得好不好，关键看人才动力足不足"，人才是引领发展的第一动力。为鼓励在外年轻人回乡创业，吸引年轻人才变"东南飞"为"雁归来"，黄坚动了不少脑筋。在一次脱贫研究会上，"95后"大学生党员滕华兵提议先到外地去考察，

黄坚在滕家至万家公路施工现场

找到适合我们村的产业再来投资。黄坚深受启发。

在村委的支持下，黄坚、滕华兵等党员干部先后到山东、江苏、安徽等地考察，汲取产业扶贫经验。在集思广益后，最终选定了适合在淑溪山地圈养的湖羊作为扶贫产业。

随后，在流湖镇政府等的多方扶持下，淑溪村成立了村集体经济发展项目——湖羊养殖，经营模式为"村集体+合作社+贫困户+村民"，仅2019年就为村集体创收10万元，给贫困户分红3.2万元。湖羊养殖规模还在扩大，淑溪也逐渐成为流湖镇的富裕村。

做好淑溪人民的"勤务员"，用真情实意践初心

黄坚（右）慰问贫困户，给贫困户送温暖

"在这里看病拿药真的不要钱吗？算了，我这是老毛病了，还是不治了……"卫生所门口，不少村民凑起了热闹。黄坚耐心地解释道："这是医院的专家，来为大家检查身体，赠送药品的，老表们，咱们要珍惜机会呀！"为打通村民就医就诊的"最后一公里"，2019年10月，通过不断走访联系，黄坚邀请到了联勤保障部队908医院的专家到淑溪村定点义诊，为淑溪村老人检查身体，老人们都说："黄书记像我们的亲儿子一样在照顾我们。"

时光不负有心人，星光不负赶路人。"每次帮村民解决一个哪怕是鸡毛蒜皮的小问题，得到村民笑容的回报，这就是我最大的满足。"在任职的两年里，黄坚每天早上七点不到就出门，直到天黑才回家，从来没有休息过一个完整的节假日。他用300余次谈话记录拉近了民心，用自己的实际行动走进了群众，尽全力满足群众期盼，温暖了每一位百姓的心。

脱贫路上的孺子牛

——记南昌市新建区联圩镇路司口村第一书记杨拥军

杨拥军,男,1968年1月生,中共党员,南昌市旅游汽车出租公司副总经理。2017年10月至2019年9月担任南昌市新建区联圩镇路司口村第一书记。2019年被评为南昌市优秀第一书记。

寻"初心",带领老乡奔小康

"脱贫致富不能等靠要,我来就是要做点什么的。"这是杨拥军第一次走进路司口村告诉自己的话语,也是他最初的初心。一晃两年过去了,在路司口村的美好时光在他脑海中慢慢呈现。"我想做点什么?我能做点什么?我能做成点什么?"带着这三个问题,杨拥军开始了寻"初心"。

杨拥军刚来的两个月,就走遍了路司口村的5个村民小组(坎上、滩上、塘上、街上、路司口),走访了545户村民,记事本上写满了每家每户需要解决的问题,从家中小事到产业发展。他通过先后召开的十多次路司口村"两委"干部会议,商讨发展之策,深入开展调查研究,摸准吃透村情,打开了工作局面。杨拥军与扶贫工作组、村干部一道深入走访困难群众,了解他们的生产生活现状,找到致贫原因,找准致贫症结。通过走访党员干部、致富能手了解该村经济、产业现状,以及未来的发展愿望,并对11户建档立卡贫困户逐一走访,召开村"两委"班子座谈会和贫困户院中会,听取干部和群众的意见和建议,深入了解因病致贫、因学致贫等突出问题,为做好扶贫工作打下坚实基础。

找"靠山",产业崛起摘穷帽

"我背后是整个集团公司的力量在支持,这是我的坚强'靠山'。"这是杨拥军常挂在嘴边的一句话。杨拥军指的"靠山"是南昌旅游集团,这是南昌市国资委出资监管的大型国有控股企业,在旅游景区的开发、工程建设等方面都非常有优势。"靠山"的支持给杨拥军打了一支强心针,在他的倡议下,采取了"公司+合作社"的模式,和市直帮扶单位南昌旅游集团共同组建江西陇上行农业开发有限公司,投资300余万元启动400亩新建区联圩镇路司口村水稻养殖、种植示范基地建设。项目建设以来,将农民土地流转集中在一起形成规模效应,有效提升了当地农民的收入,改善了农民的生活质量。

建"堡垒",党建组织强动力

工作伊始,杨拥军就坚持把基层组织建设作为精准扶贫的突破口,从村干部工作责任制度、群众评议党员制度,到村务公开制度、村干部轮值班制度等,他以"三会一课"制度为抓手,使各项工作开展有了组织保证。

昔日的路司口村党组织软弱涣散,服务群众意识弱、村内人心涣散是落在村党支部身上的刺眼印记。针对"两委"干部一盘散沙、凝聚力、战斗力不强的现象,杨拥军先是与村"两委"干部进行了谈心谈话,了解思想动态,积极推荐并选举党性修养高、带头能力强、群众基础好的路司口村老主任担任路司口村党支部书记,负责村里全面工作。

"来到路司口村,我把自己定位为'五个角色',既要做好党建和发展指导员,也要做好纠纷调解员,既做好民困帮扶员,更做好政策宣传员,真真正正能够帮助到老百姓。"这是杨拥军扶贫日记里的一段话。

扶贫先扶志 养羊"奔小康"

——记南昌市新建区流湖镇淑溪村第一书记蒋晓辉

蒋晓辉,男,1974年2月生,中共党员,南昌市机关事务管理局公共机构节能服务科科长。2019年10月担任南昌市新建区流湖镇淑溪村第一书记。2020年被评为南昌市优秀第一书记。

全力建设"羊棚"项目,让村民的钱袋子鼓起来

产业"造血"是发展的根基,是脱贫奔小康的主要支撑。蒋晓辉到淑溪村就任后,经过不断虚心请教,实地调研,最终决定带着村民全力推进肉羊养殖产业,建立一套利益联合机制,推行村干部与能人带头领办和村党员主动参与、村民自愿参与、贫困群众统筹参与的"一领办、三参与"产业合作模式,对失能弱能贫困人口实施资产收益扶贫,2020年收益20余万元。

"养羊基地的利益群体不仅是我们淑溪村,还扩展到了整个流湖镇。除了我们自己村里14户贫困户,还有其他村55户贫困户都在这里代管托管代买羊,一个产业造福了整个流湖。"蒋晓辉欣慰地笑着说。

蒋晓辉帮村民收稻谷

扶贫先扶志，让全村人有了精气神

淑溪村养羊基地

"书记，我也想给湖北捐点钱……"淑溪村90多岁的孤寡老人魏鉴材拉着蒋晓辉的手不停说道。2020年，得知湖北疫情严重，一方有难，八方支援，脱贫不忘党恩，五保户魏鉴材老人将自己辛苦攒下的1000块钱捐出来，交到蒋晓辉的手上。

疫情期间，蒋晓辉带领全村村民开展疫情防控，严格落实要求。趁此机会，蒋晓辉抓紧给村民宣传国家各项利民政策，并带领淑溪村建成了淑溪村"爱心超市"，通过自主劳动来赚取积分，改变了贫困户"等靠要"的懒惰思想，严格按照要求执行爱心积分奖励机制，以"三讲一评"活动为载体，提高了贫困户脱贫的内生动力与感党恩的思想，不断强化扶贫扶志工作成效。淑溪村村民的精神风貌越来越好，这与第一书记蒋晓辉的引领密不可分。

爱心"便当"暖人心，做好群众的"贴心人"

"蒋书记，我们做饭不方便，一般一两天做一顿饭，能吃好几天呢。"蒋晓辉刚到淑溪村，村里的老人对他说道。他看在眼里，疼在心里。不到半年的时间，在他的帮助协调下，帮扶单位争取捐赠资金，建成了"营养之家"，每天两顿，每人配备两个保温桶，带领村干部专人为村里的老人送饭，创新性建设新养老模式，切实保障老人基本生活需要。

针对群众的实际困难，蒋晓辉常常是"磨破嘴、跑断腿"，到帮扶单位、镇上、企业，反复沟通、寻求帮助，为群众解决一个个难题。蒋晓辉用他的实际行动和真诚奉献，赢得了淑溪老百姓的欢迎和认可。

把"他乡"当"故乡"
——记南昌市新建区象山镇河林村第一书记曹龙友

曹龙友,男,1982年10月生,中共党员,南昌市人民政府办公室公共机构节能监管科科长。2019年10月担任南昌市新建区象山镇河林村工作队队长、第一书记。2020年被评为南昌市优秀第一书记、南昌市"最美第一书记"。

有心有力带班子聚人心

曹龙友坚持党建促脱贫理念,在全市贫困村率先推动并实现村书记主任一肩挑。根据党建"三化"要求,争取对村委办公场所提升改造。常态化执行村干部值班制、"三会一课"等,避开村干部务农时间,利用晚上组织学习。组织村"两委"干部到市政生态农业公司、南昌县朱坊村、塘南工控第六产业园等地学习,拓展村干部视野。积极参加并组织好党史学习教育活动。

有章有序摸村情定规划

担任第一书记后,曹龙友一个月内遍访村党员、贫困户,摸清村情民意。在广泛征求村民代表、村党员、乡贤意见后,提出河林村要考虑全面、协调、可持续发展,要在整村规划、农旅融合发展等方面进一步加强,制定2020年脱贫攻坚工作要点。结合"十四五"规划,制定《象山镇河林村"十四五"发展规划》《市政府办公室2021年帮扶河林村工作计划》。

有实有效抓发展促增收

坚持党建引领扶贫,战疫情、抗洪涝、抓脱贫、惠民生,通过开抖音、做直播、开视频号等多种方式宣传推介河林村,切实巩固脱贫成效。村11户脱贫户

曹龙友（中）组织村产业基地与脱贫户签订自愿承包认领大棚协议

曹龙友（前排左一）组织省农科院花卉研究所在村设立蔬菜技术服务站

2020年人均收入达17000多元，比2019年增加近5000元；村集体收入达31.03万元，比2019年增加11万多元。村党建凝聚力、向心力极大提升，村电网、路网、水网、通信网等基础设施明显改善，村产品成功获绿色食品A级产品认证，村乡村旅游完美布局，村知名度日益凸显。2020年7月16日，新华社《习近平时间——第一书记发挥实效》节目报道河林村第一书记曹龙友，"共产党员"公众号转载。河林村脱贫攻坚和乡村振兴工作得到新华社、学习强国、人民日报数字频道、法治日报、新浪微博、江西党建、江西日报、江西扶贫、南昌日报、南昌电视台、南昌扶贫等宣传报道浏览量逾1.5亿次。

曹龙友被称为"网红第一书记"，直播带货入选《我们的美好生活——南昌市脱贫攻坚纪实汇报片》。

有勇有谋推进乡村全面振兴

曹龙友积极探索依靠科技扶贫，已设立科技服务站，并积极创建市级科普示范基地，切实推动产业提档升级、提质增效，进一步做大做强做优村产业。

艰难方显勇毅，磨砺始得玉成。"河林是他乡，现在也是我的故乡。站在乡村振兴新起点，我要大力发扬孺子牛、拓荒牛、老黄牛精神，不用扬鞭自奋蹄，继续为河林村乡村振兴辛勤耕耘。"曹龙友自豪地说道。

聚力脱贫攻坚　推进民生工程
——记南昌市新建区松湖镇抗援村第一书记袁睿

袁睿，男，1988年12月生，中共党员，南昌市行政审批局社会事务科副科长。2019年10月担任南昌市新建区松湖镇抗援村第一书记。2020年被评为南昌市优秀第一书记。

党建强基聚民心

面对村级组织软弱涣散、集体收入空壳的大难题，袁睿坚持以党建"三化"为引领，通过规范组织生活、建立相关制度、压实包组责任、增补支部委员、发展年轻党员，增添了村"两委"的活力。通过建立村民理事会和乡贤促进会、坚持重大事项"四议两公开"、"七·一"走访慰问困难党员和老党员，树立了村"两委"的威信；通过开展爱心超市考核评定和"三讲一评"颂党恩活动，坚定村民"感党恩、听党话、跟党走"的信念，村风村貌明显改善。

精准帮扶暖人心

面对抗援村陈旧、薄弱的基础设施，袁睿多方沟通对接，逐项落实扶贫政策。共筹措扶贫资金10余万元，为14户贫困户新建、维修加固住房，数量超前四年总和；让13户贫困户实现安全饮水，为符合条件但一直未享受相关政策的贫困户代办医疗费报销、申请民政救助、申办低保和残补、办理慢性病特殊门诊……一批多年未能解决的问题得以解决，贫困户"两不愁三保障"短板迅速补齐。他积极申报各类项目，累计投资额达335万元，实现抗援村内两座水库有效灌溉，产业项目配套用房正式投入使用；联系帮扶单位全面装修、改造村党群服务中心和村综合服务中心，大幅提升服务功能；协调移动和电信投入30万元进村建设通信基站，解决了两个村小组手机信号差、无法上网的问题。

产业扶贫强信心

防疫期间袁睿（右）送口罩上门

2020年初，袁睿推动引进总投资300余万元的韩国枸杞产业项目，全年村集体经营收入同比增长240%以上。他鼓励贫困户发展种养殖产业，为14户贫困户争取产业直补37263元；大力推进消费扶贫，协调机关、企业购买村扶贫龙头企业大米30.3万元；帮助村委创建电商平台，开业头三天成交额达万余元；加大就业扶贫力度，为外出务工贫困户争取务工补贴2700元，协调扶贫企业开发就业岗位，10户贫困户每户增加一人就业，年人均增收近3000元。截至2020年底，全村贫困户年人均收入接近15000元。

重教利民扶志智

袁睿积极推动教育扶贫，多方争取18万元为抗援小学建设多功能教学楼，联系育新学校和南昌二中名师到抗援小学支教，让贫困村的孩子们共享南昌市优质的教育资源。他协调21世纪出版社向抗援小学捐赠价值3万元的书籍，携手爱心单位及个人累计向抗援小学困难学生捐赠学习生活物品价值4万元，还联系南昌外国语学校保送生长期到抗援小学开展志愿支教活动，努力斩断贫穷在抗援村的代际传递。

袁睿（左）辅导贫困家庭子女学习

上房村脱贫致富的"守夜人"

——记南昌市新建区流湖镇上房村第一书记杨亮

杨亮，男，1985年2月生，中共党员，南昌市公安局特警（防暴）支队四大队四中队中队长、二级警长。2019年10月担任南昌市新建区流湖镇上房村第一书记。2020年被评为南昌市优秀第一书记。

坚持党建引领，凝聚脱贫力量

担任上房村第一书记后，杨亮牢固树立"围绕扶贫抓党建，抓好党建促扶贫，检验党建看脱贫"的理念，全面推行"支部+扶贫企业+贫困户"模式，切实将党的组织嵌入到产业扶贫之中，实现"支部建在产业链、党员聚在产业链、村民富在产业链"。坚持召开党员大会、党支部会和上党课，常态化组织贫困户开展"三讲一评"活动。加强党建宣传，联合市对接帮扶单位对上房村9块综合宣传栏进行全面更新，利用宣传台、宣传展板、微信群、QQ群等进行线上线下宣传，多维度、多角度解读党建引领扶贫工程相关政策，充分发挥基层党组织的战斗堡垒作用和党员的先锋模范作用，为上房村打赢疫情阻击战、防汛突击战和脱贫攻坚战提供了坚强有力的保证。

强化产业"造血"，巩固脱贫成果

在帮扶单位南昌市公安局领导和上房村干部的共同努力下，2019年杨亮争取上级扶贫资金199.4万元，扩建食用菌扶贫产业基地规模，提高菌包流水线生产能力。采取"公司+合作社+贫困户"的模式，吸引全镇113户贫困户用小额信贷资金入股，实行保底分红。发挥致富带头人的带动作用，设置扶贫车间1个，为贫困户开发了5个扶贫专岗岗位，户均增收4000元。2020年又争取到上级产

杨亮（右一）组织村民种下"致富瓜"

业帮扶资金277.2万元，新建占地面积2880平方米的菌菇示范基地特色产业项目，让上房村食用菌主导产业更"强壮"，预计每年为村集体增收近30万元。同时，创新实施产业托管项目，采取社会捐赠购买菌包托管种植模式，为全镇贫困户和边缘户42户托管菌包16000包，收益全部归贫困户，实现了产业发展和贫困户增收致富双赢。

推动消费扶贫，确保村民增收

食用菌销售"带货员"杨亮（左二）

2020年初，杨亮指导上房村采取"村集体+贫困户+西瓜种植技术员"模式，在嵩溪自然村开垦10亩种植西瓜。眼见着就要喜获丰收，没想到天气持续降雨，加上大量瓜果集中上市，西瓜一下子就卖不动了。杨亮及时向市公安局扶贫办汇报，第一时间组织驻村工作队员通过网络、朋友圈，发动亲朋好友，多方开拓销售渠道。通过消费帮扶方式，分批进村购买，短短几天时间，就销售西瓜2万多斤。联系洪都建设集团、中天建设集团、市政公用集团洪城田园供应链管理公司、南昌都昌商会、南昌武宁商会等爱心企业和商会组织"爱心助农"活动，销售西瓜7万多斤。7月7日，拿到西瓜销售款的村委会主任丁贵火和村民的脸上露出了笑容。

党性在心，驻村助民

——记南昌市新建区铁河乡东阳村第一书记戴党太

戴党太，男，1969年5月生，中共党员，南昌市公路局副主任科员。2016年12月至今担任南昌市新建区铁河乡东阳村第一书记，2017年6月至2020年4月任铁河乡党委委员。2020年被评为南昌市优秀第一书记。

发展村级集体产业

戴党太协调各方面关系，动员本村乡贤参与产业发展，在2018年7月1日成立了南昌市新建区金河养殖专业合作社，全方位打造村集体产业，增强"造血"功能。这是东阳村的第一个村集体产业，由村里的14名乡贤各出资10万元入股建成。村民可以根据自己条件，自愿以1000元一股进行投资入股分红。市公路管理局和新建区武装部资助东阳村20户贫困户各入股1份，让贫困户今后每年都有产业分红，形成对贫困户的长效帮扶机制。村级集体收益翻了十倍，从每年的10万元增加到100万元。如今的东阳村村民，都享受到了扶贫带来的好处，年年有分红，每人每年至少可以分红360元。

为提高脱贫质量，确保东阳村今后的长期发展，2019年8月，戴党太决定通过乡贤和帮扶单位筹集资金，以回乡创业"能人"雷杨孙为法人代表，注册成立江西芰湖食品有限公司。大力开发当地特色农产品，生产"青山韵"系列板鸭、酒糟鱼、压榨脆笋等十多个当地特色的农产品，把芰湖养殖的鱼、鸭等充分地整合起来，全方位打造村集体产业。

精准帮扶建档立卡户

戴党太（左）和村民在一起

戴党太（右）与贫困户交流

胡宏裨身患癫痫疾病，妻子多年前离家出走，两个女儿正在上小学。他一年到头在几亩地里辛苦劳作，收入不多，过日子整天愁眉苦脸，是建档立卡贫困户。2017年一天晚上，他因喝酒情绪失控，拿锄头砸打村民家的大门、冰箱等，造成财产损失，被法院以寻衅滋事罪判处有期徒刑一年。在胡宏裨服刑期间，戴党太定期前去探望，介绍政府增加低保金、帮扶干部捐款捐物，以及其母亲和女儿的生活安排情况，让他安心改造。

2018年8月，胡宏裨出狱后一度悲观、彷徨。戴党太主动靠前接触，协调安排他在村里合作社做事，稳定生活，又与他谈心，面对面分析致贫原因，宣传扶贫好政策。通过心与心的沟通，胡宏裨从内心感受到了温暖，有了养鸡致富的想法。除了养鸡，他还要劳作几亩耕田，天天有事要做，不再沉迷喝酒，发脾气、爱闹事的性子也慢慢改掉了。

胡宏裨通过辛勤操劳，养鸡生蛋出售，增收了收入，更加坚定了发展养殖脱贫致富的信心。他没有就此满足，2019年下半年，通过贷款2万元，饲养了2000只绿头鸭，年底获利8000余元。加上各种政策补贴和公益性岗位、扶贫车间工资等，全年收入达到4万余元，高标准实现脱贫。2020年，戴党太又协助他贷款5万元，购置了农业机械，流转了50亩荒山，计划一地二用，下半年稻谷收获了，在这片土地上散养鸡，预计可以增加收入4万余元。"戴书记总是把我们贫困户的事当成自己的事，有了他的帮助，我们致富奔小康的劲头更足了！"胡宏裨激动地说。

驻村不言苦　脱贫惠民生
——记南昌市新建区象山镇井岗村第一书记蔡志强

蔡志强，男，1990年6月生，中共党员，南昌市商务局流通业发展科副科长。2019年10月担任南昌市新建区象山镇井岗村第一书记。2020年被评为南昌市优秀第一书记。

夯实党建基础，抓好队伍建设

蔡志强在市商务局机关曾担任党支部小组长，积累了一定的党建工作经验。驻村后，他坚持党建引领，把机关党建经验带到贫困村，不断健全和规范井岗村各项党建制度，积极开展基层组织生活。他带头加强理论学习，组织村"两委"班子成员召开了十九届五中全会专题学习会、脱贫攻坚民主生活会以及开展"彰显省会担当我们怎么干"解放思想大讨论活动等，进一步提升了党员干部的理论水平，增强村"两委"班子的凝聚力和战斗力，实现了从机关"笔杆子""小组长"到党建扶贫"带头人"的身份蜕变。

蔡志强（左）走访村民了解脱贫进展

把握发展机遇，谋划产业升级

产业发展是贫困村变"输血"式扶贫为"造血"式扶贫的基础保障。为了确保扶贫产业持续健康发展，蔡志强与村"两委"科学谋划布局，着力夯实产业根基。在原有200亩面积的基础上，2019年继续流转200亩土地，扩大产业规模至400亩，以四季常绿、百花盛开为愿景，种植象山美人红柑橘、柚子、圣女果等十余种水果以及中草药黄蜀葵，养殖各类鱼苗2万余斤，禽类近万只，使基地种养殖立体休闲农业具备一定规模。同时，他主动对接企业、带队参展参会，多渠道销售禽类、鸡蛋等扶贫产品，收益明显。

聚焦民生福祉，巩固脱贫成果

"蔡书记，我家窗户玻璃破了""我家这几天停水了""我想申请办低保"……在村里，落实贫困户"两不愁三保障"政策，是他每天最主要的工作。刚驻村不久，他就全覆盖走访慰问建档立卡贫困户以及邻里乡亲，争取6000元维修资金，帮助贫困户换修破损的房屋瓦片、玻璃等，鼓励贫困户就业、申请用电优惠减免、申请贫困大学生入学补助等。筹建村级

蔡志强（右一）耐心为脱贫户讲解扶贫政策

爱心超市，引导贫困户通过劳动获取积分，用积分免费兑换各类生活物资。近两年来，井岗村贫困人口人均年收入逐年增长，脱贫成效得以巩固。

全力防疫抗灾，保障生产生活

2020年初，新冠疫情突然暴发，蔡志强以党支部为战斗堡垒，建立党员防控先锋队，发挥党员在疫情防控工作中的先锋模范作用。他率领驻村小分队与村干部坚守岗位，值守在村口防疫站点，积极争取各类防疫物资累计近万元，为疫情防控提供了有力支持。初夏时分，因连续降雨，地势低洼的井岗村遭遇严重的洪涝灾害，蔡志强坚守防洪一线组织救灾工作，指导扶贫产业减灾减损，帮助井岗村向各级部门申请救灾资金和爱心募捐近20万元，助力井岗村渡过洪灾难关。

城里来的好书记

——记南昌市新建区石埠镇西岗村第一书记周勇华

周勇华，男，1973年3月生，中共党员，南昌市商务局流通业发展科副科长。2019年10月担任南昌市新建区石埠镇西岗村第一书记。2020年被评为南昌市优秀第一书记。

抗疫战场的排头兵

2020年初，新冠疫情来袭，周勇华准确研判形势，主动牺牲与亲人团聚的春节假期，深入疫情防控第一线，指导开展疫情防控工作。他迅速成立村防控领导小组，设置两个防控卡点，建立排查、监测、预警等防控措施。他积极协调防控紧缺物资，为联防联控提供了坚实的物资保障。他挺身而出，主动靠前，与村干部一道挨家挨户进行拉网式排查和登记，对回乡16人特别是4人从湖北返乡者进行重点管控，安排乡村医生每天上门监测体温三次。他深入百姓家中，详细询问春节物品物资储备情况，发放疫情防控宣传单250余份，全方位进行宣传和预警，让每位村民知晓疫情的基本常识和严峻性……

芦笋铺就脱贫致富路

在西岗村芦笋种植基地，鲜嫩翠绿的芦笋一株株破土而出长势喜人，村民们正在忙碌着将手指般粗细的芦笋掰下，一派繁忙的劳作景

周勇华（左）在芦笋生产车间用餐

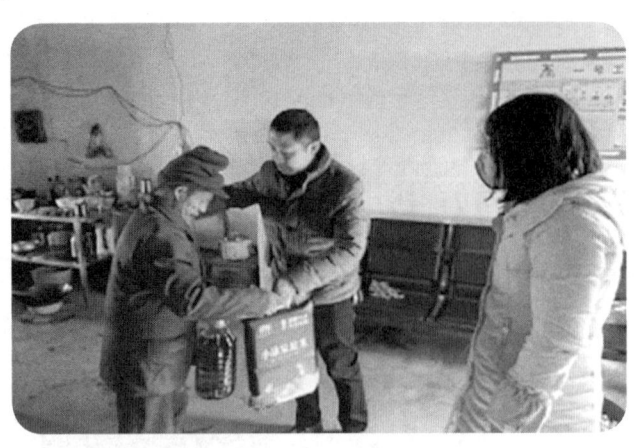

周勇华（左二）疫情期间走访贫困户

象。"2016年10月，我们从海南引进了千亩芦笋产业扶贫基地。该基地流转了村里1600亩土地，其中860亩已经种植了芦笋。"周勇华一脸笑容地介绍着村里的扶贫产业，"不要小看了这些芦笋，它们可浑身都是宝，一年能给我们的贫困户保底增加1.3万余元的收入。"西岗村以"公司+合作社+农户"的形式，实现了种、产、销一体化的产业模式，让村民持续增收。

村里建档立卡贫困户陈寿生，感受到在农业示范园——芦笋种植基地打工带来的实实在在的好处：现在一年有2万多元的收入，全家搬出了居住几十年的老土坯房，住进了新房子。"园区每天需要80多个工人，用工高峰期达到230多人，一年发给工人的工资有400万元左右。"芦笋种植基地负责人谈承标说。产业园种植的芦笋远销新加坡、马来西亚等国家，南昌市场上近半数的芦笋也出自这里，西岗村的脱贫致富道路越走越宽广。

"尚德小屋"塑造好民风

周勇华和驻村工作队队员因地制宜创新形式，在村委办公楼一层建立"尚德小屋"，鼓励引导用实际行动和良好表现换取积分，再以积分换取相应分值的物品，促进扶贫与扶志并行。"我用100分兑换了一块插线板和一桶食用油。"自从村里有了"尚德小屋"，贫困户魏福华成了这里的常客。实行积分制以来，他不仅把自己家里打扫得井井有条，而且积极参加村里的公益劳动。此举让更多贫困户更加积极地参与环境卫生整治等工作，他们纷纷表示要用实际行动创造美好的生活。

扶贫路上践行初心使命

——记南昌市新建区大塘坪乡新富村第一书记涂志锋

涂志锋,男,1983年11月生,中共党员,南昌汉代海昏侯国遗址管理局规划建设管理处副处长。2019年10月担任南昌市新建区大塘坪乡新富村第一书记。2020年被评为南昌市优秀第一书记。

扑下身子解决群众"操心事"

2020年正月突如其来的新冠疫情,打乱了所有人的正常生活。贫困户彭焕学的妻子熊运桂身患尿毒症,需要每周定期去区人民医院做透析。涂志锋心里始终惦记着疫情防控可能会影响她治疗,赶紧筹集了一批口罩及时送到彭焕学手里,帮助他们办理了出入证。"没想到涂书记还时刻惦记着我们,真是解了我的燃眉之急,现在我们全家真切觉得日子有了奔头,生活有了希望。"彭焕学感动地说。

坚守新富村防疫一线

"涂书记,我家漏水了,能来家里看下吧",电话里传来贫困户程茂祺的求助。贫困户程茂祺是村里的五保户,没有子女,老伴又有智障,他和老伴两个人挤在50平方米的砖木房子里。由于夏季连降暴雨,房屋漏水把他挂在屋梁上的被子淋湿了。涂志锋赶到街上给他买了个新的衣柜,等天晴又找了个师傅把房顶修好了。驻村工作一年多,像这样的事情还有很多,"能得到群众的认可,就是我在村里最大的收获",他说。

扛起担子当好家园"守护人"

涂志锋在防汛抢险一线

2020年入汛以来,由于连降暴雨,赣江昌邑站水位连续超警戒线,同鄱阳湖相连的蚂蚁河新培圩堤段形势严峻,堤内有新富、新培、新村三个行政村的近万亩良田。涂志锋没有丝毫犹豫,闻"汛"而动,主动申请参加抗洪,驻村工作队就地转化为防汛救灾队,冲向了抗洪抢险第一线。在接下来的30多天里,他同其他护堤群众吃住在一起,白天冒着日晒雨淋排除泡泉、管涌,晚上忍受着蚊虫叮咬打着手电巡查险工险段。"圩堤不能从我们村破口",他和村干部6人顶着烈日在堤上做"土牛",身上的迷彩服湿了又干,干了又湿,没有一个人放弃,心中只有一个信念"保卫家园"。洪水退到警戒线以下后,他第一时间摸清受灾情况,及时与保险公司联系,为17户贫困户申请防贫保险,每户获赔5860元,尽最大努力减小损失。

找准路子做好产业发展"引导员"

如何进一步培育壮大村集体扶贫产业,增强"造血"功能,是涂志锋驻村以来一直思考的问题。新富村建设了20亩瓜蒌产业基地和30亩莲蓬产业基地,因遭遇洪灾、缺乏种植技术等,产业基地受损严重,影响村干部发展产业信心。"大家一起努力,一定能把产业搞上去。"他坚定地说。他积极向帮扶单位争取资金,及时帮助产业基地恢复生产,同时多方联系农业种植专家到村指导,补种、施肥、除草、搭架,一步一步扎实干,今年村集体产业经济一定能打个翻身仗。

◇湾里区（现湾里管理局）（5人）

踏实走好脱贫攻坚每一步
——记南昌市湾里区罗亭镇义坪村第一书记徐亮

徐亮，男，1975年7月生，中共党员，南昌市委农工部农村发展处主任科员。2015年8月至2017年8月担任南昌市湾里区义坪村第一书记。2015—2016年度、2017年被评为南昌市优秀第一书记。

全面加强"党建+扶贫"工作

徐亮通过不断加强村"两委"思想作风建设，严格落实"三会一课"制度，推动完善村级党组织领导的村民自治机制，又筹措资金15万元，大力完善村级党建宣传栏、政策宣传栏、脱贫攻坚宣传栏等设施，并积极进行党建、政策宣传工作，做到村务、财务公开透明，使党的惠民政策深入千家万户，发挥了基层党组织的重要作用。

切实保障基础设施建设

徐亮刚来义坪村时，村内整体环境极差，贫困户大多住着木板房，存在很大的安全隐患。路边垃圾到处都是，还有路边的厕所也会发出阵阵恶臭，道路也是狭窄不平，"雨天一脚泥，夏天一身土"的情景在义坪村屡见不鲜。

徐亮（左二）与义坪村党员干部一起上党课

于是，徐亮前后为义坪村争取到资金共计2135.5万元，项目66个，对义坪村村庄基础设施进行全面建设。一番改建下来，义坪村内街道宽阔整洁，水冲式公厕也不再发出臭味。生活在焕然一新的义坪村村民看到村庄的变化，也开始逐渐改变自己原来不修边幅的邋遢形象，主动把家里家外打扫得干干净净，维护村内干净整洁的环境，村民整体素质得到极大提升。

大力发展产业扶贫脱贫

徐亮（左）调查了解贫困户情况

徐亮通过对全村环境、田地、水系等进行实地走访调查，充分发挥村级地域优势，发展了岭南电商产业村、青蛙养殖、草莓和苗木特色种植、农家乐、水产养殖等6个特色种养产业，还利用罗亭工业园、水生苗木公司、先锋软件学院、双汇等企业在村域范围内的资源优势，引导当地村民在家门口就业，大大增加村民收入。

为更好地帮助贫困户实现脱贫，徐亮与村干部达成共识，将义坪村贫困户分成三类，并针对不同类别的贫困户开展具有针对性的脱贫帮扶。首先对家中有劳动力的贫困户，徐亮积极联系，帮助贫困户获得工作，让贫困户自食其力，摆脱"等靠要"思想。其次针对有部分劳动能力的贫困户，徐亮就引导其到村级产业基地打零工。最后针对"三无户"也就是没有办法通过务工获得收入的贫困户，徐亮积极衔接开展"光伏扶贫"工作。两年下来，义坪村每户贫困户的收入都得到了一定程度的提高。

两年的扶贫时光转瞬即逝。回忆两年在义坪村的帮扶经历，徐亮脸上总是挂着微笑。

扶贫路上的女书记
——记南昌市湾里区罗亭镇义坪村第一书记杨美蓉

杨美蓉，女，1975年9月生，中共党员，南昌市社会科学院政法研究所副所长。2017年9月至2020年4月担任南昌市湾里区罗亭镇义坪村第一书记。2018、2019年度评为南昌市优秀第一书记。

"有为才有位，关键在作为。一个人在位置上要作出贡献、成绩，碌碌无为对不起岗位。"杨美蓉在笔记本里写道。一摞沉甸甸的笔记本记载了杨美蓉在义坪村两年多的点点滴滴。

用心铺筑扶贫之路

2017年9月25日，杨美蓉身负扶贫重任来到湾里区罗亭镇义坪村担任驻村第一书记。当义坪村的村干部和村民第一次看到这位女书记时，毫不客气地说道，"怎么派一个女同志来扶贫？"这是杨美蓉刚来这里听到最多的质疑。

面对村民们的各种质疑和工作上的千头万绪，她没有退缩动摇，将全部身心投入到扶贫工作中。村民们经常能看到这位外表温柔可亲的女书记骑着电动车穿梭在村里，从

杨美蓉的扶贫日记本

一开始的路痴到现在对义坪村每一处变化都了如指掌，她付出了宝贵的时间和精力。这一切的辛苦付出，义坪村的人们都看在眼里、记在心里。

用智谋划致富之策

产业扶贫是稳定脱贫的根本之策,义坪村虽然地处旅游发展区,但自然风光没有优势,旅游资源不够丰富。随着情况的熟悉,杨美蓉开始将工作重点放在产业发展上。经过不断调研,她总结出了种植产业的困难在于靠天吃饭、收成少、抗风险能力弱。于是决定发展多功能融合的产业基地,在她和扶贫干部的努力下,占地400亩的花卉产业园于2019年底在义坪村正式建成,集种植、休闲、马术多种功能于一体,带动了8位贫困户长期在产业园里打工,为村里的扶贫工作助力不少。

用情激发精神之力

杨美蓉志愿者服务室

杨美蓉动员各方力量在村里建起了志愿者服务室,集中辅导村里有需要的孩子们,为他们创造了良好的学习环境。在这种集中学习、一起做游戏的活泼氛围中,孩子们不仅增长了知识,性格也变得开朗起来。这些孩子回家也会将学到的知识告诉父母,通过这种"小手拉大手"的方法来做贫困户的思想工作往往能够起到意想不到的效果。如今志愿者团队拥有了60人左右的规模,包括镇上的扶贫干部、村里的小学老师都受到了杨书记的感染,逐步加入到这项活动之中。

杨美蓉是中国千千万万扶贫干部的一个小小的缩影。在广大农村的土地上,有一群俯首甘为孺子牛的一线扶贫干部,他们将汗水挥洒在农村的土地上,为中国的脱贫攻坚工作奉献自己的心血。

秉初心做实事赢得信任

——记南昌市湾里区太平镇泮溪村第一书记陈露

陈露,男,1975年12月生,中共党员,南昌市政协提案委办公室主任。2017年9月至2020年5月担任南昌市湾里区太平镇泮溪村第一书记。2018年被评为南昌市优秀第一书记。

2017年,陈露一心怀着"驻村帮扶不是来'镀金',而是要真正为村民办实事、解矛盾、分忧愁"的坚定信念,主动请缨来到泮溪村进行精准扶贫工作。

推心置腹交流赢得村干部信任

陈露初到泮溪村时,为取得村干部的信任,有序开展扶贫工作,首先从思想觉悟比较高的党员村干部入手,逐步规范、强化泮溪村的基层党建工作。几个月下来,陈露不但获得村干部的信任,也发现了泮溪村在脱贫工作中存在的重要问题。

泮溪村有5个自然村,村干部人手、精力有限,繁杂且互相牵扯的工作使得村干部之间分工不明确,从而导致事情被搁置拖延,脱贫工作不能按时完成。针对这个问题,陈露开始和村干部一起商量,并在村干部会议上制定出一套可行的村干部分工安排规章制度。这一套规章制度实行以后,村干部之间的分工更加明确,互相推诿扯皮之事逐渐减少,工作效率也得到了极大的提升,2017年底被搁置的23个扶贫项目也在2018年底全部落实。

脚踏实地做事赢得贫困户信任

陈露刚来泮溪村时,村里还有17户建档立卡贫困户,后自然减少到15户,共有28人为建档立卡贫困人员。随后陈露便开始逐户走访了解贫困户致贫原因,并因人而异制订帮扶计划。

陈露（右二）与村干部一起为村民解决问题

杨隆许是村里的五保户，也是村里出了名的刺儿头。以前杨隆许经常对村里提供的物资帮扶斤斤计较，稍有不满就跑去乡镇政府告状。之前许多村干部都试图和他讲道理，但最后都拿他没有办法。陈露了解情况后，主动和杨隆许交流，并借助帮扶政策为他盖新房，解决污水处理问题，又为他解决医疗报销问题。最后，陈露帮助杨隆许顺利实现脱贫，而杨隆许也被陈露认真负责的工作态度所打动，在之后的扶贫工作中，总是第一个站出来积极配合陈露的工作。2019年初在陈露的驻村帮扶下，泮溪村15户贫困户成功实现脱贫。

扶贫成效显著赢得村民信任

陈露为改善泮溪村脏乱差的村容村貌，前后筹措资金5000余万元，共实施基础设施、产业提升等方面项目40余个，不仅打造了为村民锻炼身体、学习文化知识提供优良场所的"三凤"文化广场，还修建了停车场、旅游公厕等配套设施，让泮溪村的基础设施得到了稳妥保障。

两年多驻村帮扶，陈露始终坚持秉初心、做实事，让泮溪村发生了巨大变化。泮溪村村民过上了幸福的生活，陈露自己也从中感悟良多：这不仅是一段难忘的回忆，也是一段可贵的成长经历。

陈露（右一）为贫困户送去生活物资

用真情书写扶贫答卷

——记南昌市湾里区太平镇泮溪村第一书记郭纪征

郭纪征,男,1977年6月生,中共党员,南昌市政协教卫文体文史学习委员会办公室主任、一级主任科员。2019年10月担任驻南昌市湾里区太平镇泮溪村第一书记。2020年被评为南昌市优秀第一书记。

党建引领聚民心

郭纪征驻村后,十分注重在脱贫攻坚中发挥村党支部的核心引领作用,带领村党支部坚持"三会一课"制度,党务、村务、财务"三公开"并规范和落实民主决策、民主管理机制,赢得村民信任。他推行"村庄的事情村民办、美丽的家乡大家建"理念,带领村"两委"积极搭建协商议事平台,围绕"狮子峰旅游项目门票定价""村庄环境治理""泮村家圈养奖惩"等"大事"组织议事协商会议8次,参与人数达200余人次,解决了一批村民反映强烈的热点难点问题。在村干部、旅游公司以及施工方的共同努力下,红泮公路2.8公里路程范围内的146盏路灯在2019年12月底安装到位并投入使用,多年未解决的新村自然村进村道路提升工程得以实施。

扶强产业奔小康

巩固拓展脱贫成效,发展产业是根本。泮溪村背靠景色秀美的狮子峰,面临碧波清澈的观察水库,郭纪征经过调研,决定将这片"绿水青山"发展成村里旅游产业的"金山银山"。他充分利用自己作为南昌市摄影协会会员的优势,邀请专业摄影师和业余爱好者来景区创作采风,加大景区宣传力度;推动泮溪村实施"旅

郭纪征（右一）走访贫困户

游观光小火车""玻璃滑道漂流游客中心"和"村级老年颐养中心"等建设项目落地，助力村民走上致富路。实施了"一个课堂、一个游客服务中心、两个基地"计划，即成立了南昌市第一家村级"孔子学堂"，主导村集体投资50万元建成了"狮子峰漂流"游客服务中心，与旅游机构合作设立了扶贫专线的游客基地……经过一年的努力，泮溪村村庄美丽了、项目推进了，特别是疫情稳定后，村党支部带领全体村民支持景区复工复产，仅用7个月时间村集体的旅游收入就达73万元。

防疫防汛保脱贫

郭纪征（右二）带头投身防疫一线

面对肆虐无情的新冠疫情，郭纪征除夕夜赶回村里，连续55天带领村干部和志愿党员们战斗在抗击疫情的岗位上，探索总结出"四个一"疫情防控工作模式：成立一支由党员、村理事会成员组成的村级联防联控宣传队，召开一次党员宣誓会，组织一次"科学防疫、节约口罩"倡议活动，每天至少开展一次入村宣传。防疫不忘贫困户，他坚持每天以"看、问、听、帮"的方式，即看一看贫困户的生活饮食、问一问贫困户的健康状况、听一听贫困户的困难需求、帮一帮贫困户的日常采购等，主动关心他们的生活和健康。面对汛情，他始终带领村干部和党员积极投入到防汛救灾一线，坚持24小时驻村值守、巡查排险，确保汛期全村无一人受伤、无房屋损毁。

村民脱贫致富的排头兵
——记南昌市湾里区梅岭镇立新村第一书记李俊民

李俊民，男，1966年7月生，中共党员，国网南昌市湾里区供电公司四级职员。2019年10月担任南昌市湾里区梅岭镇立新村第一书记。2020年被评为南昌市优秀第一书记。

依托行业优势帮扶，为村民排解"老三难"

立新村地处山区，村民生产生活条件相对落后。针对群众反映的电压不稳问题，结合提升徐家秀美乡村和"在芙山房"民宿村人居环境，李俊民带领村干部积极争取湾里供电公司支持，对徐家自然村和神龙潭旅游漫道实施电网管线下地工程。2020年累计投资112.14万元，新建100千伏安变压器1台、10千伏电缆1.098千米、10千伏架空线路0.11千米，改造300千安变压器2台、低压线路3.685千米。多渠道整合投入资金860万元完成小沙田村内道路、立新村"西花线"公路升级改造和安全饮用水等工程。仅一年左右的时间，立新村的基础设施旧貌换新颜，村民从此告别了出行难、用水难、用电难等"老三难"困境。

发展"民宿+扶贫"，找准致富"金钥匙"

立新村土地贫瘠、资源短缺，却背靠4A级景区竹海明珠，山清水秀，空气清幽，有着得天独厚的自然生态环境

李俊民（中）走访贫困户

和旅游环境。在改造完善村里的水、电、路等基础设施后,李俊民认定:立新村脱贫致富更大的空间在景区,更多的机会在民宿。于是,他与村"两委"反复商量后,着手将村民闲置的房屋统一规划设计,纳入政府优先安排和资金重点扶持项目,作为辖区内招商引资企业——江西山言旅游发展有限公司"在芙山房"民宿项目开发建设"秀美乡村"配套工程,打造成为休闲森林民宿,带动就业20余人,创造旅游年收入150万元。采取"企业+合作社+贫困户"一体化合作发展模式,推动梅岭镇立新村生态农业专业合作社与南昌梅岭旅游发展有限公司合作开发"竹海明珠竹山滑车"等游乐项目,带动壮大村集体经济。2020年村集体经济年收入达到36.5万元。"民宿+扶贫"已成为立新村脱贫致富的一道亮丽风景线。

坚持扶贫先扶志,激发脱贫内生动力

为了改变部分村民"等靠要"的"深度贫困"观念,李俊民和村干部结合疫情防控要求,组织贫困户开展"三讲一评"和爱心超市积分评比活动,不断激发贫困户的内在动力。2019年以来,开展积分评比活动16次,累计评定积分15742分,累计兑换次数83人次,兑换积分11038分,兑换商品523件,总价值11038元。疫情防控期间,李俊民还及时组织国网湾里供电公司志愿者深入贫困户家中开展"战疫助学,爱不缺席"公益活动,为贫困学子送去关爱与温暖。

李俊民(右三)带头把好抗疫"入村关"

七、2020年度南昌市优秀驻村工作队队员

扶贫一线显担当

——记南昌市南昌县南新乡九联村驻村工作队队员洪熙磊

洪熙磊,男,1996年7月生,中共南昌市委军民融合办公室综合协调科四级主任科员。2019年10月担任南昌市南昌县南新乡九联村驻村工作队队员。2020年被评为南昌市优秀驻村工作队队员。

发展电商平台巩固脱贫成效。电商平台是九联村集体经济的重要支撑,为进一步做大做强九联村电商平台,洪熙磊主动充当推销员、包装员、送货员。当前,九联村电商平台已成为九联村及周边村村民增收的重要渠道,仅鸭蛋收购这一项,辐射范围涵盖了南新乡九联村、程湖村、范湖村、建新村等行政村。2020年度销售额达到90余万元,带动周边村10户贫困户分红增收。

创新"新套餐"抗疫扶贫两不误。2020年初,新冠疫情席卷全国,为解决疫情导致的农副产品滞销问题,九联村电商平台推出"新套餐":买100个鸭蛋,送10斤新鲜蔬菜,并提供送货上门服务。洪熙磊积极参与"新套餐"的宣传、推广和配送。此举不仅极大地减少了村民的损失,而且较好地满足了市民足不出户购买新鲜蛋禽蔬菜的需求。

防汛抗洪守护家园。2020年7月初,受连续多日的强降雨影响,赣江水位暴涨。南新联圩水位一度高出1998年历史最高水位0.55米。面对严峻的防洪态势,在30余天的汛情期间,洪熙磊始终坚守在堤坝上值班、巡堤、查险,为守护村民的家园贡献了自己应有的力量。

在驻村帮扶中成长

——记南昌市南昌县蒋巷镇三洞村驻村工作队队员宋志轩

宋志轩，男，1991年8月生，中共党员，南昌市医疗保障局基金监督管理科四级主任科员。2019年10月担任南昌市南昌县蒋巷镇三洞村驻村工作队队员。2020年被评为南昌市优秀驻村工作队队员。

严把扶贫资料建档关。三洞村有贫困户63户，是南昌县贫困户最多的村。工作中，宋志轩发现村里的扶贫材料存在信息缺失、重复和建档不够规范的情况后，他便利用上户走访的机会，白天挨家挨户走访核实实际情况，晚上细心核对更正，常常加班工作到深夜。经过近一个月的努力，三洞村贫困户的材料全部按要求规范建档。

主动"顶岗"战疫情。2020年新冠疫情期间，恰巧驻村扶贫第一书记因病住院治疗。宋志轩将此情况向单位和镇党委报告后，临时承担起第一书记的责任，主动和村组干部一道加强防疫值班、宣传防疫知识，为贫困户送去生活物资，及时组织贫困户复工复产，连续40多天工作在抗疫一线。

全力以赴防大汛。2020年7月特大汛情来临，位处赣江中支的三洞村圩堤长达3.8公里，防汛压力大、人手紧缺。根据分工安排，宋志轩负责动员和组织在家的贫困户参加抗洪。除外出务工、年龄过大和身有残疾的外，其他23户贫困户都服从统一调度上圩堤投入防汛，为确保一个多月的汛期无一次重大险情贡献了力量。

不遗余力,决胜脱贫攻坚
——记南昌市进贤县民和镇旺坊村驻村工作队队员余力

余力,男,1984年11月生,中共党员,南昌市委政法委四级主任科员。2019年10月担任南昌市进贤县民和镇旺坊村驻村工作队队员。2020年被评为南昌市优秀驻村工作队队员。

参与防疫防洪,保障群众安全。面对2020年初突如其来的新冠疫情,余力第一时间赶赴村里开展疫情防控工作,走访困难群众、宣讲疫情防控政策和防疫知识50余户次,参与卡口防控60余次,发放口罩600余只、酒精30余瓶,村中未发生一例感染病例。2020年7月洪涝灾害肆虐之际,余力坚守岗位,参与防汛行动20余次,确保村民生命财产安全。

助力产业扶贫,提升群众收入。余力同其他同志一道,多地开展考察,最终为村里甄选了广昌莲蓬作为种植品种。为拓宽基地西瓜销售市场,余力通过微信朋友圈、发动亲朋好友宣传、多单位推销等方式,帮助销售西瓜近万斤。为节约成本开支,他经常起早贪黑、不惧酷暑,助力完成西瓜派送,进一步提高困难群众收入。

坚持为民服务,增进群众福祉。自驻村扶贫以来,余力累计走访困难群众200余户次,有效掌握群众生产生活困难问题。严重残疾贫困户付定根、邓凤兰11岁儿子因每天需骑单车到五六公里外的外村小学上学,车胎经常破损无法骑行,余力多次用私家车帮助修补,解决他们的揪心事。他还通过自家筹集、发动家人朋友收集等方式,向困难群众捐献旧衣物近200件。

余力(右)送产品上门

退伍不褪色，勇当扶贫主力军
——记南昌市进贤县三里乡黄家村驻村工作队队员邱建龙

邱建龙，男，1979年1月生，中共党员，南昌市卫健委综合监督科四级主任科员。2019年10月担任南昌市进贤县三里乡黄家村"心连心"小队队员。2020年被评为南昌市优秀驻村工作队队员。

情系群众，解困纾难。邱建龙吃住在村里，深入群众、扎根基层，对困难群众有着特殊的情感。贫困户黄天贵患有高血压、中风等多种疾病，除了为他落实基本医疗保障，邱建龙还主动联系专业医生，指导并帮助他改善生活习惯，监督他按时服用药物。"小邱对待我们，真是像对待家人一样啊！"黄某贵激动地说。

发展产业，坚守希望。黄家村土壤肥沃，光照水资源丰富，最适合种植中草药。黄家村中草药基地建设以来，邱建龙每天都要去基地观察中草药的长势，他说这片中草药基地是黄家村的希望，一定要站好这一班岗。邱建龙深入研究、调研中草药迷迭香的功效和市场需求，与村"两委"班子和驻村工作队创新产品形式、开拓销售市场，实现了中草药收益翻倍。

抗洪抢险，冲锋在前。黄家村紧靠金溪湖，2020年7月金溪湖水位最高达到22.88米，突破警戒线3米多。邱建龙顶着烈日、披着星光，每天组织防汛冲锋队值守信西连堤，保证不出现决口。一次繁荣村段发现一处管涌，邱建龙立即与驻村工作队队员火速支援，与大家一起构起"人"形传送带，一袋袋砂石像接力棒一样，运到了管涌点。高强度的工作使邱建龙疲惫不堪，在部队服役期间落下慢性肩周疼痛的他毫无怨言，一想到自己用努力和汗水将险情挡在了身前，把村民护在了身后，他感到无比自豪。

一心为民好干部

——记南昌市进贤县下埠集乡和塘村驻村工作队队员张骏

张骏,男,1982年3月生,南昌市卫生学校总务处干事。2019年10月担任南昌市进贤县下埠集乡和塘村驻村工作队队员。2020年被评为南昌市优秀驻村工作队队员。

点滴小事,见真情暖民心。张骏结对帮扶的贫困户是两母子,母亲85岁语言不通,儿子64岁聋哑人,他每周都去看望他们,自己出钱给他们买保暖用品。他每个月主动把爱心超市给此户的积分兑换成所需物资,亲自送过去。在得知母子都因肝病住院时,他自己掏钱送去营养品。这位母亲总是说张骏就像她的小儿子一样,是国家的好干部。

坚守岗位,舍小家为大家。2020年7月15日,张骏还在村里跟工作队查看饲养土鸡产业的情况,晚上8点多,他接到父亲在公交车上突然病倒的消息,连夜赶回南昌,可惜没能见上父亲最后一面。他在处理完父亲的后事之后,又马上赶回贫困村继续扶贫工作。第一书记樊星多次让他休息调整几天,他都婉拒了,并表示自己要坚持做好本职工作。

张骏走访慰问困难户

真心实意,办实事解民忧。驻村期间,他协调单位帮助贫困户成功维修破损房屋7户,一次性投入3万元在村委会开设爱心超市,与2户贫困户签订饲养土鸡协议,贫困户的就业和收入都得到一定的保障。张骏还积极推动工作队和乡政府给全村安装102盏光伏路灯,给每户贫困户家中安装摄像头,给予当地群众满满的安全感、幸福感。

村里来了个较真的北大研究生

——记南昌市安义县长均乡把口村驻村工作队队员魏天瑶

魏天瑶,女,1995年1月生,中共党员,南昌市委统战部四级主任科员。2019年10月担任南昌市安义县长均乡把口村驻村工作队队员。2020年被评为南昌市优秀驻村工作队队员。

毕业于北京大学的研究生魏天瑶,清秀的外表显得稚气未脱,却在把口村得了个雅号——"铁姑娘"。事情的原委还得从她驻村扶贫说起。

2020年1月,已连续驻村几个月的魏天瑶正合计春节假期好好休整一下,可突如其来的新冠疫情打乱了她的计划。没等领导同事通知,她就赶回村里投入抗疫战斗。

"你们在干什么?"一天,正在巡查的魏天瑶看到一群村民扎堆聚集,赶紧上前阻止:"村里不是发了通知,要求大家不串门不聚集么?这么关键的时刻,怎么还敢不戴口罩在这聚集?赶紧散了!"在场的村民们听得一愣一愣的,平时看着乖巧柔弱的北大才女,今天居然这么"硬气"。于是,村民私下给她取了"铁姑娘"这个雅号。

魏天瑶的"硬气"可不止表现在抗疫战斗中,她提出的吸引城市市民参与式农家乐休闲种植模式——"梦想家园"计划得到实施,让把口村扶贫

魏天瑶(左)走访贫困户

产业实现升级提质。

其实,初出茅庐的魏天瑶工作中展现更多的是"温情"。残疾贫困户张秀英因不符合政策未享受低保补贴,多有怨言。魏天瑶在多次谈心中了解到老人的"心病":她有一养女经济条件不错,但远在北京经商,难得回家一次,这保障突然又少了,总感觉组织不关心她,日

魏天瑶(右)与贫困户一起学习花卉种植技术

子没意思。心细的魏天瑶与老人约定做她的孙女。之后,魏天瑶隔三岔五去看望"奶奶",陪她聊家常、帮她整理家务、给她送菜。渐渐地,老人笑容多了、抱怨没了。和魏天瑶"认亲结友"的还有贫困户吴小凤。她因为不自信而不愿来花卉基地务工。魏天瑶发挥自己的专业优势,买书、下载视频,带她一起学习花卉种植技术,不久两人便成了"闺蜜"。

不知不觉到了2020年底,把口村贫困户人均年增收4000余元,村集体产业收入突破30万元,19户贫困户44人全部稳定脱贫。

村民眼里的"罗田人"

——记南昌市安义县石鼻镇罗田村驻村工作队队员黄萌

黄萌,女,1994年1月生,中共党员,南昌市教育局宣教科四级主任科员。2019年10月担任南昌市安义县石鼻镇罗田村党支部书记助理、"连心"小分队队员。2020年度评为南昌市优秀驻村工作队员。

2019年,黄萌选调进入南昌市教育局工作,被安排到安义县石鼻镇罗田村驻村扶贫。对于几乎没有基层一线工作经历的她来说,真有些茫然不知所措。第一书记刘昆安慰说:"勤学习,跟着做",给了她巨大鼓舞。在以后的500多个日夜里,她边学边做边总结,从村民眼里的"外来者"变成了"罗田人"。

2019年10月,安义县第一家立志爱心超市——"佳家爱心超市",在罗田村设立。通过对贫困户日常自主脱贫现实表现,进行月度考核,给予积分,贫困户用获得的积分从爱心超市换取生活用品,以此来激发贫困户"我要脱贫"的内生动力。这成为罗田村脱贫攻坚的新载体、"志贫双扶"的新举措。"佳家爱心超市"能否发挥效能,月度考评是基础,这需要耐心、细心和责任心。黄萌主动承担起这一项工作。每月底,黄萌带上打分表,和村干部逐户家访,认真评议打分,积极宣传扶贫政策。黄萌还依托爱

黄萌(左二)为贫困户登记兑换爱心超市月度积分

心超市,以"微心愿+积分券"的形式搭起帮困平台,让贫困户普遍受益。2020年底,16户贫困户全部兑换了年末"微心愿":刘德芳拿到了电饭煲、杨小兰捧着崭新的微波炉回家、黄生根用上了泡脚桶……

2020年春节,新冠疫情突发,黄萌匆匆结束休假,投入战"疫"阵地最前沿。村子封闭管理,人员进出受限,为保证困难群众的正常生活,她一个一个梳理排查,及时为行动不便的贫困户送粮、送药、送菜。疫情又遇汛情,她和村里男干部一道巡堤守护、搬运物资。

罗田村是个千年古村,有深厚的赣商文化,形成了"厚德、实干、义利、天下、诚信、济民"的赣商精神和传承千年的家规家训乡风乡俗,为留存传扬这宝贵的历史文化,黄萌发挥个人专长,担起罗田村史馆讲解员角色。

在罗田村驻村一年半,村民已把她看着是"咱村里的人"了。

黄萌(左二)向观众讲解村史和村新时代文明实践阵地建设

精准扶贫的青春奉献

——记南昌市新建区厚田乡谷城村驻村工作队队员肖悦

肖悦,男,1991年1月生,南昌市文联文艺部副主任。2019年10月担任南昌市新建区厚田乡谷城村驻村工作队队员。2020年被评为南昌市优秀驻村工作队队员。

埋头苦干,这是他对使命的担当。 作为党建指导员,肖悦不断加强谷城村基层组织的建设,着眼于增强村集体凝聚力和战斗力,加强"三会一课"、基层民主协商等制度的执行,完善村级班子议事规则、决策程序,推行党务村务公开,推进村组织完成基层党建"三化六好"工作,建立起村民办事大厅、村民议事厅等机构。

服从安排,这是他对组织的忠诚。 作为政策宣传员,肖悦经常走村入户,宣传国家政策、法律法规的同时掌握贫困户的第一手信息,切实为贫困户排忧解难,全力确保贫困户"两不愁三保障"及饮水安全。

克服困难,这是他对自己的考验。 作为脱贫致富帮扶员,肖悦积极推广"再生稻+赶鸭除草"高效种养模式项目示范点,推广一季晚粳种植技术、"稻鸭"综合种养技术,建设完成地岗自然村高效生态果蔬大棚特色产业项目,项目实施后可以带动10户以上贫困户就业,同时每年可以为村集体增加收入8万元。

脱贫路上担使命
——记南昌市新建区石岗镇简山村驻村工作队队员郑波

郑波，男，1976年1月生，中共党员，南昌市委党校办公室副主任。2019年10月担任南昌市新建区石岗镇简山村驻村工作队队员。2020年被评为南昌市优秀驻村工作队队员。

当好宣传员，不忘初心讲政策。几年来，郑波通过脱贫攻坚工作培训会，自觉啃下理论硬骨头，加强扶贫政策知识学习；通过个别谈话、座谈、"三讲一评"颂党恩等形式，宣传好扶贫政策知识；了解相关要求，落实帮扶政策，帮助群众巧念致富经。

管好脱贫账，尽心尽责有作为。驻村以来，为快速了解村情民意，郑波通过数次的上门入户走访村民、与贫困户交流以及查阅台账资料等方式，做好贫困户动态管理各项工作，并完成了各级各部门来村的扶贫检查、督查、整改以及信息普查等工作，尽心尽责管好脱贫账本，打通简山村脱贫"最后一公里"。

筑梦扶贫路，不辞辛劳讲奉献。在脱贫攻坚中，郑波犹如脚下有弹簧，身上有翅膀。他说："在岗一分钟，就要尽职六十秒。"新冠疫情暴发后，连续30多天，郑波到村与村干部一起吃住，昼夜值班轮流值守，参与联防联控；同时，为了不增加村里的支出，他不辞辛劳还主动承担了工作队的炊事员工作，真正融入群众中去。

"人生有多少路口，就会有多少选择。既然选择前方，便风雨兼程。2021，我将马不停蹄依然坚定执着、矢志不渝，一心为民，为贫困群众继续带来光和亮，进一步提升贫困群众的幸福生活指数。"这是他许下的愿望。

真心为民　履职尽责

——记南昌市新建区石埠镇竹园村驻村工作队队员罗龙

罗龙，男，1986年11月生，中共党员，南昌市经开分局下罗派出所四级警长。2019年10月担任南昌市新建区石埠镇竹园村驻村工作队队员。2020年被评为南昌市优秀驻村工作队队员。

真情服务凝聚人心。2020年6月驻村以来，罗龙严格执行驻村制度，始终保持旺盛的工作热情服务村民。他在走访中与贫困户渐渐建立起警民鱼水情，村民们动情地说道："感谢南昌市公安局的领导和罗警官，要是没有你们的帮扶，我的家庭早就垮了，是你们精准的帮扶，让我坚定了未来美好生活的信心。"

关键时刻主动担当。2020年7月初，面对百年一遇的汛情，罗龙闻"汛"而动，第一时间前往贫困户家中，逐户查看住房安全情况，深入开展房屋和人身财

罗龙（右）帮村民搬运蔬菜

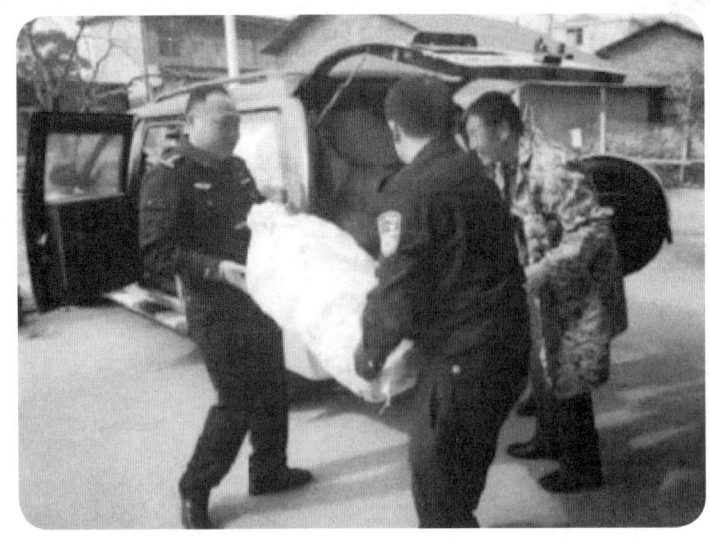

罗龙（左一）与同事帮助村民搬运货物

产安全提醒；同时他和村"两委"干部组成防汛小分队，建立日查夜巡的值班制度，确保人民群众的生命安全。

脱贫致富温暖一方。罗龙联系村里致富带头人吸纳17户贫困户、1户边缘户、1户困难老党员以劳动入股，通过合作社形式创新开办警园爱心养殖场。他全程参与、全程监管，从凌晨三点开始工作，同工人挑选土鸡集中装笼、宰杀，最后进行包装销售。2020年度竹园村建档立卡贫困户人均可支配收入达到18438元，同比上一年度增加28%。

惟其艰难方显勇毅，惟其笃行方显珍贵，罗龙用实际行动践行着使命与担当。

扶贫路上的"西瓜梦"
——记南昌市新建区流湖镇上房村驻村工作队队员朱北平

朱北平,男,1984年12月生,中共党员,南昌市人民警察学校警务实战教官。2019年10月担任南昌市新建区流湖镇上房村驻村工作队队员。2020年被评为南昌市优秀驻村工作队队员。

朱北平(右一)和贫困户在雨中一起搬运西瓜

"英雄城的警察特别能吃苦,特别能战斗。"看着正在发芽的西瓜苗,贫困户丁火银激动地说,"感谢朱警官的大力帮助,不然今年肯定种不了西瓜。"

2020年初,一场突如其来的新冠疫情席卷全国,上房村的春耕生产受到很大影响。为了最大程度减少疫情对农业生产和农民增收的影响,确保如期打赢脱贫攻坚战,朱北平大胆提出在村中荒山上种植西瓜的想法,经过土壤检测、市场调研等,他决定采取"技术员+村集体+贫困户"的模式进行西瓜种植。贫困户丁火银闻讯准备承包土地种植西瓜脱贫增收。朱北平积极为其寻找西瓜种植技术员开展种植培训。由于疫情,道路受阻,难以及时采购春耕物资,他又积极通过网购优质西瓜种子和化肥,

朱北平(左)与村民分享西瓜丰收的喜悦

辗转南昌多地采购符合规格的西瓜地膜,联系拖拉机耕地……终于西瓜苗发芽了。7月盛夏时节西瓜成熟恰逢连降暴雨,他又马不停蹄地跑市场找销路,4天时间冒雨将8万余斤扶贫西瓜采摘并销售一空。村民实现务工收入合计33355元,贫困户务工收入合计5930元,每户贫困户分红1900元。这不仅产生了较好的经济效益,更进一步增强了村民的致富信心,荒山变成了金山。

朱北平说:"种下的是贫困户脱贫增收的希望,收获的是贫困户脸上灿烂的笑容和鼓起来的钱袋子,老百姓的一句感谢,就是在追逐梦想的征程中最能催人奋进的伟大力量。"

用心用情用力为民
——记南昌市新建区厚田乡东洲村驻村工作队队员周鑫

周鑫，男，1984年3月生，中共党员，南昌市公共资源交易中心市场管理部一级科员。2019年10月担任南昌市新建区厚田乡东洲村驻村工作队队员。2020年被评为南昌市优秀驻村工作队队员。

勤奋忘我工作。周鑫全面完成了贫困户档案等相关材料的整理工作，并围绕"两不愁三保障"，对标政策跟踪落实。在推进产业扶贫中，他大力向上级申请资金用于开展村内基础设施、环境卫生整治等小型公益事业，并联合市、区两级四家帮扶单位，开展消费扶贫，增加村集体经济收入。

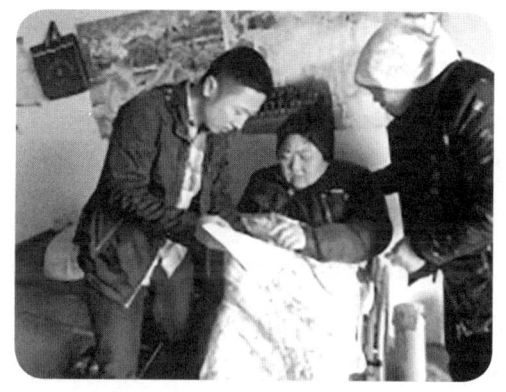

周鑫（左一）走访贫困群众

艰苦努力奉献。曾经的东洲村党建工作存在不少问题，各项制度不健全且落实不到位，党员党性意识淡薄，周鑫积极落实"三会一课"、党员活动日、发展党员、培养党员致富带头人以及完善村级组织场所设施等，取得明显成效，如今的东洲村"两委"班子战斗力强，党员队伍整体素质提升，产业得到发展，环境得以改善。

克己奉公帮扶。刚到村里的周鑫，两个孩子年幼需要照顾，但他还是毅然接受了这个工作任务。他经常走家串户，牺牲休息时间，为村里的贫困户脱贫想对策、找项目。

驻村帮扶不松懈

——记南昌市湾里区罗亭镇名山村驻村工作队队员万湧军

万湧军,男,1976年7月生,南昌市工业和信息化局工业园区科干事。2019年10月担任南昌市湾里区罗亭镇名山村驻村工作队队员。2020年被评为南昌市优秀驻村工作队队员。

感恩教育的"绣花"功夫。驻村期间,万湧军坚持每天入户走访、每周组织一次现场示范会、每月遍访全村贫困户。结合开展"三讲一评"感党恩教育活动,每月对贫困户的环境卫生、家庭美德、遵纪守法等情况进行评比,评比结果以积分兑换的方式到"脱贫动力加油站"换取日常生活必需品,让贫困群众在获得帮扶的过程中受教育,激发了贫困群众脱贫内生动力。

主动靠前投入疫情防控。自从接到抗击新冠疫情的命令,万湧军从大年初二返岗后,多次上门关心关爱贫困户,送贫困户到南昌就医,给贫困户赠送口罩、酒精等防疫物品,有序安排8户贫困户就业增收,帮助扶贫企业销售蔬菜6万余斤,确保疫情期间蔬菜基地不减产。

因地制宜巩固脱贫成效。2019年,名山村23户贫困户55人已全部实现脱贫。面对巩固脱贫成效的压力,万湧军主动配合驻村工作队,积极争取市工信局加大帮扶力度。到2020年10月,已为名山村落实惠民生项目2项、完成村基础设施提升项目2项,项目投入资金200余万元。

后　记

本丛书是南昌市乡村振兴局为记录南昌市全面打赢脱贫攻坚战而编写的系列成果，是记载南昌市精准扶贫八年、脱贫攻坚五年的"信史"档案。丛书共四本，依次为《光辉历程——南昌市脱贫攻坚纪实》《举市发力——南昌市脱贫攻坚文件汇编》《使命担当——南昌市脱贫攻坚典型案例和先锋模范》《泥土真情——南昌市脱贫攻坚理论与实践探索》。

本丛书由南昌市乡村振兴局和江西农业大学精心统筹，由课题组负责人胡春晓教授领衔，五个子课题研究团队共同完成。五个子课题分别由翁贞林、陈美球、魏毅、朱晓东、朱述斌担任负责人。其中《光辉历程——南昌市脱贫攻坚纪实》由翁贞林团队负责，参与人员主要有胡永升、刘小春、梁志民、熊红华、谌洁、贺亚琴、汤晋、李观祥、鄢朝辉、霍达、唐文苏、吴新标、贺瑞欣、张梦玲、黄梦华、郑凯南、胡伟南等；《举市发力——南昌市脱贫攻坚文件汇编》由朱晓东团队负责，参与人员主要有高芸、赖运生、李海峰、王诗慧、周连伟、刘妍妍等；《使命担当——南昌市脱贫攻坚典型案例和先锋模范》由陈美球团队和魏毅团队联合负责，参与人员主要有廖彩荣、刘志兵、陈洋庚、潘锡杨、曹大宇、朱美英、于丽霞、洪土林、张洁、颜玉琦、肖意风、周国平、彭剑锋、朱国海、廖运生、胡永华、吴平、曹人龙、李飞、江春燕、张佳佳、盛开勇、廖超、孙尊章、王桂兰、赵玲玉、丁颖、付文、廖镇宇、雷勉芳、翁星、邓焕丹、王浩、冷竹青、李婷、魏天知、魏天言、杨帆、刘欢、宋彩虹、熊平安、余延红、许美娟、何俞玲等；《泥土真情——南昌市脱贫攻坚理论与实践探索》由朱述斌团队负责，参与人员主要有周波、刘滨、谢芳婷、康小兰、杜娟、刘小进、毛佳、宁才旺、肖慧等。

课题研究过程中，特别感谢江西财经大学吴志军教授、江西省社科院李志萌研究员等给予的指导和帮助！

本丛书在编写和出版过程中，得到了南昌市委组织部、南昌市委宣传部、南昌市委政研室、南昌市史志办、南昌市政府办公室、南昌市发展和改革委员会、南昌市教育局、南昌市科学技术局、南昌市工业和信息化局、南昌市民政局、南昌市财政局、南昌市人力资源和社会保障局、南昌市住房和城乡建设局、南昌市农业农村局、南昌市统计局、南昌市卫生健康委员会、南昌市医疗保障局、南昌市水利局以及南昌县、进贤县、安义县、新建区、湾里区乡村振兴局等部门及有关同志的大力关心支持。此外，还得到了主持单位江西农业大学副校长黄英金教授、科技处处长游金明教授及有关同志的大力支持，在此一并致谢。